商业·洞察

2022

杨宇东　蔡云伟　主编

复旦大学出版社

序 科学和良知是媒体工作的基本准则

2022年是个让人难以忘怀的年份，记载第一财经记者对这一年商业世界深度观察的《商业·洞察》，能够在第一财经成立20周年之际付梓出版，令人心情略感沉重的同时也非常感慨。

之所以沉重，是因为在此前的几篇序言里我曾谈到的，我们把第一财经深度观察类报道集结成册的目的，是希望在提供事实的基础上，给读者更多来自媒体专业视角的商业事件洞察，集结成册，也是一部有收藏价值的中国年度商业史。但是经历过2022年之后，我们陡然发现，新闻媒体依然有大量最基本的职责需要厘清和共识，比如传播真相，比如尊重科学，比如提倡良知。

之所以感慨，是因为第一财经新闻业务虽然遭遇了有史以来最困难的一年，绝大部分采编人员长达数月被困在家或者办公室，无法正常外出采访。但是2022年也是第一财经新闻报道最出彩的一年，无论是日常的财经报道，还是事关所有国人的疫情报道，都体现了一家主流媒体的责任和担当。

何为主流媒体？主流媒体何为？貌似简单的问题其实很难回避现实的挑战。主流媒体原本的核心价值无外乎媒介渠道价值和新闻公信力价值，在移动互联网时代到来之后，加之社交媒体的兴起，主流媒体作为媒介传播渠道的基本价值折损大半，剩余就必须力拼力保公信力价值。而公信力价值来源于主流媒体一项最基本的职责或曰使命担当，就是及时准确全面报道事实真相，在虚假信息泛滥、信息极度碎片化的"后真相时代"，这种公信力对于社会和受众而言，尤显珍贵，也是社会平稳运行的必要保障之一。

在年初至今和同行的多次座谈交流中，我提出了主流媒体当下面临的普遍困境，必须不遗余力回归初心和本分，只有切实体现主流媒体基本的新闻职责，公信力才有恢复和提升的可能，否则再全力以赴做数字化转型，也是事倍功半。同时，天天忙于做信息的搬运工、加工者，天天跟随着各种虚假信息忙于辟谣，在缺乏信任的时代，也不能提升公信力。

这也是在去年推出了大量高质量疫情报道之后，第一财经在一贯的"专业创造价值"的编辑理念之后，于去年年中提出了"专业、责任、科学、良知"八字理念的重要原因——就是在真相、良知、信任稀缺的时代，我们必须在专业能力的加持下，重申媒体责任，强调以科学和良知作为媒体工作的基本准则。

其实主流媒体具备诸多先天的资源禀赋，具备提升公信力的诸多利器，包括规模化的专业团队、严谨的业务流程以及权威的信源优势等等。我们在《商业·洞察2022》的编辑过程中，除了传统的采编个人专栏维度之外，全新纳入了以医疗大健康、楼市地理、人文视野、汽车大变革时代等年度重磅深度选题，也是主流媒体这种专业化、规模化优势的直接体现。

《商业·洞察》的持续出版，也是第一财经长期主义价值观的清晰体现，只有这样的定力才能让我们持之以恒地坚持正确的方向和标准。记得五年前，我和团队在讨论第一财经日报14周年特刊主题词的时候，用了"穿越"这个词，文案是这么写的："财经新闻追求的是穿越时间的价值，我们倡导的理念可以穿越市场周期持续有效，我们提供的资讯和知识服务可以穿越潮流热点持续有用，我们的产品服务可以千变万化但始终紧扣用户财富和见识持续增长的痛点。"而定力和穿越正好是硬币的两面，没有定力就不可能穿越，就不可能以更长更完整的周期洞察商业世界的机密。

后疫情时代的中国，后真相时代的媒体，我们唯有始终保持勇气和敬畏，始终秉持好奇心和创造力，始终坚持真实、严谨和专业创造价值的最高标准，才能真正无愧于主流财经媒体的天职。

在第一财经成立20周年之际，以此序言与读者共勉。

第一财经总编辑　杨宇东

2023年4月29日

目录 Contents

商业·洞察 2022
BUSINESS·INSIGHTS

第一部分　调研与观察

一、汽车大变革时代　　　　　　　　　　　　　　　　　　/ 003

- 003　变量2022（上）| 高度内卷下，新能源的车轮滚滚向前
- 011　变量2022（下）| 沧海横流，未来谁主沉浮？
- 017　艰难六十日，中国汽车产业链如何重续？
- 029　造手机的来造车，造汽车的开始造手机 | 湮灭与新生
- 036　中国车企抢滩欧洲："路上还有很多坑" | 湮灭与新生
- 044　自动驾驶十年风云：寒冬过后，曙光初现 | 湮灭与新生
- 054　新能源浪潮与疫情冲击：57万家二手车商走过艰难的一年 | 湮灭与新生

二、楼市地理　　　　　　　　　　　　　　　　　　　　　/ 062

- 062　GDP广东省第三，"岭南古城"佛山的楼市十年
- 067　网红城市长沙的低房价是如何炼成的？
- 074　20年三次房价脉冲，"世界工厂"东莞的楼市回归
- 080　"玻璃大王"劝退炒房，曹德旺老家福清楼市的膨胀与衰退

三、楼市观察　　　　　　　　　　　　　　　　　　　　　/ 083

- 083　"红码风波"牵扯出房企停工问题
- 085　"停供潮"背后仍是地产资金之困
- 087　烂尾楼盘遭业主强制停贷，预售制该不该取消？多专家意见不一
- 092　多地发布青年人才购房新政！"普惠+激励"政策体系待形成
- 097　居民杠杆率创十年新低，这届购房者为啥偏爱"提前还贷"？

- 099 监管层连发"三道金牌",房企融资迎来"三道红线"后的重大转折
- 105 2022商品房降价成风少卖近5万亿元,千亿元房企从43家降至20家

四、晨读能源　　　　　　　　　　　　　　　　　　/ 110

- 110 "可再生能源发电补贴核查"进行时,4 000亿元缺口如何填补?
- 115 海上"风光"资源受市场追捧,风电光伏"入海"面临多重挑战
- 119 全国绿电交易试点过周岁,成长空间在哪

五、人文视野　　　　　　　　　　　　　　　　　　/ 124

- 124 在特别不文艺的合肥,一个持续了14年的文艺实验 | 行走城市
- 130 中国灯都40年沉浮史:从遍地黄金到"活下去" | 小城故事
- 138 "赶时间的人没有四季"——外卖小哥生存调查 | 阅读时代
- 146 文艺范的成都玉林,一个幸运的例外 | 行走城市
- 154 武夷路和利西路:上海老街区成秘境探索目的地 | 行走城市
- 157 工作日白天不营业的明室,为何能开10年? | 独立书店
- 163 百亿元积木市场澄海占一半,"玩具之都"能否跑出中国乐高? | 小城故事
- 170 40多家店齐聚南昌,抱团取暖的效果如何? | 独立书店

六、"团长"江湖　　　　　　　　　　　　　　　　/ 177

- 177 "黑心团长"日入万元?上海团购热潮能火多久?
- 184 复盘抗疫物资采购各环节,有这样的经验和教训
- 192 社区"团长"现在怎样了?有人离场、有人卖二手货,还有店长变团长

七、"一"保健康　　　　　　　　　　　　　　　　/ 198

- 198 抗疫"关键手":研发预防感染的疫苗攻坚战已启动
- 204 甲流来势汹汹,为何多年来我国的流感疫苗接种率非常低?
- 208 在新冠口服药赛道竞跑中的药企人:争夺"九死一生"的机会
- 213 卫健委定调高血压诊断标准争议:临床指南修改不是简单的事
- 220 新冠病毒防控回归乙类管理的条件渐趋成熟
- 224 中国抗疫大决战之一:医疗主战场如何打赢这场战?
- 231 中国抗疫大决战之二:一老一小一特殊人群,为何仍要加强疫苗接种?
- 236 退热药布洛芬的国产企业注册批文超500个,为何还一盒难求?
- 239 农村新冠救治一线:如何保障近5亿人药品可及?

目　录

八、社论焦点　　　　　　　　　　　　　　　　　　　/ 245

- 245　双重主要上市正成为中概股的金色降落伞
- 247　畅通外贸面对面沟通渠道比"见字如晤"更重要
- 249　慎罚少罚为市场主体运行提供宽松空间
- 251　新型举国体制 举"新"方能释能
- 253　积极做好风险资产价值重估的准备
- 255　挺起经济复苏的脊梁
- 257　支持民营经济发展的关键在于完善营商大环境

第二部分　　名记者专栏

一、总编时刻　　　　　　　　　　　　■ 杨宇东　/ 261

- 261　上海经济抗"疫"日记
- 279　科创名城"通关术"
- 283　2023，中国经济的三"重"展望
- 286　拨开历史的风尘——第一财经2023新年致读者

二、言叶知新　　　　　　　　　　　　■ 金叶子　/ 288

- 288　"东数西算"每年带动四千亿元投资！8个枢纽建设重点有哪些
- 293　近十年高考热门专业变迁："新工科"崛起，AI产业规模超4000亿元
- 297　48个国家产业园的GDP超千亿元！园区经济"挑大梁"要重视这几点
- 301　健康码三年后退场，专家建议这类隐私数据应销毁或封存

三、一佳之言　　　　　　　　　　　　■ 刘　佳　/ 304

- 304　"说好"的盈利呢？长视频集体进入"搞钱"时代
- 307　马化腾：腾讯如何"过冬"？要把子弹用在关键战役上
- 310　销量暴跌厂商砍单，这届年轻人为什么不愿换手机了？

四、娜姐笔记　　　　　　　　　　　　■ 李　娜　/ 312

- 312　2030年将迈入三万兆时代 未来通信的机会点在哪？
- 314　移动支付江湖硝烟四起 华为支付"往前一步"
- 316　金融行业数字化转型进入四期叠加阶段

五、宁可直说　　　　　　　　　　　　■ 宁佳彦　/ 318

- 318　提到元宇宙，飘红的怎么总是游戏股？
- 321　虚拟主播加入"反诈"队伍，数字人赛道"卷"起来了
- 324　"海上八先"话AI，见证世界人工智能大会五年荣光与期待

六、推本溯源　　■李溯婉 / 329

329　电动车赛道挤满"野蛮人"，传统车企怎么办？

332　新能源车内卷严重，丰田新车方向盘将被"挤"成异形

335　不甘做"打工人"，新能源车企与电池商争夺锂矿"印钞机"

七、唐言柳语　　■唐柳杨 / 338

338　神龙汽车站在命运的十字路口

341　中国造车新势力将外资豪华车品牌甩到身后

344　福特电马重新审视中国市场

八、如数家珍　　■王　珍 / 346

346　CES 2022：显示技术阵营消弭，环保竞争力抬升

348　农村家电渠道业务走向多元化，厨电前景看好

350　十天拜访逾十家企业，李东生为何此时密集走访韩日产业伙伴？

353　库卡中国本土化助业绩逆势增长，"承德启中"潜力大

356　有了院士表态，中国 8 代 OLED 落地成渝快了？

359　少壮派上位，全球显示面板业酝酿 2023 年复苏

九、科技心语　　■钱童心 / 361

361　滴血验癌被判欺诈，硅谷"神话"会终结吗？

364　全球需求疲弱搅乱芯片行业，巨头逆境中求增长

366　大众换帅，苹果加码，汽车竞争全面转向软件

368　美国《芯片法案》或迫使台积电等厂商调整战略

370　亚马逊为何收购扫地机器人 iRobot？

372　脑机接口技术离普通人还有多远？

十、晋观医养　　■郭晋晖 / 374

374　重特大疾病个人自付超三成！破解看病贵，社会力量如何发力？

378　全国卫生总费用十年增 5.2 万亿，医保成医疗服务的主要"买家"

381　应对老龄化这十年：参保人数增加 2.5 亿人，养老金结余增加近 4 万亿元

384　覆盖广但水平低，农民养老金仅为城镇职工的 5%

十一、快消栾谈　　■栾　立 / 387

387　酒仙去"网"，酒业新零售们兜兜转转回到起点

390　植物基热度不减，肉、奶为何不同命

393　两节旺季葡萄酒市场持续疲软，行业还未找到破局之路

目 录

十二、乐言商业　　■乐 琰　/ 396

396　"不卖隔夜肉"的钱大妈，缘何败走北京市场？

398　THE9 演唱会风波，究竟是谁之过？

401　疫情之下的影视业，严限演员片酬能否规范市场

403　从热播剧《梦华录》看消费产业的生意经

406　会员店的核心商品哪家强？就看这些特点

409　张庭夫妇涉传销案听证会结束，微商"陷阱"为何屡禁不止？

十三、婷见影视　　■葛怡婷　/ 412

412　"浪姐"上线，王心凌率先翻红，回忆杀为何如此盛行？

416　易烊千玺等人考入国家话剧院，流量明星考编为何引发争议？

420　"二舅"刷屏，平凡而积极的人生故事引发集体共鸣

423　《一年一度喜剧大赛2》回归，"腰部"演员的突围之路

426　《三体》动画版引发论战，两部真人剧引领明年影视化高峰

十四、姗言两语　　■陈姗姗　/ 430

430　上市航司去年亏损超百亿，为何还有两家盈利了？

433　马士基成立航空货运公司，航运巨头为何纷纷要上天？

435　复工复产需要全产业链上企业的同舟共济

438　多家航空公司资不抵债，为何还没有一家倒闭？

440　上市航司亏损700亿元霸占上半年亏损榜，疫情改变民航业

442　"新十条"后航班量翻番，机票预订价格为何一路下滑？

十五、海斌访谈　　■彭海斌　/ 446

446　露露乐蒙店里消失的中国制造

450　资本严冬带给CXO的不全是"寒气"

454　中国的代工企业们不愿再隐身幕后了

十六、秀言城事　　■李秀中　/ 458

458　高温"烤"四川，水电大省电力困局待解

463　新能源汽车城崛起，产业下一轮布局或瞄准两大方向

467　各路资本争抢四川锂矿，地方希望资源服务实体经济

十七、财税益侃　　■陈益刊　/ 470

470　增值税改革十年减税亮眼，下一步怎么改

474　土地财政告别高增长，多地调低土地出

478　专项债余额首破20万亿元：土地财政转型，偿债风险如何控？

第三部分　Yimagazine 视角

485　瑞幸新赌局

493　亚洲大厦：写字楼里长出中国"外百老汇"

501　绿色标准的生意

508　外企巨头，进退之间

522　教培三巨头：求生与重构

533　一个义乌商人和他的"2022 世界杯计划"

后记　　　　　　　　　　　　　　　　　　　　　　　／540

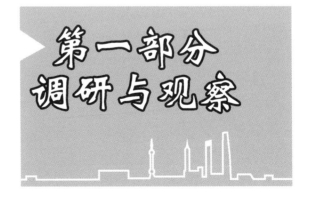

第一部分
调研与观察

一、汽车大变革时代

在岁末年初推出的"变量与趋势"栏目系列文章,记录中国车市每年的小变量,也许其中一些小的变量,最终会成为改变行业的大趋势。

变量2022(上)｜高度内卷下,新能源的车轮滚滚向前

唐柳杨

风起于青萍之末。

今年春节,李军回山东省济宁市兖州区老家过年,他惊奇地发现,这个"老头乐"占主导的县城里,居然多了几台特斯拉 Model 3、蔚来 ES8 和小鹏 P7,而且悬挂的都是当地牌照。他的表妹去年买了一台奇瑞新能源车,家里还有一台福特锐界。在与新能源汽贸店老板攀谈时得知,在当地家庭,用户第二台车买新能源车已经成为一种再正常不过的行为模式。

"去年很重要的一个变化,是新能源车市场教育的阶段过去了,大家购买电动车不存在基本的担忧了。特斯拉、'蔚小理'还有其他几家,会进入到进一步高速增长的阶段。"上海一家造车新势力公司高管苏晓向记者说道。

2021年,新能源车以多数人没有预料到的方式起飞。两年以前,何小鹏还在微博里感叹中国新能源车是表面繁荣,网约车占比超过了70%。2020年,虽然国产特斯拉 Model 3 和五菱宏光 MINI EV 爆发,但整个市场依旧是哑铃状,高端玩具或低端代步工具都不能体现产业的发展趋势。

但是 2021 年，形势陡然发生了变化。比亚迪总裁王传福形容说，这感觉就像回到了 2006 年中国车市井喷的年代，只不过 15 年前井喷的是燃油车，这一轮井喷的是新能源车。

以 Model Y 年销量超过哈弗 H6 成为 SUV 市场销量冠军，以新能源汽车年销量增长 160% 至 325 万辆为里程碑事件，中国新能源汽车和智能电动车的双重分水岭出现。

盛宴与狂欢中，更多的"门外汉"涌入汽车制造业，他们包括小牛电动自行车创始人李一男、创维创始人黄宏生、扫地机器人公司创始人昌敬等。狂欢背后，则是赛麟、拜腾、博郡等新势力密集的爆雷，传统车企转型的焦虑以及传统车企高管创业者们的集体落寞。

过去 30 年里，中国的汽车产业整体上呈现一种相对的稳态，如今在智能电动汽车的革命下出现了春秋战国、百家争鸣的景象。繁荣的表象背后，各家车企从技术到人才高度内卷，多家新势力车企的中高管向记者表示，与传统车企相比，新势力公司对人才的使用方式近乎"榨取"，从产品研发的前端到销售的末梢系统性地制造紧迫与内卷。

但无可否认的是，这种内卷驱动了新能源的车轮加速滚滚向前，一个旧的时代正以肉眼可见的速度落幕，新的时代正冉冉升起。

过去的每一天都是"血泪史"

上海虹桥商圈驻扎着威马、哪吒等造车新势力公司，上海虹桥商圈的龙湖天街，是新势力品牌商超店扎堆的聚集地。每到中午时分，新势力商超店的销售顾问们，开始拿着传单走向各个餐厅，在餐厅门口发传单、留名片和加微信。有些执着的销售顾问，会追着顾客到餐厅里面，在餐桌边把微信加上才离开。

"新势力品牌卖车像互联网地推，我们从店总到店员都背着很重的 KPI，为了获取线索和成交无所不用其极。"一个新势力品牌销售顾问何峰向记者说道。

何峰效力的品牌是头部月销过万辆的几家之一，与传统汽车品牌的销售顾问相比，何峰的收入至少是其 2 倍以上。但何峰说，外表光鲜背后是极度的"压榨"和内卷。

传统汽车品牌的 4S 店一般开在城市郊区，功能完整，占地面积大。它们主要依靠自然到店和懂车帝、抖音、汽车之家等平台的销售线索，通过电话预约到店接待。只有在固定的时间节点，如车展或地区性的消费展，销售顾问才会离开 4S 店进行外拓。

开在商超店的新势力展销店，天然地获取着商超高人流量的红利，但每天的工作都类似于外拓。哪怕路过的顾客只是一个眼神的停留，销售顾问马上会迎过去。到午餐和晚餐时间，展台只会留一到两位销售顾问，其他几个就去其他楼层的餐厅散发传单和名片。

"我们要风雨无阻地去发传单、加微信，客户留资、加微信都有 KPI。而且内部横向会竞赛，例如这个月我拿了多少订单，加了多少个微信，回访电话做了多少个，每次通话的时间长度是多少，公司后台会分析出来。如果排名垫底就被干掉了，用新的人来补位。"何峰说。

两年前，李琦从传统车企跳槽到一家头部新势力公司，他最大的感受也是"内卷"。

"合资品牌把海外经过验证的产品定义、渠道管理和营销的体系、制度和流程导入中国，创造了中国汽车产业的 1.0 状态，这种相对成熟的状态和模式强调的是体系力，经营结果是体系力的体现。但新势力没有很标准的流程和体系，它们依靠的是执行力，用大量源自互联网化的数据在后面作支撑支持。"李琦说。

比如，新势力会把销售成交的环节从线索到进店、试驾等过程性指标全部"抠"出来，把各个数据指标展开以后，出针对性的措施。如果某一个时期线索量比较少，店员就要上马路发传单进行外拓；如果成交量或成交率比较低，店总就要带着销售顾问反复回访甚至是"逼单"。

作为销售部的成员，李琦经常会走访"友商"的门店。他曾经在一个新势力品牌商超店留下了电话和微信信息，初期店员的回访频度达到每天一次，半年多后还会持续跟进，并不会轻易地放弃任何一条销售线索。他还发现销售顾问会不定时地给他的朋友圈点赞，感觉就是为了不断地出现在视线中，创造存在感。

"店员为了不被淘汰，为了拿到订单业绩，极端的连续 4—5 个月都没有休息。我自己下班没有晚上 10 点前的，11 点也是常态。"李琦说。

和传统车企相比，新势力以高薪酬著称。李琦认为，这种高薪酬背后是对员工高度的"榨取"。他表示，传统车企虽然薪酬相对低，但对人才有体系化的成长和培养计划；新势力用很高的薪水吸引人才的同时，也迫使人员大量的产出，如果达不到预期的价值，会立即让人员离职，补充新的人来继续这个循环。

"我们公司每个月都会有人离开，而且离开的感受是前所未有的不再喜欢汽车行业，就好像一瞬间把自己透支掉一样。"李琦说。

在另一家头部造车新势力工作的刘阳表达了同样的观点，该公司今年起开始实施人员体制优化，逐月进行末位淘汰。"我每一天都过得心惊胆战，过往的每一天都是血泪史。"刘阳说道，每个月发工资的时候就跟打强心针一样，看到手机银行里的数字很开心，因为传统车企开不出这么高的薪酬。

催生状态下的野蛮生长

小鹏汽车内部流传着一个故事，2017年P7立项时，当时只有LG能够生产符合轿车低重心姿态、高度较低的电池——这也是为什么当时造车新势力一窝蜂地造SUV的原因所在。

考虑到在当时采用LG电池的政策性风险，公司其他高管都建议暂停P7项目，但何小鹏特别喜欢P7的造型方案，力排众议地坚持了下来。好在之后宁德时代开发出高度较低的电池，小鹏P7切换成宁德时代电池并顺利下线。

"其实，按照传统车企的逻辑，就算没有电池适配的问题，P7这款车也是不该做的。"小鹏汽车的一名管理层人士赵留说道，在当时的背景下，小鹏首款车G3没有卖好，整个品牌的价位只有10多万元，按照正常的市场逻辑去做产品规划，需要去做一个走量同时有利润的主流车型。小鹏P7不仅是一款轿跑类的小众车型，价格处于中高价值区隔，从燃油车市场的经验来说，这个定位没有任何一款能够走量的成功车型。

"小鹏对于P7的导入，可以认为是在缺乏正常的市场理性研究下，就做了突破性的产品导入。"赵留说。

李琦告诉记者，包括产品定义、渠道网点布局乃至销量目标的设定，新势力的决策过程往往都很随意。传统车企会从各个角度去论证目标的合理性，新势力的决策方式经常就是老板的一句话，没有任何分析和支持。从传统车企跳槽到新势力的人，往往对新势力目标制定的随意性感到不可思议。

不过，也有传统车企的人士认为，传统车企正是因为集体决策而导致没有一个人对结果负责，从而缺乏真正意义上的市场意识与向结果负责。

再以产品开发来说,传统外资车企一款新车的开发流程通常在48个月左右,一款车开发出来之后的生命周期约为6—7年。随着自主车企加强产品攻势,新车开发时间有所压缩,但一般也在40个月左右。

新势力企业在此基础上进一步压缩,许多车型的开发周期只有20个月左右,部分产品的开发周期甚至只有一年出头。在传统车企的人士来看,这么短的开发周期不足以完成高寒、高温、高原、盆地、盐碱等环境下的产品验证。

所以,当2016、2017年第一批造车新势力产品上市时,许多传统车企的人员认为新势力公司把还没有开发完整的车型推向市场,让用户来当小白鼠。实际上,在交付量偏小的情况下,新势力车企在第一个阶段的质量问题不断。头部几家随着经营状况的好转以及改款车型的推出,质量得到明显改善。但随着2021年交付量快速上升,新势力的质量问题有进一步爆发的隐患。

在一些新势力"小步快跑、不断迭代"的造车理念下,质量问题似乎并不是当前最关注的问题,尤其是对于几家还未上市的公司而言,如何快速地扩大销量规模和持续的融资才是更加关注的重点。

时间推进到2021年年底每年车市的收官之战广州车展,包括小鹏、威马、蔚来、长城沙龙、广汽埃安等在内的新老造车势力纷纷推出配备了激光雷达的车型。车规级固态激光雷达的成本通常在数千元左右,搭载4颗激光雷达的车型仅此一项成本就超过2万元。

某美系合资公司技术中心一名工程师向记者表示,由于算法的缺失,上车的激光雷达相当于"瞎子点灯白费蜡",而且从多数车企激光雷达的位置布置来看,它们大多被安排在最容易发生碰撞的车头两个角上。从量产的角度而言,这种布局方案"明显噱头大于实质"。

今年1月,蔚来在成都"NIO DAY"上发布了第二款轿车ET5,这款车搭载4颗英伟达ORIN-X芯片,算力达到汽车行业前所未有的1024TOPS。头部"顶流"企业在硬件上的堆料和军备竞赛,进一步加剧了行业的内卷。汽车行业过去的理念是以合适的成本满足用户用得到的需求,新势力的做法是售卖期货,功能虽然没有开发出来,但硬件先预留够。

"你看蔚来的每一次发布会,都是在讲功能、体验和服务,只有这一次(ET5发布会),李斌大部分的时间都在讲硬件。"新势力车企高管苏晓说道。

与传统车企相比,这样的案例比比皆是。比如传统车企的渠道网点,无论是直营店还是加盟4S店，店面验收之前不允许摆车，从装修到验收的过程通常在半年以上。新势力品牌的商超店，从选址到签合同、装修，最快3个月全部完成。一些品牌在装修好之前，就在商场里布置一个临时的展位，摆一台车就开始收订单。

从产品定义到产品开发、渠道建设、销售管理，新势力从前端到后端制造了整个体系的紧张感。李琦、刘阳等受访对象表示，在面试包括特斯拉等在内的新势力公司时，对方的HR经常会很直接地问对于高强度的工作和持续性的加班是什么看法。

放在30年的时间轴里看，从20世纪80年代开始，合资公司开始把外资车企的成熟经验、流程与制度体系性地导入中国。长城、吉利、长安等本土车企在借鉴外资体制、制度和流程的基础上创造出适合自身的模式，随着头部自主品牌销量规模的提升与高价值市场的进入，汽车产业进入一种看似良性的平衡之中。新势力的出现则打乱了传统汽车产业的平衡感，即便通用、大众也倍感焦虑。

"外表看上去新势力蓬勃发展，进去之后才发现是汽车行业的'血泪史'，是资本催生状态的野蛮发展。新势力把整个汽车行业在不景气的大环境下，还带入了一种前未有的内卷状态，这个状态对行业发展是良性的还是杀鸡取卵，还是得辩证地看。"李琦说道。

新能源的车轮滚滚向前

2021年3、4月份，上海一家新势力公司发现终端订单数上涨飞快，每个月都创新高，下半年开始月销量破1万辆。公司内部最开始有些摸不着头脑，开会复盘发现产品还是那些产品，网点也还是那些网点，营销也没有更多投入。最后总结下来，更大的原因是新能源汽车消费进入了普及期，某种程度上该公司适逢其会，销量随着行业大势水涨船高。

"2021年新能源车异军突起是超出大多数人意料的。"苏晓说道。

中国电动车产业政策萌芽于2009年的"十城千辆"计划，到2019年，国内新能源乘用车销量虽然超过了100万辆，但绝大部分销量来自网约车的驱动。2019年10月，何小鹏在微博里说，将中国电动车的销量数据打开来看"很沉重"，如果把卖给出行公司的数据排除在外，2019年前三季度卖给真实消费者的数据只有10多万辆。

一、汽车大变革时代

2020年，中国新能源车销量达到136.7万辆，同比增长10.9%。不过在2020年，市场哑铃式的结构特点依然很明显，市场增量主要来自高端的特斯拉和低端的五菱宏光MINI EV，即电动车作为高端玩具和低端工具的属性并没有改变，更为广袤的私人用户市场并没有被开发出来。

2021年，新能源汽车市场则陡然出现巨大的变化：首先是销量规模达到352.1万辆，同比增速超过160%；其次是私人用户市场启动。

金安是一家头部自主车企的区域负责人，去年8月在开发新的渠道网点时，投资人对他说，如果你们是新能源品牌我就做，燃油车就不做了。"投资人是很敏感的，他们的信息更多来自终端正在发生的变化，比如友商竞品的订单增长情况、价格情况还有用户口口相传的口碑。"金安向记者说道。

2021年年末的一个晨会上，某自主车企战略规划部部长宋明突然问参会的10多位部长："如果换车，大家会买奔驰还是特斯拉？"答案出乎意料地整齐："特斯拉。"这件事给了宋明很大的触动。

"以大部分参会人员的收入，买奔驰E级是绰绰有余的，但是大家全部选择了特斯拉，这可能表明主流价值人群对电动车的认知进入正常化。"宋明向第一财经记者说道。

打开2021年特斯拉、"蔚小理"等公司的上险量数据，能够清晰地看到新能源车对整个市场的渗透。

以特斯拉为例，2021年前10个月，特斯拉销量前5的省份分别为广东省、上海市、浙江省、江苏省、北京市，销量占比65.72%。在传统弱势的西南、西北、东北等省份，特斯拉虽然销量数值较低，但同比增幅较高。

分市场级别来看，特斯拉在一级市场的销量占比呈现不断减少的趋势，去年前10个月同比减少13.68%；二、三、四级市场份额增幅较高，其中，四级市场份额增长7.69%。随着门店、配套设施的逐步完善，长期来看特斯拉西南、西北和东北以及低级别市场的增长潜力较大。

蔚来、小鹏、比亚迪等公司虽然销量结构上对一线城市依存度更高，但低级别市场开始有了启动迹象。

2021年，中国车市出现的另一个分水岭，是智能电动汽车正式上道，其标志性事件包括Model Y销量超过哈弗H6成为中国SUV市场的销冠，蔚来ET5订车系统宕机以及小鹏P5月交付量超过5 000辆等。

在销售终端有一个显而易见的变化，是年轻人对智能座舱和自动驾驶系统的关注度大幅提高。

广汽集团下属某子公司的销售负责人吴明最近陪一个"95后"的朋友买车，他发现"95后"对车辆的关注点和决策流程发生了很大的变化。

"传统买车第一步都是看发动机，很多人都会打开机盖看看发动机舱的布置。但我朋友上车第一步是体验车机，在屏幕上来回滑动，不停地进行语音交互的测试，问销售顾问自带的车机软件有哪些。决策过程比以往短了很多，在 App 上下订，一点都不纠结。"吴明说。

而智能座舱领域的技术和对中国用户需求的把握，正是外资车企的集体短板。南北大众去年销量快速地下滑，除了芯片的影响还有一个重要原因，是顾客对大众品牌与车型的认可度在持续地下降。如果产品升级换代不能快速跟上，大众以及其他以燃油车为业务主体的外资品牌的销量下滑难以逆转。

去年三季度，一家外资车企中国区 CEO 在制定未来 5 年在华发展事业计划时，预测 2025 年中国车市将出现燃油车的拐点，当年起燃油乘用车的销量将持续下滑，到 2030 年将从 2 100 万辆下滑至 1 500 万辆。

中国汽车市场剧烈的变化，驱动了全球汽车巨头的变革。此前一直坚定混动和氢燃料电池技术的丰田，在去年 12 月一口气发布了 19 款电动车。虽然这种做法在丰田历史上极为罕见，也极不"丰田"。

今年 2 月，大众汽车工会主席丹妮拉·卡瓦洛表示，大众汽车在中国必须采取更积极的行动，进一步了解中国消费者的需求，以此收获更多的市场份额，尤其要重点关注软件领域。

"在燃油汽车时代，中国汽车市场的产品、技术以外资导入为主旋律，用欧美用户的喜好来覆盖中国用户的需求。但是在智能电动汽车时代，汽车的电子消费品属性越来越强，市场的引领和变革将从中国开始，由中国市场去影响全世界的市场。"一家新势力车企研发高管向记者说道。

（应受访者的要求，文中李军、苏晓、李琦、吴明、赵留均为化名）

2022 年 2 月 14 日

分享链接

一、汽车大变革时代

变量2022（下）| 沧海横流，未来谁主沉浮？

唐柳杨

以354万辆年销量为里程碑事件，中国新能源车与智能电动汽车的元年在2021年开启。

站在历史性分水岭的顶端，能看到坡下的画面如沧海横流，互联网背景的造车新势力奋力前突，传统车企经历数年转身后开启大举反攻，科技公司在一旁虎视眈眈，更多跨行业的新创公司如过江之鲫纷至沓来。

智能电动车的上半场，造车新势力暂时拔得头筹。大众汽车、比亚迪等传统车企则在迎头赶上。2021年，比亚迪新能源车全球销量仅次于特斯拉排名第二。大众汽车在ID.系列在推出后，全球新能源车销量跃升至32万辆。

去年年底，丰田汽车一举展出19款电动车，首款电动车BZ系列也将于今年在中国市场投放。东风岚图、吉利极氪、广汽埃安等传统车企新创的智能电动车品牌也取得不错开局。传统汽车巨头们的全面反攻战将于今年打响，造车新势力公司的创始人经常拿诺基亚和苹果来形容传统车企与新造车公司的关系，但事实上，诺基亚今天仍然是全球第三大通信巨头——没有人可以忽视传统巨头的力量。

汽车与科技两个产业的融合与竞争进入到新的阶段。吉利明确了造手机的计划，特斯拉和蔚来汽车被曝也有造手机的打算。华为虽然宣称不造车，但深度参与小康赛力斯的产品研发，掌控了销售渠道。

小米汽车正式下场的2024年被认为是大决战的开始，相比起互联网公司，软硬件一体的科技公司不仅掌握更先进的芯片与软件技术，并且具备大规模制造与精益生产的经验和能力。

三股势力交织角力的边缘，天际、爱驰等造车新势力逐步走向衰败。他们的创始人曾经是传统车企高管中天花板级的人物，但他们创办的汽车公司如今都陷入了销量打不开局面、融资后继乏力的困境中。

未来谁主沉浮？可以肯定的是，已经迈出转型步伐的传统汽车巨头将占有一席之地，如今顺风顺水的新势力并不一定全部成功，苹果等科技公司的入局使得百年汽车工业的变革仍存在无限可能性。

大象转身

"ID. 没什么优惠，你买 ID. 不如买我们这款燃油车。"销售顾问指着旁边一款小型 SUV 向张文说道。去年年初，大众汽车前工程师张文计划买一台 ID. 电动车给夫人开，没想到进入大众品牌的 4S 店后，出现了上面那一幕。

张文感到非常惊讶。ID. 是大众汽车集团面向智能电动化转型的先行军，仅仅产品平台的投资就达到了数百亿欧元，在中国也制定了雄心勃勃的销售计划。没想到大众品牌的销售顾问却把 ID. 的潜在购买者"往门外推"。

"这是传统经销模式下非常典型的现象，内在的逻辑是经销商会主推库存高或者返点高的产品。"曾经参与大众 ID. 在华项目的人士李山说道。

其实，在面向中国市场推出的初期，不止一个用户抱怨过大众品牌 4S 店销售顾问在售卖 ID. 时的冷淡态度，虽然这在厂家看来是极度不可思议的。

作为大众汽车转型智能电动化的先行军，大众汽车在 ID. 产品上投入了巨大的资源。在开发端，仅 MEB 平台的研发成本就达到 500 亿元。在运营端，大众汽车效仿造车新势力开设直营城市展厅，合营充电服务网络，为用户提供一揽子服务。

为了提供兼顾多方利益平衡以及提供更好的销售服务体验，大众汽车采用了有别于传统经销商模式的代理制，并向代理商提供了数倍于燃油车的利润。为了增强客户的购买意向，大众还向用户提供了诸多权益，包括免费安装充电盒、提供一定额度的电费补贴、保险补贴、二手车置换补贴等。

在欧洲主战场，大众 ID. 这一套整体性的策略取得了巨大成功。在欧洲开售的第二个月，ID.3 就成为欧洲电动车的销量冠军。2021 年，大众 ID. 系列与 E-UP 累计销量约为 16 万辆，超过了特斯拉。

但是在中国，ID. 系列的开局并不顺利，初期的几个月单车销量持续为数百辆。除了部分销售顾问的"消极怠工"，大众 ID. 产品也被诟病没有高度契合用户的需求。

ID. 系列产品继承了大众汽车一贯的产品风格，优势包括三电系统与工艺、品质、操控性的领先性。ID. 系列是中国汽车市场中少有的电池实际续航大于标称续航的车型，也被誉为驾驶质感最接近燃油车，不需要用户改变驾驶习惯的电动车。

但是在中国新能源车用户更关注的电动车加速快、智能座舱体验等方面较为落后，一些客户评价ID.的车机还停留在上个时代。此外，ID.系列产品的辅助驾驶系统也较为保守，不如新势力激进。

"一般燃油车导入中国，都会进行本土化的适应改造，但是在ID.这个产品序列上，从产品定义到营销和渠道的策略，都是德方主导的，把全球的整体战略移植到中国，出现了水土不服的问题。"大众汽车一名研发工程师王武说道。

大众ID.在中国销量的反转始于去年8、9月份，ID.4X等车型的月销量逐步突破4 000辆，至去年12月ID家族产品的月销量超过1.6万辆。其中一个重要的变化是大众在华开始调整代理制，加强与传统经销商模式下触点与服务能力的融合，并在营销端实施了更多年轻化的尝试。

2021年，大众ID.系列在华销量为7.55万辆。数据虽然低于"蔚小理"，但作为大众ID.推出的第一个不完整的自然年度，这样的成绩依然可圈可点。

根据国内新能源车上险数，大众ID.自去年四季度起销量结构不断优化，上海等单一城市销量占比迅速下降。2021年，大众ID.国内上险量TOP5省市分别为上海、四川、江苏、北京、河南，销量占比53.88%，经济发达与人口大省占比与蔚来、小鹏接近，分月数据则体现出大众ID.向低级别市场渗透呈加速趋势。

渐进式改革

国内一家自动驾驶公司投资人认为，传统汽车公司并不是以市场为第一原则，而以自我认知为中心，这是造车新势力在这个阶段完胜传统车企的筹码。基于这种理念，直营模式取代传统经销商制度也是必然，因为前者能够更好地与用户直连，获取用户需求。

对于大众汽车来说，经销商的利益是其不能忽视的。在过去几十年里，大众汽车成长为全球千万辆级的巨头，靠的正是供应商与渠道商等伙伴体系性的支撑。也因为此，大众汽车转型的过程中会出现不同的利益牵绊与边界条件制约。

在ID.的渠道模式上，大众汽车首创代理制营销模式，该模式介于传统

4S店和品牌直营店之间，代理商负责ID.的展示、邀约、试驾、交付和售后，厂家负责定价、开票和车辆调度。根据服务质量和销售数量，厂家向代理商支付佣金。

和传统的经销商制度相比，代理制模式下经销商无须建库存，没有垫资和现金流的压力；厂家通过App等线上系统与客户直接发生交易关系，掌握用户数据，线下的服务过程依旧依靠经销商来完成，节约了人力与建店成本。

大众汽车期望代理制能够实现厂家、经销商与用户的三方共赢，厂家可以维系既有经销商的利益，以较低的成本实现大量网点覆盖；经销商能够分享新能源车的收益，维持价格体系的稳定；用户可以获得有别于传统渠道模式更好的服务体验。

为了规范经销商的行为，厂家在提供更高额度的销售佣金的同时，也制定了详细的考核项目，包括看车、试乘试驾、订车、交付等环节，要求店里安排新能源车的专属销售顾问，不能搭售装潢等附加产品等。一家经销商透露，如果出现三次违规行为，厂家将直接取消代理授权。

从实际运营结果来看，经销商与销售顾问出现了明显的分化，部分销售顾问不擅长销售电动车，主动性也不强，这是ID.导入中国初期销量不佳的主要原因之一。但就此去否定传统渠道模式并不正确。

在汽车行业内，特斯拉开创了展销、交付与售后分离的新能源车直营模式，但埃隆·马斯克的首选并非直营，而是在电动车处于市场教育阶段的时候，特斯拉得不到足够多的经销商的支持，直营建店是不得已而为之。而且特斯拉正有意减少一线城市商超体验店的数量，转而在传统汽车商圈建设更多传统4S店形态的网点，以提高展销和售后服务能力。

跨行业来看，无论苹果、三星还是华为等全球领先的手机公司，并未采取纯直营模式，只是给到渠道商的分成存在区别。区别来自产品是否强势，是否有很强的可替代性。换言之，主机厂是否能够直接掌握用户数据，开发出用户需要的产品是核心，产品通过谁去卖只是在不同阶段的战术选择。

站在大众汽车的立场来看，其最大的苦恼在于行业里没有一个与其规模匹配的成功案例可以去模仿，只能是摸着石头过河。在借鉴和学习新势力的做法的同时，不断地结合自身情况予以调整。

例如，南北大众最初并未设立独立的ID.事业部，通过软性协作的机制调动内部资源。2月10日之后，一汽大众设立了独立的ID.运营中心。再如，

一、汽车大变革时代

大众汽车正与华为进行商谈,据传大众汽车试图收购华为智能座舱业务部门,这体现了大众汽车不断修正、弥补短板的努力。

站在产业链与市场的角度,大众汽车最大的挑战并非渠道模式,而是传统汽车公司的供应链关系,以及全球一体化和中国需求差异化的矛盾冲突。

汽车产业变革的核心是由传统分布式执行架构升级到计算机中央大脑式架构。传统汽车在交付时是最佳的状态,随着使用时间和里程的增加状态日益变差;智能电动汽车交付时是最差的状态,然后通过数据的收集与 OTA 升级每天都在进步。

要实现持续 OTA 升级的能力,除了将软硬件解耦、把分布的 ECU 整合到中央大脑上之外,还要求主机厂具备核心技术领域的全栈自研或控制能力。大众汽车 ID. 系列虽然是智能电动车,但是在采购战略上按照传统的方式,捆绑着 TIER1 供应商做整体性解决方案,以规模和成本来取胜,很难解决产品持续升级优化的问题。

根据 Geoffrey A. Moore 提出的鸿沟理论,当创新的技术与产品进入主流市场阶段,实用主义者和保守主义者将替代早期的技术追捧者成为主力消费群体,这将是大众与丰田等传统车企的机会。

最大的变量

在软件定义汽车时代,先手掌握在科技公司的手中。

这一轮汽车革命的实质,是汽车从一个机械的分布式执行机构的集合,到计算机式中央处理器控制的移动智能终端的转变。

过去百年间,传统车企用底盘、动力总成等机械领域的积淀建立起技术的护城河,但在智能电动汽车时代,能源形式的转变让机械的门槛降低,造车新势力、科技企业们正开始侵蚀传统车企的护城河。另外,在软件定义汽车时代,传统车企在追赶科技企业软件、智能等领域的领先时,显得步履蹒跚。

科技企业的程序员们往往会比车企的工程师们更早接触软件、芯片等领域的顶尖技术,在智能电动汽车时代,汽车产品越来越接近 IT 产品,传统车企过去在软件和智能上的缺失和落后正被逐渐放大。

当下最先进的特斯拉 FSD 芯片,采用的依旧是 14 纳米制造工艺;而高通的骁龙 8 已经开始使用 4 纳米工艺。800 万像素是当下汽车摄像头的天花板,而在手机领域，上千万像素已成为标配。

去年9月，由李书福与沈子瑜共同创办的湖北星纪时代科技有限公司与武汉经济技术开发区签署战略合作协议，正式宣布进军手机领域。几乎是在同一时间，特斯拉被传正在研发一款名为Model π的手机，这款手机可以借用星链直接进行卫星通信，不需要地面通信设备的支持便能够自由上网，下载速度高达210 mbps，支持太阳能充电、超声波指纹传感器、远程控制车辆等功能，还有脑机连接功能。今年2月，蔚来汽车被曝正在组建手机开发团队。

针对汽车公司下场造手机的分析有很多，核心观点在于汽车公司需要打造移动终端的生态闭环，但实质上，这是一场针对软件人才与技术制高点的争夺。

一个显而易见的事实是，在同等营收规模下，科技企业的软件人才要远超于需要兼顾更多硬件的传统车企，在这种情况下，当手机公司下场造智能电动汽车时，在软件领域对传统汽车公司形成了降维打击。

人力上的鸿沟则更让传统车企追赶得颇为艰难。大众汽车以全球2 000多亿欧元的营业收入规模，能够支撑起5 000人的软件工程师团队。更多的车企很难靠既有的业务规模支撑起大量软件工程师的成本开支，切入手机制造，既是突破软件人才瓶颈的需要，也是进入更高级别消费电子价值链、接触更先进技术与产品的需要。

相比起蔚来、理想和小鹏汽车，华为、苹果、小米、百度被认为是真正的科技大厂。华为拥有完整的智能电动车生态链技术，百度的自动驾驶研发已经实施了9年，苹果的汽车项目被传将于2024年落地。智能电动车第三阶段的博弈，将从这个时间节点开始，而这也很可能是终局大决战的开启。

（应采访对象要求，李山和王武均为化名）

2022年2月28日

分享链接

一、汽车大变革时代

艰难六十日，中国汽车产业链如何重续？

唐柳杨

华东某创意园内，汽车配件外贸公司老板李娟和员工一起忙着清点货物。3月以来，她没有向海外客户发过一单货物。6月1日复工后，她希望能够通过加班加点追回一些营业额。

虽然一个季度颗粒无收，但李娟的笑声依旧爽朗。"事情实在是太多了，抱歉没有空招待你。"李娟说。

李娟的经历是中国汽车产业链上万家公司的一个缩影。经历长达60天的断裂之后，中国汽车产业链的上下游正处于积极的复工之中。与一个半月前相比，人员与物资的流动逐渐正常，虽然运输费用还处于高位，一些省份的物流还存在着卡点，但欣欣向荣的气象已经出现。

不过，疫情对中国汽车供应链更深刻的影响，很可能会长期存在。

"我们很多供应商只定点给一家，这是这次疫情中暴露出来的最大的短板。后续的产品当中，关键的零件我们要调整为至少两家供应商来供。哪怕成本高一些、效率低一些，也要做这种风险防范。"华东一家汽车公司战略部负责人向记者说道。

一家汽车电子公司董事长赵斌则在反思自己的扩张速度，他计划今年进入国际市场，疫情后可能会实施战略收缩，"万一现金流绷得太紧，再来一次黑天鹅事件，可就要出大问题了"。

疫情还加速了中国汽车市场结构从金字塔型向哑铃状的转变，一定程度的中部塌陷将成为今年车市新的现象。动荡之下，新能源汽车迎来最好的市场机会，单方面侵蚀燃油车份额的大幕已经拉开。

艰难的六十天

汽车消费服务平台车fans的常规业务之一是监测全国不同城市4S店客户进店量的变化，和行业协会以及车企主动披露的销量数据相比，进店量更能体现市场的前瞻变化。

车 fans 创始人孙少军首次注意到全国进店量的下滑是 2 月 28 日,俄乌冲突后第 4 天,10 多个城市进店量跌了 10%—20%。3 月中旬再度进行调研时,发现进店量进一步下跌 20%—30%。一些头部合资品牌原本日均进店量 15—20 批,3 月中旬下跌到了日均 5 批。

固然 3 月是中国车市的传统淡季,但这种跌幅也是极其罕见的。而且自 3 月份起,汽车行业的不利因素进一步增多,包括吉林疫情扩大至全省封闭、俄乌冲突后油价上涨、动力电池材料进一步涨价、新能源车开启第二波集体涨价等。

上海的汽车经销商在 3 月上旬就已经感受到变化,多家经销商告诉记者,3 月 8 日开始,店里陆续就有员工因为社区出现阳性病例、小区封闭而不能前往公司上班;也有经销商由于所处的街道阳性病例较多,道路封闭,虽然没有关门营业,但实际上已经没有客户上门看车和保养。

到 3 月下旬,上海疫情形势加重,上海汽车经销商客流下滑或闭店的情况增加,市场的悲观情绪扩散到上海周边省市。

苏州特斯拉体验店一名销售顾问表示,3 月底该店的客户开始下滑,到 4 月中旬进店量从日均 20 批左右下滑到只有几个批次。苏州当地其他品牌的经销商也大多在同一时期遭遇了进店量的快速下滑,部分品牌到店量下滑幅度更是达到 70%。他们分析原因是消费者认为疫情会蔓延到苏州,对收入前景感到担忧,暂缓了大宗消费品的支出。

今年 4 月,浙江省温州市汽车上牌量掉头直下至 10 505 辆,环比下跌将近 50%。燃油车与新能源车 4 月份环比跌幅惊人的一致,均在 50% 左右,显示下滑的主因并非新能源车订单提前释放所致,而是整体景气度的降低。

汽车消费下滑以疫情重灾区为中心扩散,是两年前武汉疫情时所没有的特殊景象。4 月上海汽车终端销量为 1 143 辆,同比下降 97.2%,环比下降 97.9%。毗邻上海的江苏、安徽和浙江三省汽车销量,环比 3 月份分别下滑 49%、48% 和 45%。再外圈的河南、湖北、江西和福建的情况则明显略好,下滑幅度分别为 31%、27%、28%、23%。

外界通常认为 4 月份全国汽车销量下滑的主要原因是供应链中断,各大汽车主机厂产量下滑所致。但事实上,多数汽车经销商都至少备有 1.5 个月以上的库存,即便主机厂停产 1 个月,终端也不至于无车可卖。因而更重要的原因是消费信心不足。

4月，终端价格一向坚挺的丰田、本田也加入了价格战的行列。武汉一家丰田4S店总经理表示，4月以来市场端下滑严重，客户流量剧降。当前的防疫在一定程度上影响到居民消费的复苏，客流量与销量下滑反映出的是居民收入没有得到充分恢复。

"最大的不安来自对未来的不确定性，我个人也是这种状态。"他说道。一个佐证是汽车贷款比例的下滑，多个城市的经销商表示近一段时间汽车金融渗透率快速下跌，他们认为这反映了消费者未来两到三年收入预期的不确定。

身处上海的经销商，经历了无比煎熬的两个月。封控期间，上海4S店集体关门停业，部分4S店在3月中旬就已经闭店，或者因为周边道路封闭、周边社区封闭实质上闭店。虽然经销商努力通过直播、电话回访等方式联系客户，但普遍收效甚微。

一家合资品牌4S店总经理告诉记者，该店4、5月订单数为零。大众、丰田、奥迪、长城等品牌4S店一线销售顾问表示，4、5两个月该店订单数为个位数。封控期间，多数4S店按照最低标准给员工发放3 000元的生活保障性工资。一些4S店由于现金流短缺，暂停了员工工资发放。

比亚迪是上海车市封控期间难得的一抹亮色。比亚迪王朝网和海洋网多家4S店一线销售顾问告诉记者，4、5月依旧不断有客户通过小程序下单。截至5月27日，海洋网销售顾问汤斌当月已经签了17个订单，他的同事少的也能签10个订单，整个店5月份签单量预估在100辆左右。

与同行相比，比亚迪销售顾问要幸福很多，他们4、5月普遍能拿到6 000—8 000元左右的工资。除了基本工资之外，他们还能拿到一笔签单奖金。如果销售顾问能够说服客户提前付足全款，4S店也会发放对应的交车提成。

需要正视的是，虽然封控期间比亚迪经销商的表现普遍优于其他品牌，但疫情对它们也产生了重大冲击。

比亚迪王朝网一家店总经理王君原本计划今年交5 000辆车，目前他预估只能交2 000辆左右。原因一是4、5月份订单和之前相比萎缩了80%左右，二是疫情导致PHEV车型的购车热潮推迟两个月到来，这也意味着减少了两个月的销售机会。上海将在12月结束对插电式混合动力汽车的绿牌政策，他们在11月初就不能继续收取插电式混合动力汽车的订单，在最后两个月集中精力完成交付工作。算下来，今年将有将近6个月属于非正常营业状态。

也因此，他对今年交车数量作出了下跌超过50%的悲观预测。

疫情前没有太多订单积累的经销商，面临的是库存和现金流的压力。上海一家自主品牌4S店总经理童健告诉记者，正常情况下该店每月销售收入3 000多万元，售后产值200多万元。停业两个多月，每个月的亏损在100万元左右，这还是在员工只拿基本工资的前提下。

一些隐形的亏损要在疫情后逐步体现，比如库存车辆。该店封控前有200辆库存车，平均库龄为1.5个月，到6月1日复工库龄将变成4个月。如果说复工两个月后才把车卖掉，库龄就延长到6个月。

"消费者买车也看库龄的，库存时间长的车要给出更多折让才能卖出去，这是一笔无形损失。"童健说。

在4S店的流动资金中银行承兑占比较高，两个月时间没有现金流入，不少复工后马上就要偿还银行现金。上海市汽车行业协会称，封城期间大部分经销商库存面临着先期进货后的库存压力，财务成本的陡然增高，更有经销商的资金链出现了断裂的风险。

"银行还款的压力，现金流的压力，商品库存周期的压力，未来预期不好的压力，员工的稳定性压力。我们要降成本，但是好的员工还要留下来，不好的员工要淘汰，这些都是压力。"童健说，对企业来说，最可怕的是现金流的枯竭，不敢想今年的整体盈亏，只能想活下去。从目前的情况来看，整个社会的流动减少，生意的机会变小。

上下游共此凉热

对汽车市场变化同样敏感的，还有上游企业。尽管车联天下董事长杨泓泽提前一个月就做好了多地驻场开发、集中办公的准备，但还是遇到了许多意想不到的状况。

车联天下是一家集产品、设计、研发、制造、服务及运营为一体的座舱域控制器领域的汽车科技公司，成立于2014年。2020年，车联天下总部迁往江苏省无锡市，并在当地建设了制造基地，研发中心则位于上海，合作伙伴包括博世、长城、比亚迪、吉利、广汽等。

"在新的汽车电子方向上，以上海为中心的苏浙沪是绝对龙头，要想在下一步赶上风口，华东是最好的选择。"杨泓泽说。这是他把车联天下在2020年从北京（总部）和深圳（工厂）迁移到华东的核心逻辑，却也在这次疫情遇到

一、汽车大变革时代

了始料未及的挑战。

3月初,车联天下上海研发中心不断出现员工因小区封控无法到岗的情况。出于对疫情的担忧,杨泓泽提前把团队兵分几路,一部分从上海研发中心调到无锡总部,三路派往广州、宁波杭州湾和保定,驻扎在客户工厂协同开发。还有一路计划在4月份派去深圳驻扎在比亚迪研究院,由于疫情缘故没能成行。

3月中旬,杨泓泽带着留守的上海研发团队提前集中到酒店隔离办公,严格按照防控要求,足不出户。其间酒店被征用,他们不得不换了三次酒店。

4月份上海进入静默期,他们又遇到了生活物资断供的情况。除了积极自救外,吉利、奇瑞、广汽、长安等合作伙伴想方设法帮车联天下筹集生产物资和生活物资,长安汽车总裁王俊还给杨泓泽送来慰问卡。无锡市经开区政府也多次帮助协调物流车通行证,直接从无锡运送生活物资到达上海酒店,再分送到各个员工家里。

疫情封控对车联天下的生产、研发、保供、交付带来了很大的影响。车联天下的上游是芯片公司、电子元器件公司、结构件公司、软件开发服务测试公司等,供应商集中在上海、常州、苏州,不少供应商员工出现了阳性病例,几乎整个公司被隔离。车联天下在2—3月份提前出货到客户的库房,很大程度上缓解了4—5月份的供货困难,当然成本也是非常高的。

汽车产业链的首个特点是"长",一家整车企业上游往往是上千家一级供应商,一个环节的中断,会导致整车企业的生产经营节奏受影响。比如上游的车联天下如果产品开发周期拖延两个月,下游的整车企业产品量产时间就会推迟两个月,这是一个链式反应。

"从我的影响上来讲,在现在的情况下已经是做得最好了。虽然效率降低了70%,成本增加了50%,但是项目进度基本上维持在80%的状态。我很难想象上海的多数企业也能做到这样。"杨泓泽说。

一家造车新势力高管告诉记者,封控期间他特别焦虑。"企业本来就处在生死一线间,这两年新能源车的市场特别好,对我们本来是一个机会。新的产品加上IPO的规划,会缓解资金和资源的压力。但是60天的暂停,把所有的东西打乱了。快要执行的规划推倒重来,前面做的都是无用功,没有成果。我很心痛。"他说道。

封控期间虽然每天开线上会议,但远程办公的效率较集中办公低很多。

虽然家里有人做饭，但有些时候也吃不上饭，因为工作时间虽然拉长了，但效率降低了。

半导体公司所受的影响更大。上海一家芯片设计公司高层李明告诉记者，芯片设计出于商业泄密的考虑，通常会采用专用设备和专用软件，由不同的工程师分工写代码，完成后合到一起进行测试。如果出现 bug 就立即查找，当日事当日毕。

但居家办公后，整个流程变得更加复杂。李明告诉记者，设计人员居家办公只能测试自己的部分，代码合并起来还能不能跑通没法测试。如果有 bug，居家办公环境下很难查出来，错一个环节，整个项目都得推倒重来。bug 不能及时挖出来就会越来越多，周期越推越长。

"哪怕退一步，公司允许员工把专用设备搬回家，也只能搬回一个人的家。以前在公司里面通过局域网传输，现在是宽带互联网，不安全，而且很慢。以前几个人一天能干的事，现在几个人一个星期都干不了。芯片设计最宝贵的就是时间，时间拖得久，竞争对手就起来了，一步领先，步步领先。"李明说。

他解释说，如果竞争对手先于自己完成产品设计、流片、下线和客户导入，竞争对手就具备了更大的资金与成本优势。随着量产导入和技术升级，竞争对手各方面的优势会进一步扩大。即便自身完成量产准备，客户也不会轻易更换供应商，因为重新导入会发生巨大的时间成本、人力成本和资金成本。

"别人做出来后，你是赶超不了的，你要赶超的话就得覆盖客户切换供应商的成本，做一片亏一片。而且周期那么长，一般的企业都负担不起。"李明说。

王武是上海一家一级汽车零部件公司业务部门的管理层。上海静默之前，该公司就组织了上百名员工驻厂封闭生产，初期的产能只有正常情况下的 10%—20%。封闭生产的代价极大，原材料、物流和员工生活开支成本都接近于翻倍，而给到客户的成品价格却没有变化。

举例来说，一辆 9.6 米的货车从上海运到山东，正常情况下的运输费用是 5 000—6 000 元，4、5 月运输费用在 1 万—1.3 万元，至少翻了一倍。更贵的是上海市内物流，一卡车的运费报价往往高达 6 000 元，比疫情前涨了 10 倍不止。迄今为止，物流成本虽然有所降低，但仍相对处于高位。此外，一

一、汽车大变革时代

些省市的高速公路依然存在卡口，外地物资不能顺畅地流入流出。

"我们必须接受这个损失，尽力去保证重要客户的供应。因为一旦客户开发二供，以后不要我们或者减少了我们的份额，损失会更大。"王武说。

4月19日之后，保供的压力陡然增加。因为王武所在的公司在上海第一批白名单上，客户想当然地认为他们能够迅速地恢复生产。但问题在于提供物料和零件的二级、三级供应商还处于封控状态，物流没有完全通畅，工人返回工厂的进度也非常缓慢。

不得已，王武以及公司总裁、副总裁等高管都搬进工厂打地铺。"虽然我们进工厂不能直接提高产量，但是当客户打电话的时候，我们能更快、更准确地告诉他项目的进度情况。让客户知道我们在尽一切努力，全心全力地保供。"王武说。

6月1日后，公司产能恢复到60%—70%，但是供应商产能还未完全恢复，王武猜测6月15日恢复到正常水平已经非常乐观。

"一些规模小的汽车零部件公司，可能撑不下去了。"上海奉贤一家汽车配件公司老板陈光说道，由于规模较小、零部件可替代性强，此次疫情他们遭受的不仅是经济损失，还极有可能彻底地失去一些客户。

闵行一家外贸汽车配件企业则经历了接近一个季度的颗粒无收。今年3月份时，外地供应商由于当地疫情无法向上海发货；等到外地公司可以发货时，上海却收不了货。

"我们工业园不具备封闭生产的条件，员工没有住宿的地方，也不能洗澡，达不到申请复工的条件。3、4、5三个月，我们没有往海外发过一批货。"公司老板李娟说道，连续三个月颗粒无收还要支付房租、工资，如果再不复工，企业就面临倒闭风险，那是比疫情更恐怖的危机。

逻辑发生变化

"今年供应链特别辛苦，疫情跟芯片问题叠加在一块。要想各种各样的办法去更换零件、通过验证、赶上进度。"一家汽车电子供应商董事长赵斌向记者说道。

以前汽车供应链管理追求严丝合缝，以成本和效率为导向。现在遇到最大的问题不是产品和技术有多好，而是能不能生产出来。所以，新的供应链要求是做到快速灵活地反应，保证稳定供应是拿到客户的第一要求。

赵斌公司的工厂位于江苏，上海和西安设有研发中心，重庆、长春有分公司。原本赵斌觉得公司人员比较分散，沟通成本很高，没想到疫情下反而成为优势。去年年底西安封城，上海研发中心承担了不少开发工作。

安徽一家汽车公司市场部部长告诉记者，"一品几点"是该公司管理层在疫情期间讨论最多的问题，除了生产基地要分散外，零部件也要新开二供或者三供，而且供应商的工厂不能集中在一个城市或者省份，对风险防范的考虑重于对效率的考虑。

"大家在形成一些趋势，除了生产基地和供应商的分散外，在应用国外一些零件和技术方案的时候，也会特别小心。比如芯片，整车厂会对不同国家的芯片划分不同的风险等级，除非实在没有可替代的，才用第一个风险等级国家的产品。"赵斌说。

过去两年，赵斌逐步加大了国内芯片的采购力度。相比起外资芯片，部分国内 SOC 和 MCU 芯片存在成本高、技术不成熟、质量不稳定以及服务能力不够等缺点。

"国内芯片用起来比较困难，因为芯片的应用除了产品之外，还要软件和系统进行适配，在不同场景下的应用要做很多的验证，才能提供好的支持。海外公司在这方面的经验很丰富，解决问题的速度很快。国内芯片公司资源和能力相对有限，他们也需要工具和 Know-How 的积累。"赵斌说。

但即便如此，赵斌以及他认识的其他汽车零部件厂商都在加大国产芯片的采用力度。在他看来，这已经成为行业最近两年的新共识。

"这是中国汽车行业和汽车电子行业的痛苦，我们"新四化"（电动化、智能化、网联化和共享化）的创新走在前面了，但身子（应用）还没跟上。我们一方面还要用进口的芯片，一方面也要给国产芯片的机会。即使成本高，不好用，也要去培育它们，否则，未来命运掌握不住。"赵斌说。

国内市场布局接近完成后，赵斌开始考虑海外客户的拓展。疫情发生后赵斌有一些动摇，开始反思自己是不是扩张速度太快、现金流崩得太紧，如果再遇到一次黑天鹅事件还能不能扛得住。不同的防疫政策是一个现实的障碍，向国际客户配套必须要派员工进入客户的国家，做现场化的沟通、协调和开发。在如今的局势下，配套海外客户的进程变得不可控，加大了商业拓展的难度。

对整车企业来说，国内市场的下滑更加凸显了全球化布局的重要性，但疫情给中国汽车的出口还是带来了不小的麻烦。

"转向器、座椅、芯片ECU、轮胎、轮毂、全方位的缺货，许多车缺件就下线了，等零件到之后补装。4月份公司宣布产量下滑30%以上，这是把缺件的车装进去了，如果不算的话，要超过50%。"一家自主车企海外事业负责人吴超告诉记者。

去年年底至今国内多地发生疫情，今年1月份起该公司的产量就受到影响，响应也影响了出口数量。今年1—3月，该公司只能满足50%的订单，4月份订单满足率更是下滑到30%。

更令他担忧的是欧洲市场窗口期的关闭。欧洲新能源汽车市场的快速增长和欧洲车企相对较慢的转型，给予了中国车企进入欧洲市场历史性的窗口期。但是突如其来的疫情，却遏制了中国车企进军欧盟的步伐。

"一些品牌已经30多天没有往欧洲发运过车辆了，大规模的影响会在7月份显现。到那个时候，我们在欧盟传统的性价比高和交车周期短的优势，将会变得不明显或者消失，其他的短板会放大。"吴超表示。

动荡又充满划时代意义的一年

两年前武汉疫情封控结束后，中国奢侈品和汽车行业曾迎来一轮"报复性消费"，汽车行业尤其以豪华车的销量增幅最大。上海疫情封控后会否再次发生汽车的"报复性消费"？在中央与地方汽车消费刺激政策出台前，行业总体判断比较悲观。

本轮疫情的首个显著特征是发生地点在超大型城市群，经济体量与购买力很大。其次是奥密克戎病毒的扩散性远比2020年年初的新冠病毒更快，疫情呈多点散发态势，对经济生活的影响时间更长。再次是武汉虽然也是中国重要的汽车产业基地，但武汉疫情对汽车供应链的影响相对有限，并未对全国汽车产能产生重大的冲击。最后是环境发生了变化，过去两年里，中国汽车行业先后经历了缺芯、原材料上涨、油价上涨等多重不利因素，整体上呈现供需双紧。

参考发生过疫情封控城市的经验，在当地解封以及出台汽车消费激励政策后，市场普遍经历了一个季度到半年才恢复。以武汉市为例，武汉市于2020年4月解封，车市明显恢复是在7月份。2020年武汉市汽车销量为31.9万辆，同比2019年下滑了13%。2021年武汉市汽车销量为35.8万辆，尚未恢复到疫情前的水平。

疫情封控前后武汉市汽车消费的另一个变化,是疫情封控前首购群体居多,疫情封控后则变成增购群体为主,从增量来看,集中在10万元以下和20万元以上。此次上海疫情封控后,周边城市的汽车消费特征则变成了增换购群体延缓购车行为,新购群体在一个时期内成为到店客户的主力。

2018—2021年,中国车市的消费重心实现了由首购主导向增换购主导的转型,2020年增换购占比达到60%。一方面,增换购群体延缓购车,导致整个市场动力不足,这是4、5月全国汽车销量大幅下跌的主要原因。另一方面,虽然新购群体进店量增加,但从调研来看,新购群体普遍存在"降级消费"的特点,比如最初考虑购买豪华车的,最后选择的是一台大众燃油车。

如果这种趋势延续,中国汽车市场将出现某种程度的"中部塌陷"——处于市场主力的中间价位段市场增长乏力,汽车消费降级与升级同步发生,市场结构由过去的金字塔型往哑铃状转移。对于二线合资与二线自主品牌来看,这将意味着又一次剧烈的洗牌。

今年购置税减征范围从以往仅补贴1.6 L以下排量燃油车扩大至2.0 L以下排量,被外界认为是为了激发占据主力的增换购群体的购买欲望。5月以来,中央与地方出台力度空前的汽车消费刺激政策。与2009年、2015年两轮"汽车下乡"相比,今年的汽车消费刺激政策具备三个显著的特点。

其一是多级叠加,除了中央购置税补贴外,省、市以及部分城市下辖的区也出台了相应政策,这些政策可以叠加使用。以深圳市为例,当地新购符合条件的新能源车可以享受中央财政购置税减免、广东省新能源车综合补贴8 000元、深圳市1万元补贴,以及部分区5千至1万元不等的补贴,粗略估算叠加之后的优惠不小于3万元。

其二是购置税减征范围更大,此前两轮购置税减半仅针对1.6 L以下排量的乘用车,今年扩大到2.0 L排量。参考2021年中国汽车消费结构,1.6 L排量以下燃油车销量占整体比重约60%,2.0 L排量以下燃油车销量占整体比重为87.94%,政策可以惠及更多以及相对购买力更强的人群。

其三是本次政策实施时间短,中央购置税减半与地方刺激政策的有效期通常都为半年,此前的两次购置税减半政策有效期分别是1年和15个月。时间缩短会增加消费者的紧迫感,刺激尽快去实施购车行为。

一家头部合资车企销售部部长告诉记者,他认为今年6月和四季度汽车

一、汽车大变革时代

销量实现正增长没有悬念，4、5月挤压的需求会在6月释放，叠加政策出台首月，推动观望人群加速实施行动，并能够带来新购群体的增量。四季度因为处在政策结束的阶段，也是往年汽车消费的旺季，预计也能实现正增长。较为担忧的是三季度，如果经济和收入复苏不达预期，这一时期汽车消费增长会缺乏动力。

5月19日，当国内媒体披露"汽车下乡"政策将出台后，封控城市之外的市场普遍回暖，进店量出现整体性的快速上涨，这表明长期观望的客户重新思考买车。5月31日购置税减半政策落地后，进店量和电话咨询量进一步上升。

但是孙少军认为，即便有如此多的刺激政策出台，"报复性消费"出现的概率不大，汽车市场结构由金字塔型向哑铃型转移的趋势也不会改变。

"整体社会防疫并没有缓解，尤其是几个核心城市群，包括京津冀、江浙沪、大湾区、川渝区、武汉经济集群，主要的消费市场流动性不足。北京、上海最近有明显的松动，这是一个好迹象，但是全国来看受疫情封控影响的城市太多了，没有办法把所有的购买力都刺激出来。比如以前的购买力是10，疫情导致降到4，刺激政策会让4提高到6、7或者8，但没有办法恢复到10。"孙少军说。同样，车联天下的杨泓泽认为，恢复疫情后秩序容易，恢复消费者信心难。

本次疫情期间呈现的第二个市场结构的变化是"赢者通吃"，马太效应进一步强化。无论是在疫情封控下还是刺激政策出台后，头部强势品牌的到店量大幅领先于二线品牌。此外，日系品牌由于一贯的省油、低故障少的车主口碑，到店量与销量表现优于其他合资品牌。这背后体现的是市场动荡阶段，消费者的避险心态加重，购车时更加关注品牌、质量口碑和保值率等要素。

新冠疫情、俄乌冲突等多种原因催生的第三个变化，是新能源车逆转燃油车的进程加速。此前行业内普遍预测新能源车市占率将在2025年达到20%—25%，在2030年达到50%。今年一季度，我国新能源乘用车市占率已经达到24%。4月份，在乘用车销量整体下滑35.5%的背景下，新能源乘用车销量同比增长78.4%，市占率达到27.1%，同比提升17.3个百分点。

疫情前后不同汽车品牌订单与销量增减的差异，也验证了这一点。今年3月密集涨价后，蔚来、理想、小鹏手中普遍握有3个月以上的未交付订单。5月各地政策出台后，它们的订单普遍恢复到3月涨价前的水平。同时期多数燃油车品牌的意向客户虽然有明显增加，但订单恢复速度相对更慢。

　　汽车交强险的数据显示，5月上半月，全国乘用车上险量为51.12万辆，同比下滑27.75%。以燃油车为主的汽车品牌上险量普遍下跌30%—50%，跑赢大盘的主要是新能源汽车品牌。如当期国内上险量第一的一汽大众销量下跌34.54%，比亚迪却大涨130.39%。

　　俄乌冲突后油价持续高涨，也对客户购车决策产生影响。电动车保养价格和使用成本低更加深入人心。因此，有业内人士认为，即便出台了普惠性的燃油车购置税减免政策，也无法阻挡客户更加倾向于购买新能源车。此外，本轮地方汽车刺激政策呈现出明显的新能源车导向，这会加速汽车消费结构向新能源车的转移。

　　"今年是充满动荡又具备划时代意义的一年，对于新能源车来说是又一个里程碑式的年份，新能源车单方面侵蚀燃油车市场蛋糕的时代已经开始了。"一家合资车企营销高管说道。

　　（应受访对象的要求，文中李娟、李明、王君、童健、赵斌均为化名）

2022年6月7日

分享链接

一、汽车大变革时代

技术革命的浪潮剧烈地冲刷百年汽车工业的城墙。在可见的当下，传统汽车公司的重组与洗牌正在发生，并且在不远的未来会愈演愈烈。另一边，新生的跨界而来的汽车公司、新的业务模式如雨后春笋般地诞生。造手机的来造车，造汽车的开始造手机。旧公司不断湮灭的同时，废墟上一片生机盎然。"湮灭与新生"栏目持续跟踪报道汽车行业百年未有之变革下，湮灭与新生的故事。

造手机的来造车，造汽车的开始造手机 | 湮灭与新生

魏　文　武子晔　肖逸思　唐柳杨

今年5月，仍在百度供职的朱峰接到了一通猎头的电话，对方直言希望他能够去蔚来，"薪酬好商量"。朱峰告诉第一财经记者，从开始工作以来，他基本专注于手机App前端的开发，突然收到一个车企的邀请，让他倍感意外。

吉利汽车在手机领域的布局更早。2021年9月，吉利汽车董事长李书福就和亿咖通董事长沈子瑜共同创立了星纪时代科技有限公司（下称星纪时代），今年7月，星纪时代收购珠海魅族科技，成为行业的重点事件。

中国最大的国有汽车集团也在摩拳擦掌。上汽集团技术管理部副总经理沈浩明透露，手机厂和汽车厂商进行合作是大趋势，上汽集团正在思考策划与手机制造商的深度融合。

手机行业的老兵们看到的则是手机、车机、XR（穿戴设备）三个高频产品融合的巨大赛道机会。星纪时代CEO王勇认为，手机行业已经进入了寡头时代，未来10年，汽车的智能化、网联化会成为万物互联最大的引擎。

手机和汽车虽然都是工业产品，但两个行业的差异如同鸿沟般巨大。差别不仅仅在于消费级和车规级对于产品各项性能指标的区别，还包括上百年来形成的思维、经验、流程、体系以及与之对应的文化差异。

当两个行业的人相遇时，会经历哪些碰撞、磨合？汽车公司进军极度内卷的手机行业，究竟是降维打击还是巨大的冒险？

"摩尔定律已经结束"

2022年年初，张向荣放弃了三星终身员工以及前往韩国总部工作的机会，加入星纪时代，这是一家以手机和XR为核心业务并致力于实现融合智能化体验的新公司。

放弃跨国企业的终身员工身份，加入一家全新公司，无疑是一次职业冒险。张向荣和星纪时代的双向面试"拉扯"经历了三四个月才最终定下来。"我对只做手机没有太大的兴趣，想做更复杂的产品。星纪时代的主线是做手机、车机和XR，以及和这些相关的智能化设备，可以发挥的空间比较大。"

张向荣只是手机行业涌向汽车公司或汽车关联公司大军中的一员。过去5年来，中国智能手机的出货量持续下滑，手机产业从群雄乱战进入到6家公司占据超过90%份额的寡头时代。到2020年，中国智能手机的出货量跌至3亿台的平台期。

与此同时，手机的技术更新与迭代更加缓慢，"挤牙膏"式的产品创新逐渐成为常态。就在上周，英伟达创始人兼CEO黄仁勋在接受媒体采访时说："以类似成本实现两倍业绩预期已成为过去式，摩尔定律结束了。"

在此背景下，头部手机公司纷纷收缩产品序列，优化人员，人才流出。另一方面，随着汽车技术革命的推进，汽车公司开始注重芯片、软件、操作系统的自研，并在去年开始反向入侵科技公司的大后方。

2021年9月，李书福与沈子瑜共同创办了星纪时代，正式进入手机制造领域。今年7月，星纪时代宣布战略投资魅族科技，进一步加速手机业务的扩张。原中兴通讯高管王勇、华硕手机业务高管周勇相继加入星纪时代，分别担任CEO和分管产品的副总裁。

与此同时，蔚来手机业务的进展也陡然加速。李斌不再提"内部正在研究"，而是在今年8月4日注册成立蔚来移动科技有限公司，注册资本1亿美元，法定代表人为秦力洪。8月，美图移动高级副总裁易炜已加盟蔚来手机团队，担任软件部门负责人。

记者梳理招聘网站信息发现，目前蔚来正在招聘安卓系统工程师、安卓Wi-Fi软件工程师、Camera软件算法工程师等职位。其中，相机软件算法工程师要求熟悉 HDR、多帧降噪、夜景增强、超分辨率、美颜等算法原理和方案设计。

"现在造出手机不难,但造一台好用的手机还是很有挑战的。蔚来目前要做的事情很简单,就是给蔚来用户造一台好用的手机,而且每年就开发一款手机,像苹果那样。"李斌说。

上汽集团技术管理部副总经理沈浩明此前也表示:"手机和车的联合,随便哪个企业一讲出来都会引起媒体关注。随着汽车的进化,手机厂和汽车厂商进行合作是大趋势,上汽集团也在思考策划与手机制造商的深度融合。"

车企为什么要造手机?一家科技公司高管向记者表示,科技企业的程序员们往往会比车企的工程师们更早地接触软件、芯片等领域的顶尖技术。当下汽车产品上最先进的特斯拉 FSD 芯片,采用的依旧是 14 纳米制造工艺;而高通的骁龙 8 已经开始使用 4 纳米工艺。800 万像素是当下汽车摄像头的天花板,而在手机领域,上千万像素已成为标配。

在智能电动汽车时代,汽车产品越来越接近 IT 产品,传统车企过去在软件和智能上的缺失和落后正被逐渐放大。人力上的鸿沟则更让传统车企追赶得颇为艰难。大众汽车以全球 2 000 多亿欧元的营业收入规模,能够支撑起 5 000 人的软件工程师团队。但更多的车企很难靠既有的业务规模支撑起大量软件工程师的成本开支。

一个显而易见的事实是,在同等营收规模下,科技企业的软件人才要远超于需要兼顾更多硬件的传统车企,在这种情况下,当手机公司下场造智能电动汽车时,在软件领域对传统汽车公司将会形成降维打击。

因此,切入手机制造,既是突破软件人才瓶颈的需要,也是进入更高级别消费电子价值链、接触更先进技术与产品的需要。

此外,车企绝大部分的利润和收入来自硬件,软件收入相对于汽车销售几乎可以忽略不计,而手机公司的盈利模式截然相反。举例来说,软件供应商进入手机系统需要向手机公司付费,但是汽车公司需要付费给软件供应商,才能让软件进入汽车的车机系统。

"汽车公司拥有大量的用户,但是这些用户几乎没有被激活,在软件上也没有变现。从手机的功能机到智能机、再到现在移动互联时代,车企也发现需要建设起软件生态。"星纪时代副总裁周勇说。

双向壁垒

上周,采埃孚工程师张可把刚买到的 AITO 问界 M5 开到公司,兴奋地向同事展示起问界 M5 的智慧座舱,还反复演示华为 Mate 50 和问界 M5 鸿蒙车机之间的信息互传。

在被问起为什么不买采埃孚的客户,如奔驰、宝马的车型时,张可说,他是一个"花粉"(华为粉丝),手机、智能家居等都选择了华为,AITO 问界只是他华为"全家桶"中的一个组成部分。

类似张可的购车案例,很可能是未来的消费趋势,也引发了车企的警惕。麦肯锡的研究报告显示,中国市场消费者更在乎智能化上的体验,超过 80% 的中国消费者认为自动驾驶和智能互联功能对他们而言非常重要。

今年 7 月,苹果公司发布了新一代 CarPlay,苹果工程经理艾米丽·舒伯特(Emily Schubert)提供了一组令人震惊的数据:美国 98% 的新车都安装了 CarPlay,79% 的美国买家只购买支持 CarPlay 的车辆。

艾米丽·舒伯特在演讲中展示了与 CarPlay 展开合作的诸多品牌,值得注意的是,宝马、特斯拉等全球性公司并不在其中。

"苹果的 CarPlay 让很多的汽车厂非常忌惮。使用 CarPlay 能提升消费者体验,但等消费习惯培养出来了,苹果再推出一个车,那用户为什么不去买苹果车?"周勇表示。

苹果从特斯拉、福特等车企挖角了多位高管,加盟造车的"泰坦"项目。小米在官宣造车后,也招揽了于立国、周钘等原车企高管。手机公司和汽车公司之间双向攻防的同时,也有着双向的壁垒。

李斌在和用户交谈中曾直言:"苹果现在对汽车行业很封闭,比如蔚来第二代平台的车标配 UWB,苹果不开放接口,搞得我们很被动。想一想,如果到 2025 年,苹果公司真发布了一款车型,而蔚来的用户中有 60% 或更多的人使用苹果手机,那么蔚来就完全没有防御能力。"

因此,李斌表示如果蔚来不造手机,"就等同于把车钥匙交到了别人手上。"

也有手机从业人员告诉记者,汽车公司对手机公司也存在壁垒。比如说车主在汽车上有 ID 账号,在手机上也有 ID 账号,现在汽车和手机的 ID 几乎都是不能打通的。尽管汽车用户的 ID 账号的使用频次很低,它们也不愿意和手机企业共享以及开放接口。

有一个解决方案是开发一个与汽车适配的手机 App，但星纪时代 CEO 王勇指出，三方软件系统的体验比不上底层协议打通的原生系统，这其中不仅涉及车企是否愿意开发，还涉及安全，如果不是在汽车研发的前期介入，很难实现底层的打通。

"随着智能手机出来以后，大家发现对软件系统要求极高，因为软件不仅仅让手机本身良好运行，还要适配大量的应用去对接各种智能家居产品，不像原来功能很单一。现在汽车也是一样，那么多传感器、执行器，没有一套好的系统去管理它们，没有办法很好地去运行。所以必须要自研，用叫'外卖'的方式是不行的。"王勇说。

而且，汽车对安全性的要求极高，车企很难轻易开放给没有紧密联系的厂家，好比在家里来了一个不是很熟悉的人一样，会很紧张。此外，还涉及数据隐私的问题，随着互联网的大发展，数据会成为越来越重要的资产。

王勇表示，从智能手机替代照相机、MP3、MP4、导航的经历来看，高频使用的产品替代低频使用的产品是产业的趋势，未来一定是融合而不是单品。这是未来一个可见的变化，由于多设备融合技术的发展，越来越多的公司将会既做手机又做汽车。智能手机行业积累的人才、服务、体验和生态，会快速地移植到汽车上来，而身处其中的公司，会像苹果一样做垂直一体化，实现沉浸式的体验。

"移动互联网、车联网还有物联网，这三个网早晚要融合。目前移动互联网和物联网已经被小米、华为等移动互联网企业整合得差不多了，传统的家电厂几乎没有还手之力。车联网暂时还没有这些科技企业整合，造车本身的门槛很高，小米做智能家居，可以投很多生态链企业，但是造车投资动辄上百亿元，根本不是一个量级。"周勇表示。

当离开上一家公司时，他就决定不再只从事手机制造行业。"未来 10 年，汽车的智能化、网联化会带动科技公司一直想做的万物互联，成为强大的引擎。"周勇说，星纪时代造手机也是一样，核心不是为了造手机，而是为了打造多设备融合的方案，"不要把我们理解成造手机的公司，手机只是其中的一个形态。"

碰撞与冲突

从手机行业进入汽车行业，多名受访者的第一个感受是"慢"。

"节奏差异比较大，车企太慢了，走得慢走得稳。过去我们做手机，旗舰机的开发周期也就1年，改型机半年，极端情况下改型机的开发者周期只有3个月。汽车的开发周期往往是3年，有些车型的开发周期要到5年。车机几乎不太升级，要反复地验证和测试，等产品出来的时候，和最新的技术比至少落后了一代。"从手机行业跳槽到车企的赵明向记者说道。

赵明称他能理解车企谨慎的原因，汽车上增加任何一个产品、功能，都要考虑到很多安全的因素、供应链交付的因素。手机如果出了故障，无非是退回厂家换一部新手机，汽车出了故障人命关天，"我们能理解，但还是需要适应的过程。"

与手机公司相比，车企人员的思维更"偏硬件一些"，手机越来越像算力中心，软件的价值越来越明显。就像苹果从来不认为自己是硬件公司，手机只是用来实现生态的工具。而车企绝大部分盈利来自硬件，这决定了它们和手机公司人才的思维差异。

"传统车企如果不作出改变的话，效率相对会低一些。我们看到一些汽车公司正在做出改变。"赵明说。

科技公司对汽车工业的另一个冲击，还在于成本、开发理念和模式的底层逻辑不同。传统汽车公司做一个产品要核算成本、测算市场，尽可能地把产品线铺满。科技公司讲究针尖刺穿效应，围绕核心几款产品，追求单品爆款。

小米等手机公司习惯于C2B模式，即订单拉动式生产，通过预售制和快速动态响应的供应链响应客户需求，降低需求变动带来的影响。

一位供应链人士分析说，C2B预售模式使得小米在供应链的资金流上得到保障，订单信息拉动生产，以需求信息集约化来组织供应链运营，对小米而言，实现的几乎是"零库存"，每一动态的库存都属于客户。

订单拖动式生产是所有汽车公司的终极梦想，能够极大程度地减少中间环节的浪费，大幅提升经营质量。但现实中除了丰田汽车，绝大多数车企都无法做到极致的精益生产，更多采取的是计划式做法，通过规模来降低成本和提高竞争力，当销量规模扩张受阻时，为了维持上游的低成本会通过向下游匹配更多的促销费用、压库的方式来达成既定目标，这是汽车行业长期以来的矛盾冲突。

"大部分车企并不是生态的参与者，它们还是喜欢用惯有的模式定义产品；而手机企业是这个生态的参与者之一，它们更清楚用户到底想要什么。"一家自动驾驶公司的投资人沈群告诉记者。

周勇认为，首先，手机产业链中通用电子元器件很多，手机、电脑、平板上有大量的通用件，开放的产业链支撑了手机快速迭代和供应链的效率。但汽车的产业链比较封闭，许多零部件都是定制化的，比如汽车底盘中最常见的麦弗逊悬挂，不同车型的参数、性能规格都不同，不像手机中的一些元器件可以跨设备即插即用。所以，手机公司在供应链方面的优势并不一定能移植到汽车行业。

其次就是车规级比起消费级苛刻得多的标准。一家日系车企高管曾告诉记者，供应商为该公司提供的一个安全气囊芯片存在万分之一的失效概念，为此他们召回了所有采用该批次芯片的车辆，他很难想象手机公司也会这么做。

最后，汽车和手机相比无论技术还是资金的门槛更高，护城河也比较深。举例来说，科技公司做生态企业，千万元级别的投资就可以把一个品类做起来；扫地机器人公司几十名开发人员，就算是比较大的投入了。但汽车产品的开发动辄是百亿元的投资规模，远非手机和智能家居产品能比。

此外，以汽车、手机和 XR 融合为目标，行业内同时具备汽车资源、手机人才、XR 经验的公司并不多。

王勇认为，传统车企造手机面临的压力包括人才储备、组织文化的 DNA。手机公司造车面临的挑战则是对车规级的安全等级在认知和理解上的重视程度。

"要想做好跨界的融合，一是技术上的融合，二是人才组织上的融合。谁的企业愿景价值观整合得好，谁才会是最可能的赢家，单一强调某一个方面都不会成功。"王勇说。

2022 年 9 月 26 日

分享链接

中国车企抢滩欧洲：
"路上还有很多坑"｜湮灭与新生

魏　文　武子晔　肖逸思　唐柳杨

10月初的德国斯图加特，一辆蔚来ET7停在奔驰研发中心的停车场里。此时，距离蔚来正式宣布在德国提供服务还有几天时间。长期旅德的张文向记者表示："从停车场的照片来看，这肯定不是一辆蔚来官方送到德国的车，红色的车牌代表了试驾车，再加上它出现的位置，大概率是一辆奔驰在中国买入并运送到德国用于测试的产品。"

这并不是德国豪华汽车巨头第一次测试中国的新能源汽车产品。去年11月下旬，德国慕尼黑宝马研发中心附近，一辆小鹏P7和带有伪装的宝马i7测试车同框出现。更早之前，大众集团前任CEO迪斯·赫伯特被拍到在中国试驾比亚迪的SUV唐。

中国品牌的汽车产品成为欧洲头部车企研发过程中的对标对象，在过去二十年中几乎是不可想象的。欧洲是汽车诞生之地，也被认为是全球最为封闭和固化的市场。中国车企曾多次尝试进军欧洲，但大多折戟沉沙。但是在欧洲减碳与中国汽车电动化转型的历史交汇下，中国车企迎来历史性机遇。

"十一"前后，比亚迪和蔚来汽车相继发布欧洲战略，东风岚图500辆新能源车发往挪威。据中汽协的统计，目前已有近10家中国车企向欧洲出口新能源车，中国电动汽车已经占到欧洲电动汽车总销量的10%。德国《经济周刊》撰文称，如果进展顺利，中国品牌将在几年内占领欧洲约8%的市场份额，抢走约300亿欧元的蛋糕。

"过去相当长的一段时间里，我们从欧洲买品牌、买技术回来，把买回来的东西做成商品再出口。到今天，电动汽车的发展让我们有了从商品出口到技术输出的升级转型的关键窗口。"一家自主车企海外业务高管王峻向记者表示。

但他同时强调，不能因为数字的高涨而过于乐观，虽然总体上中国品牌在欧洲新能源车市场占有一席之地，但除了上汽、领克、比亚迪和红旗之外，其他品牌的销量有限，还谈不上大获成功，"我们距离理解这个市场还早着，路上还有很多坑，一定要冷静"。

抢滩欧洲

中国车企进军欧洲，最早可以追溯到 2005 年，但早期 10 年的经历极其惨痛。

2005 年，陆风便开始出口欧洲，推出定价在 1.5 万欧元起售的陆风越野车型，意图以低价打开欧洲市场。然而，在 ENCAP 标准碰撞测试中，陆风 0 星的成绩被 ADAC（全德汽车俱乐部）称为"过去 20 年的撞击测试历史中最糟糕的成绩"。

紧随其后试图进军欧洲的华晨汽车也只收获了一颗星。受制于技术、质量等多重因素，意图以性价比打开欧洲市场的中国车企们并未获得想象中的成功，还给欧洲用户留下了"低价、低质"的印象。

国内一家自主车企欧洲公司负责人张航告诉记者："几年前，我们在和当地经销商洽谈时，他们对于引进中国产品的兴趣并大，还有人说，你们的陆风在欧洲做碰撞，把 ADAC 碰撞测试的假人都撞坏了，一个可要好几百万元。"

2012 年，英国知名汽车类节目《TOP GEAR》曾推出中国汽车特辑，彼时三位主持人将中国汽车产品和"山寨、低质"画上等号。张文告诉记者，2013 年，教授他车辆工程的德国老师曾拿出一台中国品牌手机，竖起了一个大拇指，但随后又说道，中国的汽车不行，还是得买德国的。

2013 年，观致再次代表中国车企进军欧洲，并获得 ENCAP5 星碰撞测试成绩，彼时欧洲媒体对这个来自中国的汽车品牌一片叫好。但 2014 年观致在欧洲的销量仅为 51 辆，全年亏损 3 亿欧元，2015 年宣布退出欧洲市场。

2016 年，记者在法兰克福车展与多位欧洲记者交谈时，他们能够说出的中国汽车品牌只有收购了沃尔沃的吉利以及和大众汽车有着合作的一汽、上汽，其他中国车企和品牌在欧洲几近透明。

"在燃油车时代，中国车企进入欧盟可以说是毫无胜算，我们在技术、成本、排放等方面跟欧洲百年车企相比都没有优势。我们进入欧盟唯一的选择是新能源车。"华东一家自主车企海外公司管理层人士周鹏向记者说道。

2014年、2019年，上汽大通和MG先后进入欧洲是两个节点性事件，两家公司的发展也正好浓缩了中国汽车在欧洲最近7年的变化——以燃油车为主的尝试转型为以电动车为切入口，再到电动车大军全面进入态势。

2020年下半年以来，蔚来、小鹏、比亚迪、红旗、领克、岚图等中国车企纷纷进军欧洲市场，它们推出的产品毫无例外都是新能源车。

乘联会的数据显示，2018年，中国车企出口至欧洲的汽车数量为4.9万辆，2019年为5.8万辆，2020年为8.8万辆，2021年在中欧两地新能源汽车市场均飞速扩大的大环境下，中国车企出口至欧洲的销量大幅增长至18.9万辆。今年前8月，中国车企已向欧洲出口19.3万辆，超过去年全年。

德国墨卡托中国研究所的报告称，2021年中国电动车在欧洲的市场份额仅次于德国品牌。EU-EVs统计的数据显示，2022年前9个月，在包括英国、德国、法国、瑞典等在内的欧洲14国电动汽车销量中，名爵品牌的市占率已达到2.7%，超过福特、日产、丰田等全球车企巨头。上汽大通MIFA 5在挪威细分市场的市占率更是长期稳居第一。

德国联邦汽车运输局发布的9月纯电汽车销量数据中，MG5排名第12位，超过斯柯达ENYAQ和奥迪Q4 E-tron。在英国9月纯电产品销量中，MG品牌更是进入前三，仅次于特斯拉和宝马。

在挪威市场，比亚迪唐2022年前9个月的销量达到1 440辆，在纯电车型中排名第18位，红旗EHS9则以1 274辆的成绩排名第21位，两款车型在挪威的定价均在6万欧元左右。

今年"十一"前后，比亚迪和蔚来汽车相继发布欧洲战略。比亚迪计划在今年年底进入10多个欧洲国家，蔚来汽车将在欧盟4个国家率先展开业务，并计划到2025年在欧洲建立数百座换电站。

在此之前，上汽集团已经在欧洲耕耘多年，今年有望斩获10万辆的销量。长城汽车在德国慕尼黑建立总部，并考虑在欧洲建厂。小鹏、岚图等众多造车新势力也纷纷借道挪威，进入欧洲。

"欧洲坚定的减碳方针与当地政府对电动车的补贴，带来了蓬勃的电动车需求。由于日、韩、欧、美车企在电动车方面的投入远不如中国，导致欧洲电动车市场增量的一大块几乎被中国厂商抢占。"王峻向记者表示。

张文告诉记者，在荷兰的道路上，已经能够不时看到MG、爱驰和领克的产品，这在之前几乎不可想象，他相信未来会有更多的中国品牌汽车出现在欧洲的道路上。

历史机遇的交汇

2019年9月的法兰克福中央火车站，一辆从西安出发，历时53天，行驶里程超过1.5万公里的爱驰U5摆放在站厅的进口处。尽管没有出现在同期举办的法兰克福车展，但这辆爱驰U5依旧吸引了站内不少行人驻足观看。

"爱驰和上汽是国内最早在欧洲布局新能源电动车的两家企业，其中，爱驰在欧洲的销量成绩可能远比国内好。"周鹏说。

不过以交付时间来看，最早进入欧洲的中国电动车公司是上汽。2019年12月，名爵EZS在荷兰销售了967辆，开启了上汽MG电动车进军欧洲的第一步。

彼时，在碳中和的目标下，欧洲各国开始大力推进新能源汽车。德国规定，购买纯电动车的车主将得到4 000欧元补贴，购买插电式混合动力车的车主将得到3 000欧元的补贴。法国、英国、西班牙、丹麦、瑞典、比利时等国也制定了不同的补贴标准，还包括诸如免费充电、停车以及免除购置税、过路费等其他促销措施。

激励政策让欧洲的新能源汽车市场迅速扩大，在经历2016—2018年的破冰期后，2019年，欧洲新能源汽车市场的拐点出现。2018年，欧洲每个季度新能源车销量不到10万辆，2019年增长到每季度超过13万辆，在2019第四季度更是接近16.4万辆，全年销量达到56.4万辆。2020年这一数据达到136.59万辆。到2021年则进一步攀升至226.34万辆。

就在欧洲新能源汽车拐点的2019年年底，新冠疫情暴发，随后是影响全球的芯片短缺危机，全球汽车供应链陷入此起彼伏的断裂，大量汽车工厂出现产能空置。根据AutoForecast Solutions的数据，由于芯片短缺，2021年全球汽车市场累计减产约为1 020万辆。其中，北美洲减产317.8万辆，欧洲减产295.4万辆，亚洲减产超360万辆。

进入2022年，欧洲、北美和日本等主要汽车生产国的汽车产能并没有缓解。丰田汽车自今年4月以来持续减产，近期最新宣布10月份计划减产15万辆。

标准普尔全球移动（S&P Global Mobility）近日发布的一份报告称，在最坏的情况下，欧洲能源危机可能会导致其汽车产量减少近40%，即每季度的产量可能削减 100 万辆左右。欧洲汽车行业的供应链已经受到新冠疫情和俄乌冲突的影响，冬天还可能面临能源成本飙升甚至停电的巨大压力。

中国由于主管部门的推动，即便是在疫情最严峻的今年 3—5 月，通过各式各样的通行证确保了主机厂、各级供应商和物流公司的生产运输，保证业务链路的通顺，保住了大部分的产能。

在海洋船运方面，由于日韩车厂在疫情时期的产能不足，无法完全满足日韩货运公司发放欧洲的需求，加上中国强劲的出口运力需求，中国车企用扫货的方式大量整包日韩货轮，使得中国汽车产业既有供应能力，又有运输能力。

王峻表示，欧洲坚定的减碳方针与电动车的补贴，带来了蓬勃的电动车需求。供应、运力和技术路线的电动化，这三个关键领域中国都占据了优势，这是最近 3 年中国汽车出口得到前所未有的发展，以及中国车企全面进入欧洲最核心的原因。

站在更宏观的角度来观察，中国电动车产业从 2010 年前后开始兴起，早期靠补贴政策推动了销量的增长。经过多年发展，中国的电动车已经渡过了补贴退坡的阵痛期，进入了市场化阶段。也正因此，中国电动汽车上游原材料、中游"三电"系统和下游整车企业的整体实力不断增强，新能源汽车"三电"底层技术已实现自主可控。在产业链方面，中国的宁德时代和比亚迪均走在世界前列。宁德时代近年来的装机量稳居全球第一。

对比欧洲市场，从欧洲等车企巨头战略来看，虽然推出了电动车产品，但仍有不少产品为"油改电"，产品迭代速度远低于中国新能源车。日本和韩国车企转型相对较慢，其推出的电动车产品较少。一直以来，日本车企在油电混合动力汽车的市场占据主导地位，但在纯电动车市场还未激起声浪。据 IHSMarkit 的数据，今年上半年，日本的新能源汽车市场份额在日本整个汽车市场中的占比近 30%，但纯电动车的市场份额还不到 1%。

"汽车产业到今天已经不只是卖整车了，卖的是全业务链的竞争力，包括上下游的质量安全和合规性审查，以及上下游的完整成本控制。这是全产业链竞争的时代，不仅仅是早先卖整车的时代。"王峻表示。

王峻把中国汽车的出口大致分为四个阶段：2000 年起的第一个 10 年为第一个阶段，中国汽车出口以北非、中东、俄罗斯为主；2010 年后的 5 年为第二阶段，中国车企渐渐进入拉美、东盟，并且开始在海外建厂，其中，以上

一、汽车大变革时代

汽在澳洲、泰国以及奇瑞、长城在拉美地区建厂为代表;2015至2019年为第三个阶段,中国车企开始进入欧洲、澳新等发达市场;2019年之后为第四个阶段,这个阶段的典型特点是中国新能源车出海。

欧洲碳中和目标与大量的电动车补贴、新冠疫情和全球芯片短缺导致的欧、美、日汽车减产,中国强有力的汽车产能复苏,加上中国电动车长达20年的技术转型,几个历史性的机遇交汇,造就了中国走到商品出口转型技术输出的关键转型期。

另一家自主车企海外业务高管高岭指出,随着汽车制造的自动化,中国汽车质量跟以往不可同日而语,产品市场口碑大幅改善,产品性价比也很高,这让中国车企走向国外具备了基础的能力。同时,中国有大量的汽车产能,倒逼中国必须要走大规模出口的道路,不光欧洲,北美也是中国车企瞄准的目标。他预计在2023年,借道墨西哥进入北美的中国车企将显著增加。

仍需冷静

尽管蔚来发布了雄心勃勃的欧洲战略,但从其挪威公司第一份年度报告来看,未来还存在诸多挑战。据挪威媒体报道,2021年蔚来挪威公司的营业额为1.042亿挪威克朗,税前亏损为1.377亿挪威克朗,运营成本超过2.4亿挪威克朗。而这几乎是所有计划深耕欧洲的中国公司所共同面对的难题——盈利性。

一家自主车企高管向记者表示,如果完整在当地建设品牌、渠道和服务能力,年销10万辆是一个盈利门槛,而当前中国能实现这个目标的企业并不多。

除此之外,多数中国车企仍主要在以挪威为主的北欧四国开展业务。挪威属于欧洲但不属于欧盟,一方面,挪威属于特别激进的市场,制定了高额的政策补贴和汽车电动化率目标;另一方面,中国电动汽车进入挪威不需要通过欧盟认证,相当于没有门槛。因此,进入挪威并不等同于给中国不能在欧盟达标的车企开了一扇大门。

还有一些中国车企的产品先从中东进行中转,然后再出口到欧洲市场。"在中国生产的电动车先在中国市场上牌,上牌后新车成为二手车,以二手车的身份出口到中东,然后再到欧洲市场。这样做的目的是规避认证等方面的费用,实现利润最大化,同时效率较高。"一家自主车企海外业务管理层人士刘亮对记者表示，出口认证、汇率和海运是汽车出口到欧洲市场的三大挑战。

造车新势力公司如蔚来、小鹏进入欧洲时，部分地复制了其国内的成功经验，但新零售与服务的商业模式，在欧洲也许会水土不服。

张航认为，蔚来在中国的成功在于其创新的车主生态圈打造，以保姆式服务为突出卖点。同时，中国人普遍把车当作核心的家庭资产，除了交通工具的属性之外，还有强大的社交属性和生活属性。比如，一些人喜欢和开比较贵的车的人做朋友，一些人把豪车与社会地位相关联。但是基于车辆的社交属性和生活属性，在欧洲几乎不存在。

一些观点认为，在欧洲建厂是深耕当地的必要投入。但高岭指出，海外建厂涉及几个核心内容，最重要的是产业链，其次是综合成本，最后是进入门槛的规避方法。

高岭表示，欧洲燃油车的产业链非常发达，但是电动车的产业链不如中国。产业链聚集必然带来综合成本下降，欧洲没有这样的产业链基础，综合制造成本就不会低。在进入门槛方面，欧洲对于来自中国的产品是低关税。

"从以上三个方面来说，我完全看不到在欧洲建厂的必要性。"高岭说，如果考虑到中国本土芯片短缺可能加剧，到欧洲建厂有可能保住当地的市场份额。但建厂要充分考虑当地的法规等多种要素，必须充分考虑投资风险。

王峻指出，计划在欧洲建厂的中国车企还应该对 Avanci 有所了解。所有车联网都是基于车机的数据通信底层功能，数据通信的知识产权大部分掌握在通信企业的手上。2016 年成立的专利许可运营平台 Avanci 在汽车领域已经拥有了 49 家专利许可人。过去几年里，戴姆勒、苹果都和 Avanci 打过官司，并且都赔付了几十亿美元。

"如果贸然去欧洲投资，一定逃不掉被清算的风险。"王峻表示，提前和相关的机构进行谈判，以双方都能接受的方式、在充分合规的前提下解决专利许可的问题，是到欧洲建厂的前提条件之一。

针对 2023—2024 年欧洲汽车市场的前景，所有受访对象都表达了谨慎态度。王峻、高岭等人表示，未来一段时期，欧洲的天然气、石油大概率会结束本区域内的自给自足，大量依赖美国进口，这可能导致欧洲原有的政策发生翻天覆地的变化，包括很快终止或者降低电动车补贴，原本被抛弃的 PHEV 技术路线起死回生，欧盟大面积出现滞涨乃至衰退等。这些都可能给中国车企带来新的挑战。

"对于计划进入欧洲的中国车企我有三点建议：第一是可持续的产品供应，满足前期市场投入的回收；第二是对合规足够重视，保证你在市场上安全地玩；第三是坚决不能闭门造车，要选择当地认可的产品定义，切忌'我以为欧洲要什么'。"王峻说。

高岭则认为，中国汽车公司热衷于进军欧洲，因为欧洲代表着全球最高的标准，认为征服欧洲就可以征服全世界，但是快速发展中的国家才是更好的选择。中国车企可以借鉴日本汽车公司全球化的路径，找到适合自身的差异化道路。

"我们在海外应该做更深层次的技术输出与合作，以更高的站位，从利他之心出发，帮助发展中国家的汽车产业发展。用自己的技术去发展他国的本土品牌，多个品牌的背后是自己，这种隐形的公司能够相对获得更大的欢迎度。"高岭说。

（应受访者的要求，王峻、周鹏、高岭、刘亮为化名）

2022年10月17日

分享链接

自动驾驶十年风云：寒冬过后，曙光初现｜湮灭与新生

魏　文　武子晔　肖逸思　唐柳杨

2017年，小马智行联合创始人楼天城找到张宁时，他已在谷歌加拿大公司工作数年。在小马智行美国办公室，除了见到几位清华大学"姚班"同学的熟悉面孔，张宁还初次体验了不到1岁的小马智行自动驾驶汽车。以现在的眼光看，当时这台车的表现还比较稚嫩，但还是给张宁很大的触动。

"楼教主（楼天城）告诉我，小马智行准备建立北京研发中心，国内马上就会有第一台自动驾驶的车。我们将要一起见证它从无到有，这会是一个很美妙的过程。"张宁说。与自动驾驶汽车的初次会面，促使张宁辞去谷歌的工作，回国与楼天城等人一起创业，担任小马智行副总裁兼北京研发中心负责人。

轻舟智航的4名创始人，此前都是谷歌自动驾驶不同领域的员工。轻舟智航创始人于骞说，在谷歌旗下的Waymo工作期间，他认识了侯聪、大方和汪堃，他们早期创业时，就在自家的车库里面改装车辆，自己写代码。

楼天城与张宁以及于骞与侯聪、汪堃的故事，在2016—2019年自动驾驶赛道不断重复上演——清华大学汽车工程、计算机等专业毕业的学长创立了一家公司，他们找到分散在谷歌、百度北美等公司的师兄弟，一起扎入自动驾驶赛道。

与此前中国互联网、移动互联网等行业的创业者相比，自动驾驶赛道的创业者普遍更加年轻，几乎都是年少成名的技术大牛。他们中的许多毕业于清华大学等名校，有着境外知名大学的博士头衔，曾就职于谷歌、百度等大厂。

创业团队的光环加上2016年AlphaGo打败围棋圣手李世石的事件，催生了人工智能（AI）将会极大地加速自动驾驶商业落地的乐观情绪。大量自动驾驶公司雨后春笋般地涌现，连续几年全球自动驾驶公司的融资额达数千亿

一、汽车大变革时代

元之巨。

但到 2019 年，创业者和投资人们发现技术的进步与成熟并不如预期的迅速，科技行业过往的成功经验也不能顺利地复制到汽车制造业；大佬们曾许下的"3 年量产""5 年量产"的豪言壮语无一兑现，自动驾驶接近两年的寒冬出现。

今年 11 月，悲观情绪开始新一轮的蔓延。全球激光雷达鼻祖德国 Ibeo 和累计融资 26 亿美元的自动驾驶公司 Argo.ai 相继破产或关闭。已在美国上市的自动驾驶及相关公司的市值与 IPO 时相比大面积暴跌 80%—90%。

第一财经记者在多方采访调研时发现，完全无人驾驶何时商业落地虽然没有统一共识，但路径中形成的技术能力正进入大规模商业应用的前夜，诱因则是中国智能电动汽车销量激增带来的高阶辅助驾驶商用需求。

对于怀揣自动驾驶梦想的创业者们来说，曙光已经出现。

从疯狂到冷静

自动驾驶汽车的诞生可以追溯到 1925 年，一辆名叫美国奇迹的钱德勒轿车在繁华的纽约曼哈顿第五大道行驶，引来了上千人驻足观看。因为这辆车上没有驾驶员，仅靠后座的一套无线电接收装置来操控车辆的加减速、转弯甚至鸣笛。当时，有媒体评价称："就好像一只幽灵的手在方向盘上。"

但在业人员看来，真正的自动驾驶汽车始于 2009 年，以谷歌设立自动驾驶部门为标志性事件。设计出 AlphaGo 的谷歌，在 2009 年就开始秘密开发无人驾驶汽车项目。同一时间，中国部分科研机构与公司也开始着手自动驾驶技术的研发，如 2011 年，由国防科学技术大学自主研制的红旗 HQ3 无人驾驶车，首次完成了从长沙到武汉 286 公里的高速全程无人驾驶实验，创造了当时我国自主研制无人车在复杂交通状况下自动驾驶的新纪录。2013 年，百度基于比亚迪秦改造的首辆自动驾驶汽车在乌镇大会上亮相。

但从 2009—2016 年，自动驾驶总体上所受的关注并不多。变化在 2016 年下半年发生，谷歌开发的围棋智能机器人 AlphaGo 打败围棋圣手李世石，这一事件极大地激发了行业对于人工智能的关注与认知。

"AlphaGo 的出现，把人工智能带向一个新的高潮。就像人工智能之前的移动互联，诞生了很多超预期的东西，降维打击了很多行业。在人工智能兴起之下，大家对于 AI 能够改变什么抱有很大的预期。"轻舟智航联合创始人、

CTO侯聪说道。

谷歌的自动驾驶部门在2016年年底正式成为独立的商业主体,也就是后来外界熟知的Waymo。根据摩根士丹利的一份报告,2015年时,Waymo的估值仅有85亿美元,两年后摩根士丹利对Waymo给出的估值达到700亿美元。到2018年,Waymo的估值更是暴涨到1 750亿美元,相当于1/4个谷歌。

2018年,Waymo的员工总数不到1 000人,试验车也只有几百台。庞大的估值背后,是资本圈对无人驾驶技术商业应用以及广阔商业前景的乐观情绪。

在资本的热捧之下,原本效力于Waymo或百度等公司的一众技术大咖,纷纷开启了自主创业的历程,这其中包括小马智行、元戎启行、文远知行、轻舟智航等国内知名企业。也就是自2016年起,中国大量自动驾驶创业公司涌现。

美国布鲁金斯学会(Brookings Institution)发布的投资情况报告显示,2016年8—9月,初创企业投资总额从3.08亿美元增至13.08亿美元,涨幅达324.7%以上。2016年10—11月,全球自动驾驶主流投资进入急剧增长阶段,其交易总额从110亿美元增至580亿美元,涨幅达427.3%以上。

2017年2月,成立仅一年的Argo.ai被福特以10亿美元的价格收购;2017年3月,以色列公司Mobileye被英特尔以153亿美元收购。

"那个时间段,用'人在家里躺,钱从天上来'形容不算夸张,投资人就算对自动驾驶、人工智能一窍不通,只要听到是自动驾驶的项目,就表现得趋之若鹜,生怕错过了这个绝佳的投资机会。"一位长期从事自动驾驶行业的管理层人士用"野蛮生长"来形容这个时期。

乘着AlphaGo打败李世石的余威,在人工智能的帮助下,3—5年之内实现自动驾驶似乎成为业界的共识。多家自动驾驶公司以及汽车公司高管曾喊出过3年或者5年实现自动驾驶量产的口号。特斯拉CEO埃隆·马斯克也曾表示,2018年就能够推出完全自动驾驶系统。

在2017年百度AI(人工智能)开发者大会上,时任百度COO陆奇发表演讲称,AI将和前三次工业革命一样,让人类进入全新的时代。会议末尾,陆奇当场宣布,百度在2020年可以实现高速和城市道路全路网自动驾驶。

在当时多家机构的研报中,在自动驾驶的加持下,自动驾驶的运营车辆

（Robotaxi）可实现 24 小时连续运转，一次车辆的投入即可覆盖日益高昂的人力成本。这是一条万亿元级的广阔赛道。

"2016 年前后，国内智能驾驶赛道萌芽兴起，也引起一股投资热潮，当时回国创业的第一波自动驾驶技术人才都戴着巨大光环，可以说是极度稀缺。"上海辰韬资产管理有限公司合伙人郭晓斌表示。

但随着时间推移，行业发现自动驾驶公司喊出的口号和总是"下周回国"的贾跃亭一样，落地时间一再拖延。一方面，自动驾驶技术的进展缓慢，各种离奇的事故频发；另一方面，自动驾驶整个产业链条件不成熟，一台车的成本达到 200 多万元。人工智能在汽车领域并没有复现移动互联网对传统行业的降维打击，3—5 年内实现自动驾驶，如今来看已成为一句空谈。

2019 年年初，时任 Waymo 首席执行官约翰·克拉夫奇克（John Krafcik）公开表示："自动驾驶汽车可能永远无法在全路况条件下行驶。"他的这一表态为 2019 年自动驾驶行业的"寒冬"奠定了基调。

去年 7 月，头豹研究院发布的一份研报认为，就目前阶段而言，Robotaxi 仍是个"伪概念"。介于技术、商业模式、法规等各方面的不成熟，Robotaxi 仍处在"伪概念"阶段，相关公司仍深陷"量产地狱"，无法在短期内实现盈利。

与巨额的投资相比，自动驾驶公司没有一家拥有大规模商业化的时间表，想要实现盈利更是遥遥无期，而企业要发展还需要持续投入重金。

中国的自动驾驶公司同时期也遭遇了寒冬。2019 年，国内共有 25 家自动驾驶零部件和方案供应商宣布完成融资，较 2018 年的 33 家减少 8 家，融资额同比下降 34%。2020 年年底之前，自动驾驶行业融资情况延续了 2019 年低迷的情况，直到 2021 年重新迎来一波小阳春。

鲜花与荆棘

2022 年年初，在一家传统豪华车企工作 5 年之后，张斌选择跳出舒适区，改换门庭来到一家自动驾驶公司。

彼时，张斌觉得自己是幸运的："之前我是做发动机开发相关的工作，但是内燃机已经是公认的夕阳产业了，自动驾驶又被很多人看作是未来汽车的核心竞争力，无论是职业方向的转型还是跳槽之后的薪酬，我都觉得特别满意。"

从发动机横跨到自动驾驶，即便还只是涉及测试，过去更加擅长机械的张斌，也被迫自学计算机编程。就在一切看起来向正轨发展时，张斌却遭遇了裁员——他和他所在的整个团队都被调整了。

张斌的经历只是自动驾驶赛道的一个缩影，无论资本疯狂还是寒冬的阶段，自动驾驶赛道一直是鲜花与荆棘并存。

2019—2021年初，自动驾驶第一轮洗牌潮出现。在此期间，自动驾驶卡车公司 Starsky Robotics 宣布破产，关停一切业务。自动驾驶公司 Zoox 被亚马逊以12亿美元的价格收购，而在此前的融资中，Zoox 的估值已经达到32亿美元。Uber 正式将自动驾驶部门 ATG 出售给 Aurora。在关停前1年，ATG 仅为 Uber 带来4 200万美元的收入，但 ATG 产生的损失高达5亿美元。

10月以来，美国自动驾驶公司 Argo.ai 和德国激光雷达公司 Ibeo 相继破产，同时，中国头部自动驾驶公司小马智行被传出裁员和组织架构调整，三起事件引起行业的密切关注，并引发了一些悲观情绪。

Ibeo 是车规级激光雷达的发明者，创立于1998年，创始人 Ulrich Lages 博士还未毕业就成立了 Ibeo，主攻基于激光扫描技术的紧急制动系统。仅仅两年后，德国传感器巨头 SICK 注意到 Ibeo 并收购了这家公司。2009年，Ulrich Lages 与 Ibeo 管理层回购股份独立发展，并开始专注于智能驾驶方向激光雷达系统的开发。

2010年，Ibeo 与法国零部件巨头法雷奥合作开发车载激光雷达 SCALA，获得了奥迪 L3 级自动驾驶项目定点。2020年，Ibeo 拿到来自中国长城汽车的定点项目。

Argo.ai 是美国自动驾驶领域的一家独角兽公司，创立于2016年，由前谷歌员工 Salesky 和前 Uber 员工 PeterRander 共同创办，主要研发虚拟驾驶系统，包括传感器、软件、计算平台和高精地图等 L4 级自动驾驶技术。

在 Argo.ai 创办仅仅一年之后，福特汽车就以10亿美元的天价将其收购，这是自动驾驶走上风口的典型事件之一。2019年，大众汽车完成对 Argo.ai 的26亿美元的注资，Argo.ai 的估值达到65亿美元。

实际上，两家公司的关闭各有其自身的原因。Ibeo 始终坚持全固态激光雷达方案，和半固态激光雷达相比，虽然拥有诸多优点，但受制于当前的技术与产业链的水平，量产成本与维护成本非常高。这也导致 Ibeo 从创立到首次产品量产用了足足19年之久，而且整个生命周期量产的产品数量仅10余万套。Argo.ai 在烧光福特的 27 亿美元后，L4 高级驾驶辅助系统却迟迟未见量产曙光。在 Argo.ai 宣布倒闭后，福特表示，"计划将资本支出从 Argo.ai 正在开发的 L4，转移到内部开发的 L2+/L3 技术上"。

近日，有媒体报道称小马智行内部正在进行业务调整，内容包括基础架构与数据（Infrastructure & Data）部门缩编，其中，隶属该部门的上海 Data 部已经被解散。记者了解到，小马智行过去几年已经进行了数次业务调整，包括研究开展自动卡车、造车业务等，这体现了一家创业公司为了营收与融资不断进行的突破与尝试。

对于裁员的传言，小马智行回应称，公司正在进行业务架构调整，属于人员正常流动；目前公司财务状况良好，业务运转正常。张宁向记者表示，该公司目前的现金储备足以支撑到 2028 年。

张宁表示，小马智行从 2020 年年底也开始布局量产辅助驾驶，并已经有正在接触的量产项目。选择在这个时间而不是更早投入的原因，是因为 Orin 芯片和 M1/AT128 等车规级激光雷达的问世。但张宁拒绝透露具体是为哪一家车企做定点项目。

"今年的寒冬，是对于技术路径和战略的寒冬，因为方向错了。为什么特斯拉没有寒冬，而 Argo.ai 倒闭了，因为没有人会去支持错误的事情。"元戎启行 CEO 周光表示。

俯身向下，量产为王

完全无人驾驶何时能够商业落地，目前并没有定论。

周光认为，无人驾驶的相关法规政策出台之前，必须要有上百万台车、几万亿公里的里程报告证明自动驾驶的事故率远低于人类驾驶员，考虑到当前高阶辅助驾驶系统量产装车的节奏以及政策出台所需要的时间，最快也要到 2026 年。

在投资圈也存在不同声音，华兴资本集团投资银行事业部董事魏青是较为乐观的代表，他认为完全无人驾驶将会率先在中国实现，而非美国；快的话 2025 年年底，慢的话 2027 年就可以落地。魏青认为，自动驾驶最先进入的可能是城市运营领域，赋能出租车和公交车，将会对传统的出租车和公交车行业产生降维式的打击。

北京一家投资公司董事合伙人陈锋则认为，当前自动驾驶还存在诸多的技术路线之争，比如究竟该走"视觉系"还是"融合系"，要不要高精地图等。当一个产业还存在巨大的技术分歧时，这个产业远没有到成熟的节点。

前福瑞泰克联合创始人、捷信公共关系顾问公司执行董事李意欣也是悲观派的代表。

"无人驾驶作为梦想是可以的，作为生意和企业是不可以的。技术不可以决定一切，先进的技术也不一定就可以解决市场的问题。"李意欣表示，无人驾驶要实现仅依靠单车技术的进步远远不够，它需要整个城市交通系统的改造重塑。做无人驾驶要有成熟的商业计划，包括召回的成本等，而不是一个简单的售卖行为。

李意欣认为，自动驾驶公司降维做 L2 级辅助驾驶就可以活下去，此外，即便死掉，自动驾驶公司积累的技术也是有价值的，可以帮助无人驾驶最终实现。

事实上，俯身向下，从 L4 级降维到 L2 级辅助驾驶是多数自动驾驶公司正在采取的行动。这背后的原因既有资本市场的遇冷，也有智能电动汽车普及带来的市场机会与产业链配套条件的成熟。

过去两年里，中国新能源汽车的销量急剧攀升，今年有望达到 600 万辆以上。中国市场上的新能源汽车和智能化产生了较强的绑定，其中，高阶智能驾驶辅助功能被认为是汽车智能化的重要体现和关键组成部分。在智能电动车的内卷之中，激光雷达、4D 毫米波雷达、大算力计算平台等从过去的自动驾驶测试车上，转移到用户购买的量产车之上，这也带动了自动驾驶所需要的传感器与芯片价格的下探。

侯聪告诉记者，2019 年自动驾驶车辆装的传感器得要 200 多万元，随着辅助驾驶系统的推广，激光雷达，传感器唾手可得，大算力芯片也越来越便宜，整套支持全无人驾驶算力芯片和传感器，在市场上都有合适的产品。侯聪认为，从本质上来说，轻舟智航提出的双擎战略既坚持追求在更多场景上去实现完全无人驾驶的能力，又自由配置自动驾驶前装量产方案。得益于量产装机，用户道路上实际使用和行驶的数据，能够成为相关企业的"养料"，进一步推动 L4 级自动驾驶系统的升级和迭代。

周光表示，元戎启行与一些自动驾驶公司最大的差异，就在于它从创立起追求的就是低成本的 L4 级自动驾驶前装解决方案。去年年底，元戎启行发布了 DeepRoute-Driver2.0 解决方案，在硬件上由 2—5 颗（半）固态激光雷达以及 8 颗高动态范围摄像头组成，最大亮点在于其低于一万美元的成本，以及量产后将减少到 3 000 美元。

L2 级辅助驾驶系统的量产带来巨大商业机会的同时，也带来了又一波的投资潮。统计数据显示，国内自动驾驶的公司中，Momenta 融资近 13 亿美元；文远知行完成了 9 轮融资，吸金近 15 亿美元；小马智行融资金额为近 80 亿元人民币。根据 ICVCity 研究院统计的数据，今年第三季度，国内自动驾驶行业共完成 41 起投融资事件，公开披露的投融资总额超过 11 亿美元。

郭晓斌表示，和 2016 年相比，此次投资热潮来得更为理性，前期产生的行业泡沫慢慢开始冷却，估值慢慢回调。郭晓斌称，到了 2022 年，受宏观大环境改变的影响，资本相比去年而言再次降温，变得更加理性和务实，更加注重商业化落地的时间表。

纽劢科技 CEO 徐雷认为，最开始资本热衷于投资一些具有颠覆性、革命性的技术，但随着行业的发展，大家都看到了全自动驾驶在短期内实现的可能性和投入产出比都很低，于是纷纷转投更能在短期内实现商业闭环的公司，包括高级别辅助驾驶公司等。

"从特斯拉第一代 Autopilot 面世到现在的 8 年时间内，其实自动驾驶行业都在围绕两条不同的商业化路径进行探索。一条是一步到位的跨越式自动驾驶路径，另一条则是渐进式的汽车前装路径。"徐雷向记者表示，如今随着 Argo.ai 的倒闭、全自动驾驶公司的资本遇冷，两条路径现阶段的比拼逐渐落下了帷幕。

曙光已现

L2 级辅助驾驶原本被博世、大陆等传统零部件巨头掌控，但如今，它们遇到了年轻的对手。

在 TIER2 级别，中国本土已经涌现了一批优秀的自动驾驶相关企业，包括地平线、黑芝麻等。在系统级的解决方案领域，中国本土的自动驾驶公司也开始蚕食博世、大陆、奥托立夫等公司的份额。

侯聪表示，系统的稳定性、功能安全等量产的规范以及行业沉淀的经验积累是传统聚焦 L2 驾驶辅助的零部件巨头的优势，也是自动驾驶公司转型去做 L2 辅助驾驶量产需要跨过的门槛。但从技术架构上、算法能力上，布局 L4 自动驾驶的公司会对传统做 L2 驾驶辅助的公司形成降维打击，这主要体现在核心算法能力以及 Know-How、仿真的运用、仿真平台的打造、数据的闭环、数据驱动等方面。这些需要花很多精力去搭基础设施，需要招很多人工智能相关的人才，需要投入很多资源。

一名博世中国离职的员工告诉记者，博世有自己的晶圆厂，很多芯片并不是全行业通用的芯片。过去几年由于疫情的原因供应出现很大的问题，更加灵活的中国本土公司抓住机会抢走了不少份额。

"出货量大的公司供不上货，自然需要其他供应商替代。另外，我们的产品在性能上能持平和超越外资公司，成本相较于它们也有一定的优势。"禾多科技一名员工告诉记者，在与一些巨头型零部件公司竞争时，他发现巨头出于规模的考虑，倾向于销售平台型的产品。汽车公司出于成本或者竞争差异的考虑，倾向于购买定制化的产品，这是一对矛盾。在解决方案的多变方面，本土的自动驾驶公司更加灵活。

在高阶辅助驾驶方面，博世、大陆等传统 ADAS 供应商近乎处于"失位"状态，这也给予了自动驾驶公司新的机会。

在政策方面，越来越多的城市正在往更高阶智能驾驶商业化方面推进。今年 8 月 1 日，《深圳经济特区智能网联汽车管理条例》开始施行，提出 L3 级自动驾驶在行政区全域开放道路测试、示范应用，探索开展商业化运营试点，标志着我国自动驾驶行业正式向 L3 级迈进。此后，重庆、武汉等地政府部门也先后发布了自动驾驶全无人商业化试点政策，并向百度发放全国首批无人化示范运营资格，允许车内无安全员的自动驾驶车辆在社会道路上开展商业化服务。近日，上海市交通委员会等部门宣布上海首批自动驾驶高速公路开放。

华西证券的研报显示，2022 年，拥有激光雷达的量产车骤增至 16 款，激光雷达装车量达到 2.47 万颗。截至目前，中国激光雷达供应商禾赛占全球前装定点 27%的市场份额，暂时排名全球第一。速腾聚创以 16%的份额排名中国第二、全球第三。

根据咨询机构 Yole 的预测，随着高级别自动驾驶技术的发展，车载激光雷达的应用将变得更为普及。到 2027 年，仅 ADAS 激光雷达的市场规模将达到 20 亿美元，将会是 2021 年的 50 倍以上。

包括周光在内的多位受访者向第一财经记者表示，Ibeo 实际上是被中国激光雷达企业"卷死"的，因为过去几年激光雷达装车量迅速攀升，中国激光雷达公司不断提高产品性能、降低成本，而过去几年 Ibeo 不仅固守着固态激光雷达技术路线，技术与成本的进步也相当缓慢。

自动驾驶公司看见曙光的同时，也有车企担忧汽车的灵魂不再为自身掌控，因此逐步扩大自研的投入。总体而言，市场上已经形成三种路径：一是车企坚定全栈自研，完全自主掌控自动驾驶能力；二是自动驾驶公司单纯扮演汽车公司的供应商角色；三是自动驾驶公司与汽车公司通过组建合资公司等方式深度绑定，如 Momenta 与比亚迪、华为与阿维塔。

李意欣认为，Momenta 与比亚迪成立合资公司体现了很高的商业智慧，这种模式解决了知识产权、共同研发、获取客户与数据、产品与技术风险等问题。他认为在自动驾驶赛道上，由主机厂投资或者跟主机厂有联合实验室的，生存概率比较大；其次是做供应商。

魏青认为，2024 年有可能是自动驾驶公司业务起飞的一年，因为传统汽车公司新能源车的销量正在快速攀升，而且它们也加入与新势力一样的"堆料"路径。关于自动驾驶行业的趋势，他认为未来 3 年并购会比较活跃，传统主机厂将会通过收购或其他方式扶持一批自动驾驶公司。

无论如何，经历过泡沫与寒冬，自动驾驶公司已经找到了商业化的路径。前路或许还有很多荆棘，但曙光已经出现。

2022 年 11 月 14 日

分享链接

新能源浪潮与疫情冲击：57万家二手车商走过艰难的一年 | 湮灭与新生

魏 文　武子晔　肖逸思　唐柳杨

北京花乡市场是全国最大的二手车交易市场，自11月23日起闭市直到12月6日才正式开放。"最近几天陆续有客户开始看车了，但交易量不大，今年太难了。"北京花乡市场一名二手车商刘力对记者表示，年末往往是二手车的销售旺季，也是车辆流转速度最快的时候，但今年多家二手车商都面临高库存的问题。

在上海嘉定，一家主营二手燃油车的门店也分外冷清，不大的展厅内挤满了车，客户却寥寥无几。"除了专门做新能源二手车的商家，谁敢说自己不赔钱？"该店老板杨晨说道。今年上半年两个多月的封控，使得车商手中的二手车库龄直接增加近百日，车商需负担车辆残值下跌、仓储等额外费用。

今年上半年，二手车市场因为疫情等因素无法有效流转。进入下半年，二手车市场开始逐渐活跃起来。伴随着今年7月份商务部等17部门发布的二手车重大利好政策，二手车商们重拾信心。三季度二手车市场呈现回暖迹象，彼时业内预估今年二手车市场有望登上2 000万辆的台阶。但好景不长，疫情导致的市场停摆现象再次重来，同时燃油车终端大幅放利、电动车价格不稳定等让多家二手车商陷入亏损的泥潭。

新能源车浪潮与疫情对二手车商们形成了双重冲击，但这还不是全部。

今年7月，商务部等17个部门联合印发了《关于搞活汽车流通扩大汽车消费若干措施的通知》（下称《通知》），这份《通知》在业内俗称"二手车新政"，将于自2023年1月1日起正式实施。简单来说，新政在规范二手车市场行为的同时，将会倒逼个体户、夫妻店、"黄牛"，以及挂着公司名义但实质上并不申报与缴税的公司转型或出局。

根据中国汽车流通协会2021年二手车交易市场调研的数据，全国交易市

一、汽车大变革时代

场内的二手车商共有 57 万家，其中将近 70% 是个体户性质的商户。

"当我们还在纠结政策该如何解读的时候，消费者的真实行为已经告诉我们结果了。车卖不动了，以前的营销手段几乎都失效了，眼看库存车卖不动，经销商只能亏本甩卖，负面情绪在经销商之间的传递极快极强。"广州保利捷二手车市场董事长孙明霞在近日举办的中国汽车流通行业年会上表示。

最难的一年

"往年的年末几乎每天都有车辆成交，今年这种情况不存在了。"刘力表示，为了清理库存，车商们都开启了甩卖模式。

中国汽车流通协会发布的数据显示，今年前 11 个月二手车累计交易量达 1 461.15 万辆，同比下降 8.49%，累计交易金额为 9 755.73 亿元。其中，11 月全国二手车市场的交易量 127.84 万辆，交易量环比下降 5.43%，同比下降 17.18%。11 月二手车的均价为 6.02 万元，较上月下降了 0.24 万元，这是今年二手车交易均价的最低点。

今年二手车市场是有史以来最为艰难的一年，二手车商平均库存周期自 10 月份以来，始终维持在 50 天高位运行。目前，车商在优先清理库存，收拢部分因库存占用的周转资金，保障库存周转时间。根据协会的调研，11 月份，有六成车商表示本月资金流通下降 10%—30%，有 96% 的车商表示本月经营情况一般甚至较为困难。

记者了解到，按照二手车市场的发展规律，一年往往会出现两次价格下调。第一次是春节后的 3 月底到 4 月初，这是因为车商往往在上一年 12 月底前将车售空，次年 2 月份左右开始采购、销售，随后进入春节，春节过后，此前采购的车会有所折损，因而降价销售。第二次价格下调发生在 7 月份，7 月车市开始进入传统的消费淡季，售车价格开始下降，卖一段时间后价格趋于平稳。

"8 月份开始价格趋于平稳，当月实现了盈利，9 月份的状况也比较平稳。最近两个月的状况不是很好，不得不降价销售，部分车型的价格下降幅度甚至超过了 15%。"刘力表示，年前必须清库，如果卖不出去，后面亏损会更大。一般情况下，二手车的周转率不超过一个月，近期库存高达 50 天，有的车型库存达到 3 个月，这种情况只能特价处理。"现在只要能出车，亏损也卖，问题是很难卖得动，我们现在急于回笼资金。"

北京人人嘉诚汽车销售有限公司创始人王伟此前接受第一财经记者采访时曾表示，传统淡季时，价格下调的幅度在3%—5%，但受疫情影响的一段时间内，二手车商只能通过降价让利，价格下降幅度高达10%—15%。正常经营的情况下，毛利在5个点左右，要想把之前疫情亏损的钱赚回来，现在毛利至少要达到10个点。

车商们将希望寄托在今年四季度，但想要实现盈利的愿望已经落空，他们将今年视为最难的一年，滞销成为普遍现象。多家受访的二手车商认为，今年行情差主要有三方面的原因：一是疫情影响下消费环境较为疲软，异地之间的流转效率大幅降低；二是过去几个月油价大幅上调，燃油车受到了较大影响，而车商手中有大量燃油车的库存，最终只能降价销售；三是燃油车购置税减半等刺激性政策使新车价格下降，二手车的价格不稳定性增加，收车价格在不同时间段内的差距较大，不少车商亏损卖车。虽然近期油价有所回落，但用户对于燃油二手车的购置欲望下降，新能源二手车分流了一部分潜客。随着燃油新车价格的下探和需求低迷，二手车价格更难逆势向上，车商手中的库存车难逃亏本。

"今年的交易量比较萎靡，尤其是12月份。今年很明显没有年底冲量这一波，很多车商对明年持观望态度，收车情况不是很好，车商不愿意收车，不愿意满仓过年。"上海百联联合二手车交易市场商务部经理沈阳对记者表示。

上海单体展厅面积最大的二手车商车王认证二手车超市CEO沈亮向记者表示，过去3年里，该店二手车的平均成交价格逐年下滑，从平均每台车售价17万元滑落到13万元。

杨晨表示，由于价格、库存包括经营的现金流等问题，上海的部分燃油二手车商已经不收车了，上海地区相当一部分二手车最终被外地的顾客或者二手车商接手。"我现在已经不会按照行情价收车了，就算比目前的行情低15%，我也会再考虑一下。目前二手车的价格还在下行，不知道跌到什么时候会是个底。"杨晨认为，做燃油车的二手车商普遍日子都很难过，能挣钱的只有专做新能源的二手车商。

多个神话破灭

二手车的价格与新车的市场价格相关，同时也与保值率挂钩。奥迪、奔驰、宝马等豪华车和日系车为保值率高的车型。在北京花乡市场上，不少车商经营着二手豪华车。豪华车主要分为两种类型，包括中低价位的车型和高端车。今年以来，不少二手车商积压了很多高端库存车，有价无市的情况下只能降价销售。车商高估了今年的行情，主要是疫情带来的不稳定性因素使他们措手不及。购买力下降使价格高的豪华二手车难以销售，车商只能无奈降价。

在新车和二手车市场中，丰田等日系车高保值率、燃油经济性等特征使其成为抢手货，同时价格较为稳定。一辆于2015年生产跑了11万公里的红色丰田荣放，新车落地价格不到20万元，二手车收车价格能够达到8.7万元。即便是红色的车型，一家4S店放到自己的拍卖平台上，不到半小时的时间就有车商以8.7万元的价格出手，加上置换补贴，最终车主以9.5万元的价格出手了。

在二手车市场中，收车价格往往与保值率挂钩。由于日系车的保值率高，二手车商不需要以低价来收车，往往通过高价回收来走量，日系车在二手车市场中的流转速度较快。但今年，尤其是下半年以来，日系新车的终端价格也开始让利。

"今年很多神话都破灭了，排名第一的就是日系车保值的神话。原本大家说日系车的优点是省油、小毛病少。但是新能源车更省，平常也不需要更换机油机滤。当一直加价的雷克萨斯也开始促销的时候，整个丰田系的二手车价格一落千丈。"沈亮说道。

沈亮表示，保值神话破灭的不仅仅是日系车，还包括保时捷。保时捷曾经是二手车市场的理财产品，因为新车长期加价销售。但是今年起，保时捷卡宴、Macan的几款畅销车都在大幅促销，导致二手车残值大幅缩水。

沈亮介绍说，该公司收购了一台1年车龄的保时捷Mcan，新车指导价为67万元，收购价格为52万元，相当于车主开1年亏了15万元，"今年二手车价格行情普遍跌10%—15%"。

上海某二手车交易平台的验车员告诉记者，由于燃油二手车售价的下滑，车商、平台收车的价格也出现了相应的下滑。多位近期出售燃油二手车的用户表示，疫情前后，二手车商对于车辆的估价有15%以上的下调。

今年价格不稳定和价差大令很多车商感到措手不及。"今年年初和最近的收车价格相差不少，有的车型价格差达到两三万元。"刘力对记者表示。

新能源"泡沫"

随着新能源车保有量的增加,一些产品开始在二手车市场流转。而由于原材料价格上涨、芯片短缺等因素,部分新能源新车供不应求同时迎来价格上涨,特斯拉、理想等品牌的车型甚至成为理财产品。

新车涨价直接传导到二手车市场,今年4月份,记者走访市场时发现,一些特斯拉准新车当天收、当天卖,快速流转使不少车商四处寻找准新车。彼时,即便是开了一年的特斯拉再被卖出去,车主也不亏钱。部分车型在使用1—2年后,二手车售价甚至高于购置时的价格。

但到下半年,新能源车的行情急转直下。不少车商直言,由于理想ONE停产、特斯拉降价等因素损失惨重,整个二手车市场出现了"上半年亏油车,下半年亏电车"的罕见行情。

"8月份收了一辆准新车理想ONE,收车价格为29万多元,跑了2 000多公里,理想汽车换代停产风波一出,我们赶紧把它给卖了,但也只卖了26万元。最近关于理想汽车的舆论很多,很多人不敢买了,最终这辆车赔了3万多元。"王伟对记者表示。

特斯拉降价也使二手车商们望而却步,他们认为二手新能源车涨价只是泡沫。曾经的"理财产品"特斯拉在经历几轮促销和降价之后,不再是二手车商的"香饽饽"。举例来说,今年9月份,2021年款的特斯拉Model Y几乎可以按购车时的原价卖出。但如今,随着Model Y指导价的下探以及门店的变相促销,二手Model Y的成交价格和3个月前相比减少了将近3万元。

上海车加总经理位少辉告诉记者,该公司有一批特斯拉以每台亏损6 000元的代价"处理"掉了。沈阳透露,该市场一个专做特斯拉的连锁二手车商由于库存车辆折损惨重,关闭了该市场的门店,并且关闭了国内部分城市的仓库。

"对于整个市场来说,特斯拉的价格是风向标,特斯拉一旦有波动,市场整体的波动会非常明显。以我们行业人的眼光来看,明年特斯拉还会主动调整售价来保证市占率,这种情况下车商不敢收车,不敢轻易触碰未知的风险。"沈阳说。

位少辉也表示,12月特斯拉二手车价格比上月又下降了1.5万元左右,但交易量依旧比较差,最大的原因是很多人还在等新车进一步降价。

一、汽车大变革时代

五菱宏光 MINI 等小型电动车也在一段时间内成为二手车市场的热销品。今年 7 月,第一财经记者走访上海车加展厅时,看到一辆轮胎、翼子板上还有着明显泥渍的零跑 T03,在干净的展厅里,这辆零跑 T03 显得格外突兀。然而,就是这样一辆还未整备和清洗的电动车二手车,到店后几乎"秒售"。

在当时,店内保值率最高的产品并不是特斯拉 Model 3、Model Y,或者比亚迪的汉 EV 等畅销车,而是新车售价只有三四万元的五菱宏光 MINI EV、零跑 T03 等小型车。一辆 2020 年款的五菱宏光 MINI EV,新车价格约为 3.6 万元,在开了 1 年半、行驶了 1 万公里之后,二手车挂牌价格为 4.39 万元,比全新车高出 22.22%。

相较于特斯拉和理想,这类小型车的价格变化幅度不大,但如今,五菱宏光 MINI EV、零跑 T03 的二手车价格不仅低于新车售价,而且需求量锐减。

"11 月以后,当市场上再次流出来一些五菱宏光 MINI EV、奇瑞小蚂蚁的时候,我们发现客户的接受度变得很低了。大家不会为了拿到一块免费的牌照去买一台续航只有一两百公里的车了。"位少辉说道,客户情愿多花一些钱购买售价 10 万—15 万元,续航里程达到 400 公里的电动车,而不再愿意选择一台简单的交通工具。

57 万家车商面临洗牌

"今年虽然大部分时间是在负增长的态势中,但是负增加的深度不是很大,从二手车经理人指数上来看,9 月、10 月都恢复在荣枯线上下了,说明整个二手车市场正在恢复过程中。"中国汽车流通协会副秘书长罗磊在汽车流通协会年会上表示,二手车新车比在逐年提升,2016 年前的比例在 30% 以上,去年提升到 60% 以上,二手车市场会逐步繁荣。

虽然二手车市场前景好,但对于二手车商来说,新政要求自明年 1 月 1 日起,个体工商户、夫妻店等经济模式下经营的公司每年只有 3 个过户指标,这意味着他们的生存空间会被挤压。

罗磊提供的数据显示,二手车经营群体中大部分以夫妻店、个体工商业者为主,真正的二手车经销企业不多,绝大多数二手车经营群体经营规模较小。中国汽车流通协会今年上半年针对 1145 个车商进行的调研报告显示,17.2% 的二手车商已经转型为经销公司,计划转为经销公司的车商占比达 12.8%,12.3% 的车商将继续经营经纪模式。此外,超过半数的车商表示不清楚政策。

北京地区一名二手车商对记者表示。二手车交易模式主要分为经纪模式和经销模式，夫妻店等个体工商户一般采用的都是经纪模式，即撮合二手车买卖双方，收取居间佣金。个体工商户注册经纪公司，将经销车辆挂在个人名下进行交易，这会产生一人背负多个过户指标的现象，不仅在纳税上存在一定漏洞，也容易产生行业乱象。

距离新政落地仅剩几日，这让不少车商感到焦虑，今年行情不好，多名车商的二手车滞销。日前，茂名市汽车流通协会发布《关于延迟新政实施及给予二手车经销商补贴的建议》，建议延缓3—6个月执行《通知》中自然人交易限制的相关条款，给予二手车经销商一定的补贴，车管所进一步扩大放管服业务。

上述《建议》显示，广佛地区大量二手车因封控造成无法及时办理交易过户手续，消费者要求取消交易，退还车款、定金等，产生诸多交易纠纷，大批待售库存车辆无法及时销售，导致车价严重下滑，抵押解押无法及时办理，初步估算每个商户平均亏损不少于30%，涉及商户约600多家，库存车约4 000多辆。

"原本夫妻店没什么成本，现在只能注册公司或者用别人的公司来交易。政策的出发点是让这个行业更加透明，规范。以前很多公司几乎每个月都零申报，现在没有办法这么做，运营成本、财务成本都会提升。明年小车商还能不能存活，几个十几个是不是要整合，抱团取暖。还是说市场出面，成立一个公司做统筹的代销，大家都还在观望。"沈阳表示。

罗磊表示，散、小、乱是二手车流通领域的常态，在二手车新政下，大量的个体工商户需要转型。另一方面，现在很多车商通过一些新的传播方式建立自己的私域流量，传统的集客方式也在发生变化，交易市场要加快数字化、标准化、品牌化建设。

今年受疫情影响，不少车商开始在懂车帝二手车、抖音等平台上做直播。中盛酷车总经理陈剑勇在接受第一财经记者采访时表示，依托线上平台的网络优势，打破车辆收售地域限制，在全国范围进行供需匹配。在抖音、懂车帝上直播卖车，现在90%的线索都来源于线上。

"以后将是神仙打架的时代，全国市场的二手车差价将无限地缩小，这意味着价格越来越低，车况越来越透明，利润越来越少。C端客户的需求量减少，导致二手车买方市场的蛋糕也缩小，疫情的不定时爆发，导致经营时不时就会按下暂停键。我们要追着流量跑，当下帮助经销商们走出困境，最快见效的方法就是做新媒体，汇聚流量募集，希望在当下解决车商的困境。"孙明霞表示。

2022 年 12 月 26 日

分享链接

二、楼市地理

GDP广东省第三，"岭南古城"佛山的楼市十年

张慧敏

一部《寻味顺德》让顺德以及它所属的佛山美食被大众熟知，然而，却鲜少有人注意到，佛山是广东省经济实力排名第三的城市。地处珠江三角洲腹地，南临中山，西接肇庆，东边与广州市紧密相连，在地理位置上占据优势的佛山，经济发展的成绩也很亮眼，GDP总量已经超1.2万亿元。

人口的增长与经济增长是同步的，近十年来，佛山市常住人口增长超200万人。人口增长拉动房地产的市场需求，十多年来，佛山市的房价已经翻倍，新房年度成交量也连续突破十万套。此后，随着轨道交通的完善，广佛同城使得不少广州人前往佛山置业安家，从而在很大程度上助推了当地房地产投资和投机需求。

然而，在2021年下半年全国楼市整体下行的背景下，佛山楼市也随之陷入低迷。

今年4月末，在全国多城松绑楼市的背景下，佛山开始对限购政策下手了，规定购买满5年的商品房，不再计入居民家庭拥有住房的套数，一夜之间，不少人重新获得了"房票"。

GDP广东第三

佛山是以黄飞鸿、叶问为代表的武术之乡，是中国南狮的发源地，也是

众所周知的美食天堂。当然，佛山还是"中国家电之都"和"中国燃气具之都"，在全国的经济发展中占据着重要的地位。

2021年，佛山市的GDP总量再次超过万亿元，达12 156亿元，增速8.3%，GDP总量仅次于深圳市和广州市，位居广东省第三。

地处亚热带，佛山常年气候温和，雨量充沛，自古就是富饶的鱼米之乡。

早在唐宋年间，佛山的手工业、商业就已十分繁荣，明清时，佛山成为商贾云集、工商业发达的岭南重镇，陶瓷、纺织、铸造、医药四大行业享誉南国。清末，佛山勇立时代潮头，成为中国近代民族工业的发源地之一，先后诞生了中国第一家新式缫丝厂和第一家火柴厂，并建立了南洋兄弟烟草公司竹嘴厂。

进入21世纪，佛山市的发展开启加速度。2009年正式启动广佛同城化，2019年包括佛山市在内的《粤港澳大湾区规划纲要》出台，都给佛山的经济注入了强心剂。相比于2000年的1 050亿元，20年间，佛山的GDP已经增长超十倍。

经济的快速增长与人口的流入密切相关。第七次人口普查的数据显示，截至2020年，佛山市常住人口为949.89万人，相比2010年的719.43万人，十年间，佛山市人口增长超200万人。佛山市的人口吸引力还在增强，2021年，佛山市常住人口增加9.38万人，增量仅次于深圳市，是广东省内排名第二的城市。

受惠广州外溢需求

大量人口的涌入，催生了佛山市房地产的快速发展。

佛山市住建局的数据显示，2011年，佛山市新房均价为8 170元/平方米，而到2021年，已经涨至13 876元/平方米，十年涨幅达69.84%。

张亮一家在佛山工作多年，2019年在佛山市南海区买了一套商品住宅，他告诉第一财经记者，当时购入的价格为2.5万元/平方米，如今，该小区的房源在房产中介平台的均价已经涨至3.5万元/平方米。

广佛两市文化同根同源，自古一家，两市接壤边界长约200公里。近年来，广佛两地的轨道交通逐渐完善，贯穿佛山和广州的地铁线已有3条，从佛山市内到广州天河的 CBD 珠江新城仅需一个多小时。

贝壳研究院统计的数据显示，截至 2020 年年末，佛山市购房者中，跨城通勤者占比 23%，跨城通勤城市为广州的购房者占比 16%。佛山的跨城购房者中，超过 5 成选择在南海区购房，超过两成在顺德区购房。

贝壳平台的数据显示，目前，临广区域，例如南海区的千灯湖、三山新城、金沙洲板块，房价都在 3 万元/平方米，明显高于非临广区域。不过，相比广州市荔湾区 3.7 万元/平方米、海珠区 4.4 万元/平方米的均价，临广区域的房价仍然较低，而这也是跨城通勤者选择在佛山市买房的重要原因。

房价十年沉浮

提及佛山楼市的快速发展，2010 年一定是一个不可不谈的时间段。2010 年 11 月，广佛地铁首段通车，"工作在广州，住在佛山"成为购房者看得见的未来。佛山市住建局的数据显示，2010 年佛山市新房成交价格为 7 448 元/平方米，而在 2009 年，佛山市新房价格还处于 5 855 元/平方米的水平，2010 年，佛山楼市价格上涨幅度达 27.20%。

楼市的热度也传导至土地市场，2012 年和 2013 年，佛山土地成交量翻倍，分别为 631 万平方米和 788 万平方米，明显高于 2011 年的 379 万平方米。

楼市的火热的同时，佛山房地产市场也迎来了调控。

2011 年 3 月，佛山限购令出台，拥有 1 套及以上住房的非佛山户籍居民家庭和拥有两套及以上住房的佛山户籍居民家庭，若无法提供 1 年以上在佛山纳税证明或者社会保险缴纳证明，暂停在佛山购房。随后，佛山市商品住房成交量快速下跌，全年成交新房套数 5.6 万套，同比 2010 年下降 18.34%。

2014 年 8 月，全国部分地区放松限购，佛山市成为广东首个正式松绑限购的城市，限购由家庭转为个人，佛山户籍每人限购 2 套。2015 年，佛山全面解除限购，不再审查购房者的资格。这一年，佛山新房成交近 13 万套，首次突破 10 万套大关。

2016 年 10 月，佛山楼市政策开始收紧，禅城全区，南海区和顺德区的邻广区域被纳入限购范围，在佛山购房再次需要看社保，首付比例也规定为首套三成，二套四成。不过，2016 年，佛山楼市仍然延续了 2015 年的涨势，新房成交量再创新高，升至17.3万套。

2017年，佛山限购加码，新房成交量降至10.8万套。2018—2020年，佛山处于收紧与宽松并存的阶段，尽管2020年初受到疫情影响，其新房年度成交量一直维持在11万套以上。

2021年，佛山楼市开始转折。上半年，佛山楼市供销双热，而下半年，部分房企爆雷，佛山多个项目处于停工状态，叠加房贷利率上升，房贷额度紧张，购房者观望情绪浓烈，市场销售承压，全年新房成交10.29万套，跌破11万套大关，创近7年来的最低。

2021年，佛山土地市场也先热后冷，10—11月，多宗地块撤牌、流拍、底价成交或延期出让，最终，2021年全年佛山市成功出让土地66宗，同比减少36宗，成交金额890亿元，同比减少30%。

2022年，佛山楼市逐步回暖，但是成交量依旧处于低位。佛山中原的数据显示，2022年一季度，佛山全市新建商品住房成交181.6万平方米，同比减少43%。在土地市场方面，2022年一季度，佛山市成功出让的涉宅用地共7宗，全部以底价成交，撤牌和延期出让的宗地依旧存在。

成交量创7年新低，楼市低迷数月，土地市场也冰冷，在此背景下，佛山楼市放松限购，似乎是箭在弦上不得不发。

下一个机会？

4月末，佛山终于松绑。

《佛山市住房和城乡建设局关于优化存量商品住房政策的通知》（下称《通知》）表示，对最近一次缴纳契税时间或不动产权登记时间满5年的商品房，不再计入居民家庭拥有住房套数。该商品住房在进行买卖合同网签、赠与、司法拍卖等转让手续时，无须进行购房资格核验。

简而言之，上述政策出台后，购买商品住房5年以上的家庭，重获了一张房票，与此同时，一部分在佛山没有购房资格的人也能在佛山买房了。

广东省规划院住房政策研究中心首席研究员李宇嘉表示，佛山此举，一定程度上能激活部分改善型需求。例如生二胎、三胎的家庭；或者现居住房屋配套不足的家庭；或者是在5年以前入手门槛较低时购房，且房贷已还清的家庭；也或者是民企老板或高管，近年来因为实体经济比较困难，开始避险和回归安全资产而购房。

佛山市当地的房产中介对第一财经记者表示，"明显感觉5月的客户比前两个月多。"佛山中原战略中心的数据显示，政策颁布后的第一周（5月2—8日），佛山全市一手住宅网签成交1 069套，12.6万平方米，成交面积环比增长28%，满5年住宅不限购新政效应促进楼市回归，市场信心平缓升温。

不过，第一财经记者发现，同比2021年五一期间的销售情况来看，佛山今年的销售成色并不足，相比2021年同期成交的3 004套，32.67万平方米，2022年新政之后的第一周，佛山市住宅成交套数同比下降64.41%。

或许，政策对佛山楼市的影响还没那么明显，政策对市场信心的传导还需要时间。

2022年5月16日

分享链接

二、楼市地理

网红城市长沙的低房价是如何炼成的？

郑 娜

"在所有的新一线城市中，长沙的房价最低。"2020年，在上海奋斗的"90后"谢靓花120万元在长沙买了套房子，落户成为新长沙人。促成她选择长沙的关键之一，就是可以承受的房价水平。

低房价早已成为长沙的一个重要标签。据贝壳研究院发布的《2021新一线城市居住报告》，在35个一二线城市中，长沙居住竞争力指数位列第9，在新一线城市中"居住负担"最小。另据易居研究院发布的《2020年全国50城房价收入比报告》显示，长沙房价收入比仅为6.2，居于末位，同期深圳的该比值达到35.2。

如今，当武汉新房均价已突破2万元大关之时，长沙还徘徊在万元的水平，不改"房价洼地"的本色。多位业内人士向第一财经记者分析，长沙多年来能当好"房价模范生"，其根本原因在于早已启动的严格限价政策，将房价上涨的萌芽成功地压制住。

低房价释放了旺盛的消费力，促成诸多新消费品牌的崛起，茶颜悦色、文和友、墨茉点心局等品牌快速成长，变成长沙的新名片，吸引更多人来长沙。

这座GDP过万亿元、人口上千万的中部省会城市，凭借自身丰厚的文化底蕴、扎实的经济基础和新潮的消费文化，成为"中国最具幸福感的城市"。

严格调控，压制房价

站在岳麓山顶，向东远眺，视线越过河东掩映在绿色植被中的低矮建筑，湘江、橘子洲及对岸的高低错落的现代化建筑映入眼帘。如果是国庆假期前后登顶，伟人笔下的满山红遍、层林尽染，便会再现于眼前。

走过千年楚湘历史，穿越抗日战火纷飞，历经文夕大火，长沙城在废墟上重建。凭借霸蛮精神，这座不临海、不沿边的中部城市，不仅孕育了三一重工、中联重科、山河智造等大企业，被冠以"工程机械之都"的称号，还滋养了一众新消费品牌，成长为 GDP 过万亿元、人口超千万的网红城市。

让长沙闻名于天下的，除了自然风光、历史文化和经济实力之外，还有远低于相似区位和发展水平的城市的房价，这一"房价洼地"的状态从 21 世纪初便已形成，彼时人均 GDP 在中部 6 个省会城市中位居前列的长沙，房价已是最低。

根据《中国统计年鉴》，2002 年，武汉、郑州市区的房价接近 2 000 元/平方米时，长沙的房价在 1 600 元/平方米；2010 年，太原房价突破 7 000 元/平方米，武汉、合肥房价超过 5 500 元/平方米时，长沙的房价还不足 4 500 元/平方米，仅略高于南昌。

"这里有个历史原因，长沙前面十几年的土地供应量比较大，"湖南中原地产战略发展中心总经理陈世霞向第一财经记者回忆。这促使当时的长沙楼市整体处于供大于求的状态。公开数据显示，2008 年时，长沙的商品房供销比为 1.81，其中，商品住宅供销比为 1.83，本地媒体的报道中称长沙已进入"买方市场"。

随着长沙城区的"东拓西进，南移北扩"，土地供应不减，市场仍旧供大于求。第一财经记者获取的一份长沙市场研究报告显示，2013—2014 年，长沙商品住宅的供销比分别为 1.27、1.44。

"2015 年起，长沙开始控制土地出让，那一年的供应量很少。"陈世霞说。上述市场报告显示，2015 年，长沙市区的住宅市场供求比下降至 0.88，2016 年进一步下跌至 0.63。

市场格局逐步转变为供不应求，长沙房价开始显出上涨的迹象。国家统计局的数据显示，2016 年 8—11 月，长沙房价环比涨幅分别为 1.5%、4.3%、4.4%、1.5%，在同期各大城市中位居前位。这一年，长沙市区新房成交均价 7 403 元/平方米，涨幅超 10%。

2017 年，低供应叠加炒房客来袭，长沙的房价持续上扬。为遏制这一势头，2017 年 3 月，长沙发布楼市新政，规定非长沙户籍限购 1 套；5 月，进一步规定非长沙市户籍连续缴纳 12 个月以上个人所得税或社会保险证明限购 1 套；长沙户籍限购 2 套。

这年 7 月，长沙祭出限价这一大杀器。多位受访人士认为，这是将长沙房价狠狠压制住的关键。"我记得很清楚，限价参照还不是以 2017 年的价格为准，而是以 2016 年 10 月份的网签备案价为参照，限得非常严格。"陈世霞称。

"2017年的时候,梅溪湖的房价已经涨到差不多1.4万元/平方米了,二手房价在1.6万元/平方米,贵的项目可以到1.8万元/平方米。"在长沙从事房地产工作十余年的薛文告诉第一财经记者,"但是政府给梅溪湖的项目设定的限价,毛坯房也就在9 970元/平方米,限得非常狠。"

同时,单独备案的精装修部分,也因为市民投诉货不对板、价格过高等问题,在2017年下半年时被"加盖",从没有限制变成最高2 500元/平方米。

于是,在严格的"毛坯限价+精装备案"双重限价下,长沙的房价被很好地控制在低位。"2019年之后,长沙设定的每年房价涨幅也只有6%,增速依然很低。"

除了出手早之外,力度大、决心强是长沙控住房价的一个核心因素。住房和城乡建设部政策研究中心助理研究员单爽在"长沙模式"的文章中作出总结,将长沙政府的调控决心放在了首位:"从严格的调控政策可以看出长沙市政府坚决抑制房价上涨的决心。实际上,通过房地产宏观调控政策抑制房价上涨是各地政府的通用手段,但很少有地方政府抑制房价的决心像长沙一样坚决。"

"140平方米以下都是刚需"

在房价上如此强力的压制,对长沙楼市的各大参与主体形成了不小的影响。

"2017年开始执行限价的时候,房地价差平均在4 500元/平方米。"薛文说,"开发商在2017年拿的地,基本上没有怎么赚钱,有些项目的土方成本很高,实际上是处于亏钱的状态。"

不过,长沙一直在持续调整,增加房地价差的空间。据湖南中原地产测算,2021年时,长沙项目的房地价差已达到7 508元/平方米。

但相较于中部地区其他5个省会城市而言,这一数值依然不算高。"其他城市基本都接近1万元/平方米,"陈世霞表示,不过在2022年的首轮集中供地中,这一指标进一步达到了约8 400元/平方米的水平。

历经几年的调整,薛文明显感觉到项目利润的提升。"从过去几年的路径来看,长沙在售项目的利润空间是在不断增加的,加精装销售,如果可以顶着精装价格销售,项目利润率可以有8—10个点,对比其他城市来看,这是非常好的水平了。"

在某 Top30 房企工作的周灿也认为,当前长沙市场留给项目的利润空间是达到预期的。在房地价差、精装修等静态利润空间之余,"流速能够保证的话,动态的利润也是符合要求的。"

项目流速有所保证,简而言之就是"卖得动""不愁卖"。长期的低房价和严格的调控政策给长沙楼市带来了这种可能。

低房价首先带来的就是低房贷压力。2013 年大学毕业后留在长沙工作的戴阳,2016 年在望城区购置了一套房子,当时的单价约为 4 000 元/平方米,每个月还款额度仅为一千多元。除了首付有家里支撑,余下的七成房款,不久之后,她自己一口气还完了。

目前拥有两套房的薛文,每月的还贷额度也只在 6 000 元左右,"对家庭开支占用不大的情况下,就能把这部分钱存起来",使家庭财富有了积累的可能。

同时,在长沙严格的限售、限购政策下,将市民的购房置换周期大大拉长。"在几年的限购期限内,市民不可能再有不动产置业这类大额支出,这也就使得市民的钱越存越多,购买力相对增加。"薛文说。

这期间,长沙的人均可支配收入还保持着较快增长。据长沙市统计局发布的数据显示,2021 年,长沙市居民人均可支配收入约 5.6 万元,比上年增长 8.0%,其中,城镇居民的人均可支配收入为 6.2 万元,增长 7.2%。这已超过同期武汉的城镇居民人均可支配收入。

事实上,长沙市民的购买力促成了另一个重要的市场特点,即刚需的首套房面积段近年来持续增长。

戴阳购置的两室,面积还在 80 平方米左右;2018 年,在大王山板块附近购房的另一位留在长沙工作的大学生,买的首套房面积就在 100 平方米以上了。"现在 140 平方米以下都是刚需。"周灿说。

根据湖南中原地产的统计,2021 年,长沙主流的套均面积大约在 132 平方米;从成交结构上来看,销量最好的面积段集中在 120—140 平方米;160 平方米以上的大户型产品,从 2020 年疫情之后,呈现量价提升的态势,供销两旺。

陈世霞分析称:"因为房价便宜,大家房票又有限的情况下,一般都是一步到位,在支付力能够支撑的情况下,一般购房者都会选择大面积的房子。"

在薛文看来，这也是 2021 年下半年全国楼市大幅下挫的背景下，长沙并未出现大范围降价情况的重要原因，"限价后的长沙房价跟居民的可支配收入相比，没有出现超涨的情况，也就没有透支居民购买力，使得大家对长沙房价的耐受力也比较强。"

周灿也有同感，大平层的改善项目卖得很好，2021 年四季度部分大平层集中入市，单价在 2 万元以上、总价在四五百万元，基本都开盘售罄，"把 12 月的平均房价拉升了超 10 个点"。

即便如此，据湖南省住建厅的数据，2021 年长沙新房均价为 10 119 元/平方米，保持在低位。"长沙的房价天花板现在还不到 3 万元/平方米，武汉已经达到 5 万元/平方米了。"薛文说。

不过，受到当下行业形势的影响，尽管长沙需求充足、购买力充足，但购房者仍有较为明显的观望情绪。"这有几个成因，第一个是很多城在降价，购房者的心里肯定会有预期，自己关注的项目会不会降价，其次就是企业的交付问题。"

这使得当前的长沙楼市也面临着成交同比下跌的情况。湖南中原地产的数据显示，长沙内五区前 4 月累计供应 211 万平方米，同比下滑 34%，成交 201 万平方米，同比下滑 47%。

14 年的幸福城市

借着全国楼市松绑之势，长沙也出台了部分松绑政策。5 月初，长沙发布新规，将限购时长从网签 6 年改为 4 年，可买二套政策，缩短了购房周期；5 月中旬，长沙再发新政，规定存量房盘活供作租赁住房后，不纳入家庭住房套数计算，被市场称为"租房换房票"。

尽管外界纷纷认为该政策是长沙创新放松调控，但在长沙房地产业内人士看来，其中的关键或许在于增加租赁住房供给。周灿也认为，这有利于降低年轻人的生活成本，让他们更愿意来长沙定居工作。

事实上，远低于其他重点城市的房价，早已成为长沙吸引年轻人的一项利器。

2021 年 3 月，长沙市委副书记、市长郑建新在接受媒体采访时提到，长沙是全国所有大城市里房价和收入比最低的城市，一个普通家庭工作 6.4 年就可以买 100 平方米的房子，年轻人不靠父母，和伴侣一起就可以轻松交首付供房，并表示将继续管控好房价。

低房价降低了购房对消费的挤压，使得长沙人有更多的余力享受生活，又进一步滋养了诸多新消费品牌，茶饮中的茶颜悦色、咖啡里的三顿半、卤味里的绝味鸭脖、餐饮里的文和友、费大厨等；湖南首家京东Mall、宜家家居也将落地长沙的洋湖片区。

丰富多彩的文娱生活，构成了长沙生活的高幸福感。截至2021年，长沙已连续第14年获评"中国最具幸福感的城市"。

年轻人也在用自己的行动为这座幸福城市添加注脚。

谢靓是湖北人，在外打拼的她想要有个安定的空间，再加上2020年疫情的影响，让她产生了买房的想法。在一番仔细研究后，她选定了长沙。"2020年的时候，长沙均价还没过万元，我们家那边小县城都要7 000多元/平方米，"谢靓说，"跟武汉比起来，长沙的消费支出也不算很高，城市充满了生活气息。"

公开信息显示，2019年以前，长沙连续4年每年人口净流入在23万—27万人。据"七普"数据，2020年年底，长沙常住人口增加到880万人，一年净增加了近41万人。截至2021年底，长沙的常住人口已达到1 023.93万人。

2017年，长沙首次迈入"万亿元GDP俱乐部"；2021年GDP超过1.3万亿元，比上年增长7.5%，位居全国省会城市第6位，在中部地区仅次于武汉。同时，长沙是世界三大工程机械产业集聚地之一，2021年的数据显示，长沙的工程机械总产值约占中国的27.5%、全球的7.2%，产品覆盖180个国家和地区。

将视线拉得更长远，长沙这支潜力股在谋求更长远的发展。

2022年4月，湖南省发布了《关于实施强省会战略支持长沙市高质量发展的若干意见》，长沙市计划到2026年GDP达到2万亿元左右，常住人口突破1 200万人，并给出多重配套措施，从产业、交通、互联网、能源、人才引进等方面推进强省会建设。

建设强省会的关键在于推动强产业的发展。在原有的强制造业基础之上，长沙还将构建先进制造业集群体系，到2026年，打造15个左右千亿元级的产业，实施180个左右十亿元级的项目。

这样充分的想象空间下，房企对长沙持续看好。"长沙当前楼市的健康度、城市发展潜力、政府财力支撑，相较其他城市更稳定。"在薛文看来，房子的财富增值效应也比周边房价高的城市更加明显。

二、楼市地理

"现在的市场行情下,我们在地级市拿地非常谨慎,"周灿告诉记者,"另一个中部省会城市房价虽然高于长沙,但房子卖不上价格,居民购买力支撑不足,而长沙则有充足的购买力支撑市场,我们也持续看好长沙。"

(应受访人的要求,谢靓、薛文、周灿、戴阳均为化名)

2022年5月23日

分享链接

20年三次房价脉冲，"世界工厂"东莞的楼市回归

张慧敏

在失去了深圳客源的支撑之后，即便东莞连续两次松绑楼市政策，市场也未再现昔日的繁华。

数据显示，5月，东莞新房网签约22.7万平方米，同比增长2%；二手房成交1 460套，同比增加16%。截至今年5月，东莞一、二手房成交量已经实现了三月连涨。

然而，若将这一数值放至历史同期水平去对比，这样的成交少得可怜，并没有复刻过去几轮周期中"政策松绑房价跳涨"的走势。

同时，大量二手房放盘，漫长的去化周期，都指向一个现实：投资客已逐步从市场撤离。回望20年，东莞房价经历了三轮大幅上涨，不少投资客通过房产买卖获利颇丰。现在，当房价上涨空间逐渐收窄时，东莞楼市的投资逻辑也悄然生变。

2019年1月—2020年5月东莞二手住宅每月成交走势

数据来源：合富大数据

二、楼市地理

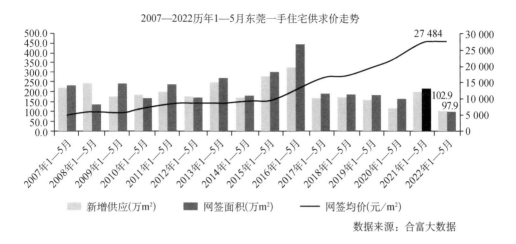

数据来源：合富大数据

万亿元 GDP 的城市基本面

早在 20 世纪 90 年代，地处珠三角核心位置的东莞就已经是制造业的巨头。

东莞市位于广东省东南部，南北分别与两个一线城市深圳、广州接壤，多平原地貌。改革开放以前，东莞地区以农渔业为主，产业并不发达，改革开放后的 1979 年，全国第一家来料加工厂——太平手袋厂在东莞虎门诞生。乘着改革开放的东风，东莞以"三来一补"为切入点发展外向型经济，承接港台商人的投资，经济总量快速上升，1990 年代中后期有"东莞塞车，全球缺货"的说法，而东莞也被称为"世界工厂"。

经过多年发展，东莞的制造业实力逐渐雄厚，已不再是曾经那个仅以数量型和劳动密集经济扎堆的"世界工厂"，效益型和资金技术密集型经济成为东莞发展的方向。如今，东莞已形成了以电子信息、纺织服装和制鞋、玩具制造、食品饮料加工、家具制造、造纸、电气机械及设备制造业七大产业为支柱的工业体系，华为、OPPO 等知名企业相继落地东莞。

数据显示，2002 年，东莞市 GDP 首次突破 1 000 亿元大关，达 1 186.94 亿元，来到 2021 年，东莞市 GDP 达 10 855.35 亿元，首次突破万亿元大关，成为全国第 15 个 GDP 过万亿元的城市。近 20 年，东莞的 GDP 总量增长了近 10 倍。

随着经济的腾飞，东莞也吸引着来自全国的劳动力，常住人口随之增长。

数据显示，2000年，东莞市常住人口为644.84万人，2020年年末，东莞市常住人口为1 046.67万人，20年增长了401.83万人。

人口的增长必然伴随着居住需求的增长，在此背景下，东莞的房产行业也发展迅速。

20年三次价涨高峰

在2002年之前，东莞楼市主要由本地四大开发商——中信地产、宏远地产、光大地产、新世纪地产占据，2003年开始，随着万科、金地、碧桂园等外来的品牌房企相继进入东莞，概念营销和品牌营销等新的营销方式正式进入东莞，东莞楼市进入新的发展阶段。

从成交量来看，因为紧邻深圳，东莞楼市的冷热与深圳楼市紧密相关。2007年，深圳楼市高位滞涨，风险加大，在开发商的有意识引导之下，大量来自深圳的投资资金开始流入东莞市场，东莞合富的数据显示，2007年，东莞一手住宅网签面积达617万平方米。2007年，东莞的新房住宅均价为5 522元/平方米左右。

随后，在2008年金融风暴影响下，东莞楼市进入低谷，2008年，东莞一手住宅的网签面积近乎腰斩，为357万平方米，同比下降42%。此后几年，东莞市一手住宅的签约面积逐渐恢复。

2010年，受供不应求以及高端住宅成交突出的影响，东莞房价迎来历史上第一次大幅上涨，合富辉煌东莞市场研究部的数据显示，2010年，东莞一手住宅供应462万平方米，签约面积442万平方米，均价7 429元/平方米，同比增长21.4%。

2015年，隔壁的深圳房价暴涨，东莞房价只有深圳的1/3，巨大的价值洼地以及众多莞深交通利好，加上东莞二套房首付降至四成，使深圳客再次涌入东莞楼市。合富辉煌东莞市场研究部的数据显示，2015年，东莞一手住宅的网签面积达998.7万平方米，同比增长76%，其中，深圳客对东莞楼市的贡献比重约为四到五成。这一年，东莞的新房住宅均价为9 797元/平方米。

2016年，莞深房价价差继续增大，东莞楼市延续2015年的热度，签约面积依旧保持在900万平方米以上，与此同时，东莞市房价迎来历史的最高涨幅。东莞合富的数据显示，2015年之前，东莞房价上涨缓慢，上涨幅度基本在10%以内，2016年，东莞房价从2015年的9 797元/平方米涨至

二、楼市地理

13 761 元/平方米，涨幅达 40%，创历史最高。

随之而来的即是楼市政策的收紧。2016 年 10 月，全国主要城市楼市政策大幅收紧，东莞首次启动"限购"，市场形势急转直下，2017—2019 年，东莞一手住宅的年度成交面积降至 500 多万平方米。

直到 2020 年疫情暴发后的 4 月，在宽松货币的刺激下，东莞楼市成交量再次回暖，房价迎来第三轮大涨。数据显示，2020 年，东莞新建商品住宅的签约面积为 742 万平方米，创四年内新高。东莞新房住宅供不应求，价格也大幅上涨至 24 227 元/平方米，涨幅达 20%。

2021 年，在"房主不炒"总基调的指导下，全国楼市调控政策收紧，东莞楼市也在限购、首付等方面多次加码，2021 年，东莞新建商品住房的成交面积回落至 505 万平方米。

投资逻辑之变

东莞楼市发展 20 多年，每年的成交量涨跌不一，唯一不变的是房价上涨，经历了 20 多年的发展，东莞房价已经涨至 2021 年的 2.7 万元/平方米。在此期间，通过购买房产获利的人并不在少数。

2015 年，东莞还不限购，张帆和亲戚在东莞沙田镇各买了一套 90 平方米左右的商品住宅，总价 80 多万元。张帆对第一财经记者表示，"当时买那个楼盘，是因为深穗城际的沙田站与这个楼盘仅相隔 300 米，当时想的是深穗城际的概念。"尽管沙田房价的涨幅不如东莞的松山湖、虎门、长安、厚街等区域，但是，2019 年，当张帆想要在深圳买房且卖掉东莞这套房子的时候，其总价也涨了 50 万元左右，最后以 130 多万元的价格成功出手。张帆的亲戚也在 2018 年为了置换到深圳，以 130 多万元出手了上述房产。

比较魔幻的是，张帆买房的时候是为了投资，他表示，从买房、收房到卖房，自己一次也没进去看过这套房，也没有对这套房进行装修。

此前，像张帆这样在东莞买房投资的人并不少。不过，随着房价上涨的空间逐渐见顶，投资楼市的购房者开始谨慎起来。

在东莞从事房产销售 6 年的李奎对第一财经记者表示，房地产后面大涨的机会不大，现在在东莞买房的以刚需为主，买来自己住的比较多，以投资为目的的购房者会比较谨慎。

近日，记者所在的一个微信购房群里，一名东莞的业主表示，自己手中拥有 4 套东莞房产，其中 1 套房产在此前行情好的时候能卖到 2 万元/平方米，现在只能卖到 1.6 万元/平方米，他在考虑要不要卖掉 3 套，因为在他看来，长期来看，手中的几套房产或许还有比较小的升值潜力，但短期来看，其手持的房产价格大概率会继续下跌好几年。

去化周期涨至 41 个月

上述东莞业业主的担心不无道理，因为从当前的数据来看，东莞楼市成交量依旧处于历史低位，而二手房去化周期已经上升至高位。

进入 2022 年，东莞楼市延续了 2021 年的低迷态势。合富研究院统计的数据显示，2022 年一季度，东莞市新建商品住房网签 4 934 套，创历史新低。截至 2022 年 3 月底，东莞新建商品住宅的去化周期约 18 个月，同比增加 13 个月，因为成交放缓，消化周期明显拉长。另外，一季度，东莞二手房网签 1 957 套，同比减少 65%。

4 月末，在全国不少城市松绑楼市政策的情况下，东莞也加入了楼市政策松绑的行列。4 月 29 日，东莞市对购房资格作出调整更新，5 月 1 日起，恢复个税购房政策，既认社保，也认个税。同时认定标准由"逐月连续缴纳"调整为"累计缴纳"。

半个月后，东莞楼市政策再次松绑。5 月 14 日，东莞出台的楼市新政"莞七条"规定，对符合国家生育政策，生育二孩或三孩的居民家庭，可以新增购买一套商品住房；购买政府认定的绿色建筑商品住宅申请住房公积金贷款可依规上浮 20% 的额度；个人住房转让增值税征免年限由 5 年调整为 2 年；商品住房取得不动产权证满 2 年的可以进行交易转让。

一系列的政策组合拳，无疑降低了购房者在东莞购房的门槛，也加速了房产的流动性，此前要三年才能卖的房产，持有两年后即可挂牌售卖。58 安居客房产研究院首席分析师张波对第一财经记者表示，楼市松绑政策会带来市场热度的上升，同步也会带动成交量提升。

楼市松绑后的 5 月，东莞楼市成交量开始小幅增长，一手住宅网签约 22.7 万平方米，同比 2021 年微增 2%；二手房住宅网签面积 15.2 万平方米，约 1 460 套，签约面积同比 2021 年增加 16%。然而，与 2020 年同期相比，东莞一、二手房的成交面积分别至少下降 52.5% 和 49.3%。与历史数据比起来，东莞市一、二手房的成交量依旧处于低位。

二、楼市地理

销售端还未明显好转的同时，东莞二手房的挂牌量连续增长。诸葛找房的数据显示，5月，东莞市二手房挂牌量为5.8万套，环比上涨1.5%，挂牌量已经连续上涨4个月。

根据诸葛找房提供的数据，第一财经记者以"库存/近12个月平均销量"的公式来计算去化周期，截至2021年1月，东莞二手住宅的去化周期约26个月；截至2021年5月，约33个月；2022年5月，东莞的二手房去化周期已经延长至41个月。

市场上有一种普遍的说法："每一次楼市松绑政策来临，就是套现离场的好时机。"然而，从当前这轮政策松绑后的数据来看，东莞楼市成交量的明显回升或许还需要一些时间，投资客成功脱手房产也变得没那么容易。

（受应访者的要求，张帆、李奎为化名）

2022年6月28日

分享链接

"玻璃大王"劝退炒房，
曹德旺老家福清楼市的膨胀与衰退

马一凡

"玻璃大王"曹德旺身处汽车行业，近年来却始终不忘对房地产发表独到观点。

近日，在一场汽车论坛上他再度谈及房地产，引发舆论热议。"房地产应该让懂的人去做，让不懂的做，做那么大，害了自己也害了别人。"曹德旺强调自己不会涉足房地产生意。

更早之前，曹德旺还曾预言，房地产将成为有钱人之间的击鼓传花游戏，"趁早卖掉房子才明智，你以为房子保值，别傻了"。

曹德旺一语中的，他的老家福州福清，也是福耀集团总部所在地，近6年在经历了一轮房地产爆发性增长后，出现了楼市"退烧"、房价回落等现象。

福清位于福建省东部沿海，地处福建省海峡西岸经济区中部枢纽和省会中心城市福州南翼。

以福清为代表的福建东部沿海多个县市，几十年前曾是偷渡重灾区，"福清帮"在海外十分有名。那时候，老百姓偷渡的原因指向一个字——穷。海域资源枯竭加上劳动力严重过剩，贫穷逼着福建沿海居民漂洋过海去淘金，若是有命赚到钱，他们就能回村盖起小洋楼。

时光荏苒，福清今非昔比。如今的福清不仅是福建经济发展排名前5的县城，还是全国最富裕的20个县（市）之一。

福清最知名的企业是福耀集团，它在汽车玻璃领域的市场份额占据全国半壁江山，也是出口量最大的汽车玻璃生产供应商。

许多人对于福清的重新认识，源于获得了奥斯卡最佳纪录长片奖的《美国工厂》。

片中，当"玻璃大王"曹德旺在美国投资的工厂生产效率受挫后，福耀

二、楼市地理

工厂的一批美国管理人员从俄亥俄州代顿出发,来到中国小县城福清学习取经。纪录片给到福清的第一个镜头,便是满城在建的住宅楼盘和塔吊,红色装饰板搭建的售楼处顶上,竖立着8位数的看房热线号码。

《美国工厂》拍摄的时间点,正是福清的楼市膨胀时刻。

2017年,福清的土地市场"高烧不退",在一场土地拍卖中,万科、保利、世茂、碧桂园、华润、金辉、正荣、中庚、名城、凯景、新东方、居悦等全国十余家开发商都前来竞买,鏖战数个小时,最后4宗地块都高溢价拍出。其中,世茂拿下的一宗地块溢价率高达80%,成为福清土拍史上首幅限价地块,由于竞配建,其真实可售楼面价超过了6 000元/平方米。这场土拍之后,福清整体房价迅速拔高,很多楼盘开始捂盘惜售、搭售车位、变相抬价。

在那之后,在福清楼价最坚挺的西区,其均价稳稳站上15 000元/平方米。从2018—2020年,福清房价持续上涨,根据房天下研究院的数据,2020年年中,福清二手房均价超过2万元/平方米,三个最贵小区的房价超过4万元/平方米,这价格甚至超过了福州市区的大部分楼盘。

2021年,受疫情、房地产大环境等因素波及,福清楼市也经历了彻底的洗牌和蜕变。2021年上半年,福清的土地拍卖和新房市场还一片向好,到了下半年则迅速转冷。

根据当地公布的网签数据,2021年全年福清一手住宅网签9 933套,同比上一年减少1 356套,网签面积同比下跌5.9%。去年9月的网签量,只有3月份网签量的三分之一左右。

面对销售压力,福清不少项目以价换量,促销打折,相对偏远、配套不全的区域,开始出现8 000元/平方米的房源。2020年时,福清有不少挂牌价格达到三四万的二手房小区,如今挂牌价近乎腰斩。

福清的房地产市场是一个典型的强经济型县域房地产的发展案例。

2000年左右,福清还没有进行县城大开发,也没有太多像样的楼盘,那时候600—800元/平方米的房子在当地就是"豪宅"了。后来,由于福清老城区已经无法承载快速发展的经济,政府提出了西进战略,开始大力发展西区新城。2016年以后,又变成东西南北多区域全面开花、齐头并进,县城面貌彻底改变。那时候,这类东部沿海经济发达的四线县城,也是开发商最爱进驻的片区。

2021年下半年以来,县城房地产"退烧"明显,福清并不是个例。过去十年城镇化发展迅速,城镇人口增长对房地产需求端的贡献巨大。据国家统计局公布的数据,至2021年年底,我国城镇人口的比例为64.7%,距离"十四五"预期目标65%仅剩不到0.3个百分点,因此,我国城镇化已进入中后期发展阶段,未来城镇化水平提升速度势必会下降。

2022年7月21日

分享链接

三、楼市观察

"红码风波"牵扯出房企停工问题

孙梦凡

近日，河南几家村镇银行储户被"赋红码"事件热度不减，随即又有数名河南楼盘业主反映，自己的健康码也曾突然转红，在向有关部门提出申请后又自动转绿。健康码红绿转变之间，到底发生了什么？

据遭遇健康码风波的一些业主反映，自己曾与反映村镇银行问题的储户到过同一场所，有人所处社区等有关部门曾向他们反复询问，是否为村镇银行的储户。

郑州康桥玖玺园的业主李伟告诉记者，6月11日自己出门取快递，回小区时发现健康码变成红色，而最近核酸结果一直正常，也没去外地，不清楚为什么突然转红。疑惑之下，他打了各种咨询电话，包括社区、街道办、防疫热线等。

6月12日晚上，社区打来电话，询问李伟是否在村镇银行存钱取不出来要维权，或者是否为"问题楼盘"业主。李伟确实在近期跟进过自己所购买楼盘康桥玖玺园的施工进展问题。据他介绍，康桥玖玺园2020年开盘，2023年一期精装修交房，同期开盘的项目有的已经开始绿化，但该项目有楼栋至今仍未封顶。

担忧之下，李伟和其他业主曾四处询问，去过银保监局、房管局、信访局、资金监管银行郑州银行等地方，不过均未得到令人安心的结果。6月14日，李伟的健康码"神奇"地转绿。自此，"红码"风波告一段落，但背后原因、楼盘后续进展将如何，依然是李伟心中的谜团。

包括李伟在内的多位楼盘业主，都并非上述相关银行储户，不过确实因楼盘施工进度缓慢、担心延期交付等问题，数次向有关部门反映。这牵扯出来的"问题楼盘"现象，值得引起关注。

克而瑞曾发布报告称，截至2021年年底，在其24个重点监测的城市中，尚未交付的问题项目总建筑面积约2 468万平方米，占2021年商品住宅成交总面积的10%。其中，郑州、长沙、重庆和武汉等城市项目的交付风险较大，尚未交付的问题项目总套数皆超2万套。

以郑州为例，截至2021年年末，该地尚未交付的问题项目总建筑面积约271万平方米，占成交面积的29%。长沙尚未交付的问题项目总建筑面积达446万平方米，占比同样达到25%。

日前，有郑州鑫苑金水观城二期5号楼业主反映称，从去年年底至今，该项目二期工程一直处于停工状态，多次找开发商反映沟通，均未得到确切答复。面对高额房贷和遥遥无期的交房时间，希望相关部门介入调查，督促开发商尽快解决问题。

对此金水区未来路办事处工作人员回复称，目前鑫苑金水观城现有外墙施工人员11人、砌筑抹灰15人、精装人员4人、装栏杆2人。现正在与总包机电班组等进行商谈，待资金到位后，继续增加工人人数，资金来源则由变卖资产支持变为由集团支持。

不仅是郑州，房企因资金压力影响，复工缓慢以至于延期交房的情况愈发明显。近期，在成都、泉州、菏泽等许多城市，都有房企发出延期交房声明，有称是受疫情等不可抗力因素影响，还有房企实则因资金链紧张，影响了项目的施工进度。网友在领导留言板上的投诉中，涉及房企包括绿地、融创、富力、当代、泰禾、华宇、阳光城、金科、新力等企业。

笔者认为，当下楼市销售环境、房企融资渠道均未明显走暖，随之而来的复工缓慢、延期交付等问题，短期内仍是购房者难以抹除的忧虑。在接下来的7、8月份，房企将进入年内第二个偿债高峰期，部分房地产企业能否安全"上岸"，仍存在较大的不确定性。

2022年6月15日

分享链接

三、楼市观察

"停供潮"背后仍是地产资金之困

孙梦凡

一石激起千层浪。近两日，一些烂尾楼业主单方面宣布停止偿还商品房按揭贷款，引发了声势愈大的"强制停供潮"。如果楼盘无法在一定期限内复工，业主将选择强制停还按揭贷款，风险与损失由各方共担。

在这些楼盘中，有的是已经延期交付多年、实打实的烂尾楼，有的则是还没到交付时间，但因房企资金紧张难以复工的停工盘。其中，很多断供项目，主要发生在已经违约的房企项目上，包括恒大、新力、世茂等企业。

如果更多楼盘陷入停工和烂尾状态，从而引发业主大范围停供，对房地产的影响将是极为负面的。"眼看着市场刚刚有了一点起色，大规模烂尾带来的断供潮可能会再度挫伤脆弱的市场信心。"一位房地产从业人员对第一财经记者表示了极大的忧虑。

自从去年房地产企业陆续出险爆雷以来，停工楼盘在不少城市都有所增加，各地方政府和房企，都将"保交付"提至最重要的位置。"对我们来说，保交付肯定是头等大事，这也直接影响到销售口碑。"有出险房企内部人士透露，会在最大程度上寻求到期债务展期，将有限的资金用于项目建设交付。

但是，在当下房地产行业销售不畅、资金紧缺的状态下，想要全面复工复产并非易事。一位业内人士透露，当前导致停工的主要问题在于项目销售资金被挪用，后续施工资金跟不上，供应商拿不到款项，只能以磨洋工的心态来对待项目施工，致使一些项目尽管复工，但进展缓慢。

另一房企人士表示，在当前的行业形势下，开发商层面已无法推进新增融资，销售腰斩进一步影响现金流，开发商能动用的资金极为有限。"当面临庞大的债务到期或利息支付时，很多开发商都面临一个选择，到底是还债保信用，还是用于开工建设保交付。"

一位河南房企人士透露，很多停工盘都是总包拿不到钱，归根到底还是资金问题。为此，企业除了和总包单位谈判外，其他各项手段都围绕"开源节流"展开，加大融资、出售股权、盘活资产、加速去化回款。"只有保住公司经营、活下去,才能逐步交付项目。"

据研究机构人士估计,目前违约房企停工面积平均占比20%左右,违约房企占行业总产能的比例约25%,估算行业停工面积约为行业施工面积97亿平方米的5%左右(较高估口径),总量约为5亿平方米。从银行资产方面看,假如停工5亿平方米,按照1万元/平方米资产价格测算,对应资产价值5万亿元,若都是已售项目、平均首付比例60%,则对应2万亿元按揭贷款。

为助力保交付,一些房企也拿出切实举措。以阳光城为例,该公司成立了"10W+交付专项工作组",对交付有风险的项目实行"一盘一策",统筹调度资金,确保进度赶、风险大、影响广的重难点项目支付;同时与供应商、债权人、项目合作方等沟通,避免项目被动停工;对已经陷入被动停工的重难点项目,调集优势资源重点支持,争取项目复工复产。

大部分出险的规模房企同样都很重视"保交付",但鉴于资金压力,想要做到快速全面复工,基本上是不大可能的。以恒大为例,该集团旗下的数百个项目中,已是部分复工、部分停工,资金相对充裕的区域复工较快速,比如该集团旗下的广东区域的复工率较高。

"项目烂尾主要还是没钱,有些地方资金监管松一些,账户上的钱不但被挪用,还欠着供应商的款项,想要做到复工,首先得解决资金来源问题,比如可以卖掉一些未开工的土地,或者已开发但未出售的在建项目,但都要一个项目一个项目地化解,速度很难快起来。"一家TOP5房企相关负责人表示。

2022年7月13日

分享链接

三、楼市观察

烂尾楼盘遭业主强制停贷，预售制该不该取消？多专家意见不一

吴斯旻

  房企预售资金"蒸发"、烂尾楼盘交付无期、业主要求强制停贷……类似场景在全国多个城市上演。

  近期，全国多地烂尾楼业主联合发表声明，要求强制停止偿还贷款，直至相关项目完全复工为止，涉及城市包括河南省的郑州、商丘、新乡、南阳、周口，以及山西、江苏、江西、湖南、湖北、广西、陕西等多个省份的城市。涉事楼盘中，也不乏前些年颇受市场关注的"网红"楼盘，部分楼盘甚至在开售时"日光"。

  楼盘烂尾背后，房企和预售资金监管银行分别应该承担何种责任？业主单方面要求强制停贷是否可行？业主利益该如何保障？预售制是否应该取消并改为现房销售？

  基于上述问题，第一财经记者专访了中国房地产数据研究中心执行院长陈晟，中国社会科学院城市发展与环境研究所土地经济与不动产研究室主任王业强，中国人民大学国家发展与战略研究院城市与房地产研究中心主任况伟大，北京大学房地产法研究中心主任楼建波，上海师范大学房地产与城市发展研究中心主任崔光灿，北京市盈科（深圳）律师事务所合伙人骆训文，北京云嘉律师事务所合伙人张博等多位地产领域的专家和实务界人士。

  多名受访者认为，在住房市场下行、房企进入"慢周转"时代，房企资金链紧张，叠加疫情及防控政策影响地产链条企业复工等因素下，此前房企违规挪用资金、监管不到位等问题逐渐暴露出来。从短期来看，小业主"强制停贷"或承担较大的风险，地方监管部门需落实好协调和兜底责任；从较长的时间来看，预售资金监管需继续优化，完善对小业主的救济措施，比如探索采用担保方式。

  第一财经记者："强制停贷潮"的背后是房屋烂尾问题，烂尾楼产生的背

后有哪些原因？又有哪些原因触发业主集体停贷？

在崔光灿看来，烂尾楼是房地产行业发展周期中一个常见的现象，也是房地产开发企业风险外溢的直接表现。

"预售资金监管是防范项目资金被挪用，保障项目建设顺利完工交付的制度设计，但在实践中，由于房地产项目的开发建设主体是房地产企业，银行并不能起到全面监管项目进度和资金使用的情况，所以，当企业出了问题，一般是较难保障项目顺利完工交付的。"崔光灿称。

况伟大表示，房企的交付风险与过去多年"快周转"模式下的累计效益不无关系。但在"三道红线"之下，房企资金周转慢了下来，多数房企多元化经营模式行不通了，叠加去年下半年以来，房企融资、开发、销售全链条遇冷，一些房企出现了"拆东墙、补西墙"的资金挪用等行为，交付风险进一步增大。

楼建波则认为，近期，受国内疫情反复和防控政策的影响，房地产业复工复产面临更多的不确定性、收入缩水让业主风险预期进一步下调。此外，部分地区出现的楼市政策"宽松潮"，优化预售资金监管政策的做法，在增加商品房预售资金使用灵活性的同时，也带来了一些监管不到位的风险。

王业强称，政府部门的监督问题同样不可忽视。一方面，房企开发要到住建部门备案，因此，住建部门有监督房企开发过程中可能存在的风险；另一方面，房企违规挪用预售款，有些地方的政府部门为了加快房屋开发，出面向银行担保。

虽然烂尾楼问题在多地都长期存在，但多地小业主联合发表声明，要求强制停止偿还贷款的行为并不多见。

多名受访者认为，这背后有诸多因素，例如，疫情之下业主偿债压力加大；房企频发爆雷影响市场信心，业主在明知房企复工无望的情况下，只能将维权的压力施加于银行等。

另一个触发小业主集体停贷维权的原因或与此前零星存在的司法实践有关。骆训文称，此前，在银行起诉小业主主动停贷的个案中，存在地方法院乃至最高人民法院判决称"烂尾楼的风险不应全由购房者承担"的情况。"法院在作出此类个案判决时一般是出于公平的角度，因为相关涉事银行大都存在一些违规操作。"

第一财经记者：业主停贷对房企会产生多大的压力？

多名受访者一致认为，由于业主与开发商之间签订的是购房合同关系，而与银行之间的按揭贷款合同关系均是单方面的。故此，业主停贷对房企"施压"有限。

"购房者贸然停止还贷，从法律层面并不可取，因为会使购房者面临较大的法律风险：很可能会被银行起诉追究违约责任，还会影响征信记录。"张博称。

骆训文也持相近观点。他进一步提到，一方面，在有关部门调查取证之前，业主控告监管银行涉嫌违规操作的问题有时难以取得充分的证据；另一方面，开发商和监管银行的违规问题，一般应由住建或金融等监管部门去追责，根据合同相对性原则，在法律上并不能当然成为业主不履行与银行按揭贷款合同相关条款的理由。

张博建议，购房者应采取一些比较稳妥的做法，利用法律途径维权。

具体方式有二：其一，购房者可以派代表与银行谈判，争取延期还款或其他有利的结果；其二，如果房地产开发商确已丧失继续开发的能力致使无法交房，购房者可以通过诉讼，请求法院解除商品房买卖合同并解除商品房担保贷款合同。

《最高人民法院关于审理商品房买卖合同纠纷案件适用法律若干问题的解释》第20条规定，因商品房买卖合同被确认无效或者被撤销、解除，致使商品房担保贷款合同的目的无法实现，当事人请求解除商品房担保贷款合同的，应予支持。

"如果解除商品房担保贷款合同的请求能够获得法院支持，自然就不用还贷了。"张博称。

那么，当法院判决"烂尾楼的风险不应全由购房者承担"之后，银行发放出去的贷款由谁来还？

骆训文称，至少存在两种司法判决：第一种，既然开发商违约，房屋买卖合同及担保贷款合同解除，则开发商应将收取的购房贷款返还给担保权人，也就是贷款银行；第二种，法院没有判决或购房者没有提出解除买卖合同，法院可能会判决阶段性停贷，暂停还贷的期限直至开发商交楼。

不过，骆训文也坦言，通过法律途径解决烂尾楼问题可能会有1—2年甚至更长时间的精力损耗。当前，在近期多地均出现业主集体停贷的背景下，不排除政府相关部门为业主提供更有针对性、更切实可行的兜底措施。

楼建波称,"保交楼"不仅关乎业主的切身利益,对开发商、银行和楼盘所在地的经济发展和社会稳定都有影响。建议在出现楼盘停工、烂尾等问题时,四方同时派出代表谈判,共同推进解决。"地方政府应该全程参与后续的处理进程中。比如,可以对无法按期交付的楼盘进行分类,哪些是因疫情等影响而延期交付的楼盘;哪些是房企资金链断裂而烂尾的楼盘。"

崔光灿也认为,解决已经产生的烂尾楼与"保交付"往往是相关的问题,一般首先要依靠企业自救,地方政府要加大监督和协调,解决实际问题,加大项目公司的资金使用与正常运营的管理,在适当的情况下,可由购房人与项目公司、地方政府形成联合推进的机制,有针对性地解决问题。

第一财经记者:为防范楼房烂尾事件发生,预售资金监管应如何优化?

随着多地频现烂尾楼,陈晟认为,这在楼市下行期,不仅会进一步挫伤购房者的信心,也会对企业和政府信心带来负面影响。

况伟大进一步分析称,对于房企而言,当出现延期交付、停工乃至烂尾等问题时,需承担两方面的资金压力:一是违约金;二是销售回款受阻后,开发贷款同样承压,也会波及地方金融体系的资产稳定。

今年2月,全国性商品房预售资金监督管理办法已经出台,首次对商品房预售资金监管从全国层面作出统一安排,确定监管机制。但在王业强看来,政策执行效果不明显。

"由于很多项目超融、预售资金挪用,导致现金流不足以覆盖债务。如果各方债权人都来索债权保障,多方博弈导致僵持不下,资金动不了,难免导致项目烂尾或停工。"王业强称。

对于未来改进预售资金监管的方向,王业强提出三点建议:其一,将项目预售资金、开发贷款、个人购房按揭贷款等全部纳入项目资金监管范畴,实行三方监管,确保相关资金用于项目开发建设;其二,不再"一刀切",而是梯队化地放松预售监管,针对信用等级较高的房企,预售资金留存比例适当降低;其三,要在严格执行商品房预售资金监管制度的基础上,探索采取担保方式,允许部分高信用房企以银行保函解冻部分监管资金,专项用于本项目复工复产,后续商品房销售款需足额补齐提取金额。

陈晟同样建议探索保险制度。他表示,类似于开发商贷款引入保险的信用制度一样,或可研究由开发商为购房者购买保险,以推动三四线城市的住房销售。"如果购房有相应的保险,当房企不能正常交付的情况出现,会有相应的赔付制度，以减轻消费者的风险，降低矛盾，避免出现停付停贷现象。"

第一财经记者：该不该取消预售制？

崔光灿认为，预售制是由我国房地产开发模式与融资模式决定的，是我国商品房建设供应机制的重要部分，当前，在没有新的开发模式和融资模式变化下，尚无法简单一刀切式地取消，所以，要从长效制度建设考虑完善并逐步调整这一制度，最终是建立房地产业发展新模式，更好地服务人民安居。

但况伟大和王业超则表示，从长远来看，或可探索现房销售。

况伟大称，预售制是针对楼市供小于求的背景下制定出台的。彼时，购房者根据供销情况和实际购房需求，预判未来房价大概率会呈上升趋势，故愿意承担一定的购房风险。当前，对于一些去化压力大的三四线城市，预售制或已不再适用，建议在这些地区试点推行现房销售制度。

王业超称，中国房地产市场经过20多年的快速发展之后，目前已经由增量市场转入存量房市场，房地产开发应该更加关注住房品质的提升。长期来看，房地产行业集中度将持续提升，优质房企有望获取业绩集中度提升的机会，问题房企则将出清。在这个趋势下，预售制应该逐步退出房地产市场。

2022年7月13日

分享链接

多地发布青年人才购房新政！
"普惠+激励"政策体系待形成

吴斯旻

青年人是城市刚需购房市场和租赁市场的主力军。为激活年轻群体多元化的住房消费，增加城市的人才吸引力，近期，多地推出了对青年人利好的楼市新政。

据第一财经记者的不完全统计，7月以来，在商品房市场方面，已有超过15个城市和地区发布了人才类购房优化政策，这些城市既包括武汉、济南、石家庄、福州、徐州、苏州、佛山、东莞等省会城市和热点城市群内的二三线城市，也包括黄冈、焦作、洛阳市新安县等非热点三四线城市。

在保障性住房市场上，也有不少城市做出创新。比如，深圳市推出"青年人才共有房计划"，符合条件的青年人才与企业共有产权，3年之后，如果房价出现上涨，青年人才可以选择向企业按照原价购买剩下的一半产权；成都市明确居民将自有住房用于保障性租赁住房后，可新增1套购房资质等。

中国社科院生态文明研究所理论研究室主任、中国城市经济学会房地产专委会主任王业强研究员在接受第一财经记者采访时称，总体来看，各地当前针对青年人的住房优惠政策，有利于恢复市场信心、缓解青年人的住房压力。但是，目前各地普遍更关注"人才"住房，而人才政策属于激励政策，不能完全取代普惠制的青年住房扶持政策。

此外，王业强表示，在热点城市和非热点城市中，青年面临的实际住房需求不同，所期待的解决手段也不同，需进一步因地制宜地制定符合青年发展需求的住房扶持政策，着力"租购同权"。

购房补贴的学历门槛

近期，在多个热点城市放宽落户条件的同时，更多城市打开了人才类购房优化政策的口子。7月以来，全国范围内出台人才类购房新政的城市已逾

15个,政策内容涵盖购房补贴、契税优惠、公积金贷款额度提升等。

其中,不同城市"人才类"购房优惠政策的实施门槛存在差异,高能级城市和热点城市对于学历界定的标准较为严格。

7月12日,佛山市发布了《佛山市高层次人才住房公积金支持政策管理办法(暂行)(征求意见稿)》,提到佛山市高层次人才住房公积金贷款最高额度将升至100万元,高层次人才租住商品住房提取住房公积金的,最高可提取额度拟为管理中心向社会公布当年度最高可提取额度的3倍。

苏州市和石家庄市则对人才类购房优惠政策进行分类分级。在石家庄市,根据当地于7月11日发布的《石家庄市人民政府关于印发石家庄市稳定经济运行的若干措施及配套政策的通知》,引进人才根据学历可享受每月1 000—3 000元的房租补助和5万—30万元的一次性购房补贴。

在苏州市,根据当地近期发布的一系列人才类政策,包括3年内将提供10万套人才公寓、最高购房补贴达800万元、最高引才奖励达100万元;博士后流动站出站人员最高可享受300万元安家补贴等。

非热点三四线城市出台的购房补贴类政策中,也出现了对于人才界定标准的分化。

比如在河南洛阳市新安县,根据12日发布的《新安县促进房地产市场持续平稳健康发展的若干措施》,对在新购房的青年大学生(全日制博士研究生、硕士研究生、本科毕业生),购买首套住宅的分别给予3万元、2万元、1万元购房补贴。

在山西省忻州市,据7月1日起执行的《忻州市促进房地产业良性循环和健康发展三十六条措施》,刚性调入忻州市财政全额拨款或差额拨款单位的紧缺高层次人才,一次性给予50万元安家费。

对于非热点城市出现购房补贴的学历门槛,或可与热点城市比肩的现象,58安居客房产研究院分院院长张波对第一财经记者分析称,因为在非热点三四线城市,尤其是有一定产业支持的三四线城市,往往也会吸引到相关的专业人才。

"在人才类购房优化层面,热点和非热点城市的力度会有所不同。一般来说,非热点三四线城市需要在购房或租赁补贴有更大力度效果才会明显,并且会更倾向于吸引当地重点产业发展所需的人才。"张波称。

不过,在王业强看来,非热点城市吸纳高学历人才的比例仍较为有限。

"在非热点的三四线城市中,青年人口更多是就地城镇化人口,换言之,更多是农业转移进城人口。如果学历门槛过高,能达到人才购房资质要求的相对较少。"

张波也提到,低房价本身并不足以形成三四线城市对较高学历人才的吸引力。当地的经济水平、产业发展的完备性和收入预期,均会影响到人才流动。"因此,先要用产业留住人才,再以购房相关的政策进行推动,这样方可有效地打开青年人的住房消费。"

王业强则认为,对于三四线城市而言,促进青年人住房消费的重点应该放在青年人进城落户后的教育、医疗、社保等基本公共服务上,切实推动"租购同权"政策的落实。

"普惠+激励"的青年住房扶持政策体系待形成

在人口流入的大城市,满足青年人基本安居需求的另一抓手为发展保障性住房市场。

根据国务院新闻办公室在今年4月发布的白皮书,2020年青年常住人口城镇化率达71.1%,比十年前增加15.3个百分点,高于整体常住人口城镇化率7.2个百分点。

另据中信证券近日的一份研报,2020年,我国保障性住房覆盖率为7.2%,较2000年提升了1.2个百分点。其中,租赁用保障房的占比提升,而产权类保障性住房则发展相对慢一些。在大量人口流入的城市和区域,新市民和年轻人缺乏高质量的租赁用房。

近期,多个已被纳入"青年发展型"试点范围的城市相继给出了支持保障性住房发展的"新招"。

根据中共中央宣传部、国家发展改革委等17部门联合印发的《关于开展青年发展型城市建设试点的意见》,入选城市要"加快完善以公租房、保障性租赁住房和共有产权住房为主体的住房保障体系",以优化保障青年人的基本住房需求。

今年6月,首批"青年发展型"城市试点名单公布,全国试点城市(含直辖市的市辖区)有45个,包括一线城市,成都、长沙、海口等省会城市,以及东莞等热点三四线城市。

7月16日,深圳市发布全国首个"青年人才共有房计划",该计划由深圳市企业人力资源发展促进会、深圳安佳建实业发展有限公司联合发布。在该计划中，深圳安佳建实业发展有限公司为符合标准的青年人才开放50套产业公寓，和青年人才共同持有该房产权，3年后可相互回购。

三年之后，如果房价出现上涨，青年人可以选择向企业按照原价购买剩下的一半产权；如果三年后房价下跌，企业则将向青年人才按原价回购一半产权等。

也有城市创新推出了租赁和购房市场相结合的楼市新政，如房东租房将获赠房票等。该类新政在盘活更多存量房源作为租赁住房供给的同时，实际上也松绑针对特定群体的限购措施。

7月6日，成都市发布《关于居民自愿将自有住房用于保障性租赁住房操作指南》，提到当居民住房纳入保障性租赁住房房源库后，可申请在出租住房所在限购区域取得新增购买一套住房资格。该指南于7月11日起实施，有效期5年。

此前，另一省会城市长沙也曾出台过类似政策。

根据长沙市培育和发展住房租赁市场工作领导小组5月份发布的《关于推进长沙市租赁住房多主体供给多渠道保障盘活存量房的试点实施方案》，对于该方案施行之前，已实现网签备案交房或已办理不动产登记的房屋，盘活供作租赁住房后，不纳入家庭住房套数计算。

贝壳研究院高级分析师黄卉告诉第一财经记者，上述两类保障性住房市场的政策创新，均在保障新市民、青年人安居的同时，一定程度上提升了购房市场的活跃度。

"但租赁和购房相结合的政策要想显效，首先需要市场本身有足够需求。在长沙、成都等省会城市，住房需求的实际支撑力度相对较强，尤其是改善型住房需求具有一定的体量。"张波对记者表示。

在张波看来，热点一二线城市和有着强大产业支撑的三四线城市，将是未来人口流入的重点区域，也是新市民净增长集中的区域。对于这类城市，要同时增加市场化房源和保障性房源的供给，以更好地满足不同层次的青年人住房需求。

对于不同层次的青年人住房需求，王业强则认为，下一步，还需关注以农村转移就业劳动者为代表的"非人才"类青年群体。

"各个大城市都有很多从事基础性的、专业劳动技能类工作的青年群体，尤其是出生在城市的'农二代',这类青年群体同样面临工作和住房的压力,并且可能既得不到人才落户就业的优惠政策,又不满足当地的保障性住房的申请条件。"王业强称。

在他看来,人才政策属于激励政策,不能完全取代普惠制的青年住房扶持政策。"各地应该整合并完善针对青年群体的住房扶持政策体系,加大政策的普惠性,形成'普惠+激励'的青年住房扶持政策体系。"

为了让青年人留下来,黄卉还表示,要进一步推进大城市的"租赁赋权",减少租房和购房者在享受公共服务权益上的差距。

有些城市"租购同权"的推进工作已取得进展。在近日公布并将于8月1日正式实施的《深圳经济特区社会建设条例》中就提到,应当建立健全以市场配置为主、政府提供基本保障和政策支持的住房租赁体系,促进住房租赁市场平稳健康发展,推动租房居民在基本公共服务方面与购房居民享有同等待遇。

2022 年 7 月 20 日

分享链接

居民杠杆率创十年新低，
这届购房者为啥偏爱"提前还贷"？

马一凡

最近，很多购房者正在积极摆脱"负翁"身份，加入了提前还房贷的大军。

许多城市却希望居民能把杠杆加回去。近4天，已有南京、苏州、无锡、济南4个强二线城市进一步降低二套房的首付比例，二套房首付最低仅为三成或四成，相当于过去购买首套房的门槛。

但一系列数据显示，不少购房人通过提前还贷、少借新债等方式主动降杠杆。据易居研究院的统计，今年二季度，全国居民购房杠杆率降至21.2%，创十年来新低。根据央行7月末发布的数据，今年二季度个人住房贷款余额为38.86万亿元，同比仅增长6.2%，增速比上年年末低5.1个百分点，增幅创13年来新低。

在"90后"用户占比超过70%的小红书App上，提前还贷是个热门话题，许多人分享自己提前还房贷的思路、攻略和计算方式。在一篇标题为《提前还房贷，片刻别犹豫》的分享文章中，作者表示银行现在1—3年期的年化收益率仅在3%左右，大额存款利率不到5%，没有什么投资方式能确保恒定年后收益率5%能持续30年。

本月初，交通银行突然发布个人按揭类贷款提前还款补偿金收费调整的公告，宣布从2022年11月1日起收取提前还款的补偿金，收取比例为提前还款本金的1%，但因为受到舆论压力，隔天交通银行就紧急撤回了这条公告。

中国建设银行金融市场部张涛、路思远近日撰文指出，伴随经济运行的周期性起伏，各类经济主体的预期自会随之变化，去年以来，预期减弱已经与需收紧缩和供给冲击叠加在一起对经济运行产生持续影响，如果之后居民预期减弱进一步固化为趋势性变化，居民势必会通过提前还债、不借新债等主动减债的方式来维护自身福利的最大化，由此就必然会带来一系列连锁反应。

如何扭转购房者对风险管理的预期，成了当下激活楼市的关键点。

根据易居研究院近日发布的《2022年二季度全国居民购房杠杆研究报告》，在各地的降首付潮中，全国居民购房杠杆率却持续下降，今年二季度降至21.2%，创近十年新低。这也意味着居民买房时采用低首付、加杠杆策略的意愿非常低。

全国居民购房杠杆率在2016年第四季度曾达到历史最高位，为44.6%，如今相比最高点已经跌去一半。易居研究院分析，二季度全国居民购房杠杆率下跌的原因是个人住房贷款余额新增额下降过快，且降幅超过全国一、二手房成交总额。三季度全国住宅成交量有可能温和复苏，下半年个人住房贷款余额新增额大概率会小幅复苏，但下半年全国居民购房杠杆率还将继续下行，跌幅放缓。

根据央行7月末发布的数据，今年二季度个人住房贷款余额38.86万亿元，同比仅增长6.2%，增幅创13年来新低。

为何个人住房贷款余额大幅下降？原因是多方面的。自去年下半年起，房企不断爆雷，房地产市场行情冷淡，导致个人住房贷款余额新增额收缩。根据近期居民存贷款数据的变化，居民已经开始通过提前还债、不借新债等主动减债的方式来调整资产负债表，而在居民杠杆中占比最大的就是住房贷款。

克服房地产市场的深度调整以及连带出的系统性风险，很大程度上取决于劳动生产率能否得到持续有效地提升。不论是出于改善经济效率不应有损失的诉求，还是出于对冲资源禀赋变化对经济冲击的需要，当务之急是必须尽快、尽早地扭转还在弱化的居民预期。

2022年8月16日

分享链接

监管层连发"三道金牌",房企融资迎来"三道红线"后的重大转折

郑 娜

历经过去一年半的市场下行、行业出清,开发商终于等来了多部门大力度的稳楼市政策。

这轮让市场兴奋的政策起点,是交易商协会在 11 月 1 日召开的民营房企座谈会。随后,交易商协会发文祭出"第二支箭",支持包括房企在内的民营企业发债融资,在新增"直接购买债券"的同时,提及了央行 2 500 亿元的资金支持规模。

随着"第二支箭"的迅速落地,11 日,央行、银保监会发布了《关于做好当前金融支持房地产市场平稳健康发展工作的通知》(以下简称"金融 16 条")的重磅文件,涉及供需两侧贷款支持、房企存量融资合理展期、延长房贷集中度政策过渡期等积极调整,给供需两端都提供了充分的喘息休整空间,在为房企开启新的融资通道之时,有效地节制了资金的流出。

监管层的支持马不停蹄。14 日,银保监会、住建部、央行三部门联合发文,对房企预售资金监管进行松绑,支持优质房地产企业合理使用预售监管资金,防范化解房地产企业流动性的风险。

业内认为,"第二支箭"+"金融 16 条"+保函置换预售监管资金统一规定,提振了市场信心,形成了信贷、发债、信托、预售资金等多维度的房企融资端支持政策体系,多方位地解决了短期内房企面临的流动性压力。有受访房企人士表示,当前融资端的政策让行业看到了希望,"融资端的修复只是时间问题"。

克而瑞研究中心指出,近期的一系列政策开始从"保项目不保房企"转向"保优质房企",加快"输血"短期经营困难的企业,实质性地扭转了房企的融资困境,推动民企恢复经营"造血"能力。未来,随着房企整体融资环境的改善、企业流动性的恢复,企业爆雷或将按下暂停键。

新增融资缓缓开闸

细看 2022 年以来陷入困境的众多房企，巨大的流动性压力、趋近枯竭的现金流是其共同的特点。

归根结底来看，房企的现金流问题取决于现金流流入和现金流支出。监管层近来发布的三大政策，皆是从流动性上对房企予以支持，多方式、多渠道保证房企的融资性现金流入和销售现金流入，从而缓解房企面临信用的危机。

促进融资性现金流入最直接的方式就是给房企提供融资的机会，"第二支箭""金融16条"皆着力于此。

11 月 1 日，交易商协会、中国房地产业协会联合中债信用增进公司（以下简称"中债增"），召集 21 家民营房企召开座谈会，明确中债增将加大对民营房企发债的支持力度。8 日晚间，交易商协会发文表示，将继续推进并扩大民营企业债券融资支持工具，也即"第二支箭"。

这是继 5 月创设信用保护工具助力优质民企融资破冰、8 月以中债增为优质民企新发境内债提供全额担保后，房地产融资支持政策的第三弹。

华泰证券的研报指出，与前两轮支持政策不同，"第二支箭"的力度进一步扩大，一方面，支持方式上囊括了直接购买债券；另一方面，预计可支持约 2 500 亿元民营企业债券融资，后续可视情况进一步扩容，这在前两轮合计发债规模的基础上再上一个量级。

同时，"第二支箭"落地颇为迅速。在交易商协会上述文章发布的次日，中债增对外表示将进一步推动民营企业债券融资支持工具工作，加大对民营房地产企业增信服务的力度，有意向的民营房企可申请提出增信需求。

11 月 10 日，交易协会官网发布公告称，已受理龙湖集团 200 亿元储架式注册发行，中债增同步受理企业增信业务意向。12 日，新城控股对外披露，拟申请新增 150 亿元债务融资工具的注册额度。

河南省房地产协会也在 12 日发文指出，监管层对民营房企在银行间债券市场融资的支持范围进一步扩大，从全国性大型房企扩大到地方优持民营房企，"这将对我省本土优质民营房企融资提供更多的机会"。

有正在申请增信发债的房企内部人士向记者透露，中债增此次对反担保的要求较第一批有所放松，抵押率也有所提升。

"金融16条"则将融资支持的范围进一步扩大，在明确要求对国有、民营等各类房地产企业一视同仁的同时，还要求金融机构合理区分项目子公司的风险与集团控股公司的风险，满足房地产项目的合理融资需求。

中指院指出，"金融16条"对"财务总体健康、面临短期困难的房地产企业债券发行提供增信支持"，表明监管部门支持民营房企的范围正在不断扩容，会有更多的民营房企受益。同时，在区分项目风险与集团公司风险条件下，个别出险房企的优质项目将会得到合理的房地产贷款融资支持。

除了提供融资性现金流入，监管层从销售现金流入方面也予以了支持，对预售资金监管进行了一定程度的放松。

根据14日晚间三部门联合发布的《关于商业银行出具保函置换预售监管资金有关工作的通知》，房企可以通过保函提取预售资金，置换金额最高为监管账户中"保交付"资金额度的30%。平安证券的研报指出，此次政策在规范监管的基础上，给予优质企业更多的资金使用灵活性，从销售回款端改善现金流。

减少资金流出

在开放更多渠道向房地产行业"输血"的同时，此轮政策还从更多层面上保证了流动性能留在企业，允许开发商进行一定程度的"节流"。

"金融16条"指出，对于房地产企业开发贷款、信托贷款等存量融资，在保证债权安全的前提下，鼓励金融机构与房地产企业基于商业性原则自主协商，积极通过存量贷款展期、调整还款安排等方式予以支持，促进项目完工交付。未来半年内到期的，可以允许超出原规定多展期一年。

信达证券房地产首席分析师江宇辉提及，在前几轮融资支持的过程中，曾出现过企业拿到钱后，被包括银行、信托等在内的多方金融机构"瓜分"的情况，这样背景下的发债，对开发商的现金流是没什么缓解作用的。

有此前获得发债支持的房企内部人士向记者透露，确实在发债之后曾遭遇金融机构挤兑，"大家都觉得拿到钱了应该去还款，但其实发债的额度不大，企业的流动性依然十分紧张。"

上述房企人士同时表示，此前对信托、银行贷款等融资都在进行展期谈判，毕竟，企业手里的资金非常有限。"以前谈展期都是硬谈，大环境如此，信托也没办法，现在则相当于有了政策支持，从企业的角度来说，谈判的难度应该会降低。"

中指院认为,支持贷款、信托等存量融资展期一年,将极大地缓解房企偿还债务的压力,有效缓解房企现金流紧张,特别是对于未出险民营房企,会是极大的支持,有助于房企融资能展尽展。

值得一提的是,"金融16条"还明确表示,要稳定建筑企业信贷投放,鼓励金融机构在风险可控、商业可持续的基础上,优化建筑企业信贷服务,提供必要的贷款支持,保持建筑企业融资连续稳定。

江宇辉认为,对建筑企业的融资支持,实际上还有利于缓解开发商面临供应链还款压力。"目前这些政策执行下来,在对房企融资现金流入提供保证的同时,还让企业在现金流出方面有一定的缓解。"他认为,尤其是对于目前尚未出险的企业,这些政策会使其流动性得到较大的好转。

事实上,业内普遍认为,此番大力度政策的优先获益者仍将是优质房企。例如,预售资金监管放松的相关通知中指出,允许商业银行进行自主决策,与优质房地产企业开展保函置换预售监管资金业务。

国泰君安房地产行业分析师谢皓宇在近日的研报中分析,根据近期房企在监管层支持下的发债形式来看,均需要提供抵押担保物,预计后续房企的新增注册发行,采用抵押担保形式的概率也较高。

"民企可能已经进入到无信用时代,融资需要通过担保才能够完成(资产担保或者信用担保)。"谢皓宇认为,对于大部分民营房企来说,由于项目储备几乎都为住宅,而在已有开发贷、信托等背景下,无法再次充当担保品来做融资,因此,政策对这类企业并没有根本性的改变,反而随着其他优质民企担保发行的增加,会让无法提供担保品的房企加速出清。

此外,令市场颇为兴奋的"金融16条"在提及受困房企风险处置时表示,鼓励资管公司参与处置风险项目,同时鼓励商业银行开展房地产项目并购贷款业务,重点支持优质房地产企业兼并收购受困房地产企业项目等。

转向"保房企"

复盘2022年以来的房地产市场,楼市放松和支持政策实际上未曾停歇。

今年年初开始,各地便频繁出台楼市放松政策,从2月菏泽打响放松限购"第一枪",到3月郑州发布房地产"一揽子"政策,引起了一轮积极的市场反应。彼时有开发商向记者表示,2021年年底各地掀起的降价潮已阶段性结束，成交有向好的趋势。

6月的房企销售出现了回暖的迹象，克而瑞的数据显示，百强房企操盘金额单月环比大幅增长61.2%，远超5月份5.6%的涨幅，连续两个月为正。

市场修复的步伐随着7月停贷风波的冲击而中止，行业基本面再趋悲观。此后政策频出，但政策的主基调定为"保交楼""保项目"，于开发商主体方面的举措较为有限。8月中旬，监管层出台政策，通过政策性银行专项借款方式支持已售逾期难交付住宅项目交付。

在9月的最后两天，针对需求端，监管层再出台高能级政策，央行和银保监会通知下调或取消部分城市首套房贷利率下限，财政部通知减免换购住房个人所得税，同时，央行更是时隔七年首次对公积金贷款利率进行下调，对刚需、改善型需求予以相应的支持。

但力度不断加大的稳楼市政策，实际见效较为缓慢。作为房企销售业绩实现传统旺季的"金九银十"，2022年全部失守，楼市依旧低迷，百强房企在这两个月内的销售同比降幅超25%。

业内认为，当前行业面临的关键问题之一是信心的缺失，而稳主体是稳楼市、稳信心的重要支点。中邮证券在11月初发布的一份研报中指出，民营企业在房地产行业中占比较高，民营主体若丧失信用支撑，从供给端就会导致有效供应不足，进而影响需求释放。

"此前，稳楼市重点放在稳需求、保交付方面，稳主体政策相对较为滞后，但随着民企债券融资支持工具、'第二支箭'等政策逐步推进，稳楼市政策短板逐步补齐。"上述机构认为。

有此前在中债增增信支持下完成发债的房企内部人士向记者表示，监管层之前的很多动作已经意在对房企主体予以支持，例如，中债增支持第一批房企发债等，只是当时的效果和规模等相对而言未达到预期，"所以，这次中债增的支持模式和规模都发生了变化。"

西政资本也认为，"金融16条"对房企融资的支持，从先前单纯的"救项目"转到"救项目+救房企"的方向，资金端的水龙头终于打开，房地产行业有望更快地实现平稳健康发展。

值得注意的是，无论是从上述政策表述，还是从相关支持落地细节来看，政策都明显向着优质房企和仍在稳健经营中的民企，显示出稳住现存优质主体的思路。

"包括'金融16条'在内,对预售资金监管放松的政策一方面要求商业银行参照开发贷款授信标准,选择经营稳健、财务状况良好的优质房地产企业,另一方面也提到需要房企提供保证金、反担保等增信措施,"亿翰智库指出,因此,政策的覆盖对象是具有优质资产、信用记录良好以及财务状况依然稳健的民营企业。

克而瑞指出,当前的房地产行业环境发生了根本性改变,短期内政策的核心在于稳地产。"金融16条"叠加近期的一些积极政策,对行业信心提升注入了强心剂,其中,保持融资平稳有序,对于恢复优质民企的融资功能,支持房地产企业经营逐步回归正轨有很重要的信号意义,房企的生存环境将迎来修复。

2022 年 11 月 15 日

分享链接

三、楼市观察

2022商品房降价成风少卖近5万亿元，千亿元房企从43家降至20家

郑 娜

谁也不曾料到，房地产市场会一跌再跌。从2022年年初不断反复的疫情，到年中的"停贷潮"，再到几乎贯穿全年的房企爆雷事件，每一点回暖的迹象都意外湮灭，随着房价上涨信仰的破灭，市场信心也一再下降。

房企曾经竞逐规模的野心也随之消弭，活下去成为行业的共同主题。在境内外融资渠道基本关闭的背景下，面临巨额到期债务、保交付需求、公司正常运营，对资金量需求巨大的开发商，只能依靠经营性现金流，于是，花招尽出：农产品换房、大幅让利、现房营销、保价承诺……

即便如此努力，市场表现依然一地鸡毛。克而瑞的数据显示，2022年全年，百强房企销售额同比大幅下挫超四成，千亿元级别的房企更是锐减一半。

幸运的是，行至年末，监管层的调控方向发生变化，以"三支箭"保障融资端；多次强调地产的支柱产业地位，并提及要支持刚性和改善性住房需求，释放被限制性政策抑制的需求。各地开启新一轮的政策放松。事实上，据克而瑞的数据，第四季度已有半数城市的成交面积止跌回稳。易居企业集团CEO丁祖昱预判，2023年上半年行业仍将有不小的压力，6月份将是企稳的重要时间窗口。

千亿元房企仅余20家

12月是房企冲刺年底业绩之时，加速推盘、奋力营销往往能带来销售的一波小高潮。刚刚过去的这个月，房企自身努力释放业绩的同时，叠加政策发力，销售出现了难得的翘尾。克而瑞的数据显示，12月单月，百强房企实现销售操盘金额6 775.1亿元，环比增长22.2%。

单月数据的向好难以扭转全年的形势，累计来看，百强房企全年实现销

售操盘金额64 622.2亿元，同比降幅保持在41.6%的较高水平；全口径销售额约72 878.7亿元，同比大幅下挫超四成。

行业规模向下已成定局。以今年前11个月的销售数据来看，百强房企销售额所占的市场份额基本保持在54%左右；以此粗略推算，2022年全年，房地产行业整体销售额约为13.5万亿元，较2021年的18.19万亿元少卖了近5万亿元，基本回到了2015年。

具体来看，百强房企中有近九成累计业绩同比下滑，有36家的累计业绩同比降幅大于50%，另有32家百强房企累计业绩下降20%—50%。

与之相应的，以全口径计，千亿元房企数量也从高峰时期的43家跌至如今的仅余20家，同比腰斩；同时销售额破百亿元的房企有112家，同比减少约50家。房企高歌猛进增长的时代已落下帷幕。

尽管行业的整体颓势明确，但内部的分化则越发明晰，回顾2022年，央企和地方国企背景的开发商表现逐渐优于民企开发商，至下半年明显拉开差距。

数据显示，在今年前7个月，保利发展、华润置地、招商蛇口、建发、绿城等央企和地方国企的销售同比跌幅在20%—30%，截至12月底，累计同比跌幅已收窄至10%左右，越秀则已实现同比增长；而碧桂园、新城、美的置业、旭辉等民企在前7个月的同比跌幅在40%左右，行至年末的累计同比跌幅仍在4成左右乃至更多。此外，诸多爆雷房企的全年销售累计降幅达七成左右。

随之而变的是各大房企的座次。曾经的行业TOP4"碧万恒融"，如今，碧桂园以4 643亿元的全口径销售额稳居行业之首，万科则落于行业第三，被长久以来的行业第五名保利发展超越。此外，融创、绿地掉出行业前十，曾经TOP20之外的建发房产则一举冲进TOP10，华发股份、越秀地产等房企从30名开外冲进前20位。

为揽客出尽奇招

在购房者意愿持续处于低点的2022年，吸引购房者可谓贯穿各大开发商工作的核心议题，造节、更大范围、更长周期、给出更大折扣等各种传统手段、创新手段层出不穷。

三、楼市观察

最早引发市场关注的，是河南民权县的"小麦换房"，彼时正值麦收的6月份，也正是开发商冲刺年中业绩之时，建业地产旗下的楼盘进行促销，以2元/斤的价格收购小麦，抵首付款，上限为16万元；在河南杞县的建业城则推出"大蒜换房"，5元/斤的收购价、最高可抵10万元首付。

这样的"爱心助农"同期在很多地方上演：南京的"西瓜换房"，广州的"荔枝换房"，重庆的置业顾问则通过帮客户打谷子实现成交……花哨的外壳之下，营销动作的核心仍是变相作为打折优惠，充分发掘当地的购房需求。

但随着"停贷潮"的爆发，吸引眼球的营销成了假把式，购房者对期房的不信任、对停工的担忧呈蔓延的态势。同时，在下半年市场观望情绪越发浓重的背景下，能撬动购房者的只剩下实在的让利，开发商又不得不祭出大打折扣的去化利器。

"也就是8月份的事情，各家房企发现熬不住了，"一TOP20房企在华东某城市的市场负责人表示，"如果'金九银十'不冲，11月、12月就来不及了，中间还有网签等各种流程，所以，大家肯定要抓紧冲量，降价也就顺理成章，市场又回到了降价下行的圈里。"

众多央企和地方国企领衔了这轮大降价。中秋前后，在福州，包括中海、华润置地等在内的央企和地方国企开启大力度降价，有项目促销价较最高均价下降超4成；8月底，保利在武汉一项目突发降价，近6000元/平的降幅相当于打了6.8折，这在诱惑诸多购房者抄底的同时，也引发了老业主的反弹维权，活动最终被叫停。

据克而瑞的调研，四季度房企营销热度和力度只增不减，十一期间折扣加大，平均降价幅度在7—8折，部分项目可达6折，年末两月折扣力度也基本持平。

打折的魔力也开始消解，购房者对此逐渐麻木。上述房企的市场负责人表示，众多降价的项目中只有部分快交房的能获得不错的去化，但"热度也只有2—3周"。

开发商为加速去化推出打折降价活动，反而让购房者对降价的担忧与日俱增。央行近日公布的《2022年第四季度城镇储户问卷调查报告》显示，对下季房价，有18.5%的居民预期下降，高于上季度的16.3%。

行业终迎曙光

从花式营销的出圈到力度加大的折扣，这一变化的背后是房企对销售回暖预期的一再推迟。

在4月份的业绩会上，多家房企高管对市场形势的判断多为上半年是筑底盘整，下半年将逐步复苏趋稳。华润置地总裁李欣曾提及，3月中下旬以来，项目到访客流数量明显提升，二手房的交易量也在回升，"这都是楼市整体回暖的具体迹象，楼市大概率是上半年低点，下半年会回升。"

某规模性房企内部人士当时也曾向记者表示，2021年下半年以来，部分房企以5折、6折促销，打崩了部分客户的心态，"现在已经没有企业这么操作了，大部分折扣回归正常，市场在朝着健康的方向发展。"

销售表现也如预期一样，房企在6月份迎来了回暖，单月销售环比大涨超6成，一改此前跌跌不休的态势。疫情过后的上海，在6月实现新盘平均去化率85%，苏州、南京等热点城市的成交量环比涨幅超30%。

就在业内燃起了些许信心之时，市场的修复进程突遇挫折。一场涉及上百个停工或烂尾项目的"停贷潮"发酵，挫伤了市场信心，销售急转直下，7月百强销售环比下挫近三成。

8月底，旭辉控股董事局主席林中坦言，当前的市场格局"在年初的时候没预测到"；万科董事会主席郁亮尽管认为市场已筑底，"恢复是个缓慢和温和的过程"，但也同时指出"市场收缩过了头"。

这对民营房企来说，是一个更缓慢的过程。某TOP20房企内部人士透露，正是这场"停贷潮"使得民营房企和地方国企和央企之间的差距大幅拉开，"'停贷潮'影响了大家对民企的信心，认为交付会有问题，更愿意去买地方国企和央企的房子。"

即便是优等生万科，"也不得不承认在目前的市场情况下，经营确实碰到一些压力。"万科总裁祝九胜近日坦陈，"这一轮调整所涉及的时间的长度、调整的幅度都超出预期。"市场难以提振，现金流持续承压。

所幸，"停工断贷"也成为政策的关键转折点，从中央到地方多措并举保交楼。进入四季度后，监管层对地产的政策再转向，从保项目过变为保主体，"三支箭"接连出台，诸多高能级城市也再度对限购、限贷进行松动，引导市场预期和信心回暖。

"政策面都在逐步向好，而且政策面向好的力度、广度超出了我们的预期。"郁亮近来公开表示，这些都将有助于化解房地产企业的流动性问题和促进行业健康发展，"我觉得微光正在逐步变成曙光"。

2022 年 12 月 31 日

分享链接

四、晨读能源

"可再生能源发电补贴核查"进行时，4 000亿元缺口如何填补？

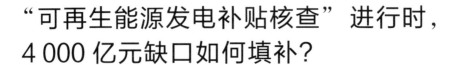

马晨晨

萦绕在新能源企业心头多年的"可再生能源补贴之困"，出路逐渐明晰。

信用中国网站10月底发布《第一批可再生能源发电补贴核查确认的合规项目清单的公告》称，今年3月起在全国范围内开展可再生能源发电补贴自查核查工作，核查从6个方面展开，包括合规性、规模、电量、电价、补贴资金和环保等。第一批经核查确认的合规项目共计7 344个。其中，国网区域项目共6 830个、南网区域项目共514个。

尽管此次公布的仅是部分合规项目清单，但该消息还是引发了行业广泛关注。因为从地方核查公示和企业反馈情况来看，此次核查过程之细、覆盖面之广、惩罚力度之大，堪称"史上最严格的补贴核查"。

多位接受采访的业界人士认为，本次国补核查直击行业痛点，重点核查存量风电、光伏项目，部分可再生能源企业将受到冲击。与此同时，本次核查也被业界视为可再生能源历史欠账即将陆续补齐的信号。毕竟，"摸清家底"是抚平账目的第一步。

某大型电力央企内部管理人士告诉第一财经记者，今年以来企业已收到两笔历史可再生能源补贴欠款和一笔常规可再生能源补贴资金，显著高于往年拿到的补贴金额，及时缓解了财务负担。另据第一财经记者梳理发现，多家上市公司近期发布的财报中也提及，今年可再生能源补贴"加速收回"。

巨额补贴追缴背后：严查"倒卖路条"

就在第一批合规项目清单发布的同时，也有不合规项目被曝追缴所收补贴。

江苏省无锡市国有控股企业太极实业股份有限公司（600667.SH）近日发布公告称，根据国家审计的署审计意见，子公司十一科技所涉电站存在未纳入建设指标规模且备案过期失效、为违规项目批复上网电价和擅自变更投资主体的问题。

太极实业称，相关部门要求电站公司将违规领取的可再生能源电价附加补助资金合计4.13亿元缴回内蒙古电力（集团）有限责任公司，另有尚未收回的应收电费补贴3.48亿元（不含税）单项计提信用减值损失。合计影响年度利润7.02亿元。

11月2日，太极实业证券部人士对第一财经记者表示，此次核查把控比较严格，主管部门追查的是从项目立项到开发过程中的合规性，涉及的几方面问题和成因都比较复杂，包括投资主体的变更。目前，子公司还在就涉及的相关问题与政府部门积极申诉沟通，最终处理结果以及财务数据仍有一定的不确定性。

"不只是我们一家企业出现这类的问题，其他企业可能不是上市公司或者没有达到披露金额。"上述人士称。

该事件也引发了部分投资者对电站运营上市企业利润的担忧。对此，一位长期观察新能源行业的人士对记者表示："从现实情况来看，骗补现象是极少数的，主流上市公司几乎没有受到影响，无须过度联想。"

今年7月中旬，内蒙古自治区发改委发布关于废止部分可再生能源项目上网电价批复文件的通知，共废止24个存在问题的可再生能源项目上网电价批复文件。其中包括17个未纳入年度建设规模管理的项目和7个擅自变更投资主体的项目。经第一财经记者核对比较，确认太极实业子公司所涉项目名列其中。

北京德恒（重庆）律师事务所律师毕娜对第一财经记者表示，综合公开信息和客户咨询来看，本次核查的重心主要集中在三个方面：一是前期的合规性，是否存在"倒卖路条"；二是中期的合规性，建设手续是否完整；三是后期的合规性，比如装机容量是否超过核准、截止时间没有全容量并网却拿了全容量补贴。

其中，"倒卖路条"是此次核查中容易产生争议的焦点问题。"路条"是可再生能源发电企业对政府部门将开发项目予以备案并列入年度建设规模指标的批文的一种俗称。"倒卖路条"是指以牟取不正当利益为目的，将已获取的可再生能源发电项目备案文件及规模指标文件进行倒卖的行为。

毕娜介绍，由于政府部门的相关规定中，将项目建设要求、项目竞争性配置办法等权力下放至各省发改委或能源局，这就从客观上导致了各省光伏建设规模指标获取条件的不一致性，从而出现了"路条"获取过程中地方保护、不正当竞争的情况。加之近年来国家对光伏发电规模指标日益收紧，企业通过申请直接获得"路条"的难度加大。供需不平衡之下，部分企业产生了投机心理。他们没有资金和技术，却依靠强力的公关拿到项目"路条"，再转让给有需要的企业，从而赚得巨额利益。

第一财经记者注意到，近几年来，不少民营企业为缓解现金流压力纷纷抛售电站资产，同时也有国企为调整其可再生能源装机比例目标而积极接盘。那么，市场上这部分的转让资产是否存在法律风险？

"其实，成熟的电站是可以转让和买卖的。这个成熟的标志大致可以理解为电站正式并网运行了，这时再办理变更投资关系的手续就没有问题了。"毕娜称。

她认为，针对此次核查，潜在影响较大的是存量装机规模较大的民营企业，尤其是原来主营业务为矿产、房地产等非电站开发的企业。央企、国企和上市民营企业在合规性方面把控更严格、经验多，因此受波及的概率微小。

多家上市企业收到"大额补贴"

第一财经记者梳理近期发布的三季度财报及研报发现，多家上市公司的可再生能源补贴回款均有上涨，对于改善其现金流起到了显著作用。

银河证券研报称，龙源电力（001289）的财报显示，第三季度经营性现金流量净额29.3亿元，主要由于售电收入增加以及收回较多的新能源补贴回款。可再生能源补贴回款改善现金流,第三季度公司的毛利率为30.57%,盈利能力明显提升。

交银国际的研报称,大唐新能源的杠杆水平在今年第三季度进一步下降。净债务占总权益的比例从今年上半年的139%下降到3季度末的112%。改善的主要原因是由于中央政府进一步支付了应收补贴。

值得注意的是,根据中银国际的研报,今年上半年,大唐新能源从中央政府收到73.9亿元的补贴应收账款,使净债务占权益总额的比例从2021年上半年的176%下降到2022年上半年的139%。公司上半年收到73.9亿元补贴,为史上最多的一次,极大地缓解了财务负担。

某大型电力央企内部管理人士告诉第一财经记者,今年以来企业共收到三笔可再生能源补贴资金,其中两笔发放的是历史补贴欠款,一笔是常规发放的近期补贴款项。据其估算,截至目前,企业实际收到的可再生能源补贴约占可再生能源补贴整体应收账款的70%。

"因为我们承担了比较重的保供任务,所以收到的补贴相较于其他企业略有提前,及时缓解了我们的资金压力。"上述央企内部人士称。

据业界粗略估算,截至2021年年末,可再生能源补贴拖欠累计达到4 000亿元左右。对于此轮补贴的快速收回,中国技术经济学会环境技术经济分会理事张建红对第一财经记者表示,从解决思路看,首先要通过核查摸清欠补底数,取消不合规项目的补贴电价,减轻补贴压力;然后通过财政拨款向相关发电企业拨付可再生能源补贴资金;最后,针对补贴资金缺口成立专业公司,通过专项融资等市场化方式解决。

今年3月,财政部披露2022年中央政府性基金支出预算8 071.34亿元,同比增98.8%。其中,"其他政府性基金支出"项下的"中央本级支出"预算高达4 529亿元,相比2021年的928亿元大幅增长3 600亿元。

国金证券日前发布的报告认为,增加的3 600亿元预计将主要用于解决欠补问题,该支出应当在年内完成,这意味着年底前大部分合规项目的历史欠补有望一次性发放。

今年8月,南方电网公司发文,按照《国家发展改革委 财政部 国务院国资委关于授权设立北京、广州可再生能源发展结算服务有限公司 统筹解决可再生能源发电补贴问题的复函》的要求，决定成立广州可再生能源发展结算服务有限公司。

中国可再生能源学会风能专委会秘书长秦海岩对第一财经记者表示，可再生能源补贴的历史欠款由财政资金发放，等本轮核查确权结束以后可能就会陆续发放到位。而新成立的广州可再生能源发展结算公司，主要解决的是未来几年间可再生能源发展基金收支不平衡的问题。

"可再生能源补贴的主要来源是可再生能源发展基金，而该基金的主体收入是可再生能源电价附加费。根据我们的测算，未来一段时间内，每年的附加费资金相对补贴需求仍然存在一定的缺口，预计2028年电价补贴缺口达到峰值。此后，由于补贴20年到期等原因，基金收入可以覆盖补贴支出。从收不抵支到收大于支，这次成立公司进行专项融资的意义就在于以空间换时间，争取用市场化的方式让可再生能源补贴能够顺利发放，今后不再打上问号。"秦海岩称。

2022年11月3日

分享链接

海上"风光"资源受市场追捧，风电光伏"入海"面临多重挑战

马晨晨

今年密集出台的多份"十四五"能源相关规划，让市场燃起一轮又一轮对电力及新能源行业的热情。又到年关，明年的行情将如何演绎？

第一财经记者查阅近期多家券商及研究机构的研报发现，"海上风电""海上光伏"等成为贯穿2023年新能源投资主线的热门词汇。

中金证券的研报称，2022年全年行业招标量预计有望接近100 GW（1 GW=100万千瓦），其中，海上项目招标在15 GW—20 GW，均有望创下历史新高且大幅超出此前年份。同时，随着机组大型化速度趋缓和海上风电需求起量，2023年国内风电行业产值规模有望重回增长。

支撑风电光伏"入海"的底层逻辑不难理解：西北部的"风光大基地"远离东南部的电力消费市场，大大抬高了传输成本。如果把目光投向我国东部的广阔海洋，既能节约宝贵的陆地土地资源，又不用担心消纳问题，实则一举多得。

然而，在多位业界人士看来，对于海上"风光"的高景气度预判固然有其合理性，但也不可忽略其制约因素。在过去的一年中，国家补贴全面退坡，风电降本和招标进度超预期，这些事件固然使得行业成长性增强，不过也暴露出恶性低价竞争等问题，给企业经营带来负面影响。海上光伏方面，面临案例经验少、配套政策不足等用海问题，以及海洋环境风险带来的技术、经济等多重挑战，目前仍处于行业发展的初期阶段。

曲折之后，海上风电依旧挺进

11月中旬，中广核汕尾甲子一50万千瓦海上风电项目顺利实现全场78台风机并网发电，标志着国内首个平价海上风电项目实现全容量并网发电，也标志着粤东地区首个百万千瓦级海上风电基地正式建成投产。

从补贴到平价，我国的海上风电发展走过曲折的历程。

2020年1月，财政部、国家发改委、国家能源局印发《关于促进非水可再生能源发电健康发展的若干意见》，提出自2020年起，新增海上风电项目不再纳入中央财政补贴范围；按规定完成核准（备案）并于2021年12月31日前全部机组完成并网的存量海上风力发电项目，按相应的价格政策纳入中央财政补贴范围。

在电价的指挥棒下，这促成了2021年的海上风电"抢装潮"，并导致工程造价被推高、施工资源紧张加剧。到了2022年，没有了国家补贴，前一年还"透支"了产业需求，建造成本却难见下降，由此引发了业界对海上风电发展的担忧情绪。

对此，中国工程院院士刘吉臻却给出了乐观预期。"这几年，海上风电进入一个更快速、更规模化的发展态势。这是一个十分难得的、非常正确的能源发展战略。未来，即便是推动平价上网，随着海上风电技术的进步、成本的降低，我认为发展的态势不会减弱，而是会持续、高速地发展。"他在去年年底接受第一财经记者采访时说。

回望今年海上风电发展的火热态势，无论是在近期的招投标还是中长期政策规划方面，刘吉臻的预判都有了积极回应。

风电行业的招投标具有一定的前瞻性，通常预示着明年的装机数量。进入四季度以来，我国各地风电项目的招投标整体处于提速状态，多家风电设备上市公司中标。三一重能副总经理廖旭东日前对央视记者称："刚刚结束的10月份，我们获取的（中标）订单是1 300兆瓦。去年10月份是650兆瓦，今年10月份正好是去年的两倍。"

在政策方面，据第一财经记者不完全统计，截至目前，国内主要海上风电开发省份均已发布正式版本的"十四五"海上风电发展规划，"十四五"期间整体规划海上风电新增并网规模超过55 GW。

中金证券的研报称，如果剔除2021年部分省份已完成建设并网的海上风电项目容量，其测算2022—2025年国内累计新增海上风电规划容量达45 GW，已经可支撑后续四年国内年均新增11 GW左右海上风电并网的规模。

要想感受这种规模跨度，不妨与此前的数据做个对比："十三五"期间，我国海上风电增量仅为8.25 GW。

值得注意的是，从近期上市公司发布的三季度财报来看，政策的利好和市场的需求并没有扩大企业的盈利空间。财报显示，金风科技（002202.SZ）、电气风电（688660.SH）、三一重能（688349.SH）等多家国内风电整机上市企业的业绩均出现下滑，有的存在"增收不增利"的反差。

非理性的降价竞争是关键原因。就在今年7月，福建省发改委公示2022年首批海上风电竞争性配置项目结果，其中有项目申报电价下探至0.2元/千瓦时。这不仅较福建省当地约0.39元/千瓦时的燃煤发电基准电价低了一半左右，还创下了国内海上风电项目中标电价的新低。

厦门大学中国能源政策研究院院长林伯强对第一财经记者表示，业界普遍认为，即使福建省的海洋资源更具优势，但要达到低至2角钱一度电的成本，可能性也极小。反常价格暴露出的是企业为抢占有限的资源指标，竞相开启"价格战"。

"企业愿为长远的开发权而牺牲一时的利益，后期可以从绿电、碳市场等方面获得回报。政府和行业则不愿看到这样的恶性竞争，认为它们扰乱了正常的市场秩序。这两种立场都可以理解，未来的市场走向将是多方博弈的结果。"林伯强说。

海上光伏，初期阶段颇具挑战

与海上风电的蓬勃发展逻辑不同，各方对海上光伏大面积铺开的态度更为慎重。

"通常，大型陆上光伏项目需要占用较多的土地面积和土地资源，而海上光伏发电是一种新的能源利用方式和资源开发模式，是将光伏发电站从陆地搬到海上，在海洋上利用光伏技术建立起发电站，具有发电量高、土地占用少、易与其他产业相结合等特点。"中国电建集团华东勘测设计研究院有限公司海上光伏技术组副组长赵悦在日前举办的2022中国光伏行业年度大会上介绍。

但他同时强调，海上光伏产业处于初级阶段，明显制约其规模化、产业化发展，亟待突破关键技术和共性技术瓶颈。目前，国内固定式海上光伏主要以水面、滩涂和近岸为主，尚无离岸5千米以上光伏项目，国内漂浮式光伏主要以湖面及水库光伏为主。

大唐浙江象山长大涂滩涂光伏项目是国内具有代表性的海上光伏项目。它坐落在浙江省宁波市象山县高塘岛西侧的滩涂地带，超过63万块光伏板整齐排列，每年可向电网输送绿色电力约3.5亿千瓦时。作为国内首个大型海岸滩涂渔光互补光伏项目,它的设计和建成并不容易。

长大涂光伏电站项目副经理刘建平告诉第一财经记者,长大涂滩涂光伏地处海上,环境潮湿、盐分高,金属支架极易发生腐蚀,并且沿海区域台风多,冲击大,极易对光伏区的安全稳定运行造成严重影响。为缓解台风冲击对光伏区造成的损坏,经过专家多方论证,项目创新设计修建钢结构格栅透空式消浪墙,这才有效地减弱了风浪的冲击。

在光伏电站建成后,原先的荒滩成为可复合利用的空间:上层用于发电,下层滩涂用于水产养殖,有效提升了海岸滩涂的开发和利用价值。与此同时,长大涂滩涂光伏项目在工程建设期间形成的创新技术和工艺,也为类似项目建设在降低工程造价、完善施工组织、缩短工程建设周期方面提供了可参考的案例。

赵悦认为,我国辽宁、河北、山东、浙江、江苏、上海、广东、福建、广西和海南等省份临海,特别是山东、河北、浙江、江苏、广东等分布式光伏大省在非耕地空间充分开发以后,光伏市场进一步挖掘潜力的最好方向是转向海上。

政策层面已有布局。例如,山东省提出,打造总规模4 200万千瓦海上风光基地;浙江省提出,鼓励利用近海滩涂区等海域空间建设滩涂光伏;江苏省提出,探索海上风电、光伏发电和海洋牧场融合发展。

一位光伏行业资深投融资人士告诉第一财经记者,"原来的海上光伏是野蛮生长,现在都在规范中。"他表示,前几年在相关部门没有出台合规文件的情况下,部分大型企业在沿岸地区擅自圈地建设,对当地环境造成一定的破坏。今年以来,国家层面以及沿海省份密集出台合规文件,提出海洋生态保护红线,明确光伏项目用海控制指标,给这些项目戴上了"紧箍咒"。

林伯强认为,随着各地示范项目的探索和推进,困扰海上光伏的结构安全等技术问题可能逐步化解,形成一套较为成熟的方案。但是,它对于海洋生态的影响尚待观察和论证,这或许也是地方推进海上光伏规模化的力度远不及海上风电的主要顾虑。

2022年12月7日

分享链接

全国绿电交易试点过周岁，成长空间在哪

马晨晨

正值年终，浙江省宁波市某光伏项目负责人刘建（化名）忙着汇总今年的结算数据。他告诉记者，自从去年该电站建成投产以来，绿电交易情况超过预期。"很多企业主动找上门，90%以上的电量都通过绿电交易卖掉了，完全不愁消纳问题，这也让我们项目的经济指标明显好于设计值。"

刘建经手的绿电交易，买方主要是浙江省内企业，这些企业覆盖了房地产、电子商务、餐饮娱乐、加工制造等领域。而在广袤的"三北"地区，跨省区的绿电交易也被逐渐打通。这一切，得益于去年9月启动的全国绿电交易试点，至今已逾周年。

12月22日，国家发展改革委、国家能源局发布《关于做好2023年电力中长期合同签订履约工作的通知》。文件提出，鼓励电力用户与新能源企业签订年度及以上的绿电交易合同，为新能源企业锁定较长周期并且稳定的价格水平。

厦门大学中国能源政策研究院院长林伯强告诉第一财经记者，中国绿电交易拥有广阔的市场前景，但是由于当前的配套制度并不健全，包括绿电的属性认定、交易细则、产权保障等规则存在模糊地带，因此交易规模仍然较小。与此同时，目前较低的碳价也影响到绿电的交易价格。未来，随着全国碳交易市场纳入的行业范围逐步扩大，欧美等发达国家开征"碳关税"，企业购买绿电的意愿也将水涨船高。

绿电交易价格缘何"忽高忽低"

交易价格是绿电价值的最直接反映。

根据相关规则，绿色电力交易价格根据绿电供需形成，应在对标当地燃煤市场化均价的基础上，进一步体现绿色电力的环境价值，在成交价格中分

别明确绿色电力的电能量价格和绿色环境价值。

这种环境溢价也体现在实际的绿电交易中。就在去年，在国家电网、南方电网组织的绿色电力交易试点启动会上，国网区域成交价格较中长期交易价格每度电溢价3—5分钱左右，而在南方区域，绿电交易价格在风电、光伏现有价格的基础上平均每度电提高了2.7分钱。

这种溢价至今还持续吗？第一财经记者梳理多个试点省份近期发布的电力交易数据发现，尽管由于当前政策对绿电交易价格的保护机制，绿电交易价格不会低于当地的煤电基准价，但是广东、江苏、浙江等省份在部分时间段的绿电价格却低于实际交易的燃煤电价。

例如，广东省电力交易中心的数据显示，2022年12月可再生能源（绿电）电力交易，电能量成交均价508.6厘/千瓦时，环境溢价均价25.6厘/千瓦时。同期，煤电集中竞争交易成交均价554厘/千瓦时。

对于这种现象，落基山研究所常务董事兼北京代表处首席代表李婷告诉第一财经记者："绿电交易价格低于煤电集中竞价交易价格的情况并非普遍存在，而是由于特定时间段的特定情况造成的，只有少数省份在部分月份出现绿电价格低于煤电价格的情况。"

她举例称，今年江苏省2—5月，绿电的交易均价低于煤电的集中竞价交易均价，这个现象并非因为绿电价格降低，而主要是因为煤电涨价。"我们当前看到的成交结果多为前一年签订的年度长协的交易结果，基于当时的煤电价格，绿电交易价格其实是高于煤电集中竞价交易价格的。今年部分省份的煤电价格较去年出现上涨，如果拿今年的煤电价格和去年签订的绿电价格相比，部分地区就出现了上述情况。"这也从另一个方面说明，尽早锁定绿电的价格，对于用电企业对冲价格波动风险有非常积极的作用。

除了同一个省份不同时段的绿电交易价格"忽上忽下"，不同地区之间的绿电价格也存在较大差异。

例如，2022年11月，浙江电力交易平台交易总计煤电均价490.46元/兆瓦时，绿电交易价格490.31元/兆瓦时。同期，广东电力交易平台可再生能源（绿电）电力交易，电能量成交均价506.5厘/千瓦时，环境溢价均价26.7厘/千瓦时。

江苏景融售电有限公司高级分析师、绿电交易专员宋昱告诉第一财经记者，不同地区的绿电供需形势存在很大差别，这也会直接影响到绿电交易价格。在江苏、广东、浙江等东部地区，由于外贸经济发达、出口型企业的绿电需求多，而"风光"资源相对较少，因此市场往往供小于求，新能源企业不愁消纳。而在"三北"地区，由于当地绿电需求较小，而"风光"大基地的资源丰富，因此市场往往供大于求，客户相对难觅。如果企业寻求跨省交易，则涉及不同省份的电力通道以及交易机制的差异，实践起来存在不小的挑战。

李婷认为，绿电价格不应该单纯地锚定煤电交易价格。她表示，绿电定价应基于当期的资源情况和市场情况，并有一套完整的方法论予以支撑。当前大部分企业对于购买绿电持有积极支持的态度，但受阻于定价机制的暂不明确，企业很难量化自身作出的环境贡献。若定价机制得以明确，企业的绿电购买意愿有望进一步提升。

绿电买方的"新需求"

"现在绿电是供不应求，询价的企业越来越多。对很多企业来说，不是绿电与火电的溢价问题，而是涉及企业的生存问题。"宋昱对第一财经记者表示。

宋昱所在的景融售电是江苏省内首批参与2021年全国绿电交易试点的售电公司之一。宋昱认为，很多企业之所以对绿电这么热衷，主要是因为国内政策的引导和要求，以及受到来自国外产业链和欧洲"碳关税"等外部压力。特别是一些外向型企业，要跟跨国公司接轨国际供应链，生产过程如果不采用绿电，不成为绿色供应链的一部分，就可能拿不到订单，事关企业的生存。

彭博新能源财经（BNEF）发布的2022年中国企业绿电交易排行榜显示，中国绿电交易买方五强依次为太原钢铁集团（1 100亿瓦时）、阿里巴巴集团（860亿瓦时）、华晨宝马（670亿瓦时）、鞍山钢铁集团（560亿瓦时）、腾讯（504亿瓦时）。

榜单显示，本年度的绿电买方五强计划消纳的绿电合计是五强在2021年消纳量合计的六倍。这意味着，企业购买绿电的量不断上升，而且有更多元的行业表现出购买绿电的强烈意愿。同时，钢企成为领先的绿电买家。

李婷认为，之所以今年钢铁等重工业企业成为领先的绿电买家，主要是由于其叠加了多个绿电购买驱动因素：重工业既是汽车、造船、电子信息制造业等行业的上游行业，又在能耗双控及有序供电中受到较大影响，同时重工业的头部企业以央企和地方国企居多，承担了落实国家"双碳"目标的责任。

落基山研究所此前发布的《央国企碳中和行动：绿色电力助力工业脱碳进程》报告中认为，部分领先的重工业央企和地方直面用电量大、对生产成本敏感度高等阻碍绿电使用和推广的挑战，正在积极探索重工业绿色电力采购的创新模式，未来重工业央企和地方将成为大规模使用绿电的关键领导者。

在国际市场方面，在经历长达半年的多方谈判和磋商后，欧盟理事会和欧洲议会于12月13日和18日分别宣布，就欧盟碳边境调整机制和欧盟碳排放交易系统达成协议，欧盟"碳关税"（CBAM）的靴子终于落下。

李婷表示，根据欧盟草案，碳边境调节机制将会覆盖三类碳排放：直接排放（范围一）、间接排放（范围二）和完整碳足迹（范围三）。当前，欧盟进一步明确了过渡期内对企业报告直接排放（范围一）的要求，范围二和范围三排放的报告要求尚不明确。

"未来，若范围二和范围三的排放明确被纳入CBAM的报告机制中，中国的绿电交易作为企业直购电的主要选项，无疑可以为企业提供有力的报告基础。届时，需要注意的是，除绿色电力证书（绿证）外，中国下一步可建立针对产品和企业的相关认证标准体系，包括绿色电力产品标示、企业绿色电力消费认证等，并做好与国际标准的衔接工作，以此来帮助企业更好地评估和认证自身在绿色电力方面的努力，提升品牌价值和市场影响力，同时，有助于化解'碳关税'冲突。"李婷说。

宋昱也感受到了当前企业对中国绿电市场的更多期待。宋昱表示，一方面，目前的绿电交易品种不够丰富，现在的绿电交易只有年度交易和月度交易，没有零售侧之间的转让交易。这意味着，如果买方因为特殊情况导致用电需求下降，没有合理的途径可以将它此前购买的绿电转让给其他有需求的售电公司或电力用户，只能由自身去承担这种偏差带来的损失。另一方面，亟须增强绿电和绿证制度的衔接。根据国网和南网区域已颁发的绿电交易规则，绿证是绿色环境权益的唯一凭证，随绿电交易由发电企业转移至电力用户。但是，目前绿证核发的速度过慢，影响到了相关企业的ESG披露，有的新能源项目甚至暂时无法签发绿证，根源在于目前有关于绿证核发的新政策仍在过渡期。

她建议，应进一步提高绿电交易形式的灵活性，并加快"1258号文"（《关于进一步做好新增可再生能源消费不纳入能源消费总量控制有关工作的通知》）中关于"绿证核发范围覆盖所有可再生能源发电项目"精神的落地，为更多企业进入和适应绿电交易市场创造良好的条件。

2022年12月22日

分享链接

五、人文视野

在特别不文艺的合肥，一个持续了14年的文艺实验 | 行走城市

吴 丹

上月末，在合肥市罍街二期 15 号楼的安徽原创音乐基地，老鲍作为东道主，敞开大门迎接来自全国各地近百家演艺空间的主理人。

这个占地 3 000 多平方米的音乐基地，让众多来访者感到惊讶。"他们看到合肥有这么一个地方，觉得很神奇。"老鲍告诉第一财经记者，大家或多或少都表达出羡慕与认同。有人称老鲍为"安徽原创音乐教父"，他笑着说，自己既不是音乐人，也不是音乐经纪人，只是一个"没有作品的艺术家"。

连续 3 天，首届 LiveHouse 行业论坛在安徽原创音乐基地举行。这场行业论坛没选在 LiveHouse 数量最多的北京或上海，也没选在独立音乐活跃的成都或武汉，而是选在合肥。原因很简单，老鲍做出了 LiveHouse 在中国二线城市文艺实践的范本。

合肥是一座没有太多文化特征的城市。曾经，合肥年轻人下班后没什么文化活动，喝酒、打牌、唱歌就是主流，夜晚最热闹的去处，是街边大排档和烧烤摊。

在文艺土壤堪称荒芜的城市，老鲍和他创立的 ON THE WAY（下称 OTW）做了一场漫长的文艺实践。

今天的 OTW 是安徽青年文化的标志性品牌，旗下涵盖音乐、戏剧、脱口秀、音乐节和专业音乐厂牌。OTW 创建的安徽原创音乐基地，位于合肥著名的美食一条街——罍街，包含了 LiveHouse、小剧场、录音棚、排练房、音乐

教室、展厅、酒吧、咖啡馆、文创商店、音乐体验馆等。从 2019 年 5 月正式营业至 2020 年 12 月，近 300 组乐队、音乐人登上安徽原创音乐基地的舞台，呈现近 300 场演出，这还是疫情不断反复期间的数据。

纵观合肥，更大范围的文艺浪潮正在兴起。这几年，一批由旧监狱、砖瓦厂、老工厂改造的当地文创园陆续成为打卡热门地；去年，合肥陆续举行一系列青年空间艺术节、文创生活节、书展、戏剧节等文艺活动；近年，白鸟画廊、壹处、沫·美术馆、大地美术馆、安徽省美术馆等数个艺术公共空间陆续开幕；在合肥老街区红星路上，则开出许多独立咖啡馆、酒吧、书店与画廊。

曾经的文艺荒野已经开出一片花丛，并在持续生长中。

老鲍是合肥文艺蓬勃发展的见证者，也是背后的重要推手。14 年来，他在合肥策划执行了近 3 000 场文艺活动，安徽文艺青年都熟悉他的名字。让 OTW 成为安徽原创音乐的大本营和年轻人的精神高地是老鲍的心愿，也是这个文艺拓荒者坚持十多年的事业。

文艺垦荒者

老鲍与 OTW 的故事，是合肥文艺叙事中不可或缺的一环。

2008 年 10 月，老鲍在合肥大学城开了一家酒吧 OTW。白天，他是大学老师，晚上则是酒吧老板，身兼服务员和调酒师二职。他没把这里当作生意，更像是一个安顿自我灵魂的地方，一个隐藏在城市角落的文艺客厅。

"没事就在酒吧里弹弹琴，唱唱歌，看看书，跟朋友们聊天喝酒。"回忆起早期酒吧的场景，他对酒吧的定位很明确，"音乐美酒，文艺生活，就是一个城市的乌托邦"。最初，他需要用自己当老师的薪水来支撑酒吧的生存。

老鲍爱喝酒、爱写诗，也爱交友，在文艺生活缺乏的合肥，这里很快吸引了原本蛰伏在城市深处的文艺青年和本土音乐人，他们成了常客。

老鲍想，是不是可以给这些玩音乐的朋友提供一个更专业的演出场地。于是，第二家 OTW 开业时全面升级，开始正儿八经地当作一家 LiveHouse 来运营。

那时，北京最老牌的愚公移山和 MAO 刚成立几年。纵观全国，LiveHouse 的数量不多，从业者无一例外都是出于对音乐的热情，在商业上做着各自的摸索和试探。

当时的独立乐队并没有好的市场环境,唯一的收入就是演出,基本都是穷演。他怀念的是,天南海北的乐队来到合肥,直奔 OTW 就开始演,演完就在楼下吃大排档。露天红棚子底下热气腾腾,本来为乐队拼的两条长桌,随着越来越多的乐迷挤进来,拼出七八张桌子。暗夜里,不打烊的长桌宴上杯觥交错,碰撞出的是青春回忆。

纯粹,热爱,是当年 LiveHouse 普遍的状态,这条路走得缓慢而小众。一些 LiveHouse 主理人专注地做着音乐现场,老鲍则把自己喜欢的一切文艺活动都尝试起来——做演出,办艺术展,聚拢一帮热爱戏剧的人组建方盒剧社。

市场明显的变化发生在 2013 年左右。综艺选秀节目《快乐男声》的选手翻唱了一曲民谣歌曲《董小姐》,民谣顿时出圈。"现场音乐通过综艺节目扩圈到大众,生态就变了。"老鲍记得,就在那几年,民谣歌手马頔等人的音乐现场总是人满为患,台下百分之八九十的乐迷他都没见过。那时候,中国的 LiveHouse 迎来小高潮,全国开店数量达上百家之多。

2019 年,综艺节目《乐队的夏天》对独立音乐的助推达到顶峰。第一季《乐队的夏天》相关话题的总阅读量达 45 亿次,登上 70 个微博热搜,陆续将新裤子、五条人等独立乐队推向台前。小众独立音乐加速跨入大众视野,LiveHouse 从地下迅速走到地上,资本也开始加入赛道。

看上去,LiveHouse 可以从"情怀"变成一门"生意",但现实依然残酷。据《2020 中国音乐产业发展总报告》,LiveHouse 的票房收入为 3.75 亿元,仅占全年音乐类演出票房总收入的 5%。从业者面临的问题是,LiveHouse 如何开拓更多的商业可能性?

孵化安徽独立音乐

LiveHouse 是一个城市的音乐现场试验田,也是城市青年文化活力的象征。

"回顾现代音乐发展史,带有 live 性质的空间对音乐的发展起到至关重要的作用,音乐传播的物质载体不断升级变迁,从黑胶到 MP3,但线下空间永远承载着最具生命力的那部分创造,现场的全方位直观感受是最不可替代的,LiveHouse 一定是音乐产业中不可缺少的一环。"老鲍说。

当合肥有了 OTW 后,也就有了观众,他意识到,仅把 LiveHouse 作为一个演出场所已经远远不够了。他想以 OTW 为平台,建立连接起合肥乃至安徽的音乐文化，形成音乐产业化。

随着热门综艺对乐队文化的推波助澜，乐队无论是阵容、成本还是巡演的要求都越来越高。在控制成本的考虑下，头部乐队都会优先选择一二线城市。这样一来，二三线城市LiveHouse的演出内容难免匮乏。

"消费者是因为音乐买单，而不是消费一种氛围背景。"与其苦等好的音乐内容登台，不如主动培育原创音乐市场。2018年，老鲍创立了安徽首个音乐厂牌，把LiveHouse作为本土独立音乐的孵化器与平台。

OTW的推动力是显而易见的。曾在OTW供职的员工Hos在2017年与朋友组建乐队"和平饭店"，在厂牌帮助下走进录音室，录了三首Demo。2020年，乐队发行首张专辑，一步步走出合肥，今年夏天即将开启全国巡演。

除了"和平饭店"，成立11年的"安子与九妹"与"潮池蓝"都是合肥本土乐队的代表，走遍全国各地的音乐节和LiveHouse。迄今，OTW音乐厂牌旗下签约、合作的乐队与音乐人达30余组，策划录制的音乐专辑超过40张，单曲达500多首。

老鲍认为，OTW厂牌对合肥本土乐队做的最有意义的事情，是让大家聚合在一起，以厂牌的力量对独立音乐人进行保护，让乐队的演出和权益得到保障，"合肥整个的商业演出都变得更规范了"。

以音乐为内核，OTW不断开拓文艺的边界——举办安徽最大规模的"蚂蚁在路上"户外音乐节，创立安徽第一家爵士酒馆，协力创建安徽第一个民间剧社"方盒剧社"，扶持安徽首个脱口秀团队"雕凿脱口秀俱乐部"，开设第一个黑匣子剧场"狭剧场"。

这些年，方盒剧社出品制作的戏剧作品多达30多部，多次受邀参加乌镇戏剧节等国内重要戏剧节，老鲍说："他们已经从业余爱好者组成的剧团，往职业化道路迈进了。""雕凿脱口秀俱乐部"也在去年走出安徽，登上了东方卫视的舞台。

回过头来看，他觉得很多事情的发生都是无意识的，"很多是出于生存的考虑"。就是这样的无心插柳，他把文艺做成了企业，促成安徽独立音乐走向产业化。

文艺拥抱商业

很多LiveHouse主理人羡慕老鲍，能在合肥的特色商业街罍街拥有面积庞大、业态丰富的安徽原创音乐基地。老鲍说，这既依靠运气，也是多年准备的结果。

罍街是合肥的美食特色街区，由当地国企合肥滨湖投资控股集团有限公司投资开发，其目标是打造为合肥的一张名片。2015年，老鲍把爵士酒吧开在这条街上，每个月做两到三场国外爵士乐演出。

有一次，国外爵士乐队在台上演出，台下人满为患，气氛热烈。罍街负责人正好巡场到这里，十分惊讶，意外于合肥的文化活力如此蓬勃。负责人找到老鲍了解情况，问他是否考虑换个更大的地方。

双方一拍即合——老鲍需要更大的场地打造青年文化综合体平台，罍街则需要为街区注入文化内容与价值。

2019年，3 000平方米的安徽原创音乐基地成立，从装修到房租，罍街都给予老鲍足够的优惠政策。OTW一入驻，这里很快就成为当地年轻人的打卡地。

如果没有资本和资源，老鲍认为，他做不成这件事。十几年前，他想要实现一个想法，总是难以找到合拍的人，但现在，随着一代文艺青年成长为不同行业的管理者，"彼此能共同理解，要完成一件事变得更顺了"。

他认为，LiveHouse的经营者不仅是提供场地，也是本土音乐文化生态的缔造者。LiveHouse就像一个文化生态的容器，只要是跟青年文化相关的内容都可以放进去，"无论是从生存角度，还是从未来发展的角度，LiveHouse都应该多元化。只有把乐队和乐迷聚集在一起，一个城市才会形成文化消费的习惯，变成生活方式"。

VOX主理人朱宁认为，绝大多数LiveHouse的主理人都是玩音乐出身，"天然会对一些东西有抵触"。但老鲍恰好相反，他借用著名艺术家杨重光的话说，文艺需要寻找新的精神家园，这个家园就是商业。

他不认为文艺有一个"圈"，而是要破除这个"圈"，让文艺触及更广的舞台，"文化艺术如果不与社会生产、社会生活发生关系，无法产生独立的价值"。

OTW的职责，就是让文艺内容与社会万事万物发生联系，他积极与开发商、商业、政府、街道、公园合作，让音乐文艺与社会产生更多关联，也让OTW实现更大的商业价值。

从当年的文艺青年，到今天安徽音乐产业的操盘者，老鲍已经转变了对

五、人文视野

行业的认知。文艺不能再闭门造车，孤芳自赏，而是要把每一个作品变成产品，让创作与经营结合起来，这才是文艺行业走向产业化、品牌化的必然路径。

老鲍秉持这样的理念，打造他的文艺产业地图。在疫情最艰难的时候，很多大型户外活动停办，他就跟文旅活动相结合，定制开发小而美的音乐文艺活动"进山计划"。

"我们就带着音乐去旅行，把咖啡馆、酒吧搬到山里，不搭建舞台，在山谷和河边就能演出，到晚上，山野变成舞厅，大家喝酒、蹦迪、社交。"老鲍说，"进山计划"是音乐与户外、文创、旅行、自然的叠加，形成丰富的复合体验，正是音乐带来的新的文旅价值。

2022 年 3 月 15 日

分享链接

中国灯都 40 年沉浮史：从遍地黄金到"活下去"｜小城故事

黄 琼 何乐舒

1997 年出生的陈海涛开着他那辆蓝色保时捷，娴熟且快速地穿梭在古镇镇大大小小的灯配城间，在这些门市中，每一家都可能是他的供应商。

位于广东省中山市的古镇，有着"中国灯饰之都"的称号，并占据全国灯饰产业 70% 的份额。在经历了疫情冲击、海内外需求锐减后，小镇已稍显疲态，原先只容得下摩托车、电动车来往的拥挤街道，现在已经允许小轿车在这里肆意出行了。

在接受第一财经记者采访的过程中，陈海涛这位年轻的灯具厂老板感叹，在以往热闹时，灯配城中，随便一个骑摩托车拿货的人，都可能是身家过千万元的老板。如今，灯配城的店铺依旧开得密密麻麻，但多数门庭冷落，少了曾经那份熙熙攘攘。

古镇位于中山市西北面，是中山、江门、佛山三市的交会处。小镇的总面积仅 47.8 平方公里，但从本地成长起来的灯饰产业经过 40 年的发展，已形成国内最大的灯饰专业生产基地和批发市场，产品远销全球 130 多个国家和地区，灯饰产业产值更曾一度贡献了全镇 70% 以上的 GDP。

古镇常住人口仅 23 万，但市场主体总量已超过 5.6 万户，其中，经营范围包含"灯饰"的工商户总量约 2.4 万户，意味着每 4 个人中便可能有 1 位老板。无数从外地慕名而来的创业者，愿意称其为"创业天堂"，小镇更在数十年间造就了无数个创富神话。上市公司欧普照明（603515.SH）便是从这里发家，早在 2005 年就在古镇建设欧普照明中山工业园；灯饰行业龙头企业华艺照明是冬奥会和环球影城部分园区的重要照明供应商。

但如今，由于传统老套的线下获客模式、无技术含量的组装生产、同质化产品遍地开花等因素，"灯都"遇到了瓶颈。华南城市研究会会长、暨南大学教授胡刚向第一财经记者分析，包括古镇在内的中山几大街镇都面临一个共同的问题，在改革开放之初，乡镇企业做到一定规模之后，很多没有很好地转型升级，最后落后于时代发展。

在疫情叠加全球经济下行的双重影响下，遍地黄金的日子似乎一去不复返了，"活下去"成为今年的新主题。

古镇的沉浮史犹如一面中国区域发展的镜像，既要克服产业升级转型的历史之困，又要直面当下疫情等现实因素的冲击。难，但也不得不迎难而上。

灯市沉浮

2017年，早早离开学校的陈海涛追随父亲的脚步来到古镇，和父亲从事的出售灯饰配件不同，他更看好灯具市场。

陈海涛的客户几乎都比他年纪大，但在对市场的把握上，他不乏老练和魄力。初到古镇时，陈海涛从线上做起，一人扛起了灯具组装、销售和售后整个链条。2019年，陈海涛成立了中山市禾扬照明有限公司，也是这一年，公司利润能占总销售额的20%左右，公司人最多时有180人。

但陈海涛没赶上古镇最辉煌的时期。

40多年前，古镇只是一个到处都是桑基鱼塘的农业小镇。1982年，有人从香港带回了两盏壁灯，古镇农民按照灯的样子依葫芦画瓢，做出了第一盏真正意义上的商品灯，这一年是古镇做灯的开端。到1995年，政府确定把发展灯饰产业作为古镇的支柱产业，创办灯饰企业的热潮便在古镇掀起。

古镇灯饰产业发展的一个关键转折点是1999年10月15日，古镇顶着各种压力举办了中山市有史以来的第一次国际性展览会——首届中国（古镇）国际灯饰博览会。当时的古镇，交通不便，基础设施落后，甚至没有几家像样的宾馆，因此，第一届灯博会就是在"灯饰一条街"（新兴大道）搭建的展棚，很多灯更是直接挂在树上。不过，就是这样一个朴素的展会，让这个小镇的灯饰走进了全国的视野。

2002年11月，第二届灯博会开幕，古镇获得了"中国灯饰之都"的牌匾，新启用的古镇灯饰广场高朋满座。后来，灯博会从一年一展到一年两展，并开启了灯博会联合灯饰卖场的展店联动模式。

2004年，古镇灯饰业的总产值达到76.52亿元，占全镇生产总值的75%。紧接着，高铁站、星级酒店、后来被评为4A和3A级景区的灯饰城等都在几年时间里拔地而起，古镇也成为中国首批特色小镇。

中山市灯饰照明行业协会会长崔福才回忆道，早些年的时候，每到灯博会举办的日子，整个古镇所有的酒店都爆满，很多人只能住到隔壁小榄镇或者江门市的酒店，小镇热闹非凡。

胡刚对第一财经记者称，灯具行业在初期发展阶段时，其生产工艺和外观设计的技术含量不高，只要能生产出灯具产品，就会被社会需要。改革开放初期，古镇在灯饰制造方面走得比较早，通过举办线下会展等方式，聚集了一批灯饰企业，也带动了整个产业链条在此发展，很早就形成了"灯饰之都"。

古镇的经济也由此得到了飞速发展，在20世纪90年代以及21世纪初，其经济总量曾稳居中山市第一梯队。古镇的繁荣也蔓延至周边地区。古镇全域面积并不大，但随着产业发展拉动经济增长以及商业地产的开发，古镇的地价不断上升，一众在这里孕育成长的小微企业开始往周边地区外溢，最终呈现了包括周边横栏镇、小榄镇、江门、佛山等区域在内的千亿元级灯饰照明产业集群，其中，横栏镇在2015年获评"中国照明灯饰制造基地"。

根据第七次全国人口普查的数据，截至2020年11月1日，古镇常住人口为230 405人，占全市人口比重从2010年的4.72%提升至5.22%，十年人口增加了82 965人。而在中山市24个乡镇（街道）中，人口增加较多的5个乡镇（街道）还包括邻近的小榄镇和横栏镇，分别增加198 100人和97 387人。

崔福才表示："古镇逐渐形成了灯饰照明商贸基地、世界级的灯饰卖场、十里灯街，但由于近几年电商冲击、疫情因素，店面人流量也受到很大的影响，导致古镇的灯饰产业发展落到一个很尴尬的境地。"

疫情影响了古镇几大热门卖场的人流量。古镇的华艺广场和星光联盟是4A和3A级景区，各大灯饰品牌在此设立门店，灯饰城内装修雅致、灯饰琳琅，夜间的灯光秀、演艺一度使之成为游客打卡胜地。但在疫情后的这几年里，灯饰城几乎门可罗雀，少数楼层的店铺已被围挡，正在重新装修。

随着其他镇街的崛起和发展，以及古镇灯饰产业面临转型升级的压力加大，古镇经济发展受到一定的影响。2002年，古镇的GDP为21.85亿元，仅次于火炬区和小榄镇，位居第3；2010年古镇在全市排名跌出前五，GDP为87.65亿元，排名全市第6；2021年，古镇的GDP达到137.3亿元，同比增长9%，排在全市第11位。

究其排名掉队的原因，胡刚分析，灯具产业发展到现在，科技含量越来越高，对灯具外形要求也越来越多变，但古镇在科技、文化和艺术方面，人才稀缺，没有紧跟时代发展的需要，较多停留在重复的低水平复制层面上。与此同时，长三角地区的灯具技术含量和设计水平逐渐赶超珠三角，古镇的灯饰产业发展遭遇瓶颈。

胡刚表示，灯饰产业对当地经济贡献的优势逐渐没有那么明显，也导致古镇在整个中山的GDP排名落后。加上近几年古镇处于企业家新老更替之际，高知年轻人才留在古镇创业的很少，这也使得灯饰产业迭代升级速度变慢。

今年订单腰斩

"今年的日子更不好过了。"陈海涛说。

走在古镇最热闹的几大灯配城中，仍可以看到招租广告。一些商业街或老灯饰城则更冷清，红通通的"招租"二字贴在不少店铺的大门上，透过门窗，店主搬离后的空荡清晰可见。

据中山市灯饰照明行业协会调研了解，现在企业面临最主要的问题就是订单减少，业务普遍下滑，有的下滑达50%—60%。一般来说，春季和秋季是灯饰行业的旺季，5月之前接到的订单一般可供生产到8—9月，再迎来第二个旺季。但今年由于疫情，灯博会延期举办，客商们无法来选品订货，再加上不少地方的物流因疫情受到诸多限制，所以很多企业的订单都提前生产完成。

一家当地头部企业的供应链负责人张可益对第一财经记者表示，今年3月之前整体经济形势还可以，3月中下旬开始急转直下，每个月的压力都在加大。

张可益认为，企业面临的这种艰难局面是多重因素叠加的结果：一是受今年以来本土疫情的影响；二是外部经济环境更加复杂多变，不确定性加大；三是灯饰照明行业，尤其是古镇灯饰产业带近几年的转型升级压力大，小型厂家过多，产品严重过剩。

"现在行业基本上处于一个比较低谷的阶段。"崔福才告诉第一财经记者，这三年疫情对各行各业的影响都非常大，对古镇灯饰产业而言，一方面灯饰卖场的人流少了，很多灯饰卖场可能几天都没有上门客户；另一方面，客流量不大对古镇企业的生产销售也会有影响，叠加行业洗牌，有的企业会选择转型或者缩小规模。

对小厂的影响更是如此。陈海涛表示，目前厂内员工仅剩 80 人左右，工人减少了一大半，当日订单基本当日做完，仓库的备货也是满满当当的。

"往年招工难，招聘广告一贴出，不久就会被别家的招聘广告覆盖。今年情形完全不一样，广告栏都是零星几张招聘通知，工人主动找上门来。"陈海涛说。

行业加速洗牌

在古镇这片创业沃土上，遍地都是老板。

崔福才表示，古镇做灯的小微企业非常多，一方面迎合了大众创业、万众创新的时代发展潮流，拉动经济发展的同时解决就业问题；另一方面，也因为过于密集造成竞争加剧、内耗严重。

专科毕业的航力 2021 年年初来到古镇，抱着创业"做大做强"的心态而来，但迄今还在温饱线上挣扎。"抄袭、组装、劣质……这一套赚热钱的方法已经不那么适用了。"航力表示，"同质化的产品太多了，国内和国外市场的购买力已经大不如前，一旦有好卖的产品，内部'价格战'便开始了，直到最后没利润可赚，这款产品便退出了市场。"

陈海涛也表示，2019 年时，企业利润率还有 20%，2020 年降到 15% 左右，2021 年在 10% 左右，而今年预计只有 3%—5%。利润率持续下降的原因何在？他说："灯具的成本上涨厉害，但销量却减少了。"

古镇镇镇长阮志力在 2021 年上半年工作报告中提到，虽然经过 40 年的发展，古镇的经济体量还是偏小，产业平台支撑力有限，亿元以上龙头企业匮乏，规上企业不多，以中小企业为主的发展格局未能突破。

"灯饰照明行业有一定的特殊性，这是一个很宽泛的行业，所有发光的东西都可以是照明，所以有很多细分品类，但是目前行业前十的企业营收占整个市场的份额可能还不到 5%，行业集中度还是比较低。"张可益说。

由于小微企业众多，一方面，形成百花齐放的局面，尤其在外观的设计和开发上；另一方面，从制造端看，古镇的产业带处于底层基础，产品同质化现象严重，多数企业的专利意识较弱，核心技术不强。

张可益认为，行业现在进入了行业重构、回归本质的阶段，以前的野蛮发展是不可持续的，也是阶段性的，经过这几年的苦日子，行业在逐步回归理性，接下来会优胜劣汰，电器行业经历过的大洗牌会在灯饰照明行业重演一次。

何以应对

短期内，古镇的灯饰企业在生产经营方面或将面临越来越大的压力，如何更好地活下去成为摆在面前的重要议题。

上述受访头部企业兼顾国内和国外市场，业务占比分别为75%和25%。面对复杂多变的市场环境，该企业对国内外的发展策略进行了调整。

对国内市场，张可益表示，一是针对年轻人新消费的趋势做一些产品和渠道上的升级；二是配合新基建做一些工程项目，去年就完成了北京环球影城等项目的灯具生产及供应；三是继续下沉到四五线城市，同时进一步优化产品性价比；四是更多去切入后装性、软装性、功能性的产品，逐渐脱离对家居建材的依赖。

对国外市场，一是多承接一些与国家"一带一路"倡议相契合的项目；二是对出口市场微调，除欧美市场外，多布局东南亚地区；三是在跨境电商方面持续发力。

在此背景之下，对于古镇企业应如何抗压前行，张可益表示，首先，不管是线上还是线下销售，一定要坚持走品牌化发展道路；其次，一定要有原创，这是行业发展的长久动力；再者，建立好稳固的销售渠道；最后，需要建立数字化能力。"真正的核心竞争力应该是一个组合拳，是多种能力的结合，这样才能形成门槛，不易被复制，光是产品原创或者品牌力已经不够了。"张可益说。

崔福才建议，企业首先要开源节流，保存实力，在低成本投入的前提下去扩大；其次要密切留意政府出台的纾困政策，当下很多企业需要转变和调整思维，在特殊时期，要关注政策、了解政策，借助政府的政策和正确引导来快速渡过难关。

古镇灯饰产业如何才能长久发展？崔福才认为，本土企业要逐渐实现转型升级，产销分离是未来产业发展的主要方向。

崔福才补充道，由于大部分古镇的灯饰企业规模都不大，在传统的前店后厂模式下，企业多数产销结合。但在如今的新形势下，前店的作用减弱，需要去开拓更多的渠道获客，产销结合的成本更高了，也更难兼顾。因此，企业要根据自己的能力和特长找准定位，往专业化方向发展，重心在产的，就要把生产制造、产品品质做到极致；重心在销的，就要构建多渠道的销售能力，包括跨境电商、直播带货等。

"拥抱发展潮流很重要。"崔福才说，现在直播带货很火，古镇这么多装修华丽的灯饰卖场，在疫情后人流骤减，商户可以考虑直接把店铺作为直播间，也是增加曝光度的一种途径，但目前做直播的商户还很少，很多企业觉得灯的消费频率低，所以对直播带货比较谨慎，动力不足。同时，还要着重于线上展会、新技术的植入、积极参与行业相关产品的标准制定。

胡刚表示，古镇名声早已在外，加快古镇经济发展，需要当地政府多给民营企业一些政策支持，引进专业人才和艺术设计人才，改善城市生活环境，特别是加快改造低效产业园区。

胡刚建议，以灯具行业为制造业基础，衍生出的生产性服务业必须紧紧跟上，其中包括金融、科技和文化艺术等。再过几年，深中通道通车，整个中山的外部交通环境将逐步改善，要努力加强与深圳的联系，加快灯具产业转型升级，研发高科技产品。

对新一轮产业规划，古镇已有了比较明确的发展方向。古镇镇党委书记匡志在今年2月的一次党委会上表示，从设计、生产、销售三大主要环节发力。设计上要做大做强古镇的原创设计平台，强化设计引领；生产上要持续推动制造业企业数字化、智能化转型升级，推动灯饰照明产业集群数字化转型试点建设；销售上要注重商业模式的创新，紧贴信息时代，拓展营销网络，打造古镇灯饰集团，同时专注发展国际一流的灯饰专业会展，扩大会展经济的效应，提升"灯都"的产业竞争力。

推动村镇低效工业园升级改造是这几年的重头戏。今年年初，古镇立下目标，力争年内完成5个村共500亩低效工业园的拆除任务。截至目前，5个"工改"项目已全部动工，并将于6月底提前完成拆除任务。同时，还加快了重大产业平台建设，比如，中山西部产业园灯都智造基地正在推进中。

2021年，古镇的GDP为137.3亿元，阮志力提出，"十四五"时期经济社会发展的主要目标是：力争到2025年全镇的GDP达300亿元；到2025年实现全面重返中山第一梯队目标。要实现GDP翻番，古镇灯饰产业还大有作为。

"灯具是人们生活的必需品，而且随着生活水平的提高和经济发展，社会对各种灯具的需求会越来越广，整个灯饰照明行业的前景还是非常广阔的，关键是要抓住产业转型升级的机遇，快速推进产业数字化改造。"胡刚说。

（应受访者的要求，张可益、航力均为化名）

2022年6月8日

分享链接

"赶时间的人没有四季"
——外卖小哥生存调查 | 阅读时代

彭晓玲

去年，朋友圈刷屏的报道《外卖骑手，困在系统里》把外卖小哥这个群体的困境推到了公众面前。近期，第一本聚焦外卖群体的非虚构写作《中国外卖》则像一部纪录片，更加细腻地呈现他们在城市中工作与生存的各种悲喜。

谁在送外卖？他们为什么要送外卖？除了大家都知道的"系统算法"，他们还面临哪些困境？外卖小哥虽然每天都在小区出入，但更多时候他们只在紧闭或者微开的房门后面短暂出现，是身边"最熟悉的陌生人"。通过近两年的实地采访，与近百位外卖小哥深入交谈，作者杨丽萍试图在《中国外卖》中还原出一件件黄马甲、一个个蓝头盔的背后，外卖行业的真实情况，以及一个个鲜活的人的人生经历。

平台把外卖小哥称为"骑士"，但众所周知，这是一个门槛很低的职业，绝大多数人入行都是为了谋生。统计显示，外卖小哥中75%曾经是贫困人口，如《中国外卖》中的楚学宝、黄远义、胡超超等，46%负有外债，如书中的刘海燕、老曹等。

一场猪瘟下来，黑龙江的刘海燕夫妻养的上百头猪都死了，不仅婚后多年的积蓄全数耗尽，还欠下几十万元的外债，夫妻俩没办法只好到深圳打工，最后送起了外卖。这在外卖大军中非常有代表性，美团发布的《2019年就业扶贫报告》和《2020年上半年骑手就业报告》显示，平台有25.3万人靠跑单脱贫。"外卖这种劳动改变了小哥们的处境"，杨丽萍说，这句话看起来很空，只有和他们接触后才会有直观感受。在深圳打拼8年，刘海燕夫妻基本上把外债还清了，还用跑单攒下的钱开了一家电动车店。能干的老曹甚至在准一线城市杭州买了一室一厅的学区房，杨丽萍采访的外卖小哥中，有两位在做外卖的城市买了房。

在上海复旦大学附属儿科医院附近送外卖的张伟超,之所以选择干这个,则是觉得既可以为儿子赚救命钱,又相对自由,能照看家庭。他年仅5岁的儿子得了尤文氏肉瘤,一家人从江西到上海租房治病,医疗费用非常昂贵,放疗一次就要6 000元,住院期间一共放疗了25次。有个下雨天,张伟超送外卖超时,客人一怒之下取消了订单,他反过来还要被平台罚款50元。雨中的张伟超瞬间全身都软了,当时的第一反应是孩子每天三分之一的床位费就这样没了。《中国外卖》中的患者家属,还有妹妹得了白血病的大学生赵盈盈,为了给女儿看病把房子都卖了的戴子……

也有少数人是为了体验生活而送外卖,他们中有寻找灵感的诗人、为脱口秀表演增加素材的白领,还有横店的临时群众演员等。7月25日,有人把诗人王计兵的诗发到网上后,53岁的他上了微博热搜,一天内有三家出版社找上门想出版他的诗集。如果没有几年来风吹雨打中感受到的种种辛酸,王计兵肯定写不出这首被点赞近8万次的《赶时间的人》:

"从空气里赶出风/从风里赶出刀子/从骨头里赶出火/从火里赶出水/赶时间的人没有四季/只有一站和下一站/世界是一个地名/王庄村也是/每天我都能遇到/一个个飞奔的外卖员/用双脚锤击大地/在这个人间不断地淬火。"

2020年武汉疫情期间,作家杨丽萍就将目光投向外卖小哥群体。后来,她在杭州、嘉兴、上海等地的外卖站点深入调查,前后采访了近百位来自全国各地的外卖小哥,完成《中国外卖》,这也是国内第一部聚焦外卖小哥群体的非虚构写作。

杨丽萍在媒体工作近30年,一路从记者做到《家庭》期刊集团总编辑。在《家庭》杂志工作的经历,让她对小人物的命运尤为关注,先后写出了《生长在心中的向日葵》《快递中国》等作品。

尽管如此,《中国外卖》的采访却是她感到最难的,主要是采访对象各种"不配合"。外卖小哥"像沙丁鱼一样"在城里来去匆匆,他们的时间就是金钱。而杨丽萍的访谈非常细腻,当被追着问诸如"绕来绕去找不到路怎么办""客户电话打不通会不会被罚款"等问题时,有人觉得是在浪费时间,有人觉得她"很烦"——生活从来就是如此,有什么好说的?

不知被拒绝了多少次后,杨丽萍终于用尊重和共情打动了外卖小哥,有人开始愿意停下来向她敞开心扉,甚至还把她邀请到出租房看他们真实的漂泊生活。为了深切体会外卖小哥的悲欣,她还租电动车跟着他们一起送外卖。

正是通过长达两年的深入采访，她才发现，"困"住他们的不仅仅是平台系统算法。"《中国外卖》是我写作生涯中最重要的作品，虽然采访和创作非常艰辛，但我觉得很值。"

以下是记者采访并整理的杨丽萍自述。

吃"闭门羹"最多的采访

写《中国外卖》之前，我和朱晓军老师合著过《快递中国》，情不自禁地会关注外卖小哥这一人群，2020年初武汉疫情发生后，大家更加意识到外卖对生活的重要。所以，当时《北京文学》月刊社社长杨晓升约朱晓军老师再写一部快递小哥生存状况的书，朱老师因为在美国探亲回不来，我自然就接下这个任务。

记得那天是农历大年初三，也是武汉"封城"的第五天，我被隔离在家里，当时望着窗外寂寥的街巷，偶有外卖和快递小哥骑车匆匆而过，想着正是小哥们冒着生命危险为老百姓和医护人员搭建起一道生活补给线，就觉得他们是平民英雄，是"最可爱的人"。

那天我开始打电话采访，但发现之前认识的有些快递小哥改行跑起了外卖，纠结一番后，还是写了他们的故事。写到两万多字时，觉得应该调整角度，放下快递集中改写外卖。因为那时我查到一组数据，"截至2019年年底，中国餐饮外卖产业规模突破6 500亿元，消费者约4.6亿人，占中国城镇常住人口的53%"。反映快递的作品已有多部，但有关"亲密的陌生人"的外卖小哥，还一部都没有。

要写一本书，过去采访快递小哥时积攒的那些人脉远远不够，我就在媒体和网络上找线索。我当过20多年的特稿记者，找到他们也不难，在抖音和今日头条上找到了刘海燕、王涛，通过媒体报道联系上赵盈盈、王建生、李帮勇、阿龙。接下去就是顺藤摸瓜，每次采访完一个小哥，都会问他周围或认识的小哥有没有什么故事，他们也会推荐，所以采访到外卖领域首位全国五一劳动奖章获得者宋增光，又通过他找到他的父亲、舅舅和表弟，他们也在做外卖。找到宋北京后，我又采访了他的两个哥哥；找到胡超超后，我采访了"外卖兄弟连"的其他兄弟……

也有几位小哥是我通过平台找到的，如从小哥做到调度、站长、区域经理、上海城市经理的李伟和杭州西湖区饿了么站点站长李飞。李飞那个站点非常大，有100多名小哥，通过采访我知道了谁年纪最大，谁最小；谁是"单王"，谁靠做外卖翻了身，脱了贫，买了房；谁是"刺头儿小哥"，单跑得好、有个性，爱给队长出难题。

但是真要采访到他们，却不太容易。对小哥来说时间就是金钱，占用时间就等于"劫"了财路。他们很多人还觉得送外卖又不像当了高考状元，或者获得国家科技进步奖那样，是特别光彩的事，不愿意被宣传、被关注。有些平台也不希望小哥和媒体过多接触，制定了一些限制，采访吃"闭门羹"是家常便饭。一天上午9点，我拨通一位小哥的电话。"你谁啊？找我干什么？我又不认识你！"他睡意蒙眬，有点生气。老实说，我是20世纪80年代参加工作的，后来当编辑部主任、主编、集团总编辑，很少碰到这样的遭遇，一度还挺沮丧。后来又想，我打电话约小哥采访，跟"推荐一个新楼盘""推荐一只股票""你需要贷款吗？"之类的电话有何区别？他们为何要牺牲宝贵的时间见一个陌生人？

而且非虚构写作还和一般新闻采访不同，要有情节，有细节，有人物，有背景，有欲念，有冲突，有感受，每次少则两三个小时，多则十几个小时；一次采不透就两次，两次不行就三次，有的要五六次甚至六七次，这必然会耽误小哥跑单和休息，有人就不耐烦地问："你怎么反复采访，难道我还没有讲明白？！"他们觉得这就是日子，没什么好说的。

确实，采访打扰到他们我也很不忍心，他们的收入毕竟是一单一单跑出来的，他们的脚步支撑着孩子的奶粉钱、父母的医药费、房贷的月供以及自己在城市的开销。

小哥带我去出租屋采访

我跟外卖小哥接触多了，就有了了解和同理心，会很自觉地站在他们的角度思考，用他们的语言说话，逐渐就有小哥愿意接受采访。

我采访的第一位外卖小哥，前后联系了很多次，录音长达十多个小时，整理出来就有十几万字，但最后没写进书里。为什么呢？一是他不大诚实，虚构了些许情节和细节，我毕竟写过几十年特稿，真话假话还是区分得出来的；二是后面采访的故事更有代表性和意义。可以说外卖也是个江湖，什么样的小哥都有。

来自安徽省蒙城县的楚学宝是我特别喜欢、特别有共鸣的一个小哥。当时在咖啡厅，面对面坐下时我们还是陌生人，聊着聊着就像老相识似地敞开心扉。他讲跑外卖的艰辛、生存的艰难、借贷的压力、婚恋的烦恼、对家乡儿女的牵挂、对年迈父母的惦念。他也说小时候家穷的经历，别人上学背书包，他只能用装大米的编织袋，村干部家水缸里有只死老鼠，也被说成是只有六七岁的他干的。他那句"穷就是你的错"，我觉得特别扎心。可以说，楚学宝对父母、家人没说过的话，都跟我讲出来了，离开的时候大家就真的成了朋友。

昆山的王计兵给我的印象也很深。他本身是诗人，读过很多书，很有教养，是为了体验生活来跑外卖，他真的是不管多忙都会接受我的采访，每次都不厌其烦地回答我的问题，还给我详细讲以前下河捞沙和恋爱的经历，采访他的时候我觉得特别开心。

其实，很多外卖小哥都是一个人漂在城市，虽然他们每天接触很多人，但真正能够谈心的很少，非常孤独。当有一个人很真诚地坐在对面，很真切地关心他们，了解他们的生活状态，他们也感觉到你的理解和善意，加上本身也有倾诉欲望，就很愿意跟你聊。

少数人和我熟了，还会允许我走进他们的私密领域。宋北京把我带到三兄弟住的出租屋，这是我少有的经历，书里也写了："地上乱放着外卖箱、电饭煲、炒勺、装有空瓶的塑料啤酒箱，还有横七竖八的电线，铁床对面两个床头柜并在一起，上边堆放着保温杯、剃须刀、敞口的纸箱、充电的手机、挂面、小纸盒⋯⋯临阳台门的茶几上摞着没洗的碗筷和三个喝啤酒的玻璃杯，还有一个仰面朝天的锅盖、一把黑色的剪子。阳台上吊着洗过的衣服，鞋架上放着20多双运动鞋，墙角堆着乱七八糟的杂物。"

李帮勇受工伤后手残疾了，妻子不辞而别，他只好带着年幼的女儿一起送外卖。那天，我和他们一起回到租在嘉兴的家已经晚上9点多，进门后，李帮勇就忙着下厨洗菜切菜，给女儿准备晚餐。他用左手抓起鸡蛋在碗沿上磕了一下，把鸡蛋一捏，蛋黄蛋清就流进碗里，这个细节我印象特别深，因为和我们正常人打鸡蛋的姿势不一样。做饭的时候，他四五岁的女儿就搬个小板凳站在旁边看，父女相依为命的背影让我感到很心酸。

第二天早上不到7点，我又去李帮勇家了。他叫醒女儿，拿出一罐塑料装牛奶放到砧板上，一刀就切断嘴瓶，再递给女儿喝。完了拿起塑料梳子给她梳了几下头发，父女俩就匆匆出门上学和送外卖，只剩下我一人在狭小又凌乱的房间。这时我看到，卧室里昨天晚上打开的电风扇还在转——这就是男人那种粗心啊，餐桌上忙到那么晚才做好的面女儿也没动，上面还插着筷子。

说实话，我很满意这些现场捕捉的细节，如果没有亲自去看，连虚构都虚构不出来。

很多差评简直是霸道

我也会跟踪采访他们，有时从早上7点跟到晚上10点。我会租一辆电动车和他们一起跑单。为了照顾我，他们特意不接太多单，有时还会放慢速度等我，结果是自己送单超时。不过他们跑得飞快时我就跟不上了。哪怕我跟着跑的单子是就近的，一般跟着跑两三单就吃不消了。

那天我采访李帮勇，从下午4点半见面，到晚上9点多和他一起回家，我一直在他取单的广场那边站着，很累很疲倦，最后实在站不住了才找一个地方坐下来，继续观察周围那些外卖员，他们怎么等餐，怎么接餐，周围车流和人群如何。

去年9月，《人物》杂志发表了《外卖骑手，困在系统里》的报道，讲平台算法系统导致的矛盾，文章发表后社会反响特别强烈。北京市人社局劳动关系处副处长王林为了了解外卖小哥的真实工作也去送外卖，12个小时只赚41元钱，晚上接受记者采访时说"很心酸"。看到这个新闻，我觉得王林只赚这点钱非常正常。刚开始送外卖都是不赚钱的，就连"单神"楚学宝，他那么能吃苦耐劳，那么拼命，最初一两个月收入也非常少，有一段时间还差点不干了。王林要是能干上3个月，路越跑越熟，车越骑越快，收入自然翻几番，没准还能成"单王"。

我自己跟着跑单下来的感受是，他们真的一直处于奔跑状态，非常辛苦。其实"骑手困在算法系统"只是外卖小哥和平台双方不平等的现象之一，只不过媒体曝光后大家知道了，外卖小哥还遭受很多别的不公正对待。

平台、商家、客户和外卖小哥之间是四边形的关系。平台和客户是强势的，商家也不弱，只有小哥是弱势，被挤压在底层，动不动就要挨板子，差评要被罚款，超时要被罚款，连刮风下雨请假也要被罚款。有些客户还会提无理要求，比如让他们扔垃圾，否则就打差评，小哥也只能忍气吞声。

还有很多差评简直就是霸道。王建生有肢体残疾，有一次送到餐后对方一看就骂,并随手打了个差评。阿龙因智残、表情不好看也被差评罚款过。顾客点的是外卖,又不是小哥,凭什么要求他没有残疾?他能像健全小哥那样按时按点送到已经不容易,为何要难为他呢?

还有的小区不让外卖小哥进,客户非让他们送到家,否则打差评。有些几十层的高楼没卡乘不了电梯,或停电时住在几十层上的客户懒得下楼吃饭,为赚那几块钱的送餐费,小哥要爬几十层楼,结果因为送这一单,后面有几单超时也要被罚款。

可以说,采访中接触到的种种现象,让我感到压抑和不公,对小哥充满同情,要为他们鸣不平。他们的遭遇如此不公平,平台和商家知道吗?美团因强制商家2选1被罚34亿元,但有没有平台或商家因以强欺弱、压榨小哥而被重罚呢?我不知道。

制度制定要向民众倾斜

我在采访中也了解到,媒体曝光了算法系统的问题后,美团和饿了么都做了相应调整,升级安全系统优化规则,国家也出台了一系列灵活就业群体的权益保障政策,加强了监管,可以说很多不公平的现象得到明显改善。宁波一位小哥就说,平台规定,基于卫生方面的考虑,小哥可以拒绝带客户的垃圾下楼。

暴雨天超时,被降薪扣钱方面的改善尤为明显。上海一位城市经理李伟说,天气恶劣的情况,他不会像有些城市经理那样下达保数据的指令,而是站在骑手的角度思考,叫骑手确保人身安全,能送则送,不能送不要强送,超时也不罚款。有的站长骂骑手超时,李伟发现后会跟站长说这种做法是不对的,应该主动帮助骑手跟客户解释下雨可能会超时,不能催骑手,越催越急,越容易发生交通事故。李伟还说,人心都是肉长的,要换位思考。

我听后感到欣慰。不管是平台、站点还是商家,都说要以人为本,什么是以人为本?其实就是把别人当成人,也把自己当成人。因此,制度的制定要向普通民众倾斜,才能为民众谋福利,谋幸福。

写《中国外卖》的时候,有影视公司跟我探讨这个题材,他们问外卖是不是天花板太低,做到一定时候跑不动了就转行干别的?

确实,尽管外卖小哥收入不错,月收入可以过万元,相当一部分人不仅没有职业荣誉感,还感到自卑,行业流动性很大,跑单两年就算"老人",但他们是有升迁机会的，比如李伟从小哥、调度、站长、区域经理做到了城市经理，当然一部分"单王""单神"小哥是不愿意升迁的，他们觉得一个月能赚 2 万元，做调度只有几千元。总之，很多平台都有升迁通道，能否升迁一看个人意愿，二跟学历有关，李伟后来选拔的站长就要求大专以上学历。

哪怕学历不是特别高，只要不断学习，不断在领域里有突破，就会顶破外卖的"天花板"。所以最后一章我专门写了"顶破'天花板'"，写完后我也有种扬眉吐气的感觉，想到这个群体是有出路、有上升空间的，心情特别舒畅。

这两年的采访对我影响很大，至今还和很多外卖小哥保持着联系，一看到有人送外卖，情不自禁就会想起他们中的很多人。新闻里县城房价一跌，我就替楚学宝揪心，不知道他高价位时贷款买的那套房子怎么样了？上海疫情封控期间，我在宋增光的朋友圈看到，他做了志愿者，他母亲和舅妈先后被确诊新冠进了隔离点。这两天随着《中国外卖》的出版，有人看到王计兵的故事后把他的诗发到网上，还上了热搜，一下有 3 家出版社主动找他想出书。出诗集是他一直以来的梦想，没想到我"帮"上了他，真的特别高兴。

这几年因为疫情，很多人都过得很艰难，找不到工作，连以前光鲜的互联网大厂也在裁员，有人可能比较悲观。但外卖小哥身上最打动我的一点是，生活不论多么艰辛，他们都在很用力很努力地活着。他们中的很多人摆脱贫困，残疾人能够找到工作，过上正常人的生活，普通人生活中闪烁的小欢喜、小满足无比打动人心。

一条条车道上奔跑的电动车，就是一种种向上的人生态度，困境中不屈服，不"躺平"，努力实现人生的逆袭。从外卖小哥身上，我得到很多向上的力量。

2022 年 8 月 5 日

分享链接

文艺范的成都玉林，
一个幸运的例外 | 行走城市

吴丹

夜幕低垂，成都武侯区的玉林街道，霓虹闪亮的烟火气刚刚登场。

密集的咖啡馆在芳华街上连成一片，每一家咖啡馆门前都摆着户外桌椅，街边停着跑车，成群的时髦青年聚在夜色下，喝酒聊天。另一边的玉林西路上，以小酒馆为核心，酒吧一家挨着一家，热闹非凡。夏日潮热的空气里弥漫着串串香的麻辣香味，彩虹街拐角处的独立书店透出橘色灯光，落地窗内正在进行一场文化讲座。

跟这些场景并存的，是在这里住了几十年的老居民。老大爷提着收音机光顾街边的杂货铺与水果店，一群老街坊坐在街灯下摇着扇子纳凉闲聊，老阿姨跳着广场舞，骑着滑板车的孩子在街心花园里呼喊嬉戏。

今天的玉林是成都城市更新的名片，也是老旧城区的改造典范。这几年，玉林相继生长出巷子里、爱转角、院子文化创意园区等文化网红IP，引来打卡者无数。

"玉林原本是一个先天资源不足、处处都存在问题的老旧城区。"四川大学公共管理学院社会学与心理学系主任何明洁告诉第一财经记者，她研究成都社区营造已五年，她发现玉林整体升级出一种"年轻化、连成一整片的文艺感"，这种重构与变化在成都社区营造的案例中是独特的。

在中国城市发展史上，玉林是一个幸运的例外。十多年前，成都从南中轴线开始一路向南扩张，建立起宽敞的新城区。在这个过程中，位于中轴线的玉林一度被遗忘。正是这样的遗忘，使玉林意外得以保存。

三十多年里，玉林一直保有成都独有的生活质感，与此同时，又有一种舞台布景般的混杂浪漫。这里有诗歌、文学、艺术和摇滚，也有串串香、冰粉和麻将，市井与文艺、生活与商业、外来年轻人与原住民老年人毫无违和地共存。

玉林像一个容器，藏着一座城市珍贵而另类的文化记忆。当城市更新成为热门话题时，玉林模式给人们带来诸多启示与思考：玉林为何会成为玉林？

一段心醉神迷的文艺史

从一开始，玉林的故事就与文化息息相关。这里曾是中国当代艺术的萌芽之地，吸引了何多苓、翟永明等画家、诗人在此定居，一度被称为当代艺术的"画家村"。

"玉林是一个千变万化的小区，许多成都作家在描述都市生活时，都会写到这个小区。"在诗人翟永明的眼里，玉林之于成都，就像左岸之于巴黎。一个城市的气质、生活形态、幸福指标和个人自由度，是翟永明对标巴黎与成都的核心。

1996年，翟永明搬到玉林西路，五六位画家朋友尾随而至。便宜的房租、几栋水泥现浇的大空间房子，是画家们看上玉林的因素。她回忆："这里形成了一个艺术圈，也形成了心醉神迷、放纵轻盈的'左岸生活'。"

玉林位于城市中轴线的人民南路西侧，东连跳伞塔，西接浆洗街，南北分别以二环路、一环路为界。20世纪八九十年代，许多国营单位看中玉林地理位置的便利性，到这里建立职工宿舍。无线电一厂、四川日报、市总工会等公认成都最好的单位都来到玉林，成都第一代商品房在这里建起。那个时代，玉林曾经一度是成都最"洋气"的地方。

现在，这些并不高的宿舍楼依然保留着。当年主要的交通工具是自行车，这使得玉林的街道尺度很小，也适合用脚步丈量。初来乍到的人，光是从玉林一巷走到十巷，都会在弯弯绕绕中迷路。

关于玉林的文艺氛围和文化根基，深刻留在"80后"刘晓的成长记忆里。他的祖父和父母都是西南民族大学的职工，他告诉第一财经记者，那时很多大学、研究所、国有企业职工、三线建设者和本地农民在玉林建起院落。人群多元混杂，如同一个文化熔炉。

刘晓家搬到玉林时，这里还叫玉林村，只有一条街。苏联建筑风格的宿舍楼里，住着很多支援三线建设的人，他们来自全国各地，说着南腔北调。他还记得，开东北饺子店的老板甚至能说一口流利的日语。

"我印象中，很多艺术家都住在玉林。"刘晓的童年记忆里，毕业于四川美院的父亲常常跟从事艺术的朋友一起聚会。他的童年玩伴里有不少是艺家的孩子，他有位同学的父母响应商业浪潮，将原本在街头巷尾摆摊的麻辣烫开进餐厅，做出了闻名成都的玉林串串香。

他也记得，当年很多留洋归来的人都选择扎根玉林，其中就包括从德国回来的唐蕾，她于1997年在玉林西路55号创立了小酒馆，迄今已25年。

在2018年出版的《以白夜为坐标》中，翟永明写道："1994年，玉林还只是几条街，外加望得到绿色的田野。没有人想到它很快会成为一个繁荣、新兴、开放和享乐的街区，并由此辐射到整个城南。"

翟永明的白夜酒吧、唐蕾的小酒馆，像是文化交汇的物理载体。翟永明曾写过世纪之交前后，玉林西路上"艺术家与美女们昼伏夜出""摇滚新手和追星族咬着啤酒瓶蹲在小酒馆门口"的情形。南来北往的艺术家、诗人、画家和文艺青年生活、聚集在这里，带动起成都本土文艺的生机。

"热爱文学艺术的群体都在这里践行他们理解中更新潮的生活。"刘琥说。

藏在街巷里的一点点文艺之火，逐渐形成一片蓬勃的文艺风潮，玉林也演变成一个充满文艺故事的知名街区。"玉林的文化基因是野生的，本身就有民间的基础。"何明洁说，这是文艺野蛮生长的力量。

依然是吸引年轻人的社区

在城市化进程中，玉林经历潮起潮落，从曾经的文艺高地，到城市快速发展后被遗忘的老城区，再到如今年轻活跃的文化创意人不断涌入。无数人群来来往往，玉林却始终没有大幅改变街区的面貌和格局，也没有改变这条街的市井生活气息和文艺底色。

今年6月，一个职工宿舍改造而来的文化艺术新空间"玉林Bushes"做了一场特别的展览，"1993—2020回答玉林：城市更新特展"，试图讲述玉林社区的文脉与故事。

在学者何明洁看来，玉林社区营造的典范性，恰恰在于保留街区的文化历史，并将老旧的劣势转化为难以复制的优势。艺术家何多苓也认为，"如今玉林的形态，是与玉林的原住民同时生长起来的，而不是后来硬插进去的东西，这即是它的可贵之处。"

"过去中国人所理解的社会共同体，一个重要维度就是以单位为纽带建立的。随着单位制的瓦解，住房变成商业房，人们之间缺乏凝聚的机制和方法。"何明洁说，这个时候，社区就变成了这个时代社会共同体的连接渠道，社区也变成更具体的、生动的、人与人之间的关系。

"玉林社区的成功,是毛细血管真正地发出声音、发挥作用。"何明洁说,自 2008 年地震后,成都开始发展不同层级的社会组织架构,鼓励社会组织更好地发挥作用,让社会力量与社区力量紧密配合,共同筹集资源和资金,一起完善社区,"形成一种血与肉的关系"。

2019 年,成都开启"各美其美""一社一品"的社区改造计划,这是中国首个市级城乡社区发展治理总体规划。2020 年 8 月,成都市政府以一环路环线为轴,开启"市井生活圈"的打造。玉林的改造升级,被列入成都市"幸福美好生活十大工程"之一。玉林成了中国社区发展、社区治理的探索者和特色街区样本。

在玉林街道,不同的小巷呈现不同的风貌,商业业态也丰富多样。镶嵌在街区里的艺术展厅、独立书店、咖啡馆、杂货铺、酒吧、二手古着店、日料店等,在这个日益原子化的社会,成为连接青年文化的纽带。

专注于社区营造、城市更新的青年组织"海浪公社"于 2019 年落地玉林彩虹街。"海浪公社"的工作室拥有黄色的门脸,门上有"撑展"二字,那是一句四川方言。"海浪公社"像一个连接器,连接起政府、居民和文化创作者三方。他们邀请插画师在社区里做街巷艺术,邀请建筑师做步行街改造,邀请写手到社区里体验写出社区观察,其目标就是让更多人了解社区和人是密切相关的。

"海浪公社"创始人祝贺工作在玉林,也住在玉林,最能体会到大城市稀缺的生活感和附近感。下班之后,他会逛逛菜市场,跟楼下的咖啡馆老板聊聊天,逛逛书店,发掘玉林新开的美食,这些都是"在楼下"就能实现的生活场景。他希望他们的努力能让更多年轻人重回社区、重回附近。

"在玉林无论是步行还是骑自行车,都是很舒服的事情。"一苇书坊主理人阿俊告诉第一财经记者,在他书店的一公里范围内,无论是买菜、吃面、吃火锅、喝咖啡、泡泡吧、参加文艺活动,都可以随便选择。很多夜晚,参加完文化讲座的年轻人依依不舍地聚在一苇书坊门口,与阿俊一起聊社会、聊哲学,直至凌晨。书店成立的三年,整条彩虹街也变成十几家咖啡馆聚集的区域。

生活在玉林的年轻人常有一种体会,一些本不会相聚的人,因为玉林而聚到一起。在这个过程中,意外的人与意外的事情不断发生交集,生发出新的可能。

人来人往，玉林的变与不变

院子文化创意园创始人史雷回忆道，在玉林衰落期，只有小酒馆留守在玉林西路。但他们这帮喜欢玉林的人没走。"走到玉林路的尽头/坐在小酒馆的门口/和我在成都的街头走一走/直到所有的灯都熄灭了也不停留……"2017年，赵雷一首《成都》火遍全国，玉林开始爆火。

2018年，玉林街道邀请小酒馆共同打造了成都第一个和社区共融的文创园区院子文化创意园。而今，这里集结了11家文化创意工作室，其中就包括刘琥创立的帧循环动画工作室。从北京电影学院毕业以后，刘琥选择了回到玉林。

"玉林的文化是有传承的。"刘琥回想起父亲年轻时接的活儿，是来自任天堂游戏公司的外包订单，源源不断的包裹从上海和日本抵达玉林。某种程度上，他与父亲的职业有着文化的衔接和传递。

刘琥在北京读大学时，小酒馆老板唐蕾的侄女也去了中戏读书。毕业之后，他们都回到玉林，自嘲为"成都的南门农民"。

"这批回到玉林的人有一个共同的标签，都在外面待过几年。"刘琥说，随着父辈退场，第二代玉林人也到了中年，这其中，有了微妙的、跨越时空的心境连接。虽然他找不到跟小时候一模一样的街道，但常常能在街巷里邂逅一些老街坊，"那也是一种烟火，一种对人生的观察"。

不仅是玉林二代选择回到原点，很多音乐人、书店主理人、艺术工作者、寻找文艺梦想的外地青年也选择落脚玉林。跟当年的翟永明们一样，年轻人来玉林，是看中这里便宜的房租和便利的交通，以及在玉林能迅速寻找到同好的亲近感。

刘琥发现，玉林街头常常会出现一些其貌不扬、充满故事的人。比如鲸鱼咖啡烘焙馆老板老庞，早年是摇滚老炮，在玉林住过很长时间，2008年去厦门演出，留在那里开起了客栈。5年后，老庞回到成都，在玉林开起了咖啡馆。

今年以来，长野书局、晚读书店、浮于野书店和野梨树书店等数家独立书店在玉林相继开业。上月刚开业的一家社区艺术商店"风马 Artstore"，则可能是成都第一家社区艺术商店。

五、人文视野

"凤马 Art Store"主理人高元之前在西宁做独立出版品牌凤马,今年来到成都,迅速决定在玉林开一间仅 15 平方米的街头艺术空间。这里既销售各类独立出版物、艺术书籍和相关周边,也会策划出每月一期的主题展览。你可以在吃完火锅、撸完串串之后,步行到这里,淘几本艺术书展上难得一见的"孤品"。

在全球旅行游荡了四年之久的大象,落脚成都,于今年年初在玉林开了长野书局。如果你在夏夜里到访这家独立书店,会见到狭窄小街的树荫下一幅热闹场景——七八位文学青年歪歪扭扭地坐在书店门外的椅子上聊天。书店内并不宽敞,木地板上坐满了人,年轻人在这里喝酒、聊天、看书、弹琴。四周居民区已经沉入暗夜,唯有此处依然鲜活热烈。那几乎就是翟永明笔下所写的"玉林的左岸生活"。

30 年里,玉林承载着人们对文艺生活的想象,又紧贴着最烟火、最接地气的生活。老庞曾说:"玉林是一个独特的存在,无论谁来了,谁走了,总会有人在。"

刘琨能明显感受到玉林新与旧的交融。他的工作室为社区开设免费动画课程,来上课的大多是上了年纪的居民。让他骄傲的是,"我们社区可是有一帮老太太能用手机拍摄定格动画的"。他喜欢跟玉林的老一辈居民聊天,惊讶地发现,他们中有恢复高考后的第一批北大清华学子。这些老人与今天追求精神世界的年轻人汇合在一起,碰撞出有趣的火花。

消失的房子,玉林的隐忧

在刘琨与倪家桥社区合作的《成都记忆·倪家桥的故事》绘本中,有玉林旧街区的手绘街景图,凝聚着玉林从 20 世纪 70 年代到 21 世纪的城市建筑发展轨迹。几乎每一个来到院子文化创意园的人,都对这幅作品印象深刻。但刘琨依然感到有些遗憾,在这幅作品中,一些旧的建筑已经被拆除。

商业在改变着玉林,旧场景被迭代革新,网红店铺不断出现,有些老街区也似乎正在变成另一幅并不属于玉林文化基因的模样。

最跳脱出玉林市井底色的,是位于玉林北路社区的爱转角主题文创街区。这里原来是一溜小铺子,现在,一座"很出片"的尖顶玻璃房取代了老房子。尖顶玻璃房是一间热带风格的网红泰国餐厅,再往里走,则是一家户外风格的咖啡馆。沿着并不长的街巷往里走,墙上印满了电影《前任 3》的剧照。

因为《前任3》曾在这里取景，规划师把电影当作街区改造元素。一面天蓝色的背景墙上，密密麻麻地印着"杂起""耙耳朵"等四川方言。社区党建中心旁边，名为"成都故事"的网红书屋摆满了书籍和各种成都老物件，另一侧则是茶叶、陶瓷等成都文创商品的售卖区。工作日的下午，社区空间里没有居民聚集，咖啡师独坐前台。"成都故事"书屋本该是可以免费阅读的社区图书馆，但你若坐下来翻阅，会有服务员拿着餐单过来询问，是否要点一杯咖啡。

爱转角主题文创街区融合了邻里空间、共享办公空间，也包括时下流行的复合型文化空间。背后的操盘运营者，是一家成都本土企业，过程中也有社区"两委"和居民的参与。爱转角的商业逻辑也很明显——借助《前任3》的19亿元票房引流，用网红感十足的粉色、天蓝色墙面吸引年轻游客来这里拍照打卡，再以餐饮、咖啡、文创的消费实现企业盈利。

"看似很热闹，但有些东西丢了，那并不是真正属于玉林的调性。"刘琥认为，在玉林的改造升级过程中，难免会被过度商业开发。在刘琥家背后一条很小的巷子，多年来店铺空关，无人问津，现在则开满了咖啡馆，"小巷子里经常看到很多豪车，年轻人也来了，咖啡馆的数量这几年在疯涨。"据美团发布的《2022中国现制咖啡品类发展报告》显示，成都咖啡馆门店数量已超过7 000家，独立咖啡馆数量仅次于上海。玉林因为年轻人聚集，也演变为成都咖啡馆最密集的区域。

人多了，房租也在上涨。7月，"风马 Art Store"主理人高元花一千多元的月租金租下15平方米的街边铺面，长野书局主理人大象感叹，租金太贵。就在去年，他骑着自行车溜达玉林找店铺时，类似这样的铺面，七八百元就能租到。

这几年，院子文化创意园区以丰富的文化活动聚集人气，每月市集"Post Market 后市场"以及一年一度的国际唱片店日、独立书店市集，都为原住居民和年轻人提供精神文化需求。院子文化究竟能留存多久，也存在隐忧。院子是玉林街道倪家桥社区从私人房东手中租下，邀小酒馆团队打造的。但谁也不能保证，假如租约到期，院子文化是否还能留存。

作为成都的标志，玉林爆火是好事，但以此衍生出来的弊端也无法避免。有商人把玉林当作生意，肆意入场；在玉林主干道的拓宽改造中，老梧桐树消失了；走到小酒馆的玉林西街，以小酒馆为 IP 的大片墙绘、装置处处可见，在老街巷与市井生活之间，玉林逐渐开始散发出网红一条街的商业气质。

当人们谈论玉林，总是谈论它的文艺史以及它的浪漫和味道，刘琥说："这种浪漫本身是有点残酷的，是逆着社会发展浪潮的。"

今天的玉林正站在十字路口，一边是老城区的社区营造典范，另一边则是难以避免的消逝。

2022 年 8 月 24 日

分享链接

武夷路和利西路：上海老街区成秘境探索目的地｜行走城市

佟 鑫

在工作日周一的下午，一对新人在上海长宁区的武夷路拍婚纱照。这条有老房子、有烟火气的林荫道，逐渐开始吸引年轻人的关注。怎样能成为网红并"出圈"？怎样能在吸引游客与提高居民宜居水平之间实现平衡？很多街区都在探索。武夷路、利西路正在引发越来越多的关注，或许它们的例子能激发一些思考。

城市更新不只是创造打卡点

"武夷路两边有茂盛的梧桐树，有建于各个年代的花园洋房。没有淮海路那么华丽，没有'巨富长'那么'小资'，但这里是我来上海十多年见过的'最上海'的一条路。"武夷路的小店业者阿林，与伙伴一起在这里经营咖啡馆和酒吧，非常喜欢这里浓厚的社区质感。"武夷路不宽，有时候你会看到，街两边的人打招呼之后，甚至就这样隔着马路聊起天来。"

阿林来自新疆博尔塔拉，在上海读完大学并工作了8年之后，她在金陵东路外滩开了个咖啡馆。初次创业一年半，遭遇店铺拆迁，之后被现在的合作伙伴Titi拉上，加入了她在武夷路开的咖啡馆，也就是现在颇有人气的"社区店"Before Sunset Coffee。

这家小小的咖啡馆才10平方米，但市口好，离人流量大的定西路路口和Mix320园区都仅有几十米，加上亲民的价格和不错的味道，来往的咖啡客和居民很认可。

"这里给我的整体感觉就是非常生活化，走来走去的都是社区居民。"开店3年多以后，阿林对走在武夷路上的人有很多观察，"跟市中心不太一样，也有外国人和很潮的年轻人，但基本上是居住或工作在这里的。叔叔阿姨和'小哥哥小姐姐'都会来我们店'打卡'。"

附近空间体量比较大的园区Mix320开业已大半年，里面也有几家咖啡

五、人文视野

馆,对 Before Sunset Coffee 的影响似乎不大,Titi 和阿林也入驻了,开了一家酒吧,开启了"早 C 晚 A"(早喝咖啡晚喝酒)的生意。

在长宁区政府的开发策略层面,武夷路的主题是"静雅武夷"。近年来街道两旁先后启动了多处城市更新项目,这并未改变街区安静、慢节奏的气质。街区"网红化"是城市更新容易带来的一种结果,这也许对商业氛围有利,但在一些地方,激增的流量和游客可能对原有的生活氛围、商业气质和文化意蕴形成冲击。

上海近年人气很高的愚园路艺术街区和上生·新所园区,都与武夷路相隔仅几百米,竞争对手近在眼前。武夷路自身是一条文保建筑密布的道路,更多依靠"毛细血管"般的支路、巷弄与周边街区联系。想吸引人流量,挑战不小,做出自己的"味道"更加可行,对小店来说也是更温润的土壤。

城市设计师、Jane's Walk 发起人王璎珞刚刚组织了一场以武夷路为观察对象的城市漫步,她告诉第一财经记者,街区地理特征是能带出武夷路趣味的亮点。"既有梧桐树,又有葱油饼,有小资情调,也有市井气。街道界面有进有退,沿路有商业街面,又有垂直的小巷弄,是一条可以慢慢'兜兜'的马路。"她期待现有的几块城市更新项目完工后,逛游体验会更丰富。

市中心秘境探索的乐趣更大

与武夷路平行、在它北面百米距离的利西路,因为窄而弯曲且有着丰富的历史故事,深受城市漫步达人的推崇,也是近年"海派城市考古"的热点。

利西路仅 700 多米长,全程都只有几米宽,沿途以老旧居民区为主,几处老房大宅"深藏不露",看上去很神秘。

经常在上海各处街区逛游的播客创作者王越洲告诉第一财经记者,"利西路既有'郭四小姐的故事和八卦',也有李鸿章母亲住宅这种实体可看,路的空间结构上,比较符合受众对'秘境'的期望。"

"郭四小姐"也就是郭婉莹,她的父亲是老上海知名商场永安百货公司的创始人郭标。北欧风格的郭氏旧宅,见证了郭婉莹从衣食无忧的大家闺秀变成自食其力、顽强支撑全家人生活的经历。

李鸿章母亲住宅在郭氏住宅对面,位于利西路 44 号,是建于 1889 年的一栋 2 层塔形八角楼,因为形状特殊,吸引了不少历史爱好者前去探索,其实际建成时间晚于李母去世时间(1882 年)的问题,在社交网络上颇有讨论热度。

在上海实现了职业巅峰成就的建筑师邬达克,也曾经住在利西路。整整

100 年前，他携新婚妻子搬进利西路 17 号，可惜这处宅子没能保存下来。很多当年和邬达克想法差不多的外国人，都在武夷路、利西路这片最贴近原法租界的"越界筑路"地区生活过，或把主要的娱乐和社交生活圈放在这里。

这些老建筑的存在，给利西路下了一个"定义"，经过百年的时间，周边自然形成了复杂但自由的房屋格局，超过 4 层的建筑很少，街道肌理总体上保存较好。房子老、租金低，位置却相对比较靠市中心，利西路一度形成了租户多、小店多、氛围宽松的社区。

从 15 分钟生活圈的尺度来观察，住在利西路上的人也需要在武夷路、愚园路、定西路、江苏路解决一些生活消费需要。走到武康路，也才一两公里，可以形成漫步逛游线路。

王越洲认为，在武夷路、利西路历史底蕴的基础上，逛一逛社区居民生活圈里的小店，再观察周边的城市更新，品味"螺蛳壳里做道场"的巧思，会更有意思。

利西路 102 号的咖啡馆 Café on air，开在一家微型园区的一楼，绿色的店门非常显眼。看上去是典型的社区店，其实是曾有多家分店的知名品牌，在社交网络上被回头客评价为"最合适的工作咖啡馆之一"。

一步之遥的利西路 152 号园区，最近开了一家复合文化空间 Bottle Dream Basecamp，在 500 平方米的场地里布置了展览、阅读、观影、自习、科普、菜园等多种功能，开门一个多月以来，已经有不少达人潮人前来打卡关注。

王璎珞也参与了 Bottle Dream 发起的社会创新项目"打开城市想象力"，并以此为一部分机缘，策划了 Jane's Walk 武夷路城市漫步，阿林是她请来为大家介绍武夷路生活体验的嘉宾之一。

长远来看，武夷路、利西路这样的街区，维持"闹中取静"的氛围，既有利于居民生活、逛游者探索，也使商户可以在更稳定的社区氛围中长久地运营下去，并包容、支持更多的创新尝试。

2022 年 9 月 26 日

分享链接

工作日白天不营业的明室，
为何能开 10 年？| 独立书店

彭晓玲

绍兴路上的明室私人书房，可能是上海独立书店中最为特别的存在之一。工作日的白天大门紧闭，只有工作日下班后和周末才开。原因很简单，主人谢旺还有一份全职工作，书店主只是他电信工程师之外的另一个身份。

囿于经营时间，读者自然稀稀疏疏。多的时候周末能有几十人，冷清时晚上一个人也没有。好在经过十年坚持，书店在低调中积累了名气，谢旺也把书店转化成"空间的生产"。刚刚过去的夏天，他组织了名为《大伏》的实验音乐演出，一共持续了 17 场，每场大约有 20 个观众，有人席地而坐，有人久久站立，不足 30 平方米的空间显得更加拥挤了。

尽管和所有独立书店主人一样，谢旺也会考虑盈亏这一无比现实的话题，但他显然对诸如商业计划、扩张之类的话题不太感兴趣，而是保持了强烈的个人色彩。书店的名字来自佛教用语"明窟"，意为修行之地，只不过位居寸土寸金的闹市老弄堂里，谢旺把"窟"改成了"室"。几乎每位第一次来的读者，都要在外面来回转几次，才找到隐藏在弄堂里面的那扇小门。谢旺的书店在二楼，固然有节约房租的考虑，同时也是用这样的方式向他的榜样——旧金山城市之光书店致敬。1952 年，凯鲁亚克的朋友，同样也是诗人的伦斯·费林赫迪创立城市之光书店，随后成为"垮掉派"作家的集聚地。谢旺也希望明室为上海闹市区注入一抹独特的人文气息。

穿过老弄堂特有的底楼公用厨房间，踏上"吱吱吱"响的木楼梯，推开一扇挂着门神的木门，明室私人书房就出现在眼前。30 平方米的屋子里，四面墙上全都塞满了书，连进门处都加了一排小书架，门廊处显得更加拥挤了。这些书以二手居多，相当一部分与佛教相关，也有好些"垮掉派"的文学作品，如《在路上》《荒凉天使》，也有诸如《毫无意义的工作》《不受掌控》等的少数新书。

书店也是谢旺和他那只名叫多比的猫的家,不过几乎找不到主人生活的痕迹。要不是他自己指出来,没人会注意到折叠床就挤在书架后面的角落里,"衣服也在书架后面的柜子里"。但哪个柜子看起来像能装衣服的呢?旁人一时半会儿在"书海"里也很难分辨。好在谢旺对日常生活的要求不太高,与庸常而世俗的生活所保持的距离,让他丝毫没有中年男人的"油腻",他身材瘦高,眼神清澈,语音语调也不疾不徐,哪怕说到和人有异见,出现最多的一句话是"那没什么大不了的"。

在广告行业工作的许先生看起来和谢旺同龄,他曾经是书店的读者,如今是谢旺的朋友。第一财经记者第一次见到谢旺的那天晚上,他们各自慵懒地窝在单人沙发上抽烟、喝啤酒,有一搭没一搭地聊天。沉默时,屋子里除了挂式空调的运转声,就是老式电视机里播放的黑白录像中的微弱噪音。夏天的燠热,以及"二舅"能不能治好精神内耗的争吵,在这里都显得好遥远。

在许先生看来,明室对谢旺来说就是一个"设计"。谢旺也说,这是他的内广场,"我会根据和读者的交流自我修正,也是一种收获。"他说,别的独立书店的前提是一个书店,但明室的前提是一个生活空间或者私人书房,居住地也在此,只要日常生活维持得下去,只要他在上海,书店就会一直存在。而自己之所以愿意把私人空间打开,是想让更多人找到一种与周围社区的连接,也试图启发更多人能参与其中。

第一财经记者:书店的开放时间很特别,工作日的白天一直关闭,营业时间这么短,不担心亏本吗?你靠什么赚钱?

谢旺:我先纠正一个说法,我觉得明室与其说是书店,不如说是私人开放空间,它的开和关都是由主人来决定的。开店前我们就知道会有房租、水电煤之类的开支,书籍流转也很慢,每个月的营业额会有很大压力,所以从一开始,我就不认为做书店是可以挣钱的,收支持平就已经很好,实际上现在的独立书店大多也都是亏本的。

把书店仅仅局限为卖书,肯定亏本,是悲观的。但把书店变成一个开放的空间的话,有趣的事情就会出来了,我指的是"空间的生产",书籍只是空间的一部分,很多情景会在这个空间里面发生,同样会伴随着经济效益,比如,我们做活动也有收益,这样就可以保持某种平衡状态。现在有好多书店引入了文创、咖啡,我觉得这是正确的思路,既然我们希望有一个很好的人文空间能维持下去,就要借助一些工具。明室不做咖啡,也没有文创产品,我就白天去上班,领一份工资,再把赚来的钱用于明室。其实每个人都会努力维持他想做的事情——不仅仅是开书店,我觉得精神性的事情不能用钱来衡量,所以,有时候跟人聊天,我会给对方讲,你不用担心自己喜欢的精神性的事情做不下去,你自然会有别的方法去维系。

第一财经记者:具体说来,明室的"空间的生产"是什么?

谢旺:书店的空间里会有一些活动,空间是我个人的,当然也有一些选择,我会屏蔽掉某些大众音乐,给做比较实验的音乐的朋友更多的机会,让他们觉得上海是有表演的地方的。实验音乐很小众,现场可以控制得好,一场活动差不多20个人参加,人太多也接待不了。很多艺术家喜欢在这种空间表演,因为比较安静,有人文气息、包容的土壤。明室的第一次演出是在2015年,一位瑞士中提琴家做的,当时还是免费。今年8月做"大伏"的音乐会,一个月有17场演出,很多都是大牌乐手,严俊也从北京过来,他们都不讲究书房的技术条件,把精神的东西放在前面。

第一财经记者:你白天还要上班,这么多二手书都是从哪里来的?

谢旺:有些是中学时代就去新华书店买回来的,有些是去二手旧书市场淘的,都有很长时间的积累,书我很了解,也能跟读者介绍。我不太能够接受开一个书店,里面的书全部都是几个月里从出版社批发来的。书店应该是一个很喜欢看书的人提供一个空间,然后又把书流转出去的过程。我有在书里夹纸条的习惯,收银条也夹在里面。哪天读者要把书买走,我会先翻翻书,把里面的纸条拿走,这是我的个人记忆,看着纸条,八年、十年前的记忆也跳跃出来。对我来说,一本书出去就是嫁一个女儿,事后我还会想一想:这书在你家不知道什么命运?"女儿"出去了,心情又是很矛盾的,到人家手上会怎么样,真的是管不了了(笑)。

第一财经记者:好些书还比较小众,你选书的标准是什么?

谢旺:每个读者在独立书店这个空间是各取所需的,有些朋友进来扫了一眼就离开，很正常，这不是一个面面俱到的地方。有读者会问我有没有某本书，我大部分时候的回答都是："没有，今后我帮你留意一下。"我这里有先锋派艺术的书，有比较难读的哲学书。这些都比较小众，我想做的实践就是：把它们扩展到大众领域去，是否可以做到？这些思想或者观念能被接受多少？能接受的人，说不定哪一天就会去做一些他觉得比较有意思的事情；不能接受的人，我觉得也无所谓，那是他自己的选择。总之，我是很放松的状态，不希望事情一定要传播到什么程度，应该是一个很缓慢的过程。

第一财经记者：你又上班，又用业余时间经营书店，两者之间变化很大，身份切换是什么感觉？

谢旺：我是电信工程师，上班的状态比较系统化，会跟很多线路、数据打交道，以前我是一个很安静的人。私人空间开放成书店后，来的人性格各异，观点各异，男女老少都有，晚上或者周末其实是很混乱的状态。但是第二天早上把门一关去上班，坐在办公室的时候，我又是一个很严谨、很安静的职员，等于是业余时候的这些东西，在工作里面又消化掉，安静下来。反过来，处理独立书店的事情时，我还是隐隐会有一种工作态度，就是不会太乱，有些规矩自己是一定要知道的，比如说不能扰民。

以前，我会觉得工作和私人书店是完全割裂的，朋友圈里大部分同事看不到我的业余生活，书店这边的朋友也接触不到我工作层面的那些人，我是一个中间状态的人。现在，我觉得工作和开书店是相互补充的，彼此不分身，就像手心手背，我觉得这样还好，也很有意思，而且从经济层面到精神层面，现在我都还蛮顺的。

第一财经记者：在"工作—开店"的身份切换中，你获得了什么？

谢旺：我觉得独立书店是双方的独立，大家在这里能够发表观点，不管那个观点是不是相同。不强制性地去执行一个事情，和不和读者聊天，要看我个人的状态，不是每个读者进来都要聊的。但有些话题如果双方都有兴趣，就会深入聊一下，甚至你不买书，我都觉得是我赚的。特别是有时一些前辈过来，那肯定是很好的学习机会，比如先锋书店创始人钱小华经常会到这里来。他认可这个空间跟他的书店是不一样的。有时也会来一些学者，我有机会看到他们很生活化的一面在这里发生，也没有特别多的伪装。

通过开书店，我可以观察到平常看不到的人的很多状态，对自己也是很好的心理训练。我不是那么外向型的人，书房开放后，自我封闭行为被打破，强行让自己长年累月地做开放性的事情，而且来的人还不是挑选过的谈话对象，所以会一次一次地问，自己在干什么？这个人很反对你的观点，或者并不太有教养，为什么还要跟他谈话？让他留在这里？这个过程也是对自己内心的探索，反思自己是不是也有某种心理阴暗面？如果没有书店这个空间，我看不到自己心理的某些阴暗面。

第一财经记者：我很好奇，开书店能看到哪些心理的阴暗面？

谢旺：具体我不方便提某件事情，因为是个人隐私。我就觉得大环境之下很多人心理状态都不是太好，不管是上班族还是年轻人甚至大学生，普遍会觉得心理压力很大。我的处理方法是，当他们在书店出现心理问题时不去干预，我只是说，你可以来这里表现这些负面情绪，我解决不了你什么问题，我真的只能聆听。对一些人来说，可能就是他在很多人面前不方便说，来这里很放松，愿意给你说些心理阴暗的话，或者心中的郁闷，有个地方释放。因为我这里比较家庭化，不是一个进门就干干净净的商业空间，很多朋友进来很放松。尤其是上海疫情结束后，有朋友会直接说，我可能社交语言的功能都丧失了，就在这里聊天，慢慢恢复了正常的语言表达。对大部分人来说，他们不需要跟我聊天，只要在这个屋子就觉得很自在。

第一财经记者：所以一直以来，你都很强调书店和周围社区的连接功能对吧？

谢旺：我是绍兴路上的原住民，出生在这旁边的瑞金医院。有时候跟弄堂邻居聊天，他们就会说，我记得你父母的模样。慢慢地我就了解到，这里有音乐家，有钢琴师，有男高音歌唱家，有学问很好的老先生，老街区里真是藏龙卧虎。有一天，读者还来告诉我，我租的这个房子原来是瑞金路小学一位老师住的，学生毕业后还会定期来看老师，那时老师岁数已经比较大，一个人和保姆住在这里。他们现在来书店，就是想再看看老师以前住的地方，想起很多以前的事。所以我一直号召有条件的市民把家门打开，如果把房间打开，就能讲述街区的很多故事。书店的活动，邻居会好奇，也来看，他们会觉得，我这里和别的地方不一样，这就可以了。至于好和不好，懂了没有，也没关系，我们只是做一个引子，只管空间能够让你经常来，不会对你封闭、排斥，这才是明室私人书房比较重要的目的。读者告诉我，来这里很开心或者放松，我觉得不重要，要出去碰到很多环境，都有这种感觉，才对。

2022 年 9 月 26 日

分享链接

百亿元积木市场澄海占一半,"玩具之都"能否跑出中国乐高?|小城故事

黄 琼 何乐舒

在"轰隆隆"的积木生产工厂内,大型注塑机下方一颗颗小块积木颗粒"乘坐"传送带去往下方的塑料篮筐中。高德斯精密注塑工厂负责人告诉第一财经记者,工厂已经实现全自动化生产,几乎是7×24小时不停歇地运转着。

在来到广东省汕头市澄海区的积木生产工厂之前,很难把这些重机械化操作的工厂与商场中精致、细小的积木颗粒联系在一起,而这正是澄海——这座"中国玩具之都"的工业底色。

300余平方公里的地域面积给了澄海工业发展最大的底气。乘着改革开放的东风,地处经济特区的澄海因玩具而兴,也因玩具而闻名,其玩具产业年产值从1979年的1 200万元发展到2021年的460亿元,占2021年澄海区工业总产值的78.24%,成为澄海工业经济的第一支柱产业。

无数"90后""00后"的童年回忆诞生于澄海,如《喜羊羊与灰太狼》《巴啦啦小魔仙》《铠甲勇士》《贝肯熊》《火力少年王》等。同时,当地也成长了一批上市公司,如奥飞娱乐、星辉娱乐、实丰文化等。这座海滨小城更捧回了中国玩具礼品城、中国玩具制造基地等多项荣誉,也是全国首个中国玩具礼品出口基地。

在玩具行业的升级迭代中,积木品类的增长势头迅猛,成为最热门的风口之一。根据《天猫潮流玩具白皮书》,截至去年,淘宝、天猫积木品类已经堆砌出百亿元规模的市场,而来自澄海供应链生产的积木,已经超过了百亿元市场规模中的50%。

一批在澄海玩具产业链中沉浮多年的敏锐潮商,也更早就嗅到玩具行业的新商机。2017年起,澄海积木品牌涌现,多位积木品牌商家在接受第一财经记者采访时表示,2017年以前,澄海的积木品牌屈指可数,但经过短短五年的发展,现在澄海的积木品牌已有100多个,品牌数量增长了十倍不止。

积木逐渐成为玩具市场中最受欢迎的类目之一，而具有天生产业优势的澄海也正在努力抓住这个机遇，乘风而上。

品牌意识觉醒

20世纪70年代末期，澄海一些本地人开办家庭作坊，承接港商玩具来料加工业务。一边委托别人设计、开模、注塑，一边在自家庭前院后组装小玩具，澄海逐渐形成了家族式的玩具生产网络。

90年代开始，澄海区政府将玩具定为重点产业，建设了一批工业园并提供政策扶持。1998年，当地引导建立了澄海塑料城，自1999年起还每年举办一届澄海玩具工艺博览会，吸引海内外客户。

2012年，澄海玩具生产经营单位只有5 000多家，到2021年生产经营单位达到4.3万户，从业人员超10万人。同时，玩具产值占澄海全区工业产值的比例不断上升，从十年前的约40%到现在的近80%。

如今，澄海年产值过亿元的玩具企业就有好几家，如奥飞、骅威等，大企业带动小企业，澄海的玩具业发展越来越稳固，当地人也靠玩具产业发家致富。

2016年，定位为国际首个玩具产业综合体的中国澄海宝奥国际玩具城（下称宝奥城）开业，总控规模为2 000亩，总投资人民币逾80亿元。在宝奥城4楼的玩具零售特卖场，有永骏、魔域、伟力、万格、恒龙等厂家进驻，玩具产品达5 000种以上，宝奥城成为目前区域内唯一一家定位为玩具零售批发、旅游、购物相结合的场所，可供往来游客购买澄海特色产品——玩具。

9月中旬，第一财经记者走访宝奥城发现，现代化商城内布满各类玩具店铺，商品琳琅满目。当地一些厂家表示，宝奥城是澄海打造本土玩具品牌影响力的一大举措，也期待本地有更多和玩具相关的地标性建筑出现，以此吸引更多外地人来澄海旅游。

另一边，在澄海区传统的玩具批发市场——塑料城，仍是当地玩具批发相对集中的市场。每家玩具商铺前几乎都堆砌着如墙高的箱子，里面装满了待发往世界各地的各类玩具成品。一位来自河南的店铺老板告诉记者，他们主要做批发生意，暂时不做零售，客户从他们手上拿货，再销往全球。

来澄海务工的外地人口也不少。根据第七次全国人口普查的结果，截至2020年11月1日零时，澄海区常住人口为87.44万人，在汕头市7个区（县）

中排第 3 位；与 2010 年第六次全国人口普查相比，10 年共增加 75 548 人，增加人口数在汕头市中排第 2 位。

也是在这里，中国第一批积木品牌诞生。

1994 年，是澄海玩具产业发展最为兴旺的时期。当时，詹克华发现从国外考察带回来的积木深受两个孩子喜爱。受此启发，在模具行业扎根多年的詹克华迅速转身投入积木生产，将产品命名为启蒙积木，核心人群是 12 岁以下的儿童。

这家从澄海走出来的积木企业经历了 28 年的发展，詹克华的两个孩子现在已经成为第二代管理者。

从 2017 年开始，在积木市场严打盗版、国内积木市场需求增量明显的背景下，澄海玩具厂家纷纷开始了品牌转型。据澄海多家积木企业透露，目前澄海积木品牌已超过 100 个。

天猫产业和运营中心潮流玩具总经理摩萨表示，今年天猫大玩具行业升级到一级行业，他们会对平台的供给和用户需求重新迭代升级，把玩具从功能属性升级到情绪属性消费。同时，平台把积木品类从原来的子类目升级为行业的大二级类目。从业绩表现看，玩具新商家的入驻火热，同比增长超过 120%，仅天猫积木品类就孵化出超过 100 个新品牌。

对于澄海积木原创品牌的崛起，不少业内人士认为，一方面是看好积木市场，另一方面也与乐高加大了打击盗版力度有一定的关系。

"要走得长久，必须做自己的国产品牌，坚持原创。"广东宇星科技实业有限公司首创于 2010 年，在实现早期用户积累之后，于 2018 年实现产业转型，创立科技积木品牌——宇星模王（Mould King）。总经理谢伟纯对第一财经记者表示，作为原创品牌企业，对于盗版也十分痛恨，不仅损害了本地的品牌形象，也影响了用户的体验感。

品牌意识的觉醒是推动澄海积木品牌快速成长的重要原因。汕头市澄海区玩具协会副会长杜克宏向第一财经记者表示，从近 5 年来看，整个行业在研发投入、自主品牌打造方面有了比较大的发展，企业的品牌意识在不断加强。

"积木品类在过去 30 多年时间中，乐高在中国市场做了非常强的用户深耕和教育普及，也为国内积木市场储备了非常大的成长势能。再加上过去 3 年借着潮流玩具赛道兴起，有非常多的资本涌入，我们也看到国产积木梯队已经逐渐在平台上形成。"摩萨说。

差异化发展

目前，乐高集团在中国的品牌零售店已经超过350家，而在2019年以前，这个数字还不到70家。2019年后，乐高集团在中国的开店速度与日俱增，资料显示，2019年乐高集团在中国建立品牌零售店达到140多家，到2022年7月底覆盖城市达到100个。

据Euromonitor的统计，乐高在全球、中国搭建类玩具市场占有率分别达68.8%、42.3%，不论是在全球还是中国，毫无疑问都是行业老大。

多位积木业内人士告诉第一财经记者，从市场占有量来说，国产积木仍落后于国际大牌积木。但是与国际大牌相比，国产积木的用户体验感已经相差无几了，且销售价格仅为国际大牌的十分之一。

如何能够脱颖而出，抢占出缺市场？启梦市场中心总监刘钊文对第一财经记者表示，国产积木近几年正在飞速发展，但乐高对市场的教育时间长久，要想从中脱颖而出，还需要国产积木持续发力。在保持性价比的前提下，国产积木还应逐步加大品牌投入，加大模具工艺的开发研究，追平基础方面的差距。同时通过差异化的IP竞争，形成与乐高抢夺市场的独特点。

差异化发展是多位受访者提到的关键词之一。从产品看，不少国产品牌都在探索乐高未曾涉足的领域，比如，宇星科技专注功能性积木，当汽车类积木拼接完成后，便可得到一辆可以遥控的汽车玩具。

森宝积木从2018年开始在国潮IP上持续发力，先后拿到了流浪地球、航母山东舰、航天文创、故宫文化等IP，目前相关联名系列产品销售份额占比约50%，另一半则为原创产品线系列，比如针对女性群体开发的"花坊系列"。当下的积木产品除了针对儿童的品类外，女性群体和老年人群体也成为重要的目标客户。

刘钊文也表示，国内市场这几年正在发生深刻变化。随着Z世代的成长，启梦积木第一拨核心客户已经成为新锐白领、精致妈妈，整个积木市场的容量越来越广。同时，随着潮玩消费需求崛起，积木产业也捕捉到了精品化的消费需求。随着经济水平的增长、互联网电商的普及，更多优质积木可以通过互联网覆盖到更广泛的范围。整体来说，国产积木品牌化、精品化消费是一个大趋势。

摩萨认为："澄海产业带从制造业基建的转型到整个产业，有更多二代接班，更多互联网下成长起来的掌门人来做整个品牌运营的思路，打开了这个市场最好的成长阶段，也让我们看到目前国产积木迎来了自己的时代。"

对于澄海本土企业的发展，中山大学岭南学院经济学系教授、港澳珠三角研究中心副主任林江在接受第一财经记者采访时表示，品牌文化的打造比生产制造可能更加重要。本地企业要跳出原有只从事外贸出口和加工制造的思维，更多地面对内销市场，重点考虑国内消费者的真实需求，如何深耕品牌开发，同时保持质量以及品牌口碑是这些本土商家需要考虑的问题。

产业链分工与协作不断加强

国产品牌要发力抢占市场的底气，来自产品质量的不断提高，在这个过程中，澄海玩具产业链的数字化、智能化转型升级起到重要的支撑作用。

汕头市高德斯精密科技有限公司是澄海大批量生产积木玩具颗粒的企业之一，拥有玩具颗粒规格型号超2.5万种，每天能够生产积木玩具颗粒4 000万粒。

高德斯打造了一个库容高达12亿颗粒的智能化仓储系统，使仓库可用面积提高80%以上，存储量提高2倍以上，工作人员缩减了近90%。工厂负责人向第一财经记者表示，目前工厂只有约600名员工，其中的20%—30%都是质检人员。

高德斯是澄海玩具智能制造的引领者，也是这座"玩具之都"从传统制造走向智能制造的缩影。

根据澄海区人民政府官网的数据，如今，澄海从事玩具生产的相关企业有3 000多家，从业人员超10万人，75%以上的玩具骨干企业拥有自主技术研发机构，50%左右的企业实施机器换人，80%左右的玩具新产品开发应用3D打印技术，90%以上的玩具企业使用了全自动成型生产设备，平均每月有100多个新产品面世，常年比较新颖的花色品种有5万多个。

2021年，汕头提出"三新两特一大"的产业发展新格局思路。其中，"两特"是指纺织服装、玩具创意这两个汕头最有特色、最具优势的产业。

根据产业布局思路，汕头将以澄海区为重点实施产业集群数字化转型试点，集中奥飞娱乐、星辉娱乐等骨干企业的优势，发挥宝奥城、科创中心、玩具展厅、玩具协会的功能，重点解决研发设计环节薄弱、打造一流IP、本地高质量原材料供应不足的问题，推进工艺玩具与数字创意融合，发展跨界融合新业态，培育壮大"玩具+文化旅游""玩具+IP及衍生品""玩具+数字创意""玩具+智能制造"等产业，争取到2025年，将玩具创意产业打造成为500亿元的产业。

林江认为，传统玩具产业附加值较低，但积木产业实际上是一个创意产业，与文化结合，想象空间大，同时有复购率高的特点，因此，对整个产业来说形成了很大的商机。另一方面，积木的产业链比较长，且本身对于精确度的要求极高，符合制造业精细化的发展方向。从这两个角度来看，积木产业的发展有助于澄海玩具产业升级，从而帮助澄海实现制造产业焕然一新的改造，成为城市转型升级的突破口。

值得注意的是，随着以高德斯为代表的玩具颗粒生产企业的出现，澄海的玩具产业链开始出现产业链细分的发展趋势。

森宝积木是高德斯的第一个战略合作伙伴，从2016年开始，森宝积木开始把高精密配件的生产交给高德斯。

森宝积木总经理林泽哲对第一财经记者表示："一方面，这是根据工作重心的变化作出的选择，我们要做品牌，研发和销售是核心，而生产链条需要专业的设备和管理人员的投入很大，与专注生产的企业合作自然成为一种值得尝试的方案；另一方面，五六年前投资的模具，现在已经到了一个报废期，需要重新去开新的模具，在这个过程中会有一个空档期，也可以理解为这样的产业分工模式给了我们更大的做产品设计研发的空间。"

"可以看出，随着澄海玩具产业规模的不断壮大，产业链分工与协作不断加强，产业走向成熟，形成专业分工的特点更加突出。"中国（深圳）综合开发研究院区域发展规划研究所副所长王振对第一财经记者表示。

2022年澄海区政府的工作报告提出，开展补链延链强链行动，推动玩具产业从生产制造加快向研发设计和市场营销两端延伸，大力发展玩具设计、检测和玩具芯片产业，积极吸引玩具创意、动漫娱乐、毛衫设计等产业进驻澄海。

杜克宏认为，在玩具产业的发展上，澄海需要培育本土品牌，尤其是培育一线品牌，这是澄海的目标，也是未来产业发展的一个重要途径。"未来，澄海的玩具产业可能会培育出约30个大型品牌，数百家企业做相关的供应链配套，其余低端的小型企业可以通过积极转型升级，承接珠三角地区的产业转移。"

在扩大市场规模的路上，用人是关键。多家受访企业均透露，公司以澄海为主要生产制造基地，同时在广州、深圳等一线城市设立办公室，承担部分设计研发、营销等环节，也是基于对人才的需求。

"澄海需要加大力度吸引人才，去支撑创意文化产业的发展，企业也可借助远程办公等数字化手段招聘设计研发人才。"林江建议，澄海要避免"就澄海论澄海"的问题，整个玩具产业发展和布局应该基于大湾区和粤东地区城市之间的产业融合和城市联动发展去考虑，澄海可以更好地借助先进城市的人才、科技体制改革、创意产业的优势去推动本土产业的发展，比如与深圳的创意文化产业实现融合发展，共同打造创意文化聚集区，同时争取更多的政策支持。

2022 年 10 月 10 日

分享链接

40多家店齐聚南昌，抱团取暖的效果如何？| 独立书店

佟 鑫

江西南昌，这座曾有光辉历史的城市，见证了书店业的一次创新。

11月11—13日，全国各地的40多家独立书店、20多个出版品牌齐聚南昌陆上书店，举办为期3天的首届独立书店阅读节（下称"书店节"）。

北到哈尔滨，西至成都，南到泉州，来自天南海北的独立书店老板、出版品牌编辑聚集在一起，摆摊卖书，与读者面对面，他们交流感情，交换意见，探讨小书店、小品牌在电商当道、电子阅读冲击纸质书的大环境下，如何更稳地经营、更好地生活。

连接爱书的人

陆上书店开在招商·东湖意库园区一栋三层建筑东西仓内，园区是1974年建造的苏联式无梁楼盖建筑群，东西仓曾是江西外贸储运公司最大的仓库裙楼，江西省最早的内陆口岸铁路"专八线"从楼下穿过。除图书外，陆上书店还拥有相当规模的古董家具陈列，并与知名品牌北平机器合作开设咖啡精酿馆。

将活动书架移到一角后，陆上书店一楼大厅变为书店节摊位区。"双11"这天，书店节正式迎客，年轻读者陆续来访，等到周末两天，气温骤降10℃，内场气氛却相当热烈，门票和书籍的销售情况都不错。

读者买的129元三日票，可获得20元代币。13日傍晚盘点"战绩"，从北京南下摆摊的新经典文化营销编辑张寒馨以121枚代币夺得"代币销冠"。杭州尤利西斯书店店主胡一刀成为第一位售罄摊主，两天卖光近百本"盲盒书"。一本书装一个袋子，外面写着他的读后推荐语。

在一所南昌本地高校就读外语相关专业的张文连逛3天，听了多场论坛，认识了好几位来自各地的书店老板和图书编辑。上海开闭开诗歌书店老板黄

圣为她推荐了卡瓦菲斯的诗集《当你起航前往伊萨卡》。主持"书店的'过去完成时'""书店的'过去将来时'"两档论坛的上海文艺出版社·艺文志编辑贺宇轩一看到张文就问她:"你是不是每场都在?"她还从泡芙云诗歌书店买了兰波诗句的书签纸。

在江西本地媒体工作的编导饶平,周末两天都在加班后来逛书店节。她买了好几本文学戏剧类旧书,还围观了12日晚上的环境戏剧读演《伤心咖啡馆》。该作品由南山剧社和狐狸森林策划并演出。饶平告诉第一财经记者,自己平时忙于工作,虽然很爱阅读,但少有机会好好逛一逛买买书,在书店节感到非常满足。

读者麦子参加书店节后在网上写下感想:"很感谢能有这样的机会,我们都知道的,太难了。所以庆幸有人愿意为之步履不停。包括让我很感动的这段话:爱书的人重新连接起来,在互联网济济一堂。充实不是个体的完成,而是同气相求的人相互看见,生命变成一片大森林。"

麦子是在书店节的"不在场书店"的摊位看到这些文字的。陆上书店书籍版块负责人晶菁告诉第一财经记者,一些受邀方因疫情无法来现场,可以把书寄到南昌,书店节志愿者团队会安排专人"代摆摊";如果物流限制,连书都寄不出来,书店节专设"不在场书店"摊位区,以手写信的方式展示他们的寄语和荐书。

第一财经记者看到,广州知名的1 200bookstore摊位就是由人代看,展销其创办人刘二囍出版的《书店的温度》《愿天堂就是书店的模样:探访广州独立书店》等讲述独立书店故事的书。重庆存在书店属于"不在场书店",店主在寄语中写道:"我所希望的出版与书店的关系,不仅仅是单纯输入与输出——出版社供货,书店把它们卖出去,不是的。这太单一了,我们都有各自的优势与长处,也有不足,真正重要的是资源整合,优势互补,实现最大效益。"存在书店还推荐了《阿尔伯特·卡埃罗》《教书匠》《突然响起一阵敲门声》《修配工》《秋园》五本书。

每一家来到南昌的独立书店都有自己的目标,它们渴望展示和交流。泉州芥子书屋始于2013年,是一家在地风格强烈的书店,他们把泉州历史读本、民俗装饰、饮茶文化搬到了书店节,还与本地朋友合作遴选了一些南昌历史类旧书。店长之行告诉第一财经记者,这是他们第一次走出福建参加活动。

一些出版社和出版品牌也通过书店节增加与读者交流的机会，推荐自家出版的新书。广西师范大学出版社·大学问的营销编辑赵艳芳和春卷坐火车从桂林赶到南昌，带着《西方旅游史：16~21世纪》《恋恋红尘：明清江南的城市、欲望和生活》等新书。从武汉出发的华中科技大学出版社营销编辑大升，则在书店节现场向第一财经记者推荐了他们的新书《在南极的500天》。张寒馨带着女性阅读专题的多本新书《看不见的女性》《婚难时代》《始于极限》等，在现场支起了一面"那些我想说，或没说出口的……"留言墙，邀请"对面的女孩"读者把感想写在便签上。

最后一天的压轴活动"不伤和气：书业共克时艰恳谈吐槽会"进行了两个小时，几十名读者在会场与三位主理人和编辑聊得火热。一位读者询问书店老板的日常状态、独立书店究竟是怎样的，聊着聊着走上前去很自然地当起了主持人，成了书店节上的神奇一幕。

"一定有下一届"

这次书店节也在全国文化出版业激起涟漪。人们不禁要问：为什么是南昌？

来自南京、在多个城市的图书市集做过志愿者的"游击队员"李非告诉第一财经记者，氛围好不好，关键看怎样办。这届书店节是真正由独立书店联手办起来的，书店才是主角。

书店节的主题是"书店，进行中"。本届"1号摊位"、2011年创办的上海乐开书店店主蜗牛在朋友圈写道："相比书店的开业和停业，'进行中'是书店最日常的时刻，当人们更多地关注到这些时刻而来到书店购书时，才正是实体书店可以持续存在的最大寄托。"

长期以来，人们对独立书店有着一定的好奇心。每一家独立书店都有自己的历史，有个性化的选书风格，有鲜明的气质。然而它们做的是与大书店、电商相同的事情：卖书。一样是靠图书进销价差来盈利，独立书店因为空间小、资金少、客流低，相对来说生存更艰难。

往前推二三十年，在中国民营书业兴盛之初，书店彼此激烈竞争，而现在大家需要面对共同的挑战。长沙述古人文书店成立于2003年，现址在长沙文和友内，老板黎叔在论坛上回顾，以前书店的竞争很刺激，"你卖3折，我恨不得卖2折。现在局面不同了，我们要合作"。

五、人文视野

独立书店希望通过有效的联合，增强话语权，联手与出版方议价。"一种书你只进 10 本，出版社也不愿意给你很低的折扣。如果大家一起下单，要 300 本，出版社就愿意谈"。

目前，国内书业的现状是图书进价"倒挂"，即电商凭借强大的话语权和走量能力，能从出版社拿到 3—3.5 折甚至更低的进价，给独立书店的却是 6—7 折甚至更高。这种紊乱的定价体系已被热议多年，成为独立书店乃至所有实体书店的痛点。短视频、直播带货兴起后，局面进一步恶化。为表明态度，书店节定下规矩：全场售价最低 8 折。

为了生存，独立书店各显神通，有的探索线上线下两条腿走路，有的积极开发读者社群和机构订书渠道，有的给每本书认真写下推荐语，搞盲盒、开发文创、做直播、卖咖啡和酒等，但还是逃不过读者"记下书名上网买"。

独立书店的优势是在有温度的城市场景中，面对面地传达个性化、精品化的阅读魅力，由于经营困难，这成了一项成本高企、风险极大的生意。小本经营的独立书店对大形势只能被动接受，在房租等压力面前默默前行。上海开闭开诗歌书店从 2009 年至今换了四处店址；武汉诚与真书店则是 2010 年、2021 年开办百草园书店的老王在蛰伏 400 多天之后重新出发的书店。更多的独立书店则消失于江湖。

南昌青苑书店始于 1992 年，现有两家店。金域名都店店长高女士在书店节摆摊，她告诉第一财经记者："老板很有远见，在十多年前买下了金域名都店所在的商铺。但疫情以来，读者入店的积极性下降了，我们也很难。"

近年来，市集成为一种新兴业态，很多独立书店在参加市集时互相了解，要问问彼此，你是怎么做下来的？我们能不能一起做点事？在今年 9 月的大屋顶 x 做书 2022 杭州阅读生活节之后，上海愚人书市的成员书店和陆上书店等，产生了抱团取暖的想法，联络各地独立书店，决定共同举办国内首次旨在促进独立书店之间交流的大聚会。

书店节的发起者们在与第一财经记者的多次交流中都提及，希望书店节能形成各地独立书店之间的交流合作机制，从与自由度相对较大的出版品牌增强对话开始，探索更灵活的进销定价机制，在推广上实现书店之间的资源共享。

长期形成的业界格局有其惯性，但并非没有松动的可能。据了解，关于电商同价原则，读库此前已经率先迈出一步，为电商和独立书店提供相同的进货折扣。

多位店主告诉第一财经记者，畅所欲言的"大联欢"非常宝贵。陆上书店也表示，将会持续承办独立书店阅读节，让大家有机会一起再向前一步。对于书店节的未来，愚人书市的周迎和晶菁都给出了相同的回答："一定有下一届。"

对话书店：咖啡不是救命稻草，社群运营更要选好书

近日在南昌举办的独立书店阅读节上，几十家来自全国各地的独立书店抱团亮相。对读者来说最特殊的体验内容，是能够和这些书店老板坐到一起，听他们说说是怎样开店的。

上海远方书屋周迎：做咖啡、活动会减少选书的精力。

周迎是上海远方书屋的店主，她在介绍自己创办的愚人书市二手图书市集时，谈到上海非常有特色的文庙旧书市场。每个城市都有过这样的传统书市，有过小书店云集的老书街。

随着大环境的变化，周迎想到，可以做一个"年轻版的文庙"，除了给读者提供一个有意思的选购场景，也能让深藏在城市各处的书店走到台前，与读者更直接地面对面。2017年至今，愚人书市已经办了50多次市集和100多场大小活动。书市的选址也从一家书店的院子发展到上海各大商场的户外空间，能帮商圈带来流量。

周迎说，愚人书市一直保持不设门槛的原则，只要是爱书、认真选书的书店，都可以参与进来。与独立书店本着相同的精神，用很小的团队认真做书的出版品牌，也是书店节欢迎的参与方。

今年，周迎把远方书屋的日常运作移交给合作伙伴，她则入职一家即将开业的社区图书馆负责运营。这些决定与她的家庭和职业志向都有关系，她说想换一个视角去尝试做阅读推广。

经常有读者认为，独立书店如果卖书挣钱难，就做活动、卖咖啡试试。周迎在回答读者提问时分享了自己的看法，"我有一两年时间在做这些尝试，结论是顶多能收回做活动、做饮品的成本。独立书店一般只有一两个人在经营，花精力做这些，选书的精力就会少。"

武汉又合书舍肖南：总有一些读者让人难忘。

"书店跟其他场所不一样，它的包容性特别强。"武汉又合书舍店主肖南在书店节论坛中说。她和丈夫经营的小书店在武汉大学旁边，主营二手书。"书店总会出现各种奇奇怪怪的人，但不论他是怎么读书的，总是对知识有一种向往"。

肖南很喜欢在书店观察各种各样的人。"有一个总是忘不了的读者，他50多岁了，患有一些精神疾病。他住在我们书店楼上，喜欢读哲学、物理、天文、咒术等类型的书，文学读得少。很多天，他都是来给我们'开张'的人。心情不好的时候，他经常来买书，掏出一把硬币或者团成一团的纸币。越是这样的读者，就越让我心酸。有一天他病得很厉害，被带去医院，再也没有来过店里。"

肖南还讲起另一位年轻的读者，"他刚考上大学，在出发去读书之前，暑假经常来我们店。每天都兴致勃勃地来挑书，把音乐类的书看了一遍，买了很多本，又看哲学、心理学的。十多天之后，他没钱了，可能一共买了几千元。最后他想用碟片跟我们交换一些书。我丈夫说，下不为例，就跟他换了。不久之后他不知怎么又变出钱了，买了不少电影、文学、哲学的书，还告诉我们他可以去重庆的大学报到了。"

"我很羡慕他18岁就可以看这么多书、买这么多书。我也为自己的工作感到骄傲。"肖南说。

杭州尤利西斯书店胡一刀：技术的不稳定值得警惕。

很多读者提问，电子书的流行对纸书冲击强烈，独立书店怎么办？多位店主和编辑谈到这个话题时，都提到技术的不稳定性，这不仅强化了纸书的保存价值，也对纸书的形态演化产生了一些影响，比如特装书的畅销、书籍装帧设计越来越精美等。

说到电子书，杭州尤利西斯书店店主胡一刀就提到，作为资深的电子书阅读者，他对绝大多数阅读器的体验都无法满意，平时主要使用 kindle 电脑版进行阅读。但随着 kindle 中止中国区服务，他买的几百本书都"前途未卜"。

"曾经我一直持激进的进步观念，认为科技发展太快，有一天人类会永生。但这几年明显发觉有回流的现象。技术带来的新事物可能不会消失，但它可能会停滞。"胡一刀对电子书的体验和发展预期都在变化，"阅读器的阅读感受一直达不到期待，手机则是一个明确的娱乐平台。不管微信读书多火，我始终觉得在手机上读一本严肃小说，十之八九是要走神的。而流量性质的、消费特征的电子阅读内容，并不值得你花钱。"

长沙述古人文书店黎叔：社群销售的时代更要选好书。

长沙述古人文书店老板黎叔在分享过去 20 多年书店业变迁的时候说道，做书店一定是一件可以挣钱的事情，他不提倡把书店人与"穷"挂钩，或一开书店就说"想好了不为挣钱"。回看创业之初，他还记得南昌曾有过一群非常厉害的书店人，在南昌大学附近、文教路等地做得风生水起，直到进京发展。

"人真要做喜欢的事情，吃什么苦都可以，完全不觉得。"黎叔说，"那个时候我根本没什么顾虑，只想着有客人认可我就行了。"21 世纪初第一波电商兴起，一些书店人觉得卖书没那么挣钱，纷纷转行，黎叔则留了下来。"电商的数据表达是没有差异化的。我就把对每本书的理解，用自己的语言表达出来。"他仿效销售目录的方式，制作荐书目录，通过 QQ 发给读者，方便客户下订单。

"一直到微信的时代，还是社群销售，模式没有变化。交易上面还更方便了。"黎叔的做法坚持到现在，"但是社群也有弊端，就是走量，因为我个人的运营成本太高了。不能卖一个品类只能卖出去一两本的书，一定要做 50 本、100 本的。"他一直不在店里做图书以外的产品，精力全部用在选书上。

"认识你自己是很重要的，你喜欢的东西，圈子里的朋友肯定有人也会感兴趣。你用你的语言来表述，大家就有可能接受。比如一本书是讲中国古代军事建筑研究，对古代史感兴趣的人基本都会看一下，对军事和建筑感兴趣的人也有可能爱看。"在黎叔看来，真正有效的选书考验的是店主的本事。

2022 年 11 月 16 日

分享链接

六、"团长"江湖

"黑心团长"日入万元?
上海团购热潮能火多久?

乐琰 唐柳杨 陆涵之 揭书宜 王海 宁佳彦

清晨5点半,手机闹铃响起。刘涛揉着眼睛划开手机屏幕,打开叮咚买菜App,选好蔬菜、肉类、豆制品和乳品,点击"结算",进入到"立即支付"页面,然后开始等待。5点59分,刘涛开始快速点击"立即支付",中间不断跳出"前方拥堵,请稍后再试"或者某个商品已被抢光的提示。刘涛迅速地点击"返回上一步"或"重新载入",再继续前面的动作。6点零7分,刘涛终于成功地完成支付,抢到了一周以来唯一的一次菜。他原本勾选了200多元的商品,最后只成功支付40.9元。此后一直到晚上,当他再次进入叮咚平台的时候,系统提示持续为"当日运力已约满",各个分类里面的商品也几乎全部显示为"售罄"或"补货中"。

在本轮疫情发生后较长的一段时间里,这样的循环是很多上海居民的日常。大家在业主群里讨论叮咚、盒马等平台抢菜的秘诀,但成功的人并不多。4月10日左右,刘涛加了差不多10个微信团购群,蔬菜、牛奶、猪肉、鲫鱼、海鲜等应有尽有。一般50份到100份成团,快的当天下午就能送达。

封控期间,社区团购的出现解决了很多上海居民买菜难的问题。第一财经记者近期多方调研了解到,由于物流运力紧张,零售商只能减少配送次数,增加每单货物的商品量,且渠道对接、熟人经济和统一采购模式等都促使社区团购成为近期上海消费者购物的主流。值得关注的是,一旦未来封控结束,"团长"会持续存在还是消失?社区商业又会何去何从?

社区团购火爆的缘由

团购并不是新鲜词,但自上海封控以来,社区团购可谓火爆。

"以前团购仅是购物方式之一,我可以到店购买、可以点外卖、可以单品网购送货。但是封控之下,大家不可以出小区,无法到店购物。物流配送运力紧张,你买一单货品,根本找不到人来运送,这时候小区的群里就开始讨论拼单,大家一起买。最根本的逻辑就是抱团取暖,大家基本的米面油等需求都是一样的,拼一个大单一起买比较方便,送货也就有指望了。"消费者吴平告诉第一财经记者。

上海市静安区某小区的"团长"蒋婷也是同样的想法。"一些年轻人日常以点外卖为主,封控期间不仅点不到外卖,家里也没有多少囤货,平常依赖的饿了么、美团、京东、天猫这些电商一时间很难送货。社区团购弥补了封控初期运力紧张的问题。"

社区团购几乎成为解决消费端需求的唯一方法。而对于商家而言,社区团购也几乎是唯一的销售模式。

"平时顾客可以到店购买,但现在只能在线上。且我们一家300个员工的门店,如今只有几十人留守在门店,却需要每天接2 000多单甚至3 000单,相当于以往十倍的在线订单。光靠我们这十分之一的人力一单一单去配送是不现实的。所以我们只能调整货品,有些东西不做单卖,而是整箱出售,消费者团购了整箱货品后,我们一次性送过去,一趟物流其实满足了整个小区的购物需求。"上海家乐福万里店的店长季林枫对第一财经记者表示,在他的朋友圈里面,现在都是整箱或大礼包商品展示,都是便于团购的商品。

"很多供应商没有能力对每个订单进行单独的配送,但同时不少供应商有销售的需求。我所在的小区中70%的居民是中老年人,这类居民日常生活物资的购买渠道不是电商,而是小区周围的菜场小店,这些商超小店几乎占了小区80%的购买商品来源。但在封控期,大家都开始涌向电商,电商无力承接这么多需求。而原有的线下超市供应商却找不到销售渠道,另外,居民也没有购买渠道,在这背景下两方的需求产生了对接,用社区团购的形式消化供应商的商品,即把过去菜场、超市的售卖途径转到了'团长'处。"在蒋婷看来,社区团购火爆一是居民确实有需求,二是原来的供应商需要一个分销渠道,两者结合推动了封控期间社区团购的发展。

上海市嘉定区南翔某小区志愿者告诉记者,据他观察,在疫情发生后的

六、"团长"江湖

很长一段时间里,一个单元楼每天要运送的叮咚货物大概 10—20 份左右,而一个单元楼的住户将近 100 户。家住上海市杨浦区的吴嘉斌与几位小伙伴组建了团购项目组,作为"团长",他通过制定策略和细分流程,在 4 天内给居民们完成了 2 000 份订单。这样的案例还有很多。

"团长"为何比"正规军"强?

虽说理解了封控之下社区团购对于上海消费者的必要性,但为何"团长"的重要性会超过一些专业的电商平台管理者?

这就要从此次社区团购的商业模式说起了。

第一财经记者采访了解到,一般的团购是大家拼单购买,但不一定保证购买规模有多大,也未必集中在一些基本品类。但封控之下的社区团购可以保证足够大的量,且大部分居民的购物需求基本一致。这就有了很大的统一性,且需要一个团购的领导者来对接所有事宜,那就是"团长"。

"现在社区团购的基本模型就是'团长'来统计大家的需求,且集中在一些品类,然后由'团长'和相关工作人员一起进行比价,得到大家的认可后进行统一采购和配送至小区,'团长'来进行点货、分拣和分发,最后还有货款的结算,如果想要做得更专业的话,还可以设立信息反馈机制。我们的社区团购就成立了一个项目组,分为渠道组、楼栋志愿者组、统计和财务组、物资分发组,统筹管理组以及数据分析组。大家各司其职,相当于一个企业的项目管理模式。"吴嘉斌对第一财经记者描述道。

在这样一套采购流程中,"团长"至关重要,封控之下,"团长"能做到的事是一些电商"正规军"难以做到的。

"在物流紧张的情况下,商家不得不节省物流成本,所以,从原先的一位一位送变成一个个小区送,可以理解成'to C'销售转向了'to B'。而在这个过程中,就需要一位组织者,将每位消费者的需求统一起来。到了小区内部,物流的'最后一公里'甚至'最后一百米'必须打通,'团长'就解决了这个问题。而且生鲜商品的线上化是各个消费品中比例最低的。疫情期间,原先线下的供应商、线下的消费者需要被对接起来,消费场景从菜市场、超市等转化到线上,其中的对接人就是'团长',他们替代了之前线下经销商的工作。"一位生鲜电商平台从业者告诉第一财经记者。

可见在封控之下,谁能解决"最后一公里"的问题,谁就掌握了一定的主动权。这一点,"团长"可以做到,一些电商却未必能做到。

"叮咚、盒马卡在骑手资源上。"一名"团长"表示，电商平台依靠骑手完成物资从配送站到小区的派送，疫情期间只有部分骑手有通行证，许多骑手在小区里面难以出行。

公开信息显示，叮咚买菜在宝山片区原本有29个站点，覆盖约1 000个小区，正常情况下，每个站点30—40人，日均单量不低于2 000单。4月1日浦西封控后，宝山区15个站点关闭，每个站点出勤人数仅20个人，每天接1 500单就已经满负荷了。以此简单计算，封控前叮咚买菜宝山区的日均配送量大约为5.8万单，封控后的日均配送量为2.1万单，运送量降低了50%以上。加上不同片区的资源分布不均，宝山很多区域都覆盖不了，明显满足不了用户的需求。

"团长"们则通过社会资源找到有保供文件和通行证的供货商，凭借组团形成的大额交易量与供货商直接交易，省去中间商环节。在接到同一个片区多个小区的团购需求后，供货商开着自己的货车把物资挨个运送到各小区门口，小区物业和志愿者再分发到各个单元楼和住户门口。简单来说，叮咚等电商平台往往是卡在"最后一公里"的运输能力，反过来也制约了它们拿物资的能力。社区团购回到一种较为传统的模式，没有电商平台那么精细高效的分工，但因为物流通畅，反而能够保障物资送到居民手中。

此外，封控之下的社区团购还具有"熟人经济"和以需定供的特点，相比较其他电商平台，"团长"更具有这方面的优势。中国文化管理协会乡村振兴建设委员会副秘书长袁帅认为，"团长"有些是社区小店店主、宝妈等自由职业者，"团长"的优势，一则在于熟人社交，降低获客成本；二则以需定供，减少库存积压。社区团购中"团长"在寻找供应商或者开团中，很重要的一点是找到可控的、优质稳定的、靠谱的供应链。团购的集单模式，决定了不需要配置大量的终端配送资源，但自主可控的物流系统仍然是必需品。

"良心团长"大战"黑心团长"

在社区团购火爆，"团长"掌握了流量密码后，又出现了新问题——"团长"的素质良莠不齐，既有"良心团长"，也有"黑心团长"。

蒋婷所在的小区老年人比较多，早期的团购都是年轻人组织的，比较良心，4月中下旬平台运力恢复以后，年轻人组织的"良心团"逐步淡化。而不会网购的老年人对社区团购还是有一定的依赖性，于是小区里开始出现了"黑心团"。

六、"团长"江湖

蒋婷表示，小区年轻人组织的团购在前期已经跑通了整个流程。为提高效率，她所在的小区在4月初用一周时间划分了组织架构。决策群负责与居委会对接，同时由10位居民负责团购商品的审批，审批内容包括供货渠道（只选择有资质的供货商）、团购品类（易变质的商品不团购）、团购价格（部分供应商会根据预订数量有让价空间）等。

审批通过后将商品先转发到楼代群，然后由楼代表转发到各自的居民群中，楼代群指每幢楼的楼代表（居民群的负责人）所在的群。蒋婷表示，由于这一架构，小区的成团率很高，团购商品基本都能达到300份以上的数量，没有成团的困扰。此外，决策群会不断拉入有货源的居民，在通过后由该居民成为"团长"负责与供应商对接。

在"团长"佣金问题上，蒋婷表示，回扣问题是因为供应商的不正规所导致。"正规的供应商，包括山姆、光明、金龙鱼这些，它不会有这种'潜规则'。大品牌是不会允许这种事情出现的。就像光明在全市都是统一价，消费者知道它的底价在哪里，团购的价格在哪里。"

正规供应商也在管控"团长"回扣问题。"山姆很明确要求居委会给团购发起人盖一个证明，团购发起人要提供身份证，承诺给小区所有的团购不会赚任何1分差价，一定是原价团进来原价卖给居民。越小的公司或者越小的渠道，差价就会越大，就越有猫腻，大公司都会很透明，因为其自己也会担心有风险。如果'团长'进行倒卖对于品牌也是有损害的。"蒋婷告诉第一财经记者。

随着4月中下旬电商运力的恢复，小区的社区团购意愿有所淡化，此时一些"黑心团长"开始出现。

"到4月下旬的时候，那些小商贩已经回过味了，店里可能会有些库存，或是小商户有一些进货渠道。小区有人曾在4月下旬推出了小养面包的团购，官方团购价为72元，小区'团长'售价为99元，一单净赚27元。这一价差在小区引发了争议，有小伙伴在大群里揭穿他，他说进货商就是99元，他没有赚差价。小伙伴就说'你敢开99元我就开72元'，然后就把72元的链接开出去了。结果开72元的小伙伴联系的供应商就给他发微信，说你这个团不能给你开了，因为你的价格影响了其他'团长'的价格。"

蒋婷算了一笔账，"我记得小养面包卖掉130多份，粽子卖掉一两百份，如果每个差价都算25元，日入万元不是梦。"

为了回击"黑心团长"，小区的年轻人近期再次开团，和"黑心团长"

发起同品类但价格更低的团购。

在此前举行的上海市第152场疫情防控工作新闻发布会上,上海市市场监管局副局长彭文皓表示,上海市市场监管局根据市民反映比较集中的问题,制定发布了《关于规范疫情防控期间"社区团购"价格行为的提示函》,或将进一步遏制高价团购现象。

第一财经记者了解到,为了让社区团购更规范化,目前不少小区对于"团长"和供货商都采取了较为严格的管理,比如需要双方提供相关资质、企业证照等,"团长"甚至还需要签订承诺书等,以防止加价或不规范的二次倒卖等行为出现。

"团长"会继续火爆吗?

随着上海复工复产的展开,过去1个多月以来保证人们生活的社区团购能继续热闹吗?

不少"团长"表示,目前是因为封控之下购物的需要,解封后,居民们可以自己到店购物或通过正常的网购来单买,并不一定需要社区团购。随着大家对商品的需求不再是简单的米面油,而是升级到甜品、火锅和其他日用品后,一部分"团长"也很是疲惫,因为众口难调。

张甜每天就睡4—5个小时,白天全部在回信息或者语音通话中度过。"有一次订单没能按时到货,这时群里分成了两派,一派人要求退款,一派人又愿意等,把我夹在了中间,有些人的态度也明显不好。'团长'和店主之间的一个很大的区别是,店主面对的是个体,定向解决一个人的售后就好了,'团长'面对整个群,大家的想法不一样,就比较难去解决和处理。"

商务部研究院电子商务研究所副研究员洪勇认为,封控解除之后,"团长"还是会存在,但作用会大大降低。"团长"是一个比较松散的组织。封控时期人员不能自由流动,一些对于互联网技术较为了解并且热心的人投入到社区团购中。封控解除后,相当一部分"团长"将重新返回自己的工作岗位中。社区里仅有的专职"团长"数量将会减少,专业程度也会降低。

"疫情退却之后,很大一部分团会解散,会逐渐失去活力。因为临时'团长'是要回归自己的正常工作和生活的。"福建福牛供应链有限公司负责人林聪告诉第一财经记者,由于基数几何倍的扩大,大浪淘沙后优质"团长"会留下一部分。与一般电商平台相比,社区团购一方面可以聚集到大量订单,利用薄利多销的效应,商家愿意降低商品价格;另一方面可以节约"最后一

六、"团长"江湖

公里"的配送成本。

对于社区团购在疫情之后的发展趋势，林聪认为一定会经历一波洗牌，规模较小、品质较差、售后问题多的团购会逐渐退出，精品团会迅速崭露；品牌方会更加重视团购市场的建设，知乎、抖音、小红书等"种草地"应该会引入"团长"模式；相关监管会日趋完善，各个"团长"将针对商品做好审核，提高服务质量。

"社区团购未来怎么走，和其做什么以及怎么做有很大的关系，如果还是把它当成是资本的游戏，通过流量玩法去垄断之后再赚钱，这种模式肯定是走不下去的。能否抓住此次'意外走红'的契机和社区团购消费习惯养成的节点，延续和留存用户习惯，设计出可以长续的服务，才是社区团购企业当下应该考虑和深化琢磨的。"袁帅认为。

不少业内人士指出，封控之下，社区团购的确解决了很多上海居民的购物问题，尤其是保障了基本生活需求。有不少"团长"非常热心善良，帮助大家。但也出现了一些"黑心团长"，他们利用手中的资源来进货，有些是供应商不规范，有些则是加价赚钱。可以参考山姆会员商店的规范做法，对于"团长"和供应商双方都要进行资质审核，签订相关的协议，保证不加价、不倒卖，并且形成可追溯体系，一旦发生问题，可以精准追究相关当事人的责任。同时，要加强监管，督促居委会或者物业在团购管理上依法依规，防止这些部门和团购产生利益关联，堵上这些部门的管理漏洞和防范个体违法违规的风险。

"社区团购未来的发展方向是社区要与更多正规商家合作，要提高供应链管理和平台物流运营的效率，打通'最后一百米'，这需要得到消费者、'团长'、居委会和物业等多方面的支持和规范化管理来整体运作。"袁帅分析。

（文内刘涛、吴平、蒋婷、张甜均为化名）

2022年5月8日

分享链接

复盘抗疫物资采购各环节，有这样的经验和教训

乐琰 冯小芯 揭书宜 栾立 王海

王伟在上海本轮疫情封控期间一直没有停歇，作为一家大型零售企业的采购主管，他在24小时驻店工作了2个月后，最近刚刚回家。

"突如其来的疫情给零售采购带来了很大的困难，尤其是如何抵达居民的'最后一公里'是最大的难点。这期间有正规商家，也有问题商家，社区团购成为封控期间的主流购买方式，但也涌现出'黑心团长'，我们不少业者都经历了整个过程。"王伟回顾道。

6月开始，上海全面复工复产，商家和采购都在逐步复苏，业者们在恢复营业的同时，也与第一财经记者复盘了过去2个月内抗疫物资采购的整体产业链和环节，希望未来能规避风险，推动市场有序健康地发展。

资质与手续

在上海实行封控期间，物资采购主要有两类：一是政府采购，为给居民发放物资；二是居民自己的私人采购，其中以社区团购为主。无论是哪种采购，作为物资供应方，都应该具备资质与合格的商品。

"正常的资质审核，要审核供应商的营业执照、生产厂（审厂）、商品、包装甚至是运输能力等，且不同品类商品的审核重点和标准也不一样，比如果蔬、肉类、干货、烘焙等都不同，需要专业采购人员来审核。封控期间，最好优先考虑属于上海市商务委的保供白名单上的企业来采购。"王伟告诉第一财经记者。

而申请保供企业资质或对接政府采购、社区团购的采购等都需要一定的手续和流程。食品品牌理象国方面透露："我们按照申请保供资质的流程来提交审核到完成申请，拿到资质，这中间的审核很严格，有补充提交过几次资料供审核，好在我们品牌基础好，从产品到口碑都是有从数据、评分、消费

者评价等的有力证明，最终拿到了资质。"

社区团购审核方面，居委会审核"团长"和供应商有资质，包括上述营业执照、生产厂（审厂）、商品、包装等，有一些小区居委会每日公示通过审核的"团长"、供应商的消息，有些居委会虽然没有公示，但也会审核供应商的资质。据上海浦东新区耀华三村居民区公众号介绍，符合保供要求的供应商必须要有"四证"，分别是保供证、营业执照、通行证和食品生产许可证。南京凡泰国际贸易有限公司总经理胡艳平告诉第一财经记者，他们的上海公司参与了上海某街道的物资保供，南京凡泰负责在江苏采购金锣火腿肠等部分物资。正常流程之下，保供企业要向街道提供保供产品清单、并附有质量检测报告，具体采购方案由街道决定。下单后，保供方则要保证供应的速度，公司都是车辆守在金锣工厂里，连夜生产连夜装车送往上海，以确保时效。街道方面会安排专门人员专门对接，因此，从下单、运输到街道付款结账，整个流程都非常快。

供应商也要对"团长"的身份和行为有所审核与约束，比如沃尔玛、家乐福、麦德龙、大润发、百联、永辉和盒马等大型零售商会有一套正规的团购流程，要求"团长"提供个人信息，签订相关的协议，不允许"团长"赚取中间差价。

采购与审核

然而，不少业者和消费者反馈，并非所有的供应商都具备资质，也不是所有"团长"都会签订协议。有不少供应商存在"营业执照模糊不清""营业执照和食品许可证名称不一致"等问题。

第一财经记者多方采访了解到，在封控初期，上海各个区都在陆续发放物资，居民们也很焦虑地等待。而要完成从公司资质到商品生产厂、商品质量检测等一系列流程，需要一个过程。且封控期间，采购方也难以抵达线下的生产厂，难以实地验货。"这种在线考察模式可能存在风险，毕竟实体情况如何无法知道。"零售业资深分析人士沈军透露。

"面对大量的物资发放和采购，通常一家企业难以统一承接，且不少小区的居民人数众多，超过2 000—3 000人规模的小区，再集合成街道、镇甚至到区，不论是统一物资的采购还是团购，都是巨大的采购量，短时间内都很难由一家保供企业来全部承担。这其中的采购难免出现良莠不齐的情况。"有接近人士向第一财经记者透露。

公开信息显示,今年4月发生了保供物资中出现劣质猪肉事件。"劣质猪肉事件就很典型,有业内朋友说最初采购方也接触过几个大型的正规供应商,但需要短期内备大量货品非常难,正规供应商的流程长且供货量也有限,或许是出于快速解决问题的目的,于是采购方另觅供应商,却不料出了问题。"上述接近人士表示。

此外,采购是非常细分和专业的业务,如果不懂商品,就难以做采购。盒马、家乐福、大润发、永辉等企业内部人员向第一财经记者透露,就猪肉而言,不同部位如何切割,价位怎样都很有讲究,有些部位不适合食用,有些虽可以食用但口感与烹饪方式不同。且生鲜商品还需要注意冷链运输,保持一定的温度调控,否则会出现过度的货损。因此,在采购和运输的过程中难免出现问题,比如采购者不了解货品、错误的运输和保质方式等,都会造成货品质量受损。

根据相关规定,关于政府采购大礼包发放给居民事宜,要选择经营合规、有相应的货源组织能力、配送投放能力的供应商,优先选择上海市生活物资保供企业。没有强制要求必须使用"白名单"企业,但要对货源有品质把控,如果出现问题需要追查。因为并不强制要求采购"白名单"企业商品,所以采购方对于供应商的选择有一定的弹性,而这里可能出现良莠不齐的采购问题。

物流与人力

货品确定后,就进入配送和物流环节,因为受到疫情影响,几大物流公司人力短缺,造成大量的商品难以运送。

封控期间,为了防疫安全,也因为诸多工作人员在小区难以出来,运力吃紧且货运价格翻倍。第一财经记者做过调研,有不少供应商的货品都在外地,为了将生鲜蔬菜等运送到上海,光是找一个司机都非常费力。司机为了来上海送一趟货,需要"7+7"隔离,相当于司机半个月要停工了,且很多司机和货车是"一一对应"的,司机停下则货车也闲置了。价格方面,以往一辆13.5米的半挂运输车从寿光到广东的价格大约在9 000元,3月时候就涨到2万多元,4月时超过3万元。寿光市金海蔬菜合作社的负责人曾向第一财经记者表示,以往9.6米长的货车(8万斤)到上海的运费是5 000元,4月时，2.5万元还没有司机愿意去。部分零售商透露，当时的运费起码是平日价格的3倍甚至5倍。

有一部分供应商是自行解决运输问题的，比如此前有居民当天收到前一天生产的金锣火腿肠，金锣方面的最终流程记录证明，有疑问的产品是金锣临沂工厂高温六车间4月16日凌晨3:00—4:00生产，因疫情物资需求紧急，4月16日装车运输，4月17日7:30被运送至上海。整个过程没有问题，是其安排好了全程运输的。佳农方面表示，接连收到包括浦东新区政府及沃尔玛等商超的保供委托，库房紧急发动24小时不间断运营，2天内完成数十万份物资。800多公里日夜兼程产地直发，全程冷链运输，车辆跨省运输至上海后，协调市内转运直达小区，将物资第一时间查验交付。

但并非所有供应商都可以做到妥当安排货运。第一财经记者在与沃尔玛、家乐福、麦德龙、永辉、盒马、百联和大润发在4月时候就送货问题进行调研后发现，大部分的正规零售商和供应商其实手中都有货，有些零售商为了保证货品供应甚至派了专门的工作人员在货源处驻点。"但问题是，我们虽然有货，却并没有足够的运力，我们可以配送的范围仅3—5公里范围内的客户，无法配送更远的范围。平时，一家门店的在线日订单大概在1000多单，可是封控期间由于线下购买暂停，大家都在线上购买，于是一家门店的在线日订单量可以翻倍到3000多单，而门店的人手只有30人左右，相当于正常情况下的十分之一。"家乐福万里店店长季林枫对第一财经记者无奈地表示。

物流和人力的短缺使得很多正规供应商在过去两个月内，难以抵达消费者的"最后一公里"。此时，谁掌握了物流配送能力，谁能拿下"最后一公里"，就成为可以在物资采购方面的"掌控者"。于是，一些"团长"一时间成为"采购流量的掌控者"。

疫情之下，应该由货车司机闭环式操作运货，如果时间太长，还需要全程穿着成人纸尿裤运送，外省市货车抵达上海后，司机要现场进行核酸检测、核验定点通行证、身份信息等，然后定点送到上海的接货处。有部分外省市司机不便进入上海，零售商在接货时采取派自己的司机开货车去上海附近的外省市交货点接驳的方式。封控期间，要完成整个过程需要持有上海的通行证。当时，上海的通行证主要分三类：一是全市通行证（可在全上海市通行）；二是区域通行证（仅在区内通行）；三是定点通行证（从出发地到定点接货地的两点一线通行，不可去任何其他地方）。

问题是正规供应商因为物流运力不足、通行证不够等原因，难以直接接触居民，而"采购流量的掌控者"是供应商与居民之间的纽带和桥梁，到底选择哪个供应商来采购，则取决于这些"团长"。

"如果是比较有良心的或具有一定专业度者，就会尽量选择大型正规供应商；如果是想谋取一些私利的，那就会选择一些返利高的商家，但质量未必有保证。或者还有些'采购流量的掌控者'，他们也不一定有私利在里面，而是不懂采购或正好有一些具有配送能力的商家来对接，为获得物流支持，于是舍弃正规供应商，而选择能配送到点的小供应商。这些小供应商未必能在全上海市供货，但只要能保证一部分地区的供应即可。所以有时候一些不知名的商家可以在部分小区如鱼得水。"一位参与过社区团购的人士告诉第一财经记者。

当一些欲从采购中谋利者缺乏物流配送资源时，他们会通过"特殊手段"来解决，于是出现了贩卖假通行证事件。第一财经记者采访了解到，上海封控期间，正规的通行证办理需要经过专门的手续流程。首先必须是上海市商务委认可的保供单位，即企业是属于官方认证的保供企业，在"白名单"上。然后要证明通行证的申请人是属于上述"白名单"的保供企业员工，经由单位向相关部门申请和报备，使持证人的个人信息、车辆信息都一一对应登记，保证持证人和其所驾驶的车辆都是唯一对应的。

根据上述正规流程来看，非保供企业的人员是申请不到正规通行证的。但在实际操作中，有些"黑心团长"需要加速运输，于是就会"铤而走险"地去市场上寻求通行证。

"A的通行证，B不可以使用，因为信息是一一对应的，所以出售通行证的人其实就是伪造通行证，制假证者和买家中间还会有'中间商'加价出售。"参与了保供物资采购的方令明告诉第一财经记者。

此外，还有人力。家乐福、麦德龙、永辉、大润发等业者反馈，一家大卖场应该有300名左右的员工，如果要开店，那起码要有150人在岗，但在过去的两个月，很多门店仅10多个人。要返回门店上班，返岗的员工所住的必须是未涉阳楼、提供上海市商务委的相关文件、保供单位的相关文件、复工申请书、完成48小时核酸检测、抗原检测并与所在小区、街道签订一份承诺书。返回门店后，员工24小时驻店，但不少门店不具备足够的食宿条件。

六、"团长"江湖

"团长"的那些事

政府采购的物资属于免费发放，但封控期间最主要的消费模式是社区团购，这是居民进行购买的行为。

上海市消保委方面表示，目前社区里的"团长"大致有四类：第一类是纯公益的，很多小区都有热心居民为邻里组织团购，自愿提供无偿服务；第二类是从销售方获得报酬的，有偿负责信息传递、商品配送等；第三类是专业居间，代理商家负责组织小区居民进行团购，收取报酬的经营行为；第四类是以团购的名义自己做生意，部分物资充裕的商家直接担任"团长"开团，一小部分商家通过倒手转售获利，此类最容易出现加价销售和假冒伪劣等问题。

其实，这四类"团长"如果可以做到正常供货，保证商品质量和合理价格，都可以是"良心团长"，但根据第一财经记者的调查发现，除了第一类纯公益的"团长"基本不涉及利益之外，后面的三种"团长"是"黑"还是"白"取决于"团长"自身以及其合作供应商。

虽然正规供应商在5月时陆续出了一些规则，要求"团长"签协议，确定身份，但在一段时间内，并没有约束"团长"，即便是出了规则，一些"黑心团长"如果真要加价获利或者售卖假冒伪劣商品，也一样有办法。

这几类"团长"都有各自的烦恼。第一类纯公益"团长"并不赚钱，有时反而要贴钱，比如难免出现货损，久而久之，这类"良心团长"会有一部分退出"团购江湖"。

第二类"团长"比较多。李军就属于这类。"原先没有直接跟种植基地、食品厂对接的渠道，接触到的供应商都是从货源地倒腾了好几手的产品，层层加价。品质比较高的商品，比如牛排，每单加价5元；肉蛋奶等生活必需品，每单加价2元。因为是相处几十年的老熟人，不好加价太多，但从消费者的角度来说，他们总觉得我挣了很多钱，其实我很微利。"李军告诉第一财经记者，除了要寻找货源，"团长"还需要统计物资所需人数，最初是在微信群用群接龙的方式来统计。"群接龙"的方式效率非常慢，后期还要制作表格，按个收款，容易出错。

"团长"申凯则属于第三类，申凯父母于2020年在小区内开设了菜鸟驿站。"当时我们驿站已经获得上海市商务委的保供通行证，我父母也在这里生活了30多年，我们就这样开始张罗起有偿的小区团购。"申凯告诉第一财经记者，60天里他开了40多个团购。

一开始，申凯手里没有任何货源，经熟人介绍，他找到一个私营超市老板，前期有30个团购都是来自超市老板那里。"后来我才发觉，这个超市老板也是过了一道、两道甚至三道中间商，物资才到我手上来了。"申凯回忆说，按小区居委会制定的规则，"团长"需要提供商品资质以及全程参与物资搬运、消杀，居委会审批同意后，再进行团购、通行。在商品资质方面，必须要提供企业的营业执照、食品经营许可证、保供企业证明、防疫保障临时通行证，方便追溯问题。

从中间商那里下单，除了价格水涨船高之外，申凯还经历过对方打包销售、拿着5 000元货款失联的事件。"交易证据都在，我们报警后，警察很快找到了他，解决了问题。"申凯告诉第一财经记者，虽然没有带来损失，但整个过程很焦虑。

第四类"团长"比较容易出现"黑心"问题，因为其中涉及相对较高的利益，有些"黑心团长"或主动或被动地加价来获利，有些供应商为了获利甚至会强制"团长"加价，抵制平价的"良心团长"。这些举动也一度引发了"团长"之间的"黑白大战"。

总结以上情况可见，"团长"并不好当，众口难调或者被误解之下，很多不赚钱的"良心团长"很难长期坚持；以团购来谋利的"黑心团长"则在商品质量和加价方面很不规范，造成假冒伪劣商品和高价问题；有一些做事还算规矩的微利"团长"虽然想做好团购，但在采购渠道和资金方面也有短板。至于为何那些正规供应商不好好地与"团长"对接？那么又回到了"最后一公里"的问题，手中掌握"最后一公里"资源的"团长"们心态和专业度并不同，想要赚较大差价的"团长"从正规供应商手里拿不到很高的收益，还要被规则管控，他们自然不愿意；"良心团长"愿意对接正规供应商，而这其中还有信息不对称和部分不规范供应商抢占"最后一公里"市场的情况存在。

加强监管，严惩不贷

根据上述调研，过去的两个月，就保供采购来看，从货源的审核、物流运输到各级的采购、社区团购等，每个环节上都有优质的案例，但一些环节也有存在问题。不少业内人士认为，规范化流程、专业人士的把关、足够的

六、"团长"江湖

人力支持和严惩机制是保障运转不可或缺的环节。

抗疫期间发现的一些问题也已经引起了相关部门的注意,并展开治理行动。

上海市市场监督管理局表示,疫情发生以来,上海市市场监督管理局全力组织全市市场监管系统,对政府保供食品进行查验,从严从快从重查处违法行为。截至5月20日,对保供物资累计检查1 624次,抽查保供食品31 600件,食品快速检测3 482项次,应急抽检和监督抽检442件次,发现问题隐患59次,食安舆情处置210件。通过投诉举报、监督检查、抽样检测等案件线索,累计查处食安违法行为共259起,其中,移送公安部门5起。保供物资食品案件43件,社区团购食品案件27件,其他食品安全案件189件。

上海市消保委近期向社区团购组织者作出提示:要求遵守明码标价规定,充分告知相关信息。在社区团购中,消费者获取的信息主要来自"团长","团长"应当明示团购所包含商品的品名、数量、单价及总价等信息;承担交易审查责任,尽到审慎注意义务;保护消费者的合法权益,协助处理售后纠纷;履行群组管理责任,维护清朗网络空间;履行信息保护责任,保护公民个人信息。"团长"在群组内收集到的姓名、手机号、家庭住址等信息,属于受法律保护的公民个人信息,建议"团长"使用时做好匿名处理。同时,在社区团购中,为更好地保护自身权益,上海市消保委也提醒消费者:核实"团长"身份;记录必要信息;及时接收验货;注意留存证据并妥善处理争议。

商家也在努力。"我不会放弃社区团购业务,经过这两个月,我发现社区团购是一个增加业务量的渠道。但是我们必须规范化运作。我这里还保留了几十个团长的联系群,每天都保持沟通,同时我还在团购业务群内拉入了市场监管部门的工作人员,从采购一开始就规范化运作,对于资质确认和货品质量都有保障。"季林枫如是说。

(文内王伟、方令明、李军、申凯均为化名)

2022年6月12日

分享链接

社区"团长"现在怎样了？有人离场、有人卖二手货，还有店长变团长

乐琰 王海 陆涵之 栾立 宁佳彦 葛慧 揭书宜

数月前，一批社区团购"团长"横空出世，团购一度成为最主要的购物渠道之一，但是货品和服务良莠不齐，随之而来的"黑白团长大战"和"团长江湖"一时间成为热议话题。如今，这些团长怎么样了？他们还在做社区团购吗？社区团购的生意可持续吗？

带着这些疑问，第一财经记者近期实地走访了社区、零售门店和供应商等，发现不少"团长"如今已经"淡出江湖"，但是也有一些团长留在"江湖"，他们依然在卖货，甚至还把群转型成二手货交易群。颇有意思的是，对于部分零售商和供应商而言，社区团购是不错的销售渠道，因此，有些零售商特意将麾下门店的店长培养成"团长"，将社区团购进行到底。

那些消失的"团长"

数月前，小朱曾经担任小区里"团长的团长"，也就是作为志愿者负责整理社区团购信息并向居委会报备。

小朱所在的小区是浦东一个有着3000户近万人的大型社区。"我跟我们小区的'团长'接触下来，当时职业'团长'大概也就只有20个，由于小区规模大，涉及的物资也五花八门。高峰期，'团长'群里有190人，除了5个志愿者外，其他都是'团长'。"小朱告诉第一财经记者。

如今，小朱所在的社区有业主群的公告，不让大家发团购信息了。"数月前有很多'团长'是居家办公，做'团长'也可以赚一点钱。现在他们就回归自己的本职工作了。"小朱向记者展示的信息显示，目前这个'团长'群里的'团长'留存率不高，大部分人都已经卸下了'团长'的身份。"近一周发过团购信息的只有两个'团长'。"

从"团长"类型看，静安区居民蒋雨所在的小区"团长"分为"帮忙型

六、"团长"江湖

团长"和"盈利型团长"。"帮忙型团长"在居民能到店采购到物资后就结束了"团长"工作。"盈利型团长"则坚持到了7月。

蒋雨对第一财经记者表示,在居民恢复到店购物后,小区内之前的"团长""最多只坚持了一个月",原因是"后来大家都能正常买到东西,'团长'也就不发链接了。"在7月,"团长"们停止了团购群的运作,蒋雨表示,后期"团长"们并没有自己的货源,发的链接多为快团团上的链接,"团长"扮演着广告窗口的角色,而吸引用户下单获得佣金,发货、售后都由卖家承担。"让'团长'代发链接并没有优势,之前大家用快团团是因为没办法,现在所有人都可以在拼多多或淘宝买到东西,就没有必要一定用快团团了。"

易观数据显示,从活跃人数看,快团团的活跃用户在今年3月开始快速上升,在4月达到了2 805万,是1月的两倍。到了5月,活跃人数达到巅峰的3 000万人,随后开始下滑。

从"团长"的角度看,如今零散的订单无法带来高收入。虽然"团长"不再发链接,但小区在团购时期组建的群并没有解散,而是变成了小区的信息交流群,大家会在群里聊天。

坚守者的转型与重启

并非所有的"团长"都放弃了。居民吴婷表示,自己偶然加入了临近小区的团购群,"团长"至今每天都在群里发布各种链接。"这个'团长'微信名就叫产地直发,基本每天在群里发六七个东西,各种东西都有,比如桂圆干、老字号蝴蝶酥、鸡腿肉什么的,但销量一般。"

吴婷表示,团购并非完全在小区中销声匿迹,"我们会有小群,规模很小,群里大家都比较熟悉,如果确实划算的话,大家会一起拼。小区有个男生有化妆品内购渠道,然后会一起团购一些化妆品。反而是生活用品不会再团购,柴米油盐这种虽然都有需求但是个人的选择不一样,很难开展团购,团购的门槛比较高。"

有些团购群则变身社区的二手闲置用品交换或二手货物的交易群。

巅峰时刻,何平的群要抢着接龙,每天通知到货后是刷屏式的感谢。然而6月开始,500人的群慢慢只剩了200人,除了6月份一条"端午直供",再没有任何与团购有关的消息。"不管怎么说,当初能有货、建群的都是'能人',谁也不知道以后会不会再有用得上的时候,这个群我就留着了。你要是不提，这个群的消息我都没再看过了。"萧红翻着手机，看到了群里最新的消息是求租附近住房，此前还有失物招领和二手物品买卖的消息。

类似这样的二手货物交易或闲置物品交换群在其他一些小区也存在，算是当初团购群的另一种延续。相比之下，甜姐、文夏的朋友圈依然在活跃地"带货"。私域带货本来就是她们工作的一部分。团购集中的时候，很多邻居希望能对接到"团长"，她们也找到了自己在小区的"代理人"，而现在，她们选择把有意向继续参与下单的客人重新安置到其他群里，原来的群也慢慢沉了下去。

也有升级版的"团长"。

"我现在还在做'团长'，我本身是有本职工作的，但是做'团长'以来，我们也有了各种各样的渠道和供应商，所以价格会更优惠。比如说虾蟹之类的，价格会优惠很多，都是鲜活的，所以我觉得还可以给居民推出一些礼包之类的，还挺实惠的。但现在会挑选一些精品，不会什么东西都会往群里发。再者，因为大半年时间下来了，肯定有些人因为团购养成了网购的习惯，所以我还是会再去做一做团购的。之前积累在我手机上加的那些供应商，现在并没有全部都删掉，群也没有全部都退掉，两个团购群都在，平时大家闲聊闲聊，需要团购时我就去选择供应商。"上海浦东新区三林镇的一位"团长"木子告诉第一财经记者。

颇有意思的是，还有一部分"团长"是先暂停了团购，但之后又重启了。

"我们是从11月6日重新启动社区团购，重新启动的原因在于自己在10月居家隔离的经历。"作为上海市普陀区的一名社区团购"团长"，"95后"宝妈董哲昳告诉第一财经记者。

董哲昳主业从事的是服务行业，平时接触的人员较多，今年10月，她和家人出去吃饭，随后被判定为新冠疫情次密接人群，要居家隔离7天。在隔离期间，她和家人的日常生活需要通过外卖来维持。

"在隔离过程中，发现有一些人大多数时间选择居家。我无意间看到盒马X会员店在推社区团购的广告。于是，决定与盒马合作，重启社区团购。"董哲昳表示，与盒马X会员店合作的基础要求是有微信群，群成员达到200人以上。而她今年4—5月做社区志愿者期间正好有一个社区团购群。

社区团购的商业链条分为选择供应商、统计购买者信息、收款、将商品从小区门口送至购买者楼下等诸多环节。

六、"团长"江湖

"今年4—5月份,上述内容是由有一个10人左右的志愿者团队完成。而现在社区'团长'的角色只负责在社区团购群的活跃度,其他环节均由盒马完成。"董哲昳表示,现在消费者只需要在盒马X会员店平台下单购买即可,即使所在社区的某款商品下单份数只有一份,盒马的配送人员也会送货上门。

"我与盒马X会员店之间不存在任何商业利益。如果一定说有利益的话,可能是团购买咖啡的时候,商家会给一张咖啡券,可以免费喝一杯咖啡。与其说我是'团长',倒不如说我是一个群的群主。"董哲昳表示,促使其合作的动力在于,盒马X会员店对于单个消费者不提供送货上门的服务,只有所在社区下单的商品多,才会开通送货上门的站点。一旦开通了站点,虽然董哲昳没有从中获取商业利益,但是可以不用像以前那样到店购买,不需要接触太多人群,在安全方面有保证。

董哲昳重新启动社区团购的初衷与今年4月类似。当时为了满足家里小孩子的营养均衡,以及周边邻居的购物需要,董哲昳需要找渠道购买东西。当时通过朋友、微信公众号搜索关键词"团购",找到供应商的联系方式,去联系。董哲昳表示:"由于团购需要满足一定的份数,供应商才会配送,我们做团购最初的目的是满足起订量,没想到后来越做越大,这个群有200多人,主要来自三个小区。"

自今年6月之后,董哲昳所在的社区团购群沉寂了。如今再度恢复热闹,下单购买的人群更偏向年轻化、上班族。"社区团购可以节省消费者去会员店需要花费的时间、打车费。老年人不会用手机,我们会帮助他们下单购买生活必需品,现在他们有自己的购买渠道,比如菜市场、超市。"董哲昳表示,她所做的就是搭建了盒马X会员店在小区里面放置站点的平台,为了满足小区里有需求的消费者。

培养店长当"团长"

比起原本就是"团长"者的转型与重启,还有一部分"团长"是零售商特意培养的。

第一财经记者走访部分零售商企业和门店后了解到,家乐福等很多零售商是非常希望保留社区团购的,因此在与"团长"对接的渠道群里,一些店长还是会经常与"团长"交流。家乐福上海万里店的店长季林枫数月前建立了一个社区团购的"团长"群。"每天晚上8点左右,在'团长'群,我会发布一些开团的信息，介绍商品和价格等，也和'团长'们进行互动，给大家解答一些常见的问题。'团长'们则会根据各自的情况来下单订货。"季林枫告诉第一财经记者，今年4—5月，一天可以有2 000—3 000单，每天用4—5辆货车，每辆货车一天可以送10次货。同时，门店通过企业微信群也可直接与周边社区居委、"团长"沟通需求，进行履约。

根据家乐福的计划，拟保持线上社区团购和社区集单模式。进入6月后，家乐福线上GMV数据有超过30%的上涨，小龙虾、榴梿等商品受到居民热捧，冲上热门销售榜榜单。

农工商集团也看到了社区团购值得延续的商机。李奕是上海好德便利有限公司商品鲜食部采购经理。"我们发现疫情之下，居民有时候购物不方便，而我们的门店相当于前置仓，这是非常有利于进行社区团购业务的基础。于是我们就开始有意识地将店长培养成'团长'，我们会选择一些社区店，然后对店长进行培训，将线上线下业务做一些专业细分和联动，以及团购的后台体系建设等。经过了一段时间的努力，我们现在已经有500个店长型'团长'了。线上团购的操作是需要'团长'来拉群、发促销，并且是精准营销，我们不会把线下所有商品都做团购，而是选择热销品，通过店长型'团长'的专业采购、销售来运作。"李奕告诉第一财经记者。

朱美菊是农工商超市246店的店长，也是上述店长型"团长"之一。"我的店在上海崇明，我现在的工作除了每天到店巡店、理货、开会、商品和人员管理之外，我还时不时地看手机群，做'团长'这几个月以来，我的社区团购群一步步壮大，现在已经有2个200人规模的团购群了。我们一般下午集单，然后安排捡货。团购的热销品会有一些折扣，且配货速度快。"朱美菊对第一财经记者说。

根据这些店长型"团长"的反馈，瞄准社区居民的年龄段、关键消费品去做精准营销，并给出优惠价格和便利服务，是目前社区团购的生意诀窍，社区团购也给零售商们增加了收益。"最多的时候，我们一天可以有200多个单团购订单，现在少一些，但日均也有几十单。居民们可以到店自取，当他们取货时，又可以拉动一些消费。目前结合了社区团购的门店销售额有至少10%的增长。对于店长而言，门店销售额的提升也意味着自身业绩和销售激励的提升。"朱美菊对第一财经记者表示。

除了零售商，供应商也在努力抓住社区团购的商机。

六、"团长"江湖

山东省济南市某社区团购商人张鸣原本是一名酒水经销商,看到市场机会便和妻子在附近几个小区经营起社区团购业务,很快就拉起了好几个团购群,多的时候一天能做 2 万—3 万元的营业额。在张鸣看来,一方面,近两年电商平台的货品比较齐全,到家的便利度也很高,对于社区团购者的经营和选品都带来不小的压力;另一方面,各大平台的社区团购有不少低价的引流商品,也分流了不少客户。因此,他现在的精力逐渐回到原本的酒水销售上,而妻子继续负责社区团购业务,毕竟还不想放弃这一渠道。

相比较而言,社区团购给啤酒行业打开了一片"新天地"。目前包括华润啤酒和青岛啤酒等主要啤酒企业都在业务部门中增加社区团购这一新渠道,大多采用"统一零售价+购买返现"的模式,在今年疫情多点多发的情况下,社区团购为啤酒企业开拓了非即饮渠道的市场。

华润啤酒首席执行官侯孝海介绍,从 2021 年开始,华润啤酒已经在加大电商、社区团购、连锁店等非即饮渠道的开拓力度。燕京啤酒董事长耿超也表示,如今社区所扮演的角色越来越重要,功能越来越多元,燕京与多家物业品牌的战略合作,丰富社区商业场景。

不过在财报中,啤酒企业并未列出社区团购等新渠道的收入规模。据侯孝海透露,疫情发生后,由于现饮渠道受到很大抑制,非现饮渠道迅速发展,但电商等非现饮渠道短时间内还不会占据啤酒消费的主要部分,或许在不远的将来有可能占到总收入的 5%—10%。

"社区团购一直存在,而疫情的发生促进了该种模式的快速发展。虽然现在的'团长'要比数月前整体减少,但是能够大浪淘沙后留下来继续做的,大多是比较规范和有供应链实力者,很多非专业或缺乏资源的'团长'已自动'退出江湖'。社区团购会是未来联动线上线下的不错的商业模式,只要能规范化运作,社区团购大有可为。"资深零售业分析人士沈军如是说。

(文中蒋雨、吴婷、何平、萧红、甜姐、文夏、木子均为化名)

2022 年 11 月 11 日

分享链接

七、"一"保健康

抗疫"关键手":研发预防感染的疫苗攻坚战已启动

林志吟　马晓华

新冠疫苗是抗疫的"关键手"之一,事实证明,现已上市的新冠疫苗在预防重症和死亡上的作用非常突出,但在遏制突破感染上还存在着不足。

香港特区政府近期发布的新闻公报中显示,第五波疫情的5 435宗死亡个案中,约88.3%的人士未接种两剂新冠疫苗。已接种至少两剂新冠疫苗患者的死亡率为0.09%,接种一剂或未有接种的则分别为0.7%及2.58%,显示接种疫苗绝对有助于降低死亡率。第一财经此前报道过,根据香港方面的最新研究数据,三针科兴或复必泰防重症防死亡的有效率均超97%。

疫苗在应对新冠病毒上并不是万能的,但如果没有疫苗,仍是万万不能的。

新冠病毒已经变异到了奥密克戎毒株,疫苗最终能否彻底阻断传播?如果答案是肯定的,距离开发出可以彻底阻断新冠病毒的疫苗还有多远?

疫苗守住了最重要的防线

具有强传染性的奥密克戎变异株自今年1月首度在天津出现后,已蔓延至全国28个省份。3月份以来,本土感染者累计突破7万,中高风险区一度超过600个。但与之前不同的是,这波疫情更多以无症状或者轻症的情况出现。

在国务院联防联控机制近期召开的新闻发布会上,中国疾控中心流行病学首席专家吴尊友表示，一年以前，每个人对新冠病毒都没有免疫力，现在90%的人通过疫苗接种获得了一定的免疫力，感染新冠病毒后出现的症状就比较轻，或者说根本没有症状。

截至3月24日，全国完成新冠疫苗全程接种超过12.4亿人，占总人口近九成。目前在遭受奥密克戎变异株侵袭地区，无症状和轻症居多。据国家卫健委医政医管局局长焦雅辉介绍，本轮疫情感染者从病情来看，轻型和无症状占比达95%以上，有个别由于高龄、基础疾病或者没有接种疫苗，病情比较重，重症（包括重型和危重型）的占比不到0.1%。现有研究已证明，奥密克戎变异株并未对现有疫苗产生完全逃逸。也就是说，现有疫苗对奥密克戎变异株仍然有效的。

复旦大学病原微生物研究所所长姜世勃对第一财经记者表示，疫苗的工作原理在于，通过向人体注入带有病毒标签的抗原，使得机体的免疫系统能够识别该病毒抗原，并建立对该病毒的特异性免疫反应，当真的病毒入侵人体时，人体的免疫系统能够快速识别并特异性攻击病毒。即使不能完全消灭病毒，也会减少因过度炎症反应而导致重症或死亡。

艾棣维欣生物执行董事、董事会副主席张璐楠对第一财经记者表示，疫苗可以起到三个级别的防护作用：第一个级别代表着最高层次的防护，可以起到阻断病毒传播效果，或者感染后不再排毒传播；第二个级别可以起到预防不发病效果，譬如不出现发烧、咳嗽等症状，即所谓的无症状感染；第三个级别可以预防重症和死亡，但这三个层级之间并没有很清晰的界限，至于何种疾病，对应何种疫苗级别，也各不相同。

从目前看，已上市的疫苗中，不管是mRNA疫苗、灭活疫苗、重组蛋白疫苗、腺病毒载体疫苗等，在最高级别也就是预防感染上纷纷"失灵"了。到底是何种原因让原本临床使用数据具有50%预防感染能力的疫苗们在奥密克戎变异毒株面前"示弱"？

姜世勃认为，过去成功地研发一个抗病毒疫苗的平均时间为30年，但这次研发上市的十几个新冠疫苗只用了一年多的时间，这是因为冠状病毒有一个致命的疫苗靶点——受体结合域（RBD），它含有主要的中和抗体位点。任何一个含有冠状病毒RBD的抗原（如病毒颗粒、S蛋白、S1亚单位、RBD片段）都可以在人和动物体内诱生一定水平的中和抗体反应和大于50%预防原始毒株感染的保护率。第一代新冠疫苗存在的缺点是它们在人体内诱导的中和抗体效价普遍偏低（几十到几百），其中所含的针对变异株的交叉中和抗体效价更低（几到几十），且新冠病毒中和抗体的衰减速度很快，每半年可降至原来的1/4不到。

"第一代新冠疫苗大多数是选择了S蛋白或病毒颗粒作为疫苗抗原，但RBD的中和抗体位点在这些疫苗抗原中不能充分暴露，也就不能在人体内诱导高效价的中和抗体和交叉中和抗体，这是第一代新冠疫苗共有的缺点。"姜世勃说。

新冠疫苗抗体的衰减已得到了科学的确认。在2021年10月24日的国务院联防联控机制新闻发布会上，中国疾控中心免疫规划首席专家王华庆表示，根据目前国内外的研究结果看，随着接种疫苗时间的推移，一些人的中和抗体水平在下降，保护效果在削弱。在这种情况下，加强免疫可以提高抗体水平。

不过，姜世勃表示，中和抗体的滴度到底要多高才可以预防新冠病毒的感染，目前还未有明确的结论。"一些发表的论文证明上下呼吸道中新冠病毒载量跟感染者血液里中和抗体的滴度是呈反比的，中和抗体滴度越高，病毒载量越低。当血液里中和抗体的滴度在300左右时，上下呼吸道中新冠病毒的载量下降了90%。因此，个人认为在疫苗注射后抗体产生最高峰时，中和抗体的滴度应该在1 000以上，这样半年之后，即使降至原来的1/4，中和抗体的滴度还能保持在250左右。"

"疫苗预防感染作用的变弱，不仅与中和抗体的量有关，也与病毒变异有关。在疫苗的保护作用中，中和抗体存在体液中，当病毒进入人体内后，首先清除病毒的就是中和抗体，也是当前比较容易量化的疫苗保护力指标。但所有疫苗的中和抗体都会随着时间的推移而衰减，只不过新冠疫苗的半衰期更短些，比如麻疹疫苗抗体的半衰期可以达3 000多年，甲肝灭活疫苗抗体可以持续30多年，新冠疫苗在6个月后就开始下降，这种下降是导致预防感染作用减弱的原因之一。"一位病毒学专业人士表示，其次在于，疫苗还要面对不断变异的病毒，现已上市的疫苗，研究的基础是原始毒株，预防作用减弱在预期中。但值得庆幸的是，现上市的疫苗仍具有很强的防重症和死亡作用。

张璐楠也认为，频繁变异的新冠病毒，对疫苗的保护效力构成挑战。新冠病毒每发生一次变异，就可能引发免疫逃逸问题，原因在于病毒的形态结构会发生改变，导致原有的疫苗靶点诱导的免疫反应很难再有效捕捉。

七、"一"保健康

紧锣密鼓开发中的第二代疫苗

第一代新冠疫苗已经完成了降低重症和死亡的任务，未来如何进一步发掘疫苗预防感染的作用？

自奥密克戎变异株于2021年11月开始在南非出现后，全球防控警报拉响，不少科研团队相继投入第二代新冠疫苗的研发中。

近日，科研攻关组疫苗研发专班工作组组长、国家卫生健康委科技发展中心主任郑忠伟表示，从奥密克戎变异株一开始出现，我国的疫苗研发队伍就已经行动起来了。

据郑忠伟介绍，到目前为止，针对奥密克戎变异株单价以及多价的疫苗研发已经取得了积极进展，进展比较快的已经完成了临床前的研究，正在向国家药监部门滚动提交有关临床试验的申报材料。在灭活疫苗方面，已经开展了单价、德尔塔+奥密克戎两价，以及原型株+德尔塔+奥密克戎三价疫苗的研发工作，已经基本完了临床前研究，并且已经进行了生产验证。重组蛋白疫苗方面，也有开展阿尔法+贝塔+德尔塔+奥密克戎四价疫苗的研发，正在申请境外的临床试验。另外，腺病毒载体疫苗也已经进行了疫苗株的优化制备，正在开展临床前的研究。mRNA疫苗也在积极推进临床前的一些研究工作。此外，前期的一些疫苗，目前在境外推进的三期临床序贯研究过程中，也得到了针对奥密克戎变异株的一些保护力数据。

今年2月份，健康元（600380.SH）宣布，其间接控股子公司丽珠单抗研发的重组新型冠状病毒融合蛋白疫苗（V-01）已完成序贯加强三期临床试验的中期主数据分析，并获得了关键性数据，并已向中国审评部门递交V-01作为新冠疫苗序贯加强针的上市申请，向其他国家的上市申报工作也在同步进行中。

彼时，健康元药业集团首席科学家金方告诉第一财经记者，V-01序贯加强三期临床试验方案是全球首个针对奥密克戎研究序贯加强保护力的随机、双盲Ⅲ期临床试验。本次临床试验采用的是相对保护力强优效标准，与传统空白安慰剂方案对照不同，此次临床试验获得61.35%的绝对保护力数据，是基于灭活疫苗保护效力基础上以及在奥密克戎流行下产生的数据，该数据也满足了WHO标准。

科兴控股生物技术有限公司新闻发言人刘沛诚对第一财经记者透露，"关于新冠单价二价和三价疫苗的研究，我们在推进中，尚待更多研究数据出来，新冠多价灭活疫苗计划于近期开始滚动提交申报资料。"

"为了应对病毒变异，大家都在研发新一代疫苗，总体是兵分两路：一是专门开发针对奥密克戎变异株的疫苗；二是针对新冠病毒不容易变异的部位，开发广谱疫苗，等到下次病毒再变异时，疫苗的有效性还可以再维持，我们也更倾向于开发广谱性的疫苗。"张璐楠表示。

阻断感染的疫苗研发方向

新的新冠疫苗攻坚战已经启动，到底哪条路线、哪个技术平台将诞生可以阻断传播的疫苗？未来的疫苗阻断传播战胜算几何？

目前最为热门的是特异毒株疫苗、多价疫苗和广谱疫苗。

首先，广谱疫苗成为当前科学家研究的一个重要方向，也为WHO所提出的一个疫苗研发方向。

2021年8月18日，新加坡杜克-新加坡国立大学医学院的新兴疾病专家Linfa Wang在《新英格兰医学杂志》刊发了一篇论文"Pan-Sarbecovirus Neutralizing Antibodies in BNT162b2-Immunized SARS-CoV-1 Survivors"，报告了一项新的研究结果，曾经感染过SARS的患者，在接种新冠疫苗后，可以产生抵御目前存在的新冠病毒所有变体的抗体。该报告认为，这个发现表明了泛冠状病毒疫苗策略的可行性。

在姜世勃看来，广谱疫苗可分为小广谱、中广谱、大广谱以及超广谱。其中，小广谱疫苗主要是针对新冠病毒及其变异株开发的疫苗。

中广谱疫苗针对的是β属冠状病毒B谱系病毒（sarbecovirus）开发的疫苗，可以中和SARS-CoV、蝙蝠SARS相关的冠状病毒（SARSr-CoV）、新冠病毒（SARS-CoV-2）及其变异株的感染，这也是目前急需要开发的疫苗，可用于防控现在和未来的新冠病毒变异株及将来新发与再现的SARS样传染病。

大广谱疫苗针对的是所有β属冠状病毒开发的疫苗，它既可以预防现流行于全球的新冠病毒变异株（奥密克戎）的感染及在中东地区流行的MERS-CoV感染，也可用于预防未来可能出现的β属冠状病毒新变种-SARS-CoV-3或MERS-CoV-2。

超广谱疫苗则针对所有7类人冠状病毒的疫苗。姜世勃表示，超广谱疫苗的开发难度极高，因为它们使用不同的受体，其刺突（S）蛋白的受体结合域（RBD）的氨基酸序列和结构也大不相同。

姜世勃表示，不同技术平台的新冠疫苗开发路线，对开发广谱性的策略有所不同。重组亚单位疫苗的技术路线最适合研发广谱疫苗，因为比较容易改变疫苗抗原的设计和选用高效的免疫佐剂。如果使用的是灭活病毒技术路线，不易直接改造病毒抗原，要变成广谱性的话，或可选择不同变异株的灭活病毒联合使用，研制多价疫苗。而 mRNA 疫苗和腺病毒载体疫苗的技术路线也可以通过适度改变疫苗抗原或加入分子内免疫佐剂，从而提高免疫反应和广谱性。另外，可以将来自不同变异株或不同变种的病毒抗原做成多价疫苗，提高其广谱性。

不同线路的广谱疫苗的保护效果究竟如何？影响阻断传播的新冠疫苗出现的原因是什么？

"新冠疫苗的高效性决定了它的长效性和广谱性。因为中和抗体水平足够高的话，其中含有的针对变异株的交叉中和抗体滴度也会相应提高，半年之后即使中和抗体下降了几倍，但仍然保持一定的高度，从而达到长效和广谱目的，这就起到了'以不变应万变'的作用。"姜世勃表示，要使疫苗抗原能诱导出更高水平的中和抗体，选择一个高效的疫苗佐剂也是关键，但研发一个能在人体使用的新型佐剂，具有很大的挑战性，因为对其安全性的要求非常高。

张璐楠认为，关于抗体水平、细胞免疫水平与新冠疫苗预防效力之间的关系是怎样的，目前尚未建立绝对的标准。"如果有绝对指标的话，疫苗开发之路会变得更加顺畅。也正因为缺乏相关标准，目前新冠疫苗的开发需要开展大规模的三期临床试验，必须通过有效性指标来评判，这不仅大大增加了疫苗开发的难度，也提高了开发成本。"

人们仍然期待一种可以阻断传播的疫苗出现，只有这样，人类才有可能终结这个病毒，否则，人类就需要考虑与它共存。

2022 年 3 月 29 日

分享链接

甲流来势汹汹，为何多年来我国的流感疫苗接种率非常低？

林志吟

近期以来，甲型 H3N2 流感（简称"甲流"）突袭南方多个省市，不少医院出现发热门诊接诊量骤增的现象，一些中小学校、托幼机构甚至出现聚集性疫情。

我国地处北半球，流感疫情的暴发一般在每年的 11 月、12 月和来年的 1 月，此次却在 6 月提前进入流行高峰，这种不寻常现象引发外界高度关注。

多地疾控部门相继呼吁民众接种流感疫苗，以此来预防流感。值得注意的是，多年来，我国的流感疫苗接种率仅有个位数水平，据中国中检院统计，2020 年度我国流感疫苗的批签发量为 0.58 亿剂，总体接种率不足 4.2%，这不足美国的 1/10。

有传染疾病专家对第一财经记者表示，当前我国流感疫苗接种比例不高，导致群体免疫屏障防护脆弱，一定程度上使得流感疫情很容易形成流行趋势。

目前，国内可生产流感疫苗的厂商众多，为何我国的流感疫苗接种率却迟迟无法提高？

接种率低的背后

流感是由流感病毒引起的一种传染性强、传播速度快的急性呼吸道传染病，潜伏期为 1—4 天，平均为 2 天。

从 20 世纪到 21 世纪初，流感已成为全球大流行最多的疾病，据估计，已发生过四次大流行。流感发病率高，全人群普遍易感，据世界卫生组织（WHO）的估计，每年季节性流感感染人数高达 10 亿人，约占 15% 的世界人口。

今年 5 月份，WHO 发布的关于流感疫苗立场文件（2022 年版）中显示，

七、"一"保健康

流感在全球导致大量的发病和死亡,是一个具有重大社会经济影响的公共卫生问题,目前有一系列综合干预措施进行预防和控制流感,包括疫苗、治疗方法以及社会公共卫生措施。从全球来看,现有的控制季节性流感的疫苗是安全有效的,并能够显著预防发病和死亡。

由于流感病毒容易变异,每年流行的毒株可能与往年不同,每年疫苗成分有所调整,再加上流感疫苗的免疫保护作用一般可持续6—8个月,因此流感疫苗需要每年接种。

据美国疾病预防控制中心统计,2019—2020年流感季,美国共分发流感疫苗1.75亿剂,成人接种率约48.4%。

从目前来看,我国流感疫苗接种率不高的背后,受多重因素制约。

一是民众的接种意识不强。"很多人对流感认知不足,习惯性把流感与感冒混为一谈,没有意识到流感的严重性,更无法意识到接种流感疫苗的重要性。在国内,儿童疫苗接种已得到重视,但在成人尤其是老年人的接种上,重视程度远远不够,这也制约了流感疫苗的普及。"暨南大学疫苗产业研究院梁晓峰对第一财经记者说。

二是流感疫苗供需不平衡的现象长期存在。有疫苗企业人士表示,流感具有季节性,并且每年流行毒株有所不同,流行低潮时对疫苗接种需求就会变少,流行高峰的时候对疫苗的需求就变大,但一旦需求很大时,企业也不一定可以及时扩产。按照流感疫苗的生产工艺,国内流感疫苗生产企业通常在WHO推荐的当年冬季流感季节菌株宣布后(北半球通常在2月份)才能选择相应流感毒株并制备疫苗,而从菌株接种、培养、纯化、灭活、裂解到最终得到相应的流感疫苗,生产周期通常为6个月,即一般至8月才能完成第一批流感疫苗的生产。

另外,局部供应不平衡,如基层地区流感疫苗供应欠缺,也影响到了流感疫苗的可及性。

三是尚未纳入国家免疫规划项目。我国将疫苗分为免疫规划疫苗和非免疫规划疫苗,免疫规划疫苗由政府免费向居民提供,接种对象主要是儿童、老人或学生,市场规模主要由政策因素、新生儿数量等决定;非免疫规划疫苗则需要居民自费接种,市场规模主要由居民可支配收入水平、居民接种意愿、人口规模、老龄化水平等因素决定。"有个别地区已将流感疫苗列为免疫规划疫苗，由政府采购后免费向居民提供，但大部分地区仍然将流感疫苗列为自费项目，加上流感疫苗需要每年接种，这限制了民众接种疫苗的积极性。"梁晓峰说。

如何提高接种率

新冠与流感均常以发热、呼吸道表现为首发症状，此次南方地区甲流的突袭，增加了新冠疫情的防控难度，甚至带来医疗资源挤兑的风险。如今，提高流感疫苗接种率已变得迫在眉睫。

6月25日，在2022年呼吸道疾病防控与疫苗学术论坛上，中国疾病预防控制中心免疫规划中心免疫服务室主任余文周表示，根据现有研究，新冠和流感合并感染，会增加重症和死亡的风险。

柳叶刀的最新研究表明，同时感染新冠和流感的患者需要呼吸机治疗的风险是单独感染新冠患者的4.14倍，死亡风险是2.35倍。

"新冠疫情的全球大流行还未结束，结合今年新冠疫情形势，为尽可能地降低流感的危害和对新冠疫情防控的影响，推荐按照优先程序对重点和高风险人群进行接种，具体包括医护人员、大型活动参加人员和保障人员、养老机构、长期护理机构、福利院等人群聚集场所脆弱人群及员工、重点场所人群、其他流感高风险人群（包括60岁及以上的老年人、特定慢性病患者等）。"余文周说。

近日，包括广东、福建、江西等南方省份的疾控部门都在呼吁民众接种流感疫苗。

在2022年呼吸道疾病防控与疫苗学术论坛上，北京协和医学院群医学及公共卫生学院执行副院长冯录召也表示，我国应该优化流感疫苗政策，促进免疫服务实施，具体措施如下：一是逐步将特定风险人群流感疫苗接种纳入国家免疫规划项目、地方公共卫生项目等；二是加大目标人群接种，如中小学生流感罹患率高，是将流感病毒带回家庭、社区的风险人群，需要重视这部分人群的接种；三是推动联合接种，对于成人接种，可积极优化流感、流感与其他疫苗的联合接种程序，以此来提升免疫服务效率；四是积极开展实施性研究，解决影响接种障碍因素，以此来提升接种率。

"提高流感疫苗的接种率，对民众的科普教育很重要。在流感疫苗接种点设置上，卫生系统配套措施还无法跟上，这也限制了疫苗接种的积极性，当前，一些地区已在探索如何更方便民众接种流感疫苗，这有助于提高流感疫苗接种率。"梁晓峰说。

2022 年 6 月 27 日

分享链接

在新冠口服药赛道竞跑中的药企人：
争夺"九死一生"的机会

林志吟

在中国市场中，虽然有国产新冠小分子口服候选药已进入申报上市阶段，但还是有药企继续"切入"新冠药物这个赛道。

7月17日，科兴制药（688136.SH）宣布，其全资子公司深圳科兴药业有限公司与深圳安泰维生物医药有限公司合作开发的新冠小分子口服药SHEN26胶囊进行临床试验申请已获国家药品监督管理局批准。

7月19日，市场消息也传来，国内制药巨头之一的齐鲁制药也在悄然启动其首款新冠口服药的研发。

截至目前，国产在研的新冠小分子候选口服药物已达到10余款。整个新冠药物研发是否过于"内卷"？市场不乏这样的担忧。

不过，在一些新冠口服药开发行业人士看来，药物的开发能否熬到最后，存在极大的不确定性。"药物研发的成功率很低，往往是'九死一生'，新冠药物的研发也如此，究竟会有多少款药物能够成功推向市场，同样充满未知数。"

新冠药物的开发具有周期长、投入大的特点，且新冠病毒具有突变快、流行区域不确定的特点，这也大大提高了临床试验开展的难度。

追着疫情跑的药物开发

始于去年11月份在南非发现的奥密克戎变异株，至今还在席卷全球多个国家和地区，威胁全人类的健康。

今年以来，我国多地遭受奥密克戎疫情的袭击。传染性高、隐匿强、变异快的奥密克戎变异株，给疫情防控带来了更加艰巨的挑战。新冠药物可以快速发挥抗病毒能力，既是终结新冠疫情恐惧的"杀手级"应用，也是今后疫情防控的关键，但目前的药物储备尚为匮乏。

七、"一"保健康

在这种形势之下,越来越多的中国药企投入到新冠药物研发中。

"任何一款新药的研发,开发流程基本一致,但在进行临床试验的过程中,与其他药物略微有些不同的是,病毒类药物的开发还需要追赶疫情的流行,国内疫情时刻在变化,暴发的时间、地点皆不固定,使得临床试验的开展难度很大。"先声药业南京研究院院长彭少平对第一财经记者说。

彭少平也是先声药业新冠药物项目研发的负责人,其所在的企业正紧锣密鼓地开发新冠预防和治疗药物中。

"在临床试验中心启动临床试验时,首先需要经过立项、伦理审查,其次还需要在国家遗传办进行备案,整个常规流程往往需要耗费2—3个月的时间,在抗击新冠的特殊背景下,为了快速将药物推向临床,早日让患者获益,临床试验中心、临床试验专家以及申办方等各方都在尽可能地缩短药物临床试验的准备时间,但即使是时间缩短了,等到临床试验中心可以启动试验时,有可能当地的疫情已得到了控制,感染者数量下降又会导致无法入组到足够多的受试者。疫情在哪里暴发,也是不确定性的,有可能有些地区出现了疫情,但当地的临床试验条件还不足以支撑临床试验的顺利开展。"彭少平说。

有其他正在开发新冠口服药的药企人士也对第一财经记者表示,在奥密克戎疫情之下,虽然一些地区短期内出现了感染者数量激增的情况,但要找到合适的受试者依旧不易,整个药物临床研究始终处于精神高度紧绷的状态。

具体到每款正在开发的新冠口服候选药物,又需要应付新出现的问题。

以先声药业(02096.HK)的新冠候选药物SIM0417为例,今年5月13日,该新冠候选药物已获得国家药品监督管理局签发的药物临床试验批准通知书,拟用于曾暴露于新冠检测阳性感染者的密接人群的暴露后预防治疗。这是国内首个启动的用于暴露后预防的新冠口服候选药物。如果最终研究成功的话,将会产生两方面的重要意义:一是可以大幅度地减轻针对密接人群管理上的工作压力,有可能将酒店隔离方式改为居家隔离;二是可以大幅度地减轻对于密接人群管理上的经济压力,包括酒店、转运、医护、社区监测、停工停产、餐饮等方面的花费。

"当疫情出现时,我们需要尽快地锁定密接人群,这就需要国家方面第一手流调资料的支持,同时还需快速甄别这些密接人群是否符合临床入组条件,往往这些密接人群被锁定后,又会被分散到不同的酒店进行隔离,这就需要我们派出大量的专业医护人员及时跟踪受试者的试验情况,以此来确保整个试验过程中受试者的安全。这是国内首个在非《药品临床试验管理规范（GCP）》规定的试验场景下进行的临床研究，此前并没有这样的先例，以往药物的临床试验开展通常是在医院进行，后者各方面条件比较容易符合GCP的要求。"彭少平说，该公司正在与监管部门沟通如何在隔离酒店这样的创新场景下开展临床试验，从而来确保整个试验过程的质量以及合规。公司计划今年晚些时候启动该药的三期临床试验。

病毒持续变异带来的挑战

在新冠药物开发中，之所以新冠小分子药物受到广泛追捧，其中的一大原因是疗效不易受变异株影响。多数新冠小分子药物的作用机制是通过干扰病毒自身的复制来达到消灭病毒的效果，由于主要作用于细胞内，胞内过程相对保守，不易发生突变。

但是，在药物开发阶段，持续变异的新冠病毒有可能会影响到药物的临床试验结果，最终导致候选药物还未被推向市场时就被"扼杀"于摇篮里。

中国本土药企开拓药业（09 939.HK）于去年4月份就启动了其新冠小分子口服药普克鲁胺治疗轻中症非住院新冠患者三期全球多中心临床试验，并于今年4月份已对外公布了关键性数据结果，显示试验已成功，该药可以有效降低新冠患者的住院率和死亡率，同时也可以显著降低新冠病毒载量。但这项临床试验一度遭遇一波三折的考验，甚至差点陷入失败境地。

回顾该临床试验，共有全球733名受试者入组，其中的727名来自美国，其余来自其他国家。"该试验入组的患者是18岁以上的全人群，试验开始后，新冠病毒不断变异，感染的人群不断在发生变化，在巴西试验时，入组的主要是原始毒株感染者或是阿尔法毒株感染者。在美国入组的，则变成了德尔塔跟奥密克戎感染者。整个试验过程中，疾病的不断变化给临床方案的进行带来了极大的困难。在这种情况下，我们获得的临床试验结果，证明普克鲁胺在治疗新冠上是安全有效的药物，我们也希望药物能够尽早帮助到有需要的人群。"在今年4月份的一次电话会议上，开拓药业创始人、董事长兼首席执行官童友之曾这样表示。

已在全球多个国家或地区获得紧急使用的辉瑞新冠口服药Paxlovid，今年以来接连遭受过两项临床试验折戟，其中一项是用于暴露后预防的II/III期临床（EPIC-PEP）试验，结果显示是未达到降低通过家庭接触暴露于新冠病毒的成人感染（确诊）风险的主要研究终点；另外一项是针对未接种疫苗的成年人以及具有一种或多种进展为重症疾病风险因素的已接种疫苗成年人的 II/III 期临床（EPIC-SR）临床研究，结果显示未达到所有症状连续 4 天持续缓解的主要终点。

在一些业内人士看来，Paxlovid 上述两项临床试验失败的背后，并非意味着该药疗效失效，有可能跟当初临床方案的设计有很大的关系。

"辉瑞的这两项临床试验方案，主要是基于德尔塔疫情背景下所做的，但奥密克戎疫情出现后，入组的受试者就变成了奥密克戎感染者，不太符合最初的设计方案，因为这两个病毒之间的特点已出现了很大的改变。我们也碰到过一些临床试验方案，在德尔塔疫情下，是可以行得通的，但到了奥密克戎疫情后，就变得不太可行了。在病毒持续变异下，如何制定科学的临床试验方案是一大考验。"有新冠药物开发企业人士对第一财经记者说。

科兴制药在 7 月 17 日发布的公告中表示，鉴于临床试验研究具有周期长、投入大的特点，且新冠病毒具有突变快、流行区域不确定的特点，公司的新冠口服候选药 SHEN26 后续研究进程、研究结果及审批结果具有一定的不确定性。

充满不确定性的药物回报

如此多的药企扎堆在新冠口服药赛道上，未来的回报究竟有多大？

"关于新冠的用药需求，可以参考流感治疗药的国家药物储备量，流感药物国家储备量约为 2 600 万人份，若加上各省卫健委、疾控的储备，需求量会更大。" 7 月 18 日，在线上投资者交流会上，科兴制药管理层方面回应了新冠药物潜在市场需求。

方正证券在近期发布的研报中表示，按照目前国内新冠口服药的研发进度，2023 年将是国产新冠口服药的上市元年，2009 年 3—4 月，北美发现新的甲型 H1N1 流感病毒，引发了 21 世纪第一次流感大流行，疫情不到半年的时间内就迅速传遍全球。世界卫生组织推荐各国储备的抗病毒药物需覆盖全国人口的 20%，美国在该轮甲型 H1N1 流行期间抗病毒药物储备达 24%，而中国为 2%，墨西哥为 1%。假设我国分三年完成覆盖 10% 总人口的药物储备，2023—2025 年分别采购 3 000 万人份，5 000 万人份，6 000 万人份，新冠口服药单价逐年下降，分别为 600 元/疗程，300 元/疗程，150 元/疗程，则市场空间约为 420 亿元。

不过，方正证券也提示风险称，新冠口服药研发具有比较大的风险，病毒变异较快、能否做出显著性差异有较大的不确定性。与此同时，由于各国的疫情防控政策有不确定性，疫情的发展处于动态变化中，研发上市成功的新冠口服药的放量也存在不确定性；另外，目前新冠口服药研发公司颇多，进度落后的企业或比较难开拓市场，而且随着越来越多的新冠口服药上市，价格可能会出现下降。

"新冠药物研发内卷的情况，不仅仅发生在国内，国外同样如此，最后拼的是谁能做出一款疗效显著的药物。国产新冠口服药上市后，预计国家方面可能会启动集采，集采后的价格并不会很高，但对于企业而言，在目前新冠疫情流行下，首先需要考虑的是如何帮助国家抗疫；其次，才考虑企业利润回报问题。"彭少平说。

2022 年 7 月 24 日

分享链接

卫健委定调高血压诊断标准争议：
临床指南修改不是简单的事

胥会云　马晓华

国家卫健委 15 日晚间发布消息称，国家对于高血压等疾病诊断标准的制发有规范程序要求。由专业机构、行业协会和学会、个人等自行发布的指南、共识等，为专家的研究成果，不作为国家疾病诊断标准。关于高血压诊断标准，2005 年、2010 年、2017 年国家卫生行政部门发布的宣传教育要点、防治指南、临床路径等均明确：成人高血压的诊断标准为非同日 3 次血压超过 140/90 mmHg。

卫健委表示，目前，国家未对成人高血压诊断标准进行调整。

近日发布的《中国高血压临床实践指南》（下称《指南》），推荐将高压诊断值 140/90 mmHg 降到 130/80 mmHg，这一改变，意味着中国有超过 2 亿的人群可能会走进高血压患者的队伍，由此瞬间引发了全国的广泛关注。

临床指南是诊治病人的重要依据，为医护人员提供医疗实践的推荐和建议。尤其是国家和国际指南，一旦推出，会影响千千万万个医生，继而影响更多数量的病人，对一个国家的医疗卫生体系影响重大。

数据显示，2016—2021 年，中国指南和共识的数量快速增长。其中，2021 年中国专家主导正式发表的指南和共识已经超过 1 300 部，今年全年预计接近 2 000 部。

那么，对于疾病临床诊断标准的修改，到底应该基于什么样的证据？如何对这些证据进行利弊的权衡，从而得出一个最适合的推荐？

高血压诊断标准改还是不改，这不是一个简单的问题

11 月 13 日，由国家心血管病中心、中国医师协会、中国医师协会高血压专业委员会、中华医学会心血管病学分会、海峡两岸医药卫生交流协会高血压专业委员会联合发布的《指南》，推荐将高血压的诊断标准由≥140/90 mmHg 修改为≥130/80 mmHg。

《指南》的调整，将使中国高血压人群大约增加 2.43 亿人，在现有 2.45 亿人的基础上几乎实现倍增。同时，这一调整也会对基层卫生医疗机构的工作量以及医保支出都带来非常大的影响。虽然指南并非国家强制标准，但作为临床医疗的重要参考，它的调整会切实影响医生的诊疗行为，同时也会直接影响飞行员、驾驶员、潜水员等对血压有要求的岗位从业者。也因此，这一诊断标准的调整，引发了各界对于医疗指南的讨论。

这不是高血压诊断标准的第一次修改。

世界卫生组织 1977 年提出的 SBP（收缩压）≥160 mmHg 和/或 DBP（舒张压）≥95 mmHg 这一标准在全球使用了 20 年，1997 年修改为 SBP≥140 mmHg 和/或 DBP≥90 mmHg，且沿用至今。

2017 年，美国心脏病学会（ACC）/美国心脏协会（AHA）高血压指南率先将高血压诊断标准下调至 130/80 mmHg。但考虑到高血压患者会大幅增加，并带来相应的医疗支出和经济负担，欧洲指南 2018 版、2020 年国际高血压学会（ISH）的国际高血压实践指南和 2021 年世界卫生组织（WHO）的成人高血压药物治疗指南，以及除美国外的各国高血压指南，均维持 140/90 mmHg 的诊断标准。

2022 年 5 月，中国台湾地区心脏病学会和台湾高血压学会联合发表的《2022 年台湾高血压指南》，把高血压的诊断标准下调至 130/80 mmHg。

"根据国家的流行病学调查，18 岁及以上成人中，血压水平在 130—139 mmHg 和/或 80—89 mmHg 的人群，大概是 2.43 亿人，也因此，这个诊断标准的调整，意味着我国的高血压患者将从现有的 2.45 亿人，逼近 5 亿。"一位心血管专家对第一财经记者表示。

根据《指南》，血压≥140/90 mmHg 被认定为二级高血压，心血管危险分层划分为高危，推荐立即启动降压药物治疗。

同时，血压在 130—139 mmHg 和/或 80—89 mmHg 的人群，若伴临床合并症，推荐启动降压药物治疗。若伴靶器官损害或≥3 个心血管危险因素，可以启动降压药物治疗。若伴 0—2 个心血管危险因素，可进行 3—6 个月的生活方式干预，血压若仍≥130/80 mmHg，可考虑启动降压药物治疗。"

根据这一降压药物治疗启动标准，"新增的高血压病人中，需要吃药的比例至少在1/5以上，也就是4 000多万人。上述心血管专家表示，《指南》把高血压的预防和治疗窗口前移，业内争论挺大，很多专家也会困惑，也会影响临床诊疗行为。"

中国科学院深圳理工大学讲席教授唐金陵对第一财经记者表示，抗血压药治疗的最终目的是预防心脑血管疾病，我国一般高血压病人10年内发生心脑血管事件的机会约是5.6%，即1 000人中10年内有56人会得中风或冠心病。但是，血压在130/80 mmHg—139/89 mmHg之间的人，一般都比较年轻，其他危险因素也比较少，他们的风险会远远低于5.6%。

《指南》也提出，我国18岁及以上成人中，SBP130—139 mmHg 和/或 DBP80—89 mmHg 的人群占比达23.2%，预计总人数近2.43亿，且该血压范围人群主要为18—54岁的中青年。

"假如风险是3%，吃药可以再降低1/3的风险，就意味着100个人吃药，只有2个人会因此预防了心血管疾病。从降压药物治疗中受益的人很少。"唐金陵说。

《指南》判断，在我国35岁及以上成人中，血压130—139 mmHg 和/或 80—89 mmHg 的人群有22.7%需要进行降压药物治疗，预计总人数为3 990万。不过，《指南》称，根据我国最新的药品价格和医疗保险制度，在我国35岁及以上血压在130—139 mmHg 和/或 80—89 mmHg 且无心血管疾病的成人中，在未来10年乃至终生采取降压药物治疗均符合成本效益。

由于现行的高血压诊断标准在我国已经推广了20余年，被包括国家卫健委和行业组织，医学教科书和专著，以及医生和患者广泛使用。多位专家也提出，新的诊断标准若要得以全面实施，下一步取得国家权威部门（国家卫健委、医保局等）的认可和支持将显得尤为重要。

临床指南的制订，质量比数量更重要

多位专家对第一财经记者表示，改变一个疾病的诊断标准，尤其是类似高血压之类的全人群疾病，需要更加谨慎，也需要更多层面的研判，特别是对当前可得证据的系统评价。

近年来，随着临床研究的快速发展，全球范围内的医疗指南和共识的数量迅速增加，中国也发表了越来越多的指南和共识。

在兰州大学健康数据科学研究院执行院长、世界卫生组织指南实施与知识转化合作中心主任陈耀龙看来，指南对中国卫生保健事业的发展和医疗质量的提升尤其具有重要意义。依照国际惯例，我国的医疗指南也是由相关行业协会和学会制定，同一疾病的指南并不唯一，往往会有不同的协会、学会制订不同的指南。但客观现实是，指南的整体质量偏低。

"质量严重良莠不齐。去年中国专家发布的1 300多部指南和共识，以100分为满分，平均得分只有30多分。不过，也有少部分指南能得八九十分，比国际指南的平均水平还要高。"陈耀龙说，这么多的指南和共识应用于临床实践中后，普通的临床医生因为缺乏时间和相应的技能，很难判断指南的质量。

因此，临床指南发布或发表后，第一时间对其质量进行评价是关键且必要的，需要对已发布的每一部指南和共识进行评价，公布其质量和排名，避免指南领域里面的"劣币驱逐良币"现象。这不仅有助于规范医疗行为、提升临床医疗水平，也能够为患者更好地享受医疗服务提供参考。

"如果没有一个客观透明的评价体系，低质量指南就可能误导临床。"陈耀龙认为，从这个层面来说，未经严格评价的指南，不应该被直接应用到临床。

2021年，世界卫生组织指南实施与知识转化合作中心联合中华医学会杂志社指南与标准研究中心成立了基于科学性、透明性和适用性的指南评级工作组，通过概况性评价、德尔菲调查、层析分析法和共识会议研发了指南综合评级工具（STAR），目前已建立了37个专科委员会，400余位来自国内的指南制订者、研究者和使用者对不同学科的指南和共识定期开展评价工作。

陈耀龙介绍称，STAR是目前我国唯一一个用于医疗指南的综合评级系统，STAR数据已经纳入了近2 000部医疗指南和共识，可有效地协助医务工作者遴选和应用高质量的指南和共识。

除指南自身的良莠不齐之外，临床医生在指南的应用上也存在一些乱象。

陈耀龙说，由于没有强制的监测和约束机制，临床医生在进行诊疗决策时，不一定选择高质量的指南，而是根据个人经验或医药企业资助的共识。"在是否基于高质量指南开展临床实践这一点上，医院缺乏对医生的考核，主管部门也没有对医院提出明确的要求。事实上，如果指南执行到位，可避免1/3患者的死亡和降低1/3的医疗成本。"

尽管指南质量良莠不齐，但陈耀龙说，没有指南会造成更大的混乱，指南是指导临床实践的灯塔，对于老百姓来说，指南也非常关键，也可以起到患者教育或科普的作用。

要促进指南质量的提升和应用，陈耀龙建议，在对医疗质量进行评估时，可加强和细化对遵循高质量指南的相关内容，这样可极大地提升指南和最新的证据在临床上的落地。

指南也有保质期，需要与时俱进

临床诊疗需要高质量的指南，因此，现有低质量的指南需要规范和清理，也需要多方携手，推动更多高质量的医疗指南产生。

目前，国际上已经形成了一套比较完善和科学的指南制订的方法论。

今年3月15日发表于《中华医学杂志》上的《中国制订/修订临床诊疗指南的指导原则（2022版）》就明确，指南的制订应遵循更加严谨、规范和客观的方法和流程。

在陈耀龙看来，指南的制订应该是多学科的。"譬如，针对某种疾病的指南，如果仅由外科医师主导制订，可能会倾向于首先推荐手术治疗；同样，如果仅有内科医生主导制订，可能会倾向于首先推荐内科药物治疗。缺乏多学科专家参与，就可能存在专业领域的利益冲突。"因此，指南的制订需要邀请临床药学、护理、医技、循证医学专家、卫生经济学专家甚至患者代表等，共同讨论什么样的诊疗措施才是真正对患者最佳的。

同时，指南应该基于当前可得的最佳证据。

以高血压为例，唐金陵认为，制订高血压切点需要的重要科学依据是：抗血压药治疗在一个血压段（如130/80 mmHg—140/90 mmHg）的人群中是否可以降低心脑血管病的风险。如果可以，这个血压段的低端（130/80

mmHg）就可以作为高血压的最低点，即高血压的诊断切点。

但对于美国高血压诊断标准下调至130/80 mmHg，唐金陵认为，支持新切点的证据不足。

北京大学人民医院心内科主任医师张海澄提出，我国高血压人口倍增，对于基层慢病防控以及各级医疗机构的压力、医疗卫生支出与获益的卫生经济学分析、被新诊断高血压之后带来的精神心理应激及由此可能带来的问题等，均需要进一步开展大规模人群的研究。

此外，随着时间的推移和对疾病认识的加深，指南需要及时更新。

"无论哪种疾病，涉及指南中改变其诊断标准和治疗方式，大部分情况下，都是医生和研究人员对该疾病进一步深入认识的结果，以及新的诊疗对患者获益和弊端的权衡。"陈耀龙说，全世界范围内各个国家的指南，都是有保质期或保鲜期的，平均而言，国际上一般认可的是3—5年就应该更新。在某些领域像心血管和癌症，医学进展速度是非常快的，可能每年甚至每半年都会更新一次，从而让最新的研究证据及时转化出来。

"有一个术语叫知识转化或证据转化，目的是缩短研究转化的周期，让科学更好地服务于临床。具体到指南的更新方面，近几年国际上提出了一个新概念，叫动态指南。也就是只要有新证据出来，专家评估这个证据是可靠且能够改写临床的话，就应该马上把它更新到指南当中去。"陈耀龙说，但在国内，超过一半的指南制订出来之后并没有更新。

钱从哪里来，某种程度上决定了指南走向哪里去

就像高质量的医学研究需要经费资助一样，一部高质量的临床指南也需要充分的经费支持。

目前国内外制订指南的经费来源渠道比较多元，包括会有药企或者相关的基金来推动。如果没有国家的项目支持或来自公益基金的资助，指南经费来源于企业是不得已的选择。陈耀龙说，一部指南的好坏，与其在多大程度上能够避免商业和学术方面的利益干扰至关重要。"STAR评级其中一个非常重要的指标，就是看参与指南制订的专家是否签署了利益冲突声明表以及是否公开了这些利益冲突。"

从国际上来看，陈耀龙表示，世界卫生组织的指南全部来自公益基金，部分欧美国家的指南，政府会提供专门的资助，如果是企业资助，也会严格要求临床医生声明指南的利益冲突。

"在医学领域，目前国家有专门的经费去支持基础研究（如国家自然科学基金委），但没有类似的机构去资助临床研究和指南制订。我们知道只有临床研究才能回答临床问题，只有临床研究的结果才能够为指南提供直接的证据。"陈耀龙表示。

"同样，如果我们期待一部指南要科学、公正和权威，对医生和患者起到积极的效果，主管部门就应该设立专门的公益基金来支持它。"陈耀龙说。

2022 年 11 月 15 日

分享链接

新冠病毒防控回归乙类管理的条件渐趋成熟

马晓华　林志吟

新冠病毒在全球流行近3年后，其致病力逐渐减弱。与之相对应，中国的防控措施也随之调整，各地的防控措施正层层减码。

连日来，中国多地对于新冠肺炎的防控措施进行了密集调整，包括取消严格的核酸码检验、减少核酸频次、缩小高风险划定范围、符合条件的密接和特殊情况的确诊病例居家等措施。自2020年年初开始实施的严格的传染病甲类防控措施正在松绑。对照传染病防治的要求，当前的防控措施正体现出乙类管理的特征。

那么，当前新冠病毒所呈现的流行病特征是否符合脱离甲类管理的条件？是否适合回归乙类传染病管理？

乙类甲管已近3年

2020年1月20日，国家卫健委发布1号公告称，根据《传染病防治法》的相关规定，基于当时对新型冠状病毒感染的肺炎的病原、流行病学、临床特征等特点的认识，报国务院批准同意，将新型冠状病毒感染的肺炎纳入法定传染病乙类管理，采取甲类传染病的预防、控制措施。新型冠状病毒感染的肺炎纳入法定传染病管理，各级人民政府、卫生健康行政部门、其他政府部门、医疗卫生机构可以依法采取病人隔离治疗、密切接触者隔离医学观察等系列防控措施，共同预防控制新型冠状病毒感染的肺炎疫情的传播。

"传染病管理模式的主要依据来自传染病的传染性和致病力。"一位传染病专家对第一财经记者表示，对于致病力强、病死率高且传染性强的传染病，一般归为甲类或者乙类甲级管理，管控措施一般是采取强制性隔离、疫区封锁等；对于发病率较高，引起高病死率，但传播能力有限，对社会造成一定危害的传染病，会归为乙类；对于传染强、致病力弱、病死率低的传染病，一般归为丙类。

随着新冠病毒的不断变异，当前在全球流行的奥密克戎变异毒株的临床特点也逐步被认知，众多科学研究以及真实世界的数据显示，其传染性逐步增强，但其致病力及病死率降低。也因此，其管理级别又必须要重新考量。

从目前新冠病毒的流行病特征来看，上述传染病专家表示，很多地方显示超95%以上的感染者为无症状和轻症，病死率很低，在这样的情况下，继续按照甲类管理显然不符合科学，所以，新冠回归乙类管理甚至降级为丙类，都将成为可能。

国家卫生健康委医政医管局局长焦雅辉3月19日在国务院联防联控机制新闻发布会上表示，本轮疫情的主要流行株是奥密克戎变异株，截至3月18日24时，全国在院治疗的感染者总数为29 127例，从病情来看，以轻型和无症状为主，占比95%以上。重症（包括重型和危重型）的占比不到0.1%。

在当前一轮的疫情中，无症状感染者的比例依然保持高位。在12月2日的广州市疫情防控新闻发布会上，广州市卫生健康委副主任、新闻发言人张屹通报，本轮疫情广州市累计报告新冠肺炎本土感染者16.27万例，无症状感染者占感染者总数约9成，重症、危重症仅4例，无死亡病例。

在11月28日召开的国务院联防联控机制新闻发布会上，中国疾控中心传防处研究员常昭瑞表示，国际和国内的监测数据证实，奥密克戎变异株及其进化分支BA.1、BA.2、BA.5系列，包括BF.7、BQ.1和重组体XBB的致病力和毒力相比原始株和德尔塔等变异株明显减弱。国外的研究表明，奥密克戎变异株引起重症和死亡的比例明显低于之前原始株和关切变异株。"这既是奥密克戎变异株的特点，也可能与人群接种疫苗免疫水平提高、及时干预治疗等因素有关，我国新冠重症及其关联死亡处于较低水平，这与我们积极的预防策略和统筹优质的救治力量有关。"常昭瑞表示。

"很显然，当前流行毒株的致病力比较弱，在全国已经完成基础免疫的条件下，按乙类管理已经不成为问题。回归乙类管理，也可以为未来进一步优化防控措施提供一定的法律依据，做到有法可依。"上述传染病专家表示。

走小步不停步，主动优化完善防控政策

在过去的3年中，中国的防控措施一直处于优化状态，如国家卫健委新闻发言人米锋在11月29日的国务院联防联控机制新闻发布会上所述，疫情发生以来，中国政府一直根据病毒变异的特点和临床治疗的实践认识，边防控、边研究、边总结、边调整。针对奥密克戎变异株传播力和致病力的特性，以及重症率、死亡率等情况，包括密切关注国际上一些疫情形势的变化，对于防控的措施，我们一直在研究，不断在调整，最大程度地保护人民的利益，最大限度地减少疫情对经济社会发展的影响。

国务院副总理孙春兰12月1日在国家卫生健康委召开座谈会，听取防控工作一线代表对优化完善防控措施的意见建议。她指出，坚持稳中求进、走小步不停步，主动优化完善防控政策，是我国疫情防控的一条重要经验。经过近3年的抗疫，我国医疗卫生和疾控体系经受住了考验，拥有有效的诊疗技术和药物特别是中药，全人群疫苗完全接种率超过90%，群众的健康意识和素养明显提升，加上奥密克戎病毒的致病力在减弱，为进一步优化完善防控措施创造了条件。

南方医科大学南方医院感染内科及肝病中心副主任、疑难感染病中心主任、主任医师彭劼对第一财经记者表示，2020年将新冠列为甲级管理，是考虑当时对疾病本身及病毒的认识尚不够，而且当时该病的病死率很高。如今的奥密克戎变异株，虽然传染性变强，但毒力变弱，病死率已大大降低，98%以上的感染者属于无症状及轻症患者。从病毒及疾病特点看，当下再延续甲级管理的模式并不适宜。

近期以来，全国多地已取消拉网式核酸，部分地区取消阳性集中隔离或者允许密接居家隔离等方式，是按照传染病乙类管理的思路来进行的，但在新冠甲类管理规定下产生了很多冲突，比如，在治疗重症患者中，到底是先查新冠还是先抢救疾病，目前产生了很大冲突。根据现有病毒特点，回归到乙类管理后，可以让阳性居家隔离，将大量的医疗资源从方舱医院中释放出来，回归到正常的诊疗中。另外，在抢救新冠患者中，也可以将精力重点放在脆弱人群上。

接下来，新冠病毒的防控管理方式是否从甲类管理回归乙类管理，将直接影响未来防控措施的优化方向。

2022 年 12 月 4 日

分享链接

中国抗疫大决战之一：
医疗主战场如何打赢这场战？

马晓华　吴斯旻　林志吟

随着中国进一步优化疫情防控措施"新十条"的落地，新冠病毒在中国的传播才算是正式拉开帷幕，R0为18的奥密克戎变异毒株已经展开了它的传染攻势。抗击新冠病毒疫情，已经从最初的速决战转到了大决战。

在大决战展开前，先要盘点一下各项准备：

压峰减压的公共卫生方案准备就绪了吗？65岁以上的老年人打足疫苗了吗？医疗分级诊疗程序顺畅了吗？ICU和呼吸机能力储备到位了吗？特效药准备好了吗？预防医院内交叉感染的措施做足了吗？

医疗机构成为主战场

当核酸码不再成为人员流动的检查工具，无症状和轻症感染者可以居家时，奥密克戎也正在进入快速传播阶段。

"根据数学模型测算，当第一波大规模冲击达到最高峰时，我们人群中的感染率可能达到60%左右，随后会逐步回落到一个平稳期，最终我们可能80%—90%的人都会经历感染。"12月6日，中国疾病预防控制中心原副主任、国家新冠病毒肺炎联防联控机制专家组成员冯子健在清华大学"春风讲堂"上表示，不论政策以什么样的形式进行调整，多数人都难免遭遇一次感染。

感染潮无法避免，好在奥密克戎的致病力已经逐步减弱。冯子健表示，根据目前的数据，奥密克戎感染以后，发生无症状感染者的比例在50%以上，还有接近50%的感染者虽有咳嗽、咽痛、头痛、流涕、发烧等症状，但比较轻微。

"即便如此，我们仍需要关注重点人群的重症风险。目前重症比例很低，但在短时间内感染高峰导致的巨大分母基础上，它的绝对数量不会小。这包括一部分因为感染新冠导致的重症，还有一部分是慢性疾病伴随感染所带来的医疗需求，有强烈的需要住院的需求。"一位流行病学专家表示，这两部分将构成医疗住院压力和ICU压力。

对此，冯子健在上述讲坛上也表示，要提前做好医疗系统的有关准备。疫情高峰会给医疗系统带来巨大的压力，需要提前做好医疗服务的流程、模式转换的准备，使没有接触过新冠重症病例的医务人员尽快熟悉新冠的诊断、治疗的规则和流程，能够快速识别重症和有重症倾向的病人。

同时，还要改进医院的管理模式，保护正在住院的其他各类病患，并尽量减少因医护人员感染而造成的人员压力。

这些需要提前做好的有关准备，现在准备得怎样了？

"事实上，过去的3年，我们一直在与病毒做斗争，医疗战场上的战斗主要集中在新冠患者定点医院，很多综合性医院缺乏一定的处理经验。"一位医疗界专家表示，新冠病毒作为一种传染病，在医疗机构处置环节，理论上感染者需要入住传染病房，其病区应为独立病区，但现在很多医院没有这样的条件，只能在各个病区划出缓冲区，但这个缓冲区仍在病区，没有单独隔离，所以可能会导致院内交叉感染。

为了应对感染高峰对医疗机构的冲击，12月7日，国务院联防联控机制印发《以医联体为载体做好新冠肺炎分级诊疗工作方案》（下称《方案》）。《方案》指出，构建新冠肺炎相关症状患者分级诊疗服务网络。统筹现有医疗资源，以地级市、县为单位，按照分区包片的原则，规划覆盖辖区内所有常住人口的若干网格，每个网格内组建1个医联体（包括城市医疗集团和县域医共体），或依托现有医联体将辖区内所有居民纳入管理。科学统筹亚定点医院、定点医院和医联体之间的空间布局，明确高水平三级医院作为医联体外部协作医院，建立对应转诊关系，畅通双向转诊机制，实现发热等新冠肺炎相关症状患者的基层首诊、有序转诊。

"目前医疗机构能有的只有发热门诊，这远远不足以应对新冠感染者，而让每个医院做单独隔离病区有点来不及，所以，医联体模式可以减少基层重症患者的医疗需求。未来最终目的是减少重症和死亡，不管是因为新冠导致的还是因为感染新冠病毒伴随的重症和死亡。"上述医疗专家表示。

12月9日,国家卫生健康委医政司司长焦雅辉在国务院联防联控机制新闻发布会上表示,为了更好地满足和适应下一阶段医疗服务的需求,国家卫健委印发了相关文件,指导各地加强医疗资源的准备和建设:一是进一步做好发热门诊的建设。二级以上医院都要开设发热门诊,应设尽设,应开尽开,另外,具备条件的基层医疗卫生机构也要开设发热门诊或者发热诊室,并且要配备充足的力量,尽最大可能满足人民群众的就医需求。二是指导各地加强定点医院医疗资源的准备。三是要以地市为单位,按照城市的人口规模,把方舱医院升级改造成亚定点医院。四是二级医院重症资源的准备。五是三级医疗机构重症资源的扩容和改造。

"做好医疗资源的准备,可以说是我们做好下一阶段医疗服务工作的'先手棋'和'关键棋'。"焦雅辉说。

保护高风险人群

保健康、防重症,是当前的一个重要目标。

《关于进一步优化就医流程做好当前医疗服务工作的通知》提出,要重点关注65岁以上合并严重基础疾病(肿瘤、呼吸系统疾病、心脑血管疾病、慢性肾功能衰竭、自身免疫缺陷疾病等)且未完成新冠病毒疫苗全程免疫的患者。

统计公报显示,2021年,我国60周岁及以上人口为26 736万,占比18.9%;其中,65周岁及以上人口为20 056万,占比14.2%。

"我们国家老年人口多,合并基础疾病的老年人又占了相当的比例。我们知道,老年人是新冠肺炎的高风险人群,如何保障老年人的安全,是我们实现'保健康、防重症'目标的一个关键性、决定性因素。"焦雅辉说。

对于这些高风险人群,如果医疗机构资源的准备没有进一步加强,会出现什么?

"院内交叉感染会导致原本免疫力低下的住院患者的感染,延长住院周期,加重原有病情,会进一步导致未来有重症住院需求的人无法得到及时的医疗救助,因此所带来的是增加死亡风险。"上述专家表示。

上海长海医院血液科主任医师、教授王健民对第一财经记者解读了血液肿瘤病人遇到新冠的情况。

血液肿瘤病人之所以是脆弱人群有两个方面的原因：其一，人体的白细胞等血液细胞担负着产生抗体等抵抗外来病原体的重要任务，发生肿瘤性变化后，体内正常的免疫反应就无法工作了，不仅不工作，可能还起到破坏的作用，肿瘤细胞会随着血液分散到身体其他组织和器官，破坏那里的组织和器官，造成人体免疫力进一步下降；其一，目前大多数血液肿瘤病人都要进行化疗或者放疗，会进一步抑制身体还残留着的部分正常免疫功能，还有些病人需要接受免疫治疗，比如针对 B 淋巴细胞的免疫治疗，抗 CD20 单抗抗体等，也会降低身体对于外来病原体的反应。

"血液肿瘤病人一旦感染了新冠病毒后，发生重症的比例就比较高，相应死亡的比例也会高。"王健民表示。

据王健民介绍，2020 年、2021 年时，国际上统计的血液肿瘤患者感染新冠后的死亡情况显示，不管是白血病还是淋巴瘤、骨髓瘤患者，这些病人感染了新冠后，死亡的比例达到了 30% 多，甚至有达到 40% 或 50% 的。

国际上的相关文献报道显示，由于新冠疫苗的接种以及新冠治疗药物的出现，血液肿瘤病人感染奥密克戎新冠变异株后的死亡率有所下降，其中欧洲一个关于 1 500 多例病人的研究显示，在打了疫苗基础上感染奥密克戎的血液肿瘤病人的死亡比例大约是 7.9%（感染 30 天内的死亡率）。但是，相对于健康人群而言，这个比例还是非常高的。因此，需要高度关注奥密克戎对于免疫功能缺陷病人的危害性。

"医疗机构既是抗击新冠疫情的前线，又是最后一道防线，一旦大面积新冠感染出现，医疗机构可能会承受更大的压力。对于轻症的病人，提倡居家隔离，这样可以适当减轻医疗机构的压力。医疗机构的重点救治对象之一是那些脆弱人群。站在血液科医生的角度上，我们认为，考虑到血液肿瘤患者免疫力低下，感染新冠的病人与没有感染的血液肿瘤病人还是要分开管理，分区治疗，尽量避免交叉感染。"王健民表示。

医疗机构迎战冲击波

这场冲击波来得比预想中更快。

在"新十条"出来的第3天,很多医疗机构已经出现了院内患者、医护人员的感染。

"北京一些三甲医院出现了院内住院患者的感染以及医务人员的感染,导致本来该出院的患者只能延迟出院,把病房改为隔离病房。想入院的患者没有办法办理入院,此外,感染的医护人员也就地住院,医疗能力正在逐步削弱。"一位三甲医院医务人员表示。

"接下来的1—2周,发热门诊的线下问诊量预计会达到一个阶段性高点。"上海交通大学医学院附属上海儿童医学中心门急诊办公室副主任邬宇芬8日在接受第一财经记者采访时称。

她表示,在儿童专科医院,冬季问诊量一直较大。除新冠和流感外,还有一些如呼吸道合胞病毒等儿童多发常见病。这些流行病在临床表现上存在一些相似之处,故而家长往往难以区分。在社会面防疫松绑之初,家长往往会出于焦虑心理,在儿童出现症状后,第一时间赶赴医院。

为了减缓可能出现的医疗资源挤兑现象的发生,邬宇芬称,医院在三方面做出准备:一是将发热门诊就医患者分类收治;二是在各个专科病房加设新冠病人缓冲区并扩充新冠隔离病房;三是更有效率地调度医务人员力量并最大可能地防止院感。

对于发热门诊就医儿童及家长,邬宇芬称,首先要求在发热门诊进行抗原检测,再根据抗原结果和儿童临床症状,分三个区域进行诊疗:新冠隔离急症就诊区、新冠隔离普通就诊区和非新冠普通发热门诊就诊区。对于儿童或家长抗原结果为阳性者,在隔离门诊区结束诊疗后,会与其所在的居住社区进行信息报备。为患者及家长提供N95口罩。

除发热门诊外,邬宇芬称,其他门急诊均开放了相应的新冠隔离缓冲区。当可疑阳性患者问诊结束或者急症患者就地抢救后,会有专业人员进行环境消杀。

考虑到一些有白血病、肿瘤和心脏病病史的新冠儿童感染者,需要入院进行看护治疗。邬宇芬还提到,医院在住院部开设了60张左右隔离床位,并按比例配备了医务人员。

为了防止院感的发生,对于院内重点岗位人员,会定时加强医务人员的院感培训，并在穿脱区进行监督。对于穿脱时存在不规范行为的医务人员，加强其健康的管理和核酸的检测。

此外，考虑到医院门急诊的压力和精准高效的防疫需求，对于感染新冠的医务人员，待其转阴后，都会让其尽快回到工作岗位上。

医联体的基层首诊落实并不易

顶层设计之下，不管是摸清底数还是分类管理，基层医疗卫生机构成为"网底"，家庭医生成为健康"守门人"，他们要在应对这场冲击波中发挥重要的作用。

为了能够进一步发挥基层医疗的力量，国家再次强调要发挥医联体的力量。《方案》提出，以家庭医生签约服务为重点引导患者基层首诊。发现患者有新冠肺炎相关症状时，家庭医生应当指导其到签约服务的社区卫生服务中心或乡镇卫生院发热诊室（门诊）就诊；若患者病情超出基层医疗卫生机构的诊疗能力，则应当在医联体牵头医院指导下，及时转诊至有相应诊疗能力的医疗机构。

在长期负责医联体方面工作的上海儿童医学中心呼吸科主任殷勇看来，基层首诊的落实并不容易。

殷勇认为，新冠疫情发生以来，基层的医疗服务出现了至少三个转变：一是基层医生的诊疗职能大比例地被疫情防筛职能所取代。目前来看，基层医生还将承担大量的疫苗加强针接种、上门核酸，电话流调等工作。基于此，比较现实的实践是，让基层医生在为社区群体提供基本用药咨询、居家隔离人员心理支持、初筛病人方面发挥更大价值。"但在诊疗上，基层医生即便有能力，也难以有精力顾及。"殷勇表示。

二是疫情以来，国家一直重视发热门诊的建设、管理和感染防控。但真正有场地、设备和人员储备，能够设置发热诊室的乡镇卫生院和社区卫生服务机构还很有限。加之对于无发热门诊的基层医疗机构，政策一度收紧了其接诊有新冠相关临床表现患者的权限，这也制约了分级诊疗的落实。

其三，随着疫情防控政策的进一步优化，更多有三级或专科医院医生参与互联网诊疗将发挥更大作用。短期内，这也分摊了一部分基层医疗机构能够解决的诊疗、常识科普和心理疏导任务。

以上海为例，目前医联体已经网格化覆盖了绝大部分基层医疗机构，一方面会给基层医疗机构开始常态化的培训，另一方面医联体牵头医院等医疗机构建立了相关的绿色通道，给予从基层医疗机构转诊治疗的患者便利。

殷勇还特别提出，更有效率的转诊还需要考验救护车与医疗机构的配合效率。目前，大型医疗机构自身配有救护车辆的还较少。

2022 年 12 月 9 日

分享链接

中国抗疫大决战之二：一老一小一特殊人群，为何仍要加强疫苗接种？

马晓华　林志吟

以奥密克戎变异毒株为主的流行在中国的传播正式拉开帷幕，感染人群也将不断扩大。除了医疗主战场要加强医疗资源的准备和建设外，还需要做些什么？

"很显然，是疫苗接种。"一位流行病学专家表示，这3年来的科学证据表明，疫苗虽然预防感染的作用不断减弱，但其保护重症减少死亡的作用仍是持续存在的。

面对未来的冲击波，防重症和死亡是最重要的目的。而接种三针疫苗对重症和死亡的防护效果，已经在多个国家和地区得到了真实世界的验证。那么，当前中国三针接种现状到底何如？

"对于这波大范围的传播，势必影响到重点人群，老人、孩子以及有基础疾病的人群，这些人群恰是医疗资源救助的主要对象，也是重症和死亡发生比例较高的人群。目前，这些人群多数完成了疫苗基础免疫，但是还存在一部分老人没有打加强针。"一位流行病学专家表示。

他同时表示，3—17岁人群的加强针至今没有启动。考虑到两针与三针在重症和死亡的保护数据上还是有很大差距，所以，国家推动了60岁以上人群的疫苗加强接种，但3—17岁人群仍未引起重视。

中国3—17岁人群没有接种加强针

全球已有的新冠疫苗在应对奥密克戎变异毒株的预防感染效果上都大打折扣，但所有疫苗对重症和死亡的保护效果并没有因为变异而受到影响，这一结果在全球各国都得到了验证，所以，以色列、美国、欧洲等国家和地区都展开了加强针接种，甚至展开了第四针加强。

加强针最大的作用是保护重症和减少死亡，也是当前冲击波下能做和需要做的一件事情。

目前，中国两针基础免疫基本完成，但三针加强仍有很大一部分重点人群尚未得到满足。在未来的冲击波中，他们被感染的概率将增加。如何减少这部分人的重症和死亡风险，是当务之急需要解决的。

那么，三针对重症和死亡的保护效果到底如何？

香港大学教授 Benjamin J. Cowling 团队今年 10 月正式发表的真实世界数据显示，无论是哪个年龄段的老人，只要接种三针新冠疫苗，无论是科兴灭活疫苗还是复必泰 mRNA 疫苗，防止重症或死亡的效果都非常好，有效率均超过 95%。

从疫苗的免疫效果看，两针剂完全免疫对重症发生的预防保护率要明显高于接种一剂量。例如，60 岁以上老人接种两针剂克尔来福防重症的有效率为 74.1%，80 岁以上老人接种两针剂克尔来福防死亡的有效率则为 66.8%。与之相对应的，60 岁以上老人接种两针剂复必泰防重症的有效率为 88.2%，80 岁以上老人接种两针剂复必泰防死亡的有效率是 88.2%。

进行第三针剂加强免疫后，两种疫苗的防重症和防死亡有效率均得到大幅提升，具体来说，三针剂克尔来福疫苗的免疫使各年龄段人群的防重症有效率均在 96.7% 以上，而二针剂完全免疫时 80 岁以上老人的防重症有效率仅为 60.2%；三针剂加强免疫使 60 岁以上人群各年龄段的防死亡有效率均处于 97.2% 以上（80 岁以上老人高达 99.2%），而二针剂完全免疫时 80 岁以上老人的防死亡有效率仅为 66.8%。

从上述数据整体来看，老年人仍是疫苗免疫保护的薄弱群体，而第三针剂大幅提升了疫苗对老年人重症和死亡发生的预防保护作用。

疫苗的防重症和死亡的保护效果也体现在儿童群体中。

从香港的数据可以看出，死亡的儿童以及重症儿童都是因为没有接种过疫苗。

2022 年 3 月份，香港大学研究团队曾发表一篇论文，研究了 2022 年 2 月共 1 147 例因新冠病毒感染住院治疗且未接种疫苗的儿童数据，通过对比分析发现：1 147 名奥密克戎感染儿童（均未接受疫苗免疫，0—5 岁的为 920 人）中有 4 人不幸去世，其中两人的致死原因为脑炎，一名 9 岁儿童患有假肥大型肌营养不良症，死亡率为 0.35%，高于新冠病毒其他变异株（0%）、流感病毒（0.05%）和副流感病毒（0.04%）。

从重症病例分析，奥密克戎感染病例中有 21 人（1.83%）入住儿童重症监护室，比例仍高于非奥密克戎新冠病毒（0.14%）、流感病毒（0.79%）和副流感病毒（1.64%）。

对于儿童群体接种疫苗的意识，欧美国家更提前。事实上，美国在 2022 年 6 月份已经把新冠疫苗加强针接种扩大到 6 月龄以上儿童。中国并没有启动儿童加强接种，从有关统计数据可以看出，我国 3—15 岁人群为 3 亿，这个人群目前仍处于免疫短板。

高龄老人接种率亟待提升

60 岁以上的老年人是感染新冠病毒后引发重症的危险人群，而 80 岁以上的高龄老人更是重症的高危人群。

11 月 29 日，在国务院联防联控机制召开的新闻发布会上，国家疾控局卫生免疫司长夏刚介绍称，截至 2022 年 11 月 28 日，60 岁以上老年人接种的覆盖人数为 2 亿 3 940 万人，完成全程接种的有 2 亿 2 816.5 万人，覆盖人数和全程接种人数分别占老年人口的 90.68% 和 86.42%，完成加强免疫接种的有 1 亿 8 151.1 万人，其中，80 岁以上老年人接种的覆盖人数为 2 742.6 万人，完成全程接种的有 2 356.3 万人，覆盖人数和全程接种人数分别占 80 岁以上人口的 76.6%、65.8%，完成加强免疫接种的有 1 445.6 万人。

从上述数据推断：60 岁以上老年人完成加强免疫接种占老年人口比例约 68.75%。而 80 岁以上老年人完成加强免疫的接种率就更低了，占 80 岁以上人口的比例仅有 40.37%。

因此，我国老年人现有疫苗接种率尚未形成足以抵抗重症和死亡的屏障。

广东省防控新冠病毒肺炎临床专家组组长、广东省人民医院老年医学研究所所长主任医师覃铁和对第一财经记者表示，随着年龄的增加，老年人的器官功能会有不同程度的减退；患有多种慢性基础疾病者，器官功能的减退更加明显，对病毒的抵抗力也不如青壮年，积极接种疫苗可以降低感染后重症的发生率。

目前，国家已经启动了对老年人群加强接种的措施，11 月 29 日，国务院应对新型冠状病毒肺炎疫情联防联控机制综合组出台《加强老年人新冠病毒疫苗接种工作方案》，将老年人加强免疫接种与全程免疫接种的间隔从原来的 6 个月缩至 3 个月。新冠疫苗日接种量也从 10 月初的每日 10 余万剂逐步提升,12月9日已经超过100万剂。

"疫情开始后,亡羊补牢的接种也来得及。这是当时香港也采取的措施,当时,香港面对众多没有接种疫苗的人群,他们一边防疫,一边设置疫苗接种点,取得了很好的效果。现在虽然这次冲击波已到,但疫苗接种不能停。"上述流行病学专家表示。

特殊人群的接种亟待重视

除了一老一小,还有一类特殊人群,即基础疾病及免疫功能缺陷人群的疫苗接种亟待得到重视,这些人群囊括了心脑血管疾病(高血压)、慢性肺部疾病、糖尿病、慢性肝、肾疾病、肿瘤等基础疾病等;免疫功能缺陷(如艾滋病患者、长期使用皮质类固醇或其他免疫抑制药物导致免疫功能减退状态)、肿瘤放化疗患者等。

"在前一个阶段的疫苗接种中,基础疾病人群的接种因为各种顾虑,耽误了接种,其实,现在有很确凿的研究数据可以表明疫苗的安全性,所以未来要推进这个群体的加强接种,也是未来风险最大的人群。"上述流行病学专家表示。

国务院联防联控机制科研攻关组疫苗研发专班工作组组长郑忠伟在接受央视记者专访时再次强调,"中国的新冠疫苗非常安全"。

从研究数据来看,巴西自身免疫性风湿性疾病(ARD)患者、自身免疫性肌病(SAMs)患者、透析人群以及土耳其癌症患者和中国慢病患者在接种了中国灭活疫苗后,不仅安全性良好,保护效果也突出。

此次《加强老年人新冠病毒疫苗接种工作方案》中已经给出了具体的接种提示,对各种疾病状态给予了描述,使得基层接种人员在接种时有了依据。

对于特殊人群接种疫苗的重要性,上海市第六人民医院心内科主任医师沈成兴对第一财经记者表示,比如心脏病患者,感染新冠后,这些病人的抵抗力会被消耗,一旦抵抗力下降,就会造成继发的细菌感染,紧接着会产生更加致命的问题,如诱发心衰,心功能不全等,将加重病情发展。心脏病人本身很虚弱,感染新冠后要预防重症出现的话,最好就是提前接种疫苗。

今年2月,上海长海医院血液科主任医师、教授王健民与多位血液肿瘤专家共同制定了《成人血液病患者接种新冠疫苗的中国专家共识》,旨在对成人血液病患者接种新冠疫苗相关问题形成共识,提出有关新冠疫情防控的若干建议。

数据显示，中国每年血液肿瘤患者的新发病人（涵盖白血病、淋巴瘤、骨髓瘤）大概有十几万例。

"这个共识在制定、投稿时，奥密克戎疫情还未在内地大规模出现，血液病人被感染的机会不多，因此，制定时主要是提倡让那些已完成治疗的血液肿瘤病人去接种疫苗，或者已达到完全缓解3个月或者1年的病人接种疫苗。"王健民表示，接种疫苗有两个方面的考虑：一是有效性，能不能保护血液病病人；二是安全性，血液病病人是比较脆弱的人群，有些人还在化疗，可能存在发烧的情况，不一定合适接种疫苗，接种疫苗也存在小概率的不良事件。

随着奥密克戎传播的范围更广，血液肿瘤病人被感染的机会显然比今年年初增多了，接种人群就需要再扩大些。

"关于血液肿瘤患者接种疫苗、暂缓接种或不接种的建议，需综合考虑，患者应密切结合自身的具体情况和疫情风险，并咨询经治医师，充分评估接种疫苗的风险或获益，并且应遵守患者或监护人自愿、知情同意原则。我们提倡符合接种条件、病情相对稳定的病人还是尽量接种疫苗，不管是灭活疫苗还是重组亚单位疫苗，获得保护的机会明显大于发生不良反应的机会。"王健民说，整体看，病人在抵抗疾病的过程中，主要有两个策略：一是主动免疫，即提前提供病原体的抗原让人体产生免疫反应，最典型的就是打疫苗；二是被动免疫，就是中和抗体，但这对抗体的要求当然也比较高，普通的抗体维持的时间比较短。

2022年12月10日

分享链接

退热药布洛芬的国产企业注册批文超 500 个，为何还一盒难求？

林志吟

随着各地防疫政策的优化，加上冬季呼吸道疾病发病率的增加，市民购买退热药的需求大增。近期以来，市场中出现了退热药供不应求的现象。

其中，具有解热镇痛作用的布洛芬，在退热药行业中成功"出圈"，受到的市场关注度颇高。第一财经记者在走访药店时，有多位店员表示该药"缺货"。

然而，第一财经记者查阅国家药监局官网发现，在国产企业中，拿到布洛芬的注册批文数量多达 558 个。这些批文下，涉及的企业数量众多。但即使是这样，缘何布洛芬仍然供应紧张？

真正在生产的企业并不多

布洛芬又名异丁苯丙酸，为解热镇痛类的非甾体抗炎药，其消炎、镇痛、解热作用效果良好，与一般消炎镇痛药相比，其作用强而副作用小。该药在全世界范围内得到广泛应用，成为全球最畅销的非处方药之一，和阿司匹林、对乙酰氨基酚、安乃近一起并列为解热镇痛药四大支柱产品。

国家药监局官网显示，国产企业中，拿到布洛芬的注册批文数量达到 558 个，涵盖了布洛芬片、布洛芬软胶囊、布洛芬缓释胶囊、布洛芬颗粒等众多剂型，涉及的企业包括珠海润都制药股份有限公司、国药集团国瑞药业有限公司、山东新华制药股份有限公司、常州制药厂有限公司等。

面对当下布洛芬供不应求的局面，有多位药企人士对第一财经记者表示，虽然目前拿到布洛芬注册批文的企业很多，但真正在生产的企业其实并不多，原因在于，新冠疫情出现之前，其他疾病带来的发热症状还是较少，因此，市场需求比较有限。另外，近 3 年来，由于疫情防控需要，退热药的销售受到一定的限制。面对市场突然暴增的需求，企业产能准备也需要一定的时间。

中康 CMH 数据显示，2019 年，布洛芬在零售市场、等级医院的销售额分别是 29.44 亿元、3.57 亿元，销售量分别是 1.42 亿盒、2 700 万盒，平均单价每盒为 20.74 元、13.27 元。到了 2021 年时，布洛芬在零售市场、等级医院的销售额分别是 24.95 亿元、4.86 亿元，销售量分别是 1.08 亿盒、3 000 万盒、平均单价每盒是 23.13 元、15.99 元。从这些数据看，布洛芬的销售市场主要在零售端。

"目前市场恐慌情绪比较浓，导致需求量激增，我们也在努力优化产能，目前生产还比较正常。"有布洛芬制剂生产厂家对第一财经记者说。

上游原料药供应充足

第一财经记者从多方采访中了解到，目前国内供应布洛芬原料药的主要是新华制药（000756.SZ）和亨迪药业（301211.SZ）两家企业。其中，新华制药是全球布洛芬原料药最大的生产厂家。

亨迪药业于 2021 年 12 月发布的上市招股书显示：布洛芬原料药厂家中，除了亨迪药业外，还有新华制药、美国圣莱科特国际集团、德国巴斯夫、印度 IOL。

在退热药市场需求的大增刺激下，新华制药、亨迪药业近期股价连续大涨，如 12 月 12 日 A 股股价分别大增 9.99%、20.01%。

从布洛芬原料厂家披露的财报数据看，相关厂家可以生产的原料药量并不少。

以亨迪药业为例，2019 年、2020 年、2021 年 1—6 月，该企业布洛芬原料药销量是 3 575.97 吨、3 732.32 吨、2 135.91 吨。亨迪药业正在扩产布洛芬原料药中，该公司 IPO 的募投项目之一就是新增年产 5 000 吨的布洛芬原料药。

前述生产布洛芬制剂的企业人士对第一财经记者表示，目前布洛芬制剂的常见规格是 0.3 g，或者 0.4 g。以 0.3 g 规格而言，1 吨布洛芬原料药可以生产 333.33 万粒布洛芬制剂。"整体看，上游的布洛芬原料供应还是比较充足的。"

"作为国有企业，公司需要力所能及地保供，公司正在加班加点生产布洛芬原料以及制剂中。"新华制药内部人员对第一财经记者表示。

有不少布洛芬制剂企业均表示，正在竭力生产保障市场需求。

如恒瑞医药方面对第一财经记者表示，近期统计监测发现，公司旗下治疗发热、咳嗽等症状的布洛芬混悬液、盐酸氨溴索口服溶液等产品的销量确有较大幅度的上涨，且各个渠道的订单量仍在增加。

"对于公众当前对这类药品的需求增长，我们十分理解，也会全力满足。"恒瑞医药相关负责人表示，目前公司正根据市场需求，积极扩大产能，多措并举地扩产、保供、稳价。

12月8日，国家卫健委发布了《新冠病毒感染者居家治疗常用药参考表》，其中推荐的发热药除了布洛芬外，还有乙酰氨基酚、阿司匹林、金花清感颗粒、连花清瘟颗粒/胶囊、宣肺败毒颗粒、清肺排毒颗粒、疏风解毒胶囊等。

"作为退热药化学药生产厂家之一，我们并不认为这块供应有难度，我们正在加班加点保供应中。除了要保供，也要做好疫情防疫工作，因为一旦有员工感染，或者感染数量多的话，生产就可能面临影响。当下，企业的防疫任务也艰巨。"另外一家退烧药生产企业对第一财经记者说。

2022 年 12 月 12 日

分享链接

农村新冠救治一线：如何保障近5亿人药品可及？

马晨晨　胥会云　何乐舒　马晓华　邹臻杰

最近这周，林华安得到通知，他所在的村卫生室可以接收发热病人了。

年过五旬的林华安，是安徽省潜山市天柱山镇茶庄村卫生室的医师，已在当地行医30多年。平日里，这个共有四个全科医生的村卫生室，服务村里约3100人，其中的20%以上是65岁以上的老年人。

茶庄村卫生室目前尚未接诊新冠感染者。而珠三角地区的一家乡镇卫生院已经与新冠病毒"短兵相接"。李恒（化名）说，近几天，该卫生院发热门诊每日接诊约10人左右，其中约一半患者的抗原检测呈阳性。

李恒是该卫生院的内科主任，同时负责卫生院的行政管理工作。他告诉第一财经记者，卫生院共有50名医护，目前发热门诊只开了一间诊室，应对当前就诊量还不成问题。一旦每日就诊人数增至70人左右，就会把旁边的隔离留观室改造成第二间诊室，以满足需求。

现在，李恒所在镇上的10多间村卫生室也已经开始接诊发热病人，同时还公布了健康咨询电话，"村委也开通了咨询热线，村民电话问诊后，可以让家属或者村委到医院拿药"。

随着新冠病毒的快速传播，中国1.7万个县级医院、3.5万个乡镇卫生院、59.9万个村卫生室，迅速站在农村新冠救治一线。它们的医疗资源是否充分、对高风险人群的健康监测能力是否足够，双向转诊机制是否顺畅，决定了接下来农村地区和农村人口是否能够实现最大可能降低重症率、病亡率的目标。

在采访中，有基层医疗机构反映，眼下农村地区的急迫问题在于药物短缺：一是影响早治疗，而早治疗可以降低重症风险；二是影响了普通症状患者的居家治疗。由于村医手中缺药，不少发热患者转向县级医院，增加了县级医院挤兑的风险。

缺药

林华安说，目前退烧药、感冒药等储备紧张。村卫生室是根据缺药情况自己进货，他联系了配送公司，希望能尽快发货。"很难说够不够村里用，现在大家都害怕感染上，所以主动囤药，药店都卖空了，我们的库存也紧张。"

天柱山镇卫生院院长杨国强说，由于政策调整快，这几天有不少群众抢购连花清瘟胶囊、布洛芬胶囊等感冒退热药。"我们基层卫生机构由于前期政策的要求，对发热患者实行闭环管理，不得截留治疗发热患者，所以，感冒退烧等药品储备不够，短期内医药公司也缺货。"他认为，还是要做好相关宣传，引导群众有病随时就医，没必要在家储备许多感冒退热药，要消除群众的恐慌心理。

山东一县级医院负责人也反映，因为当地村医手里缺药，遇到发烧的患者就会往上转。白天这些患者会去乡镇卫生院就医，晚上就自行去县级医院就医。但是县级医院的药物储备也不足，目前连住院患者都不能满足。

该县的基本情况是：常住人口有150万人，县级医院6家，床位数共5 000张；有基础疾病人口15万人，县级层面救护车50辆。

也因此，一旦感染比例扩大，县级医院的急救、转运、诊疗能力都将面临挑战。而这样的状况，可能是大量农村地区的缩影。

该负责人表示，目前最需要的是药物。"感染者早治疗可以减少重症的发生，而早治疗的前提是药物可及。"他表示，尤其要确保村卫生室和乡镇卫生院的药物储备充足，这样就可以实现普通症状患者居家治疗，减少向上挤兑的可能性。

中国有广大的农村地区，以2021年的数据看，乡村人口有49 835万人，占全国总人口（141 260万人）的35.3%。当前，以县医院为中心，以乡镇卫生院为枢纽，以村卫生室（所）为基础，构成了农村三级卫生保健网。

由于乡村卫生机构规模小、能力弱等特点，长期以来，农村人口向上级医院就医的现象普遍。因此，当前通过县域医共体来提升农村地区的重症救治能力是一个必然选择。截至2021年3月底，我国已建成县域医共体4 028个。

12月11日，国务院联防联控机制发布《关于印发依托县域医共体提升农村地区新冠肺炎医疗保障能力工作方案的通知》(下称《通知》)提出,以县域医共体为载体,保障高龄合并基础疾病等重症风险较高的感染者及时救治,最大可能地降低重症率、病亡率。

根据分级诊疗流程,乡镇卫生院要落实基层首诊和居家治疗。未合并严重基础疾病的无症状感染者、轻型病例治疗观察,采取居家治疗,乡镇卫生院会同村及村卫生室做好药品发放、指导健康监测。

各地情况有所不同。李恒所在的镇大约有3万人,部分人会就近到隔壁镇或街道的医院就医,所以卫生院根据诊疗量准备了充足的药物,同时,村卫生室的药物储备也足够应对村里的居民。但抗原检测试剂盒的紧缺更明显。"目前卫生院储备的抗原检测试剂盒数量不多,核酸混管异常以及发热门诊每天都需要消耗一定的量,同时还要分配给村卫生室,按照目前的消耗量和储备量,大约5天就会用完,需要提前做好计划,同时向县域医共体总院(牵头医院)反馈需求。"

健康监测

除了药物,林华安还在考虑的是,如何以卫生室相对简陋的医疗条件,去迎战可能的感染高峰以及高龄合并基础疾病人群的重症风险。

对于新冠病人的筛查和判断,林华安并不陌生。

近3年来,虽然茶庄村没有发生疫情,但林华安曾去县里的安置隔离点支援了100多天,与新冠病毒有过近距离的接触。同时,依托县域医共体的乡镇卫生院和县卫生院医疗资源,他得到了中医、西医方面的多次培训,知道如何筛查新冠肺炎病人和简单的治疗知识。

李恒也有经验。2020年本地感染人数较多的时候,卫生院曾用作后备病区,专门接诊并隔离新冠感染者,症状较重的患者在县域医共体总院接受治疗,轻症患者则转到该卫生院。

李恒认为,虽然村卫生室之前不得接诊发热患者,但当地卫生院对村医一直都有定期培训,村医基本熟知新冠病毒的诊断标准、治疗方案等内容,此外,新冠感染者的临床表现与普通感冒、流感相似,村医对这些病症的处理有丰富的经验,所以不需要过于担心。

在15日国务院联防联控机制新闻发布会上,河北省邯郸市大名县西未庄乡中未城村乡村医生翟大龙表示,近3年以来,乡村医生群体在疫情防控一线的多个战场，比如说核酸检测点、疫苗接种台、卡口执勤、隔离点值班等，充分发挥了基层疫情防控"哨点"的作用，同时也积累了丰富的经验。

根据《通知》，在县域医共体内，牵头的县级医院要发挥龙头作用，指导乡镇卫生院和村卫生室做好对辖区内老年人合并基础疾病等特殊人员实施健康监测。

"乡里乡亲这么多年了，哪些人有什么基础病，我们村医心里都有数。"林华安说，村里很多老年人存在基础病。比如慢阻肺（慢性阻塞性肺疾病）、高血压、肾病、脑梗，在山区里很常见。"就拿慢阻肺来说，从我行医的经验来看，村里可能7%—8%的老年人都会得这个病。他们感染新冠肺炎的可能性就会更大，叠加起来的症状也可能更严重。"

相较而言，农村医疗条件并不那么优越。林华安说，目前村卫生室没有抢救设备，也没有针对基础病患者的监测设备，只有最常见的听诊器、血压计等简单的设备。

根据2018版的《乡镇卫生院服务能力标准》，截至2021年年底，全国达到基本标准和推荐标准的乡镇卫生院分别为1.46万所和3 200所，占比分别为42.3%、9.3%。

前述《通知》提出了一个乡镇卫生院发热门诊设备配置参考标准，包括：1台脉氧夹、2只注射器泵、1套氧疗设备、1台空气消毒器、1台紫外线灯、1套快速手消设施、1套急救推车、1台除颤仪、1台心电监护仪、1套气管插管设备、1只简易呼吸球囊。

李恒说，空气消毒器正在采购中，其他设备目前已配备齐全。

完善转诊

要提升农村地区的重症救治能力，最大可能地降低重症率、病亡率，不仅考验乡镇卫生院、村卫生室，也考验县级医院的重症医疗资源准备，以及县乡之间的转诊机制。

根据县域转诊流程，超出乡镇卫生院服务能力的，在牵头县级医院的指导下，及时将患者转诊。

目前，未合并严重基础疾病的无症状感染者、轻型病例一般可居家治疗，李恒说，卫生院主要关注患者是否出现呼吸不畅、哮喘、肺炎等症状，如果有上述症状，会建议进一步到医院就医。

林华安也表示，一般情况类似感冒一样治，严重的话再登记和转诊。"虽然我们这是山区，但是路修得好，少则二十分钟，多则个把小时，也就到山下了"。

为了做好患者转诊衔接，《通知》要求，工作组应当确定专岗专人，负责与乡镇卫生院、县域医共体牵头医院、定点医院、亚定点医院、城市对口帮扶医院、转运车辆等做好转诊衔接，建立明确的接诊流程和绿色通道。

李恒说，当地县域医共体建设近3年来，双向转诊一直在有效运转。由于基层医院医疗资源相对受限，因此，对于重症和危重症病患会启动双向转诊，即重症向上转诊，待患者有所好转满足条件后再向下转回基层医院，目前这套流程已经比较流畅。

复旦大学附属中山医院全科医学科主任、中华医学会全科医学分会副主委潘志刚表示，上级医院应与村卫生室、乡镇卫生院建立好机动联系，且安排一位24小时待命的医生，有紧急情况可以立即转运处置。他同时认为，农村在新冠救治中的关键问题在于缺人，"重症救治往往需要心肺、麻醉、营养、护理等多个领域的专科医生来共同完成。"

除了加强县乡村三级联动，不少专家也提出，为减少重症风险，应加强疫苗接种，尤其是加强针的接种。

在采访中，李恒和林华安告诉记者，当地老人的疫苗接种率都相对更高。

林华安说，根据村里之前的统计情况，茶庄村村民的第一针和第二针疫苗接种率都在90%以上，加强针的接种率约在70%—80%。"这是相当好的成绩了。"

李恒所在的县，常住人口超50万人。截至目前，60岁及以上人群疫苗全程接种率达96%左右，第三针的接种率大约为90%。

从全国数据来看，截至2022年12月13日，60岁以上老年人完成全程接种的有2亿2 864.4万人，占老年人口的86.6%。完成加强免疫的有1亿8 417.9万人，其中，80岁以上老年人完成全程接种的有2 375.7万人，占老年人口的66.4%，完成加强免疫接种的有1 515.3万人。

以此推算，60岁以上老年人完成加强免疫的占老年人口的68.9%，80岁以上老人完成加强免疫的约占同年龄人口的42.3%。

近日，国务院联防联控机制综合组印发方案，部署在感染的高风险人群、

60岁以上老年人等人群中开展第二剂次加强免疫接种。

杨国强告诉记者,目前天柱山镇卫生院正持续做好阳性感染者的健康监测,安排下一步老年人等免疫力低下人群的新冠疫苗序贯加强接种,同时会倡导在公共场所佩戴口罩等良好的卫生习惯。

2022 年 12 月 16 日

分享链接

八、社论焦点

双重主要上市正成为中概股的金色降落伞

在香港双重上市正在成为中概股纾缓不确定风险的缓冲垫和避风港。

今年以来,中概股加速回归港股市场上市,其中,7月单月就有4家中概股集中亮相港股市场,为美国《外国公司问责法》生效后中概股单月回港最多的一次,且绝大多数中概股考虑选择双重主要上市方式。

中概股愈发倾向于选择双重主要上市,首先在于双重主要上市方式具有有效规避跨境监管风险的功效。相比二次上市是将在主上市地的股票在另一资本市场挂牌交易,实现股份跨市场流通,双重主要上市则是上市的两个资本市场均列为第一上市地,不分主次。这使双重主要上市方式具有更强的风险对冲能力,即上市公司在一个市场退市不会影响其上市地位,上市公司可通过将所有股票转移到另一个上市地,从而既可以避免退市风险,又降低了退市成本。二次上市虽然要求简单,但一旦被迫在主上市地退市,二次上市地交易的股票同样面临退市清算。

其次,港交所正在持续不断地修改上市规则,为优质中概股回归创造条件。自2018年始,港交所启动了最重要的上市制度改革,优化和简化了海外发行人上市制度,允许具有不同投票架构(同股不同权,WVR)的发行人上市,并降低了对具有WVR或可变利益实体结构(VIE)发行人的上市门槛;同时,据悉港交所正准备对未盈利的科技企业在港上市放松要求,这些都将使港交所吸引更多具有未来竞争力的优质上市资源。

再次，港股市场具有接驳中国企业和世界投资者的桥梁作用，同时与内地的互联互通日益成熟，中概股选择在港双重主要上市，有助于中国公司借助港股市场充分利用内外两个市场、配置内外两种资源，完善中国企业的公司治理，提高中国资本生成能力。

同时，引导和鼓励符合条件的中概股在香港双重主要上市，可以将那些在美股挖掘和培育出的中国优质上市公司引入港股市场，并通过港股通进入内地投资者的选择菜单，从而不仅有助于巩固香港国际金融中心的地位，也将极大地丰富内地资本市场的交易品种，提高国内资本市场的资源配置效率和能力。

当然，鼓励中概股在港双重主要上市只是次优选择，是为中概股紧急避险提供的金色降落伞，要有效地破解中概股的困局，还需中美监管部门通过专业的谈判求解跨境监管的合作方案。

为此，一是要清晰地认识到任何形式的"金融脱钩"都是无稽之谈。国际资本市场不仅拓展中国企业的融资渠道，更提升了中国企业的公司治理能力、影响力，同时国内外资本市场的竞合，还有助于增强中国资本的再生能力，即制度对市场的敏感适应能力。

二是要清除中美跨境监管合作问题上的误解。美国公众公司会计监督委员会审查的是会计师事务所的审计工作底稿，而非上市公司账本，且审计的是合规性。对于涉及国家秘密的业务，可以选择剥离出上市实体，同时"以保密为例外、公开为原则"清晰厘定国家安全和国家秘密的边界，为跨境监管合作提供便利。

总之，在港双重主要上市只是为中概股紧急避险提供金色降落伞，要真正地纾解中概股的困局，还是要寄希望于中美跨境监管谈判能找到同时满足各方关切的解决方案，以共同维护全球投资者、上市公司的合法权益，推动国内外资本市场的竞争合作，争取多赢。

2022 年 7 月 20 日

分享链接

畅通外贸面对面沟通渠道比"见字如晤"更重要

日前，全国首架涉外商务人员外拓市场往返包机从意大利米兰返回杭州萧山机场。参加此行的一位外贸企业人士告诉第一财经记者，此行签下了总共200万欧元的订单，接近公司年订单量的三分之一；他同时说，"肯定是当场见面好，沟通深度和诚意都不同"。

在过去人们的往来书信中，第一句话往往是"见字如晤"。而外贸人士则称，一次见面，胜过1 000封邮件。邮件和包括视频交流都远远不能替代见面沟通，效果会大打折扣，许多商务机会因此失去。

第一财经的报道表明，疫情之前，一些外贸企业一年会与客户当面沟通六七次，包括国外客户来访确认订单、审批样品以及检验货物，也包括国内企业去国外向客户推介新的产品。这样就会形成一种良性互动。但由于疫情的原因，很多外贸领域的企业已经接近3年没有和自己的海外客户"见过面"了，沟通不畅、不能及时见面落实细节，订单转移的风险就可能加大。

去年，我国出口总值虽然同比增长了21.2%，达到21.73万亿元，这很大程度上是国外普遍受疫情影响、生产能力萎缩造成的。现在的情况已经明显发生了变化，一些国家正在试图抢占我国的既有市场和订单。去年我国的外贸企业不愁海外订单，现在却面临着保订单、抢订单的重大考验。

当前，一系列对企业减税减负等纾困措施很重要，但积极创造条件、让相关企业主体在国际市场上有充分交流的机会同样重要。这本身就是营商环境建设的一部分。打造线上的国别展、专业展、特色展，可以帮助企业获取更多的外贸订单，但让他们"见一次面"或许更加重要。

采访中有位参与此行的人士表示，如愿见到了所有预约好的新老客户，把准备好的一系列新样品带到了客户手中，还带回了海外市场流行或国内客户喜欢的样品。这种效果仅靠视频聊天是难以实现的，更不是"见字如晤"

可以实现的。

要想实现面对面的充分交流，首先是要加强疫情的科学精准防控，尽量减少交流方面的障碍。

日前，国务院联防联控机制新闻发布会宣布，将密切接触者、入境人员隔离管控时间从"14天集中隔离医学观察+7天居家健康监测"调整为"7天集中隔离医学观察+3天居家健康监测"；将密接的密接管控措施从7天集中隔离医学观察调整为7天居家医学观察。这都是在外防输入的大前提下，对促进国际间人员流动提供了更为宽松的环境。

其次，要为国内的商贸企业人员走出去、返回来提供方便。商务部日前表示，要在帮助企业抓订单拓市场、稳定外贸产业链供应链等方面持续发力。但如果没有包括人员往来上的相对方便渠道，这一点就很难实现。

其三，一些地方可以在遵守国家大政方针的前提下，进行一些探索创新。拿宁波政府部门牵头促成这次"包机"来说，不但为企业自身发展拓生意、拓订单，也为出境商务往来蹚出一条新路。

有些事情看起来很难，那是自己存在畏难情绪，或者为自己设置了窠臼。在直面发展压力的情况下，总是有一些办法可以想出来。宁波市政府发展研究中心相关人士在接受采访时如是说："外贸客户容易流失，这是企业之急；外贸如果出问题，影响到当地经济发展，这是政府之急。"

包机寻找海外市场保订单、抢订单，对企业来说属于强烈的内在需求，对政府来说是主动责任担当。这既是授之以鱼，也是授之以渔的过程，后者更为重要。

2022年7月25日

分享链接

八、社论焦点

慎罚少罚为市场主体运行提供宽松空间

一家个体户卖了 5 斤芹菜被当地市场监管部门处以 6.6 万元罚款,这个信息在"国务院互联网+督查平台"上得到反映之后,引起了国务院第九次大督查第十六督查组的高度重视。日前,在督查组成员的严厉质询下,该地市场监管部门相关负责人承认,这个行政处罚行为过罚"不相当"。

被处罚的是陕西省榆林市一家蔬菜粮油店店主。去年 10 月,该店购进了 7 斤芹菜,当地市场监管部门提取了 2 斤进行抽样检查。一个月后,该店接到检验报告,说这批芹菜检验不合格。

处罚决定书认定,因涉案芹菜已售出,无购买者信息、无法召回,店方不能提供供货方许可证明及票据,不能如实说明进货来源,未履行进货查验义务,涉嫌经营超过食品安全标准限量食品的行为,违反了食品安全法相关规定,故对其作出 6.6 万元的处罚。

经营该店的贺某说:"自己也肯定有点错误,我也接受(处罚),但是不要一下子把人罚死,你说我得卖多少吨芹菜,才能挣回来?"

这话让人感受到作为一个小微市场主体的无奈,也让人有感于一些地方在行政执法上的简单粗暴。

根据央视的报道,"芹菜事件"并非孤案。自 2021 年以来,在该地针对小微市场主体的 50 多起处罚中,罚款超过 5 万元的就有 21 起,他们的案值只有几十元或者几百元。

像"芹菜事件"这类现象,在其他地区是否也存在?罚款是否成为一些地方补贴财政收入的"创收工具"?

国务院办公厅近日印发的《关于进一步规范行政裁量权基准制定和管理工作的意见》明确规定,严格禁止以罚款进行创收,严格禁止以罚款数额进行排名或者作为绩效考核的指标。

上述国务院督查组则对"芹菜事件"高度重视并作为典型案例公布出来。这可以提供三点警示。

首先是慎罚。稳增长、稳市场主体、稳就业、保民生是当前的重要任务，不能以任何形式增加市场主体的负担，尤其是"一罚致死"的现象不能出现。

虽然我国的市场主体总量已经超过1.6亿个，但小微市场主体的占比达到95%以上，上述蔬菜粮油店就属于此。它们应对各种冲击的能力是很弱的。如果"一下子把人罚死"的现象频繁发生，那就真没人敢"卖芹菜"了，其带来的就业、民生等方面的影响不可小视。

正如上述国务院督查组成员所说的那样，执法不能只讲力度，市场监管部门在维护好市场秩序的同时，也要站在为小微主体的生存创造良好环境的角度考虑问题。

其次是行政执法部门要严格执行法度，避免随意性。

上月下旬，国务院常务会议通过了《关于进一步规范行政裁量权基准制定和管理工作的意见》，要求进一步规范行政裁量权、取消和调整一批罚款事项有关工作。

这其中有"三个一律取消"：凡是违反法定权限和程序设定的罚款事项，一律取消；凡是罚款事项不适应经济社会发展需要、有违"放管服"改革精神、不利于优化营商环境的，或者有失公允、过罚不当的，一律取消或调整；凡是罚款事项可采取其他方式进行规范或管理的，一律取消。

最后是要看到监督制约机制的进一步加强。

此次国务院第九次督查的原则就是力戒形式主义、官僚主义，坚持带着线索去、跟着问题走、盯着问题改，坚持把三分之二以上的督查人员、三分之二以上的时间和精力用于线索核查、暗访督查，坚持督帮一体，着力实现督查提质增效与减轻基层负担并举，以实际行动回应人民群众和市场主体的关切。

"芹菜事件"的公布是一个起点，相信还会有更多的问责案例公布出来。慎罚少罚是为市场主体运行提供宽松空间，这既需要市场主体的自律，也需要行政执法方面在程序上的严格、执法力度方面的审慎。

2022年8月28日

分享链接

新型举国体制 举"新"方能释能

9月6日召开的中央全面深化改革委员会第二十七次会议，审议通过了《关于健全社会主义市场经济条件下关键核心技术攻关新型举国体制的意见》等五份文件，旨在通过改革深挖经济社会的内生增长潜力。

中共中央总书记、国家主席、中央军委主席、中央全面深化改革委员会主任习近平在主持会议时强调，要发挥我国社会主义制度能够集中力量办大事的显著优势，强化党和国家对重大科技创新的领导，充分发挥市场机制作用，围绕国家战略需求，优化配置创新资源，强化国家战略科技力量，大幅提升科技攻关体系化能力，在若干重要领域形成竞争优势、赢得战略主动。

健全关键核心技术攻关新型举国体制，要推动有效市场和有为政府更好地结合，强化企业技术创新的主体地位，加快转变政府科技管理职能，营造良好的创新生态，激发创新主体的活力。

这具有积极的现实意义和现实可行性。因为当前中国旨在攻坚克难的关键核心技术等，绝大多数具有明确的锚定物和参照系，从攻关目标上看，需要发挥新型举国体制集中力量办大事的作用；而且，不论是嫦娥奔月、北斗指路，还是天宫遨游、祝融探火、羲和探日等，都已充分体现出新型举国体制的优势。

新型举国体制的"新"，首先体现为有为政府所秉承的公共服务信念。随着新型举国体制进一步深入到经济社会领域攻坚克难，最需要的是政府持续秉承公共服务信念，用有所为、有所不为的公共服务，为科技攻关解决后顾之忧，为市场主体发挥科学逻辑、市场逻辑和社会逻辑提供有效的公共服务保障。

同时，新型举国体制的"新"，本质上体现在敬畏市场和规律，及对政府自身行为的知止上。知止而后有定，定而后能安，关键核心技术攻关的新型举国体制，是在社会主义市场经济条件下推进的，这意味着有为政府只有通过更好地发挥政府作用，让市场在科技资源配置中发挥决定性作用，才能真正让举国体制"新"意盎然。

这是因为市场主体才是科技创新的主力,科技创新本质上是将分散在经济社会各个层面的知识进行有指向性的配置整合。只有激发个体的创新能力,让各种创新参与到市场中进行定价和交易,才能真正激发经济社会的创新活力。计划指令配置则无法识别知识的效用,又无法为知识进行定价,因此不是创新活动的支持性框架。

由此,新型举国体制是政府秉持公共服务理念,为市场在资源配置中发挥决定作用营造制度场景、舒缓公共外部性。如营造厘定知识产权的制度场景,更好地保护市场主体的创意和创意活动,探索搭建符合科技创新的全生命周期的创新创意保护体系,让真正拥有创新能力的人不会因为制度问题而无法享受其创新活动带来的收益。

此外,新型举国体制的"新",还在于有为政府的有为是基于中性原则,其职责在于不与民争利,只在获得法律授权下为民排忧,为市场主体的创新保驾护航。

伐木当伐根,攻敌当攻坚。新型举国体制理应匡定为基于公共服务信念、用法律知止行权边界,唯有坚定这一边界,新型举国体制才能推动实现我国在若干重要领域的竞争优势,赢得战略主动。

2022 年 9 月 7 日

分享链接

八、社论焦点

积极做好风险资产价值重估的准备

随着中共二十大和二十届一中全会的胜利闭幕，经济社会步入行则将至的实干时期。

新时代、新起点、新征程，开始落实到人们触目可及的经济社会日常。唯有如此，个体对美好生活的诉求才能汇聚进时代的历史长河。

这其中较为引人关注的就是房地产。最新数据显示，大连等十多个大中城市的首套房贷利率跌破4%，如大连首套房贷利率降至3.95%，石家庄等降至3.8%，清远等地则最低触及3.7%。

9月底，央行、银保监会发布的《关于阶段性调整差别化住房信贷政策的通知》提出，对今年6—8月新建商品住房售价环比、同比均连续下降的城市，可自主决定在2022年年底前阶段性维持、下调或取消当地新发放首套住房贷款利率下限。

若在过往，如此低的融资成本可能一石击浪，不过，在需求收缩、供给冲击、预期转弱等三重压力下，如其他风险资产一样，房地产面临着一场显见的风险定价重估和投资逻辑重塑。这不仅因为二十大报告在"增进民生福祉，提高人民生活品质"中阐述了房地产发展方向，"坚持房子是用来住的、不是用来炒的定位，加快建立多主体供给、多渠道保障、租购并举的住房制度"；更主要是因为社会结构和整体风险偏好都出现新的调整，住房的居住属性已通过自上而下与自下而上两个途径得到强化，金融属性则开始褪却。

这首先源于中国人口数量和质量结构的调整。日益老龄化、少子化的人口数量结构，预示着不动产在时间序列轴线上呈现出总量过剩、结构优化的特征；从人口质量结构上，接受高等教育人口在总人口中的占比显著增加，这将加速适龄劳动力在全国范围内寻找匹配岗位的机会。

可见，人口质量和数量的变化，会逐渐改变人们对住房的认知，住房自有率将不再是一个一致性的需求目标。

区域发展不均衡和区域竞争，在人口流动加速的同时，使人们开始调整对住房内生价值的评价指标,即住房内生价值愈发基于房租(或虚拟房租)的贴现,而非基于房价上涨预期。由于贴现率围绕自然利率或国债收益率曲线摆动,这将逐渐褪却掉住房的金融属性,使其回归到实用价值的居住属性。随着股市等权益市场在制度、风险定价、交易和管控等方面的日益完善,权益市场将会逐渐成为居民部门价值储存的主要配置市场,这也使得逐渐剥离金融属性的房地产面临系统性定价重构。

社保福利体系的日益完善,也将带来房地产的定价重估。在社保体系覆盖度不够的情况下,人们用养儿防老来进行代际交易,因此,购置房产定居就成为根深蒂固的传统,因为自有住宅的安居是孝道传统文化的经济基础,没有自有住宅的加持,孝道的维系成本就很高。随着职工社保、城乡居民养老体系等的完善和覆盖度的提升,孝道逐渐从经济的跨期交易中解脱出来,这将从传统文化和信念方面改变人们对住房的定价逻辑。

此外,目前基于金融属性估值的住房,其高房价抬升了经济社会的运行成本,压低市场的投资边际收益率,加剧房市的有效需求不足,使高房价很难维持,房地产这一风险资产出现重估定价是迟早的事,且价值重估越早对经济社会的伤害和拖累越小。

二十大报告强调"房住不炒"和租购并举的背后,是对经济社会变迁的深刻理解,投资者需做好不动产定价重估的积极准备,各地应把握住政策激励的头寸,避免过犹不及的诱多,扼杀当地经济的活力和透支长期的增长潜能。

2022 年 10 月 24 日

分享链接

八、社论焦点

挺起经济复苏的脊梁

经济迎来了强势重启时。

中共中央政治局12月6日召开会议,分析研究2023年经济工作。会议指出,明年要坚持稳字当头、稳中求进,继续实施积极的财政政策和稳健的货币政策,加强各类政策协调配合,优化疫情防控措施,形成共促高质量发展的合力。

明年是全面贯彻落实党的二十大精神的开局之年,做好明年的经济工作,有助于为全面建设社会主义现代化国家开好局起好步。同日,北京市印发《北京市积极应对疫情影响助企纾困的若干措施》,拉开地方经济重启复苏的序曲。

随着国务院联防联控机制发布《关于进一步优化落实新冠肺炎疫情防控措施的通知》,决策层因时因势、识变应变地对今后全国的防疫工作作了新调整,这为稳增长提供了空间。

春江水暖鸭先知。当前市场开启了"复苏牛"的叙事框架逻辑,涌入"做多中国"的气氛。这个叙事框架逻辑,不仅受制于我们为经济复苏注入什么样的能量,还取决于借助什么样的能量结构、依靠什么样的主体角色,以什么样的社会激励结构等方式推动经济演进等。

当前经济面对的需求收缩、供给冲击和预期转弱三重压力亟须攻克。这预示着不论是基于短期的稳增长考量,还是基于全面建设社会主义现代化国家的长远谋局,全面深化改革开放是全面贯彻落实二十大精神的主要动力引擎。中共中央政治局会议就突出强调了全面深化改革、大力提升市场信心等的重要性。

市场信心的边际改善取决于市场主体对未来的预期,当下市场主体对未来的预期转弱,疫情只是一种加速因子,本质上源于对未来的不确定性。

问题的解决在于推动要素资源的市场化改革,打通要素市场与商品和服务市场的市场化价格传导,公平公正地推动反垄断、反不正当竞争执法和修改相关法律法规等。唯有通过全面深化改革，对内对外实现"负面清单"管理的行业开放政策等，才能真正激活市场信心。

通过全面深化改革开放为经济注入动力和能量的同时，通过积极的财政政策和稳健的货币政策，将市场主体从流动性陷阱中拉出来是当务之急。中共中央政治局会议明确提出，积极的财政政策加力提效，稳健的货币政策要精准有力。

"加力提效"和"精准有力"，清晰地警示财政政策要管好钱袋子，好钢要用在刀刃上，避免和杜绝低效无效的财政刺激。货币政策需把好度，有效防范重大经济金融风险，守住不发生系统性风险的底线。

"新十条"下，积极的财政政策需将重点放置在公共服务上，如公共医疗卫生，尤其是公共健康预防体系、分级医疗体系等领域，以更好地发挥政府的作用。同时，货币政策应立足流动性纾困。唯有如此，政府防疫政策的调整才能真正做到放开并不等于不防范和躺平，尽可能地完善公共服务体系，减轻市场主体的负担，政府做好经济社会守夜人的功能。

如果说全面深化改革开放、积极的财政政策和稳健的货币政策是经济重启的能量结构；那么，经济重启的主角是具有企业家精神的市场主体，政府的功能和作用应定位为公共服务的提供者、市场公平竞争的保驾护航者。

同时，为经济社会发展营造可持续发展的场景，根本上是真正让市场在资源配置中发挥决定作用。

薄俗妖妍莫竞春，万株清气照乾坤。拿什么挺起经济复苏的脊梁，激发全社会干事创业的活力，让干部敢为、地方敢闯、企业敢干、群众敢首创，这次中共中央政治局会议表达了鲜明的立场，那就是全面深化改革开放，大力提振市场信心。

为此，产业政策、科技政策、财政政策、货币政策等都必须围绕一个核心，就是通过更好地发挥政府作用，让市场在资源配置中发挥决定性作用。

2022 年 12 月 7 日

分享链接

支持民营经济发展的关键在于完善营商大环境

日前召开的中央经济工作会议提出，要从制度上和法律上把对国企民企平等对待的要求落实下来，从政策上和舆论上鼓励支持民营经济和民营企业发展壮大。

18日，中央财办相关负责人在接受媒体采访时表示，当前，民营经济、中小微企业生产经营困难较多，发展预期偏弱，信心不足。会议对这个问题高度重视，强调要优化民营企业发展的环境，促进民营经济发展壮大。

当前，民营经济已成为保障民生、促进创新、推动高质量发展的生力军。民营经济具有"五六七八九"的重要特征，也就是贡献了50%以上的税收、60%以上的国内生产总值、70%以上的技术创新成果、80%以上的城镇劳动就业、90%以上的企业数量。

中央经济工作会议强调了从政策上和舆论上鼓励支持民营经济和民营企业发展壮大，就是要进一步为民营经济发展创造良好的"软环境"。"坚持和完善社会主义基本经济制度，毫不动摇巩固和发展公有制经济，毫不动摇鼓励、支持、引导非公有制经济发展"，也就是"两个毫不动摇"，这是确定并强调的方向。

中央经济工作会议还强调，在这个过程中要去除一些关于民营经济的"杂音"。民营经济重要还是国有经济重要，这一点无须再讨论，两者同等重要。这是其一。

其二，要为民营经济发展提供更好的营商环境。

完善营商环境的重要基础是加强对民营企业各种权益的保护，民营企业对此十分敏感。如果一方面喊着保护民营企业家的权益，另一方面又利用行政或其他手段做出违反市场规律的行为，就很难谈得上营商环境的持续改善，也就很难实现民营经济的持续发展。

营商环境的改善也要继续破除国企和民企之间的"差别"壁垒，正如上述中央经济工作会议强调的，要从制度上和法律上把对国企和民企平等对待的要求落实下来。

今后，要全面梳理修订涉企法律法规政策，持续破除影响平等准入的壁垒。要完善公平竞争制度，反对地方保护和行政垄断，为民营企业开辟更多空间。国企、民企、外企都要依法依规经营。

今年全年新增减税降费和退税缓税缓费预计超过4万亿元，其中，民营企业受益很多，有效地减轻了税费和融资负担，为增强民营企业的活力、推动民企转型升级都发挥了重要作用。

财税政策一直是帮助民营企业发展的重要政策工具。从过去几年的政策工具看，从减税降费到组合式税费支持政策，面向民营企业的税费支持力度不断增加，大大增强了民营企业发展的内生动力。今后，要不断优化支持方式，为民营企业发展提供更多的财政、货币政策组合工具是必然方向，这也是为了创造更好的营商环境。

其三，要坚定民营经济发展的信心。

党的二十大报告指出："我们要构建高水平社会主义市场经济体制，坚持和完善社会主义基本经济制度，毫不动摇巩固和发展公有制经济，毫不动摇鼓励、支持、引导非公有制经济发展。"

关于公有制和非公有制的上述表述是持续完善营商环境的指针，现在各方面的措施正在充分体现出来。这对提振民营经济发展的信心十分重要。

总之，促进民营经济发展既需要"软环境"，也就是更加充分认识民营经济的重要作用，持之以恒地对待；也需要"硬环境"，各种市场主体得到平等的待遇，有同样的竞争机制和竞争机会；还需要在政策支持（包括项目支持、金融支持）方面创造更多空间。所有的这一切都是为了完善营商大环境。

2022 年 12 月 20 日

分享链接

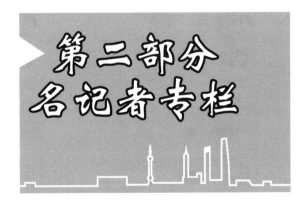

第二部分
名记者专栏

一、总编时刻

杨宇东｜第一财经总编辑
联系邮箱：yangyudong@yicai.com

上海经济抗"疫"日记

前言

我没想到，这个日记能够写到第六十天。

3月下旬，疫情形势日益严峻，3月28日凌晨，全国最大的城市上海终于开启封城模式，并启动全市新一轮核酸筛查工作。第一财经的报道团队也迅速作出调整，在魔都疫情防控战上投入重兵。为了提高报道的影响力，每天的重点报道我们也通过海报和微信视频号形式加大了推广力度。

作为总编辑，我起初在朋友圈发日记的目的只是推广这些海报，同时也留下一份记录，所以，最开始那几天简单到只是记一下日子，有时候简单介绍一下当天的重要报道。

回溯这些文字，我才发现最初的日子显然有点"云淡风轻"，对事态的严重性显然预估不足。随着封控的持续，我看到文字逐步从简到繁，从轻到重，话题也越来越涉及一些尖锐的矛盾和近乎无解的深层次问题。

时间流、政策流、事件流和公众的情绪流在不断地纠缠、交织、共振和放大，我们的报道和每天的日记就像穿上了红舞鞋，一点儿也停歇不下来。

日记正文

3月28日

上海市新冠肺炎疫情防控工作领导小组研究决定，从3月28日起，在全市范围内开展新一轮切块式、网格化核酸筛查。第1天。

3月29日

受新冠肺炎疫情影响，上海市部分单位、社区实行封控管理，粮、油、肉、蛋、菜等重要民生商品需求激增。第2天。

3月30日

上午发布会宣布，在浦东、浦南及毗邻区域共完成910万人的核酸检测，在浦西地区的非重点区域开展抗原筛查，共筛查1 087万人，均发现一定数量的检测结果异常人员。近日来，上海市每日新增感染者持续高位，全市医疗卫生系统承受了巨大压力。目前，市、区两级已启用一批集中隔离收治场所，另有多个大型场馆在改建中。第3天。

3月31日

2 000人睡在商飞，张江肿瘤药生产不能停，一个每天只睡四个小时的超市店长。第4天。

4月1日

浦西静止。第5天。

4月2日

千万人的核酸数据怎么快速处理？中小企业如何纾困？千人驻场为了保障机场客货运！第6天。

4月3日

关键时刻来临，确定性在增加。第7天。

4月4日

今天，几乎每个人都出了门，久违的阳光打在身上，你在，我也在！第

一、总编时刻

8天。

4月5日

方舱有了亲子模式、保供给有哪些堵点要打通?一个月没回家的快递小哥,一个乐观的方舱女生……今天和朋友讲不要再争论了,那些都是纸上谈兵,无论实施哪种模式,都要想想我们准备好了没有?今天的攻坚和付出对未来可能是最好的启发。第9天。

4月6日

保供怎么更好发挥市场主体的作用?离开方舱后居家还是去酒店?一个每天工作20小时的物业经理。在每个人的努力下,期待保障这个2 500万人超大城市的齿轮能够重新咬合。第10天。

4月7日

疫情在最严峻的阶段,堵点在逐步打通,除了保供,还有很多新冒出来的难题,比如房贷,比如各类困难群体的经营和生活压力,好在相关政策都在陆续出台。第11天。

4月8日

生命至上,民生为本!这是无数企业、专业人士、医护和社区志愿者们连续奋战,全力守"沪"背后的最大动力。第12天。

4月9日

痊愈者能够被顺利转运了,区里的干部下沉社区了,电商大仓要应开尽开了,快递小哥们可以走出封控区了,这个被封锁的春天开始有了夏天的味道。第13天。

4月10日

大城市面对灾害,除了市民的自助能力之外,发挥社区的共助能力和市场主体的规模化、专业化救助能力也是关键。这次我们看到了很多社区救援组织填补了巨大的求助盲点,也看到了市场主体一旦被松绑之后释放的巨大能力和效率。

抗疫是一场持久战，对下一阶段的抗疫体系建设，这些都是重要的启示。第 14 天。

4 月 11 日

经过多轮全市大筛查之后，三区划分首批名单公布了。在流动和封控中怎么能够找到平衡，付出"最小的代价"？尤其是接下来封控区、管控区的保供保医，需要更多像菜鸟"助老专车"、中山医院"e心门诊"这样的服务，爱心、专心加用心，才能切实解决市民急难愁盼的问题。第 15 天。

4 月 12 日

有企业表示："所幸公司客户稳定，订单确定性强，如果物流问题能够解决，公司面临的材料供应和出货问题应该可以马上得到缓解，实现客户订单的交付，不会造成太大的影响。目前关键看疫情封控究竟要延续多久。"第 16 天。

4 月 13 日

在毫无征兆的应急事件发生之际，基于政府购买服务的特殊群体社会福利输送体系显示出其脆弱性和不可持续性，需对这样的服务输送体系进行反思。有必要建立以社区为输送主体并且以特殊群体为援助对象的社会服务精准化输送体系。第 17 天。

4 月 14 日

高强度防疫一定伴随次生灾害，怎么抉择？其实这道考题不是非此即彼的二选一，在第一财经关于急救病人和院感风险之间如何平衡的报道里，好几家大医院就给出了很好的做法，虽然这些探索非常繁复和艰辛，但这就是绣花针精神的具体体现。越是艰难时刻，越需要科学精神和奉献精神。第 18 天。

4 月 15 日

大城抗疫，所有主体都是唇齿相依，彼此承载，相互支撑。无论是快递小哥还是志愿者，无论是金融机构还是科技企业，此时此刻，都在竭尽全力。当更多安全、有序的迹象出现时，拐点就有了希望。第 19 天。

4 月 16 日

作为经济重镇，上海市的工业企业也关系着全国产业链、供应链的稳定。以集成电路为例，上海的集成电路产业规模占全国的 1/4，去年上海集成电路产业的规模达 2 500 亿元，增幅为 20%。在静态化管理半个多月后，上海发布了复工复产疫情防控指引。第 20 天。

4 月 17 日

持续的封控，保供和保就医一直是两大突出问题，我们发现，在政府保障之外，涌现出很多来自民间的共助、互助模式。在团购这个广受关注的领域之外，还有很多类似助老、助弱、助医，甚至宠物救助等，其实都值得关注、传播和同心共力。这些共助发起者大多以年轻人为主，他们懂互联网技术，具备不同领域的专业背景，又充满爱心，还有不少公益实践的经验，也因此成为疫情期间保障民生的一支重要力量。第 21 天。

4 月 18 日

一批企业本来就没停工，一批企业准备复工。大家对于复工复产充满期待，也有很多担忧，小区能放工人出去吗？物流解决了吗？增加的相关成本是不是能够覆盖？厂区防疫怎么做？短期的探索可能也有长期的意义。第 22 天。

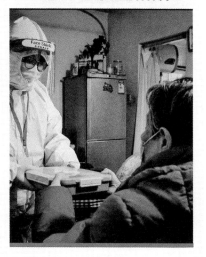

4 月 19 日

"民生要托底，货运要畅通，产业要循环"，多重目标要同步实现，不同部门和组织之间有着不同的责任和目标，如何让政策真正落地，尤其是设计好免责机制，是一个迫在眉睫的课题。第 23 天。

4 月 20 日

今日谷雨，谷雨是春季的最后一个节气，气温加速回升，降水明显增多，因此也是播种的最佳时节。有些商店开张了，有些企业复工了，人间烟火味，最抚凡人心。第 24 天。

4 月 21 日

今天第一财经发了宝钢仅三分之一员工封闭驻厂完成产能满负荷运营的报道，宝钢一直没有停产，一方面是借力先进的自动化技术，另一方面也是

物流保供调查：疫情下如何让大货司机"敢上路"

闭环内员工在极其艰苦的条件下加班加点才达成的业绩，简陋的编织袋床铺，洗澡和如厕都是难题。

很多企业在做复工复产的准备，但是上下游企业复工节奏是否同步？物流是否通畅？员工社区解封和厂区内安置难题，以及每天一次核酸抗原的防疫支出新增成本，都是巨大的阻碍。

怎么解？从操作性、可行性以及企业的积极性来讲，都需要一个系统性的解决方案。第25天。

4月22日

下午还在和同事讨论《京东上海保供战姗姗来迟，途中发生了什么》这篇稿件，傍晚终于收到了3月底在京东买的商品，看来经过漫长的攻坚，京东面对的各项难关终于打通。

对一个长期封控的超大城市而言，物流就是生命线，我们看到了百联光明这样正规的国企大供应商开始发挥本该发挥的兜底保供作用，也需要各级政府在非常时期打通堵点，提供"路条"，真正让市场化平台公司能够为市民提供保障服务，这样也能让那些黑心团购、无良商贩没有了牟取暴利的空间。第26天。

4月23日

第一财经记者采访了解到，在疫情多点多面反复、城市长期封控情况下，很多中小微企业面临收入不足和支出刚性的双重挤压，经营较为困难，迫切需要金融机构"再拉一把"，切实增加经济主体手中的"真金白银"，稳住中小微企业基本盘，提高中小微企业应对疫情等风险冲击的能力。这和市民个体一样，虽然隔离在家，但是物资供应、就医和逃生通道必须打通。第27天。

4月24日

婴儿配方奶粉运力恢复了，最快两小时可达；有些医院酝酿患者凭绿码和抗原一条杠就可以门诊了，医疗的堵点在逐步打通；多款国产小分子药物正在加速研发。希望好消息一天比一天多。第28天。

4月25日

上证综指失重一般地跌破3 000点，很大原因是此起彼伏的疫情给相关城市和中国经济带来的巨大冲击，对二季度的数据没有人乐观得起来。国务院今天又发文要求释放消费潜力促进消费恢复，所以，现在复工复产、物流恢复的每一步都至关重要。否则，没有生产，没有收入，何来消费？

刚开始封控的时候，我记得看到了迎春花，后来是桃花、樱花和梨花们的孤芳自赏，今天又在台里看到了盛放的蔷薇，期待早日看到车水马龙的样子。第29天。

4月26日

疫情对社会是一场大考，如何从深层次看到问题所在？如何与时俱进地发现新问题？仁济医院副院长张继东对第一财经记者表示："抗击疫情就是要考虑社会平战结合的能力，以及借此提升社会治理体系和治理能力现代化水平。"第30天。

4月27日

今天第一财经更多的报道聚焦在城市的复苏准备和广受瞩目的重症危重症救治上，这也意味着此前很多失序状态的逐步好转。但是死亡数和重症数的快速增长也是巨大挑战，流程和资源的优化迫在眉睫。

需要关注的还有那些中小微企业，希望它们中间不要出现危重症和死亡案例。国务院今晚宣布加大稳岗就业政策的力度，股市也因为昨晚一系列利好消息迎来了像样的反弹。希望我们走出家门的时候这个春天还在。第31天。

4月28日

"我是上海一位八旬病人，因为社区封控等原因，我长期服用的药无法续开，居委会同志通过1药网帮我网购了药物……与联络药师多次联系后，今天终于收到了急盼的药……"这是一封写给医药保供人员的感谢信。无论是全力抢救重症病人，还是确保重病人的医药保供，都是生命至上理念的体现。这也是所有防控环节都要共同遵循的基本原则。第32天。

4月29日

今天的报道选题越来越多地涉及复工复产，三区划分中防范区也越来越多了，大家都在讨论何时能够走出家门。今天的政治局会议透露出非常重要的信息，明确了"疫情要防住、经济要稳住、发展要安全"，强调"最大限度减少疫情对经济社会发展的影响"，其中特别引人注目的是"支持各地从当地实际出发完善房地产政策"。确实人心思稳，人心思活啊。面对巨大挑战，唯有实事求是，科学决策，才能稳定预期。正如会议所强调的"担当作为，求真务实"。第33天。

4月30日

复工复产里面有个非常重要的服务领域，那就是医院。根据第一财经的报道，在科学防控的前提下，上海多家三甲医院"五一"起全天恢复正常门诊，因疫情而延续的常规手术也将陆续恢复。无论是从生理还是从心理上，这对于市民而言都是巨大的舒缓，当然，医院纷纷开放了，大量门诊人群如何出行就医？相关的配套措施同样令人关注，相信会有更合理的安排。第34天。

5月1日

来自武汉金银潭医院的夏家安医生向第一财经记者分享了自己救治一位90多岁老人的经过。"这个老奶奶估计是从养老院过来的，也没有人照顾，基础疾病很多，营养不良，还有褥疮。她刚收进来的时候，我们听到她在喊'妈妈'。"夏家安说道，"90多岁的老人，妈妈肯定不在了，这是人们最无助的时候发出的声音，我们听了很心酸。"听到老人喊"妈妈"，医务人员的心理都破防了，他们决定要给老人更加细致的照顾。夏家安每天查房时，都会主动跑到这位老人床前，向她询问情况，从而建立起老人对医务人员的信任。

对于很多家住浦西的上海人来说，今天大多是封控"满月"了，其实我们很可能没注意到，那些援护医疗队也差不多在上海足足待了一个月，就像报道里所说的，没想到在上海要待这么久。感谢他们全情的付出，天天两点一线早出晚归，救治了无数像老奶奶那样的危重病人，自己也已经非常疲惫。看着上海日渐下降的病例数，也希望这个城市能够早日康复，科学安排好医疗资源，让这些逆行者们能够早点回家。第35天。

5月2日

越来越多关于复工复产的政策正在出台。一个企业的复工复产涉及很多环节和部门，我们也看到相关政策正在逐步细化，并更具有系统性和操作性。第一财经在今天推出了涵盖所有相关政策的非常直观且便于查询的《上海企业复工复产指南》，期待久违的机器声能够尽快响起。第 36 天。

5 月 3 日

聚丰园路是上海一条名不见经传的道路，但是这条路上，从幼儿园、小学、中学到大学一应俱全，上海大学三万多名学生给这条街道注入了无限的生机。这里既有星巴克、沃尔玛，也有地摊烤串、黑暗料理；这里既住着教授，也住着群租的打工妹。疫情改变了这条路，曾经的热闹与繁华消失了，取而代之的是一整个月的安静与压抑。5 月 2 日晚，在聚丰园路学林苑小区，3 000 多人参与了一场特殊的婚礼，大家敞开"吃酒席"，最终新郎新娘的花费竟然是 0 元。婚礼结束后，小区居民把群名改成了七彩祥云，他们都在等待上海阴霾散去的那一天。一场突如其来的疫情，其实是一面巨大的人性之镜，我们从中看到了无数上海市民的友善、热情、责任和耐心，这是这座城市的希望所在。第 37 天。

5 月 4 日

复工复产是城市和经济复苏的必然选择，但是又伴随着很严格的疫情防控要求，对企业而言，不得不面临很多的"既要又要还要"。比如企业复工后内部"红黄蓝绿区"的划分和管控，难度一点都不亚于居民小区，还要负责员工的吃喝拉撒睡，企业就相当于一个小社会，确实非常不易。

虽然有这么多挑战，企业对复工复产的紧迫感还是很强，在接受第一财经记者的采访时也有很多的建议和呼吁，像复工申请、防疫和支持政策都在不断细化，但还有不少断点、堵点有待打通，比如人员封闭、物流阻塞、财务静止、配套不足等，以及市、区、园区和街道之间的政策衔接；还有多家企业的负责人反映，他们面临着物流和原材料供应不足的问题，这不仅仅涉及上海本地，还与外省市政策相关；还有一些企业的原材料来自海外，希望能在清关过程中给予一定的优先级考虑，等等。

企业如有更多关切，敬请继续关注和提问第一财经 H5 产品"上海企业复工复产指南"。抗疫助企，一起守"沪"！第 38 天。

5 月 5 日

为什么复工复产有很多难点、堵点？5 日上午的上海市疫情防控发布会特别回应了部分街镇加码企业复工条件，称"没有必要也不应该"。联想到此前货车司机和快递小哥要么被困高速，要么被困小区，都和有关地方和部门的防控措施层层加码有关。

今天还接到了一个医生朋友的电话，反映当下大的三甲医院根据市里要求都恢复了门急诊，但是很多医护被困在小区里，街道和居委会不予通勤，导致医护人手极为紧张，最后受苦的不只是医护，还包括广大患者。这其中涉及很多的条与块、大与小、情与理，政策如何落地？落地后怎么不走样？如果都是"屁股指挥脑袋"，常态化防控、科学防控就会变成过度防控。第39天。

5月6日

在复工复产工作中，有个人群似乎快被大家遗忘了，那就是在3月28日子夜封城时分，有一群穿越延安东路隧道，逆行到陆家嘴，为了保障各类重要金融服务正常开展的金融人们。仔细算算，至今已经40多天了。不要看那些陆家嘴的写字楼外表光鲜，吃住条件其实也很差，没有食堂，没有外卖，没有浴室，长期坚守殊为不易，驻守人员都已极度疲劳。

目前，上海关于工业企业和商贸企业的复工复市政策都陆续出台了，但是作为上海经济支柱产业之一的金融业似乎还没有声响。金融业是个全球化程度极高的产业，既涉及前台服务，也涉及中后台的交易和技术安全保障，既事关储户以及交易者的交易安全便捷，又事关国家金融安全，不容有失。何况，很多针对企业和个人的金融服务也必须面对面才能处理，所以，金融业的有序复工迫在眉睫。期待有关的政策能够及时出台。第40天。

5月7日

第一财经今天的报道《度过40多个日夜，金融业"逆行者"如今怎么样了？》，聚焦中外资基金、银行等金融机构众多驻守人员的工作和生活状况。为确保合规交易，不少公募基金核心投研人员从3月底进驻公司。除了基金公司，接受采访的多位银行人士也已值守银行近50天。早前部分银行暂停了一些不必要的交易，目前多数交易已经恢复，金融人都期盼着正常的生活能早日恢复。第41天。

5月8日

疫情中有很多乱象，比如不少借机发国难财的黑心团购，因此在不久前，上海市市场监管局根据市民反映比较集中的问题，制定发布了《关于规范疫情防控期间"社区团购"价格行为的提示函》，以遏制高价团购现象。在我们今天的报道中，也特别提示了居委会和物业等部门在团购管理上要依法依规，防止和团购产生利益关联。此前像保供物资问题，上海市纪委监委也宣布对保供物资采购发放开展专项监督检查，严防"大礼包"腐败。如何切实保障市民的利益，让市民有更大的信心扛过最艰难的时刻，这些细节都很重要。第42天。

5月9日

昨天一位女士向街道平和反映对阴性居民住宅消杀的困惑，今天看到此事已经在区卫健委和街道等有关部门的沟通下达成了相对妥善的解决方案。这件事情说明，在极其复杂艰巨的抗疫大战中，科学的决策、可量化的标准、透明的发布、上下一致的执行、以人为本的精神以及细致的群众工作缺一不可。正如在昨天市委、市政府举行的每日市新冠肺炎疫情防控工作例会上所强调的，要强化问题意识，以更高的标准检视工作，及时发现问题、深入剖析问题、切实解决问题。要进一步优化现场流调和密接判定工作，科学判断，不能简单化一刀切；要更加耐心细致地做好群众工作，了解群众诉求，掌握实际情况，千方百计地克服困难，想方设法地解决问题。

今天第一财经推出了《上海战疫70天》的特别短视频，在结尾处，我们写道："在对夏天的无比期待中，我们相扶走来，所有的巨大和细微都将留在我们和这个城市的共同记忆中。谢谢你，这个春天和上海在一起！"第43天。

5月10日

今天第一财经发布了一篇报道，关于中科润达公司在上海所做的一批核酸检测出现了离奇结果，引发小区居民的严重质疑。最近，上海、北京的两场疫情发布会不约而同地谈到了核酸检测质量问题，上海市卫健委副主任赵丹丹今天表示，针对网上部分市民对核酸检测结果的情况反映，已开展对相关第三方检测机构的调查，如果发现违法违规问题，将依法依规从严查处，决不姑息。北京市卫生健康委员会副主任李昂昨天表示，将依法依规对涉事核酸检测机构进行严肃处理，严防出现质控管理方面的系统性问题；对涉事机构暂停执业活动，根据进一步的调查情况依法依规进行处理。

核酸检测本就是疫情防控的核心手段之一，未来也将是一项常态化的公共服务，更因为涉及对阳性人员和密接人群的隔离处置而备受关注；核酸检测也是一个目前已经几百亿元，很快将达到千亿元规模的巨大产业，如何真正在资质审批、质量监督、政府采购等一系列环节上做到依法透明，在采送检报环节保证专业规范，兹事体大。第44天。

5月11日

入户消毒话题最近的关注度很高。如何做到多方利益兼顾？规范化和人性化之间并不存在非此即彼的冲突和矛盾。在操作过程中的事前沟通能否做充分,保护效果能否到位,有没有一些刚性的机制能够予以保障?都不容小视。用尽可能小的代价赢得胜利,并非没有办法,并非没有空间,但要求我们的工作更科学、更细致、更投入。第 45 天。

5 月 12 日

"团长"的报道有很多了,今天我们这篇报道不仅生动地还原了社区团购热潮中的团长江湖,也引出了一些思考,这种应急模式在特殊时期非常条件下做到了什么?做对了什么?它真的只依靠市场自律就能良性发展下去?政府和市场的边界在哪里?解封之后会不会成为社区消费的主流模式之一?第 46 天。

5 月 13 日

上海近日公布第一批邮政快递业复工复产"白名单",涉及 21 家主要品牌邮政快递企业。不过,根据第一财经记者了解到的情况,包括顺丰、邮政 EMS 在内的多家直营快递企业,目前仍无法提供上海地区的服务。多家快递企业网点的负责人对记者透露,要获得复工复产证明并不容易,各区域甚至街道的审批条件不一,有些条件根本不可能做到。申请复工证的过程也是充满艰辛。昨天一个企业家朋友也和我说,"伴疫复工"对企业而言成本增加很多,即便企业愿意增加这些成本,市里也有关于复工复产的大政策,但是到了基层,需要街道、园区、区级和市级行业管理部门的层层审批和备案,走通流程堪比过五关斩六将,期待能有更高效的流程和方案帮助到企业。第 47 天。

5 月 14 日

今天,一则某小区在地面乱撒消毒片的消息引发了关注。防疫的科学性始终是个不能忽略的问题,不仅事关当下的防疫效果,也事关所有市民及其生活环境的长期安全。上海市爱卫办副主任王彤在 4 月 23 日的上海疫情防控新闻发布会上曾表示,要避免不科学的消毒并提出"六不",其中就包括"不往下水道大量倒消毒剂、投消毒片",他表示,这些做法基本无效,比如往下水道过量投放消毒剂,既会腐蚀管道,也污染环境。好在有关小区及时亡羊补牢,记者从该小区了解到,居委会正全力对有消毒片残留的地方进行大面积冲洗,以消除影响,"虽然所起到的效果和消防部门的方法有一定的差距,但我们还是先要积极'自救'。"第 48 天。

5 月 15 日

今天第一财经发表了一篇万字长文调查稿,对北上广深 160 余家第三方核酸检测机构做了个CT式的扫描,尤其关注了那些"跑步进场"的新机构。调查的目的是帮助大众了解这个产业的规模、玩家和规则,毕竟,接下来的很长一段时期,我们和那根小棉签可能要天天见。谁在给我们做核酸检测?如何最大程度地避免其中的风险和失误?这个百亿元甚至可能要到千亿元规模的巨大市场如何管理?无论对于即将回归常态化的上海,还是其他相对正常化的城市,核酸检测、隔离设施、就医、物流和物资保供都将是未来城市安全运行的基本保障,只有早做系统性的规划和筹备,确保这些服务的可及性和安全性,才能有从容的定力来应对还会不断出现的阶段性疫情,才能给民众以更大的安全感和信心。第49天。

5月16日

中国4月份宏观经济数据今天发布,全面下滑,预料之中。但是更让我关注的是,上午的上海发布会带来了很多令人期待的消息,中国最大的城市、经济中心,敲响了复苏的钟声,还有虹桥火车站终于有了数千名来往旅客,都让很多市民有些许的激动。我认为,这些消息的价值都超过了那些宏观数据。今天我们每张海报上的文章标题都带着"复"字,是巧合,是期待,也是未来这个初夏的主旋律。第50天。

5月17日

一场持续两个多月的疫情,让我们看到了基层服务的脆弱。如何完善和补强千万级大城市基层治理的短板,形成政府基层行政机关、居民自治机构和市场化第三方服务力量之间的有效合力,是一个必须直面的课题。其中,物业管理公司就是一支此前被忽视,但在非常时期可以发挥非常重要作用的市场化力量。第一财经在4月曾连续刊发《奋战"最后100米",上海封控社区里的百万物业人》等多篇聚焦物业公司的报道,呈现他们在疫情防控中特别的作用以及存在的问题,提出要在城市安全运行体系中纳入和用好这股由近50万名员工构成的重要力量。日前,两部委印发了相关通知,明确"将物业服务企业纳入当地疫情防控体系",并强调了给予物业服务企业必要的保障和支持。疫情是灾难,也是对未来风险的提醒,无论是未雨绸缪还是亡羊补牢,都很必要。第51天。

5月18日

明天出版的第一财经日报头版头条是关于助企纾困的报道。李克强总理今天在云南省主持召开了稳增长稳市场主体保就业座谈会,总理说要用改革的办法解决前进中的困难，突出就业优先，通过稳市场主体来保就业保民生，落实落细留抵退税、减税等组合式纾困政策，引导金融机构对中小微企业和个体工商户贷款缓交利息。银保监会官员在今天上午表示，近期疫情对经济运行造成了较大冲击，一些受疫情影响严重的地区、行业的小微企业停工停产时间较长，经营收入不稳定，难以按期偿还银行贷款。小微企业是实体经济重要的组成部分，因此要引导银行业为小微企业纾困解难，帮助小微企业应对这种短期的冲击，稳定宏观经济大盘、稳住就业。

其实，解决中小微的难题，纾困是一方面，尽快复工复产是同样重要的另一面。目前，上海市 9 000 多家规模以上的工业企业中，已复工 4 400 多家，但是还面临一些挑战，尤其是产业链上下游都亟待打通。只有位于产业链下游的小微企业实现复工，才能恢复整个产业供应链的有序运转。经济是一个系统，一个生态，布帛菽粟，缺一不可。第 52 天。

5 月 19 日

昨天日记里写到了如何加速中小微企业复工复产是和纾困同等重要的事情，正好今天上海的发布会也说到了此事。上海市经信委主任吴金城在会上说，目前全市中小企业复工复产率还偏低，其中一部分工业企业已经复工，餐饮、文娱及维修、检测、物流等生产性服务领域受疫情的影响很大。

据调查，上海市"专精特新"中小企业中，通过线下或线上方式维持生产经营的约占 65%（其中，封闭生产的约 15%，线上线下结合办公的约 10%，全线上办公的约 40%），维持生产经营的企业中，75% 的企业员工线下返岗率不足 30%，80% 的企业产能利用率不到 50%。上海市副市长张为说："前期的复工复产对广大的中小微企业可能感受度还不高、获得感还不强。对此，市委市政府高度重视，已经根据防疫总体形势制定了分阶段的复工复产总体安排以及助企纾困的各项措施，我们已要求各级产业部门加大力度听取中小企业的意见诉求，集中解决问题，引导推动包括中小微企业在内的广大企业有序复工复产、恢复活力。"第 53 天。

5 月 20 日

在昨晚举行的中国国际贸促会建会 70 周年座谈会上，李克强总理表示，作为世界最大的发展中国家，同时也是主要经济体和货物贸易大国，中国经济已深度融入世界。对于当前疫情对在华外资企业生产经营活动造成的影响，中方有关部门和地方积极采取措施，在做好疫情防控的同时，帮助协调解决复工达产、人员入境、物流运输等方面的问题。企业的生产经营停不得，我们将继续针对大家的普遍关切，着力解决遇到的问题，提供更优服务。最近，第一财经采访了很多外资外企。确实，在关键时刻，解决当下困难和提供未来的确定性，都是最重要的事。第54天。

5月21日

大家都期待解封，但是解封之后，要控制住疫情不发生规模性反弹，难度非常大，因为奥密克戎最大的特点就是传播速度快、隐匿性强。所以，无论是将要常态化的核酸检测，还是会全面铺开的场所码和数字哨兵等数字化手段，在使用过程中，如何用更科学的方法提高效率，还有很多值得研究的课题。

今天，第一财经报道了中山医院如何精准防院感，感染病科主任胡必杰教授提出，要通过Ct值来判定阳性感染者的传染性，从而更精准地划定密接者的范围，不至于出现划得过大或者漏网的现象。他强调，不仅仅要关注核酸阳性、阴性，而且一定要注意Ct值，并正确理解和应用Ct值。"以前我们判断密接者比较简单，如果一个人核酸阳性，则整个病区甚至整栋楼的人都判为密接，但这样的判定方式是不精准的。""与两年前的院感防控相比，现在不同的情况是，凭借高频度筛查的核酸结果，可以根据阳性者核酸Ct值的大小来判定感染者的病毒载量和传染性高低，结合发热等症状、流行病学调查，甚至胸部影像学表现和血清抗体，能够辨别阳性人员感染的阶段，从而对传染性有进一步的分析研判，可更加精准地划定密接圈，避免周围人群不必要的隔离，避免医务人员不必要的非战斗性减员。"

这样的科学思维和探索应该越来越多。第55天。

5月22日

疫情对各行各业的冲击显而易见，而对每个人来说，他们更关注的是自己手里的饭碗。近三个月的大封控，有些人失去了收入，有些人失去了工作，有些人在等待，也有些人不想坐以待毙。今天第一财经"疫情中的他们"系列报道了一批旅游业者努力自救的故事。在这个遭遇了重创的行业，他们怎么研究新需求，发掘新商机。巧合的是，明晚将在东方卫视播出的中国经济青春读本节目《来点财经范》，也关注了一组上海年轻人的故事，探讨疫情之下普通人对于职业价值的重新认识和选择。后疫情时代，生活的不确定性陡增，自助者天助之，但凡不能杀死你的，终将使你更强大。第56天。

5月23日

今天一则新闻引发关注，宝山区高境镇选用了一家成立才六天的保供企业作为大礼包供应商。有网友质疑，为何这个企业能够胜过多家成熟的食品经营企业拿到保供订单？相关供应商的筛选机制是否发挥了应有的作用？虽然事后当地政府做了解释，称这是原来的合作方推荐，是基于信任，镇保供小组也做了核查。但是毕竟涉及疫情特殊时期的保供，有品牌的供应商无数，如此操作难免草率。

政府服务没有小事，涉及民生更要有"时时放心不下"的责任感。这让我想起一个同行的采访案例，她当年的采访对象是一位街道动迁办主任，动迁事关居民的巨大利益，达成协议之前天天要面对数千家庭的无数质疑、博弈和公关。除了依法依规，苦口婆心之外，他最后赢得了所有动迁户的信任，顺利完成艰巨的动迁工作的一个关键法宝是信息公开，是透明度——他把动迁办和所有动迁户的协商结果全部公之于众，矛盾因此迅速化解。第57天。

5月24日

上海的疫情最近有了显著好转，其他地方陆续有零星的散发，如果中国这波疫情能够缓和下来，步入常态化防控阶段后，常态化核酸叠加数字化防控手段升级会是各地的共同选择。第一财经今天绘制了一幅部分省市核酸频次地图，我们发现各地的规定千差万别。其实这些差别背后都有各自的逻辑和出发点，有些是因为疫情不大，有些是因为极其慎重。但是我想所有决策的一个重要前提是尊重科学，就像我们今天的另一篇独家报道，探讨新冠患者会否"间歇性排毒"，问题研究清楚了，有了科学依据了，决策就会更合理，更精准。第58天。

一、总编时刻

5月25日

今天,第一财经报道了一家举步维艰的上海小企业,公司创始人说即使把员工从家里请到工厂封闭式复工,由于国内供应链中断、原料进不来,以及店铺暂闭、商业流通依然受阻,这样高成本又较难保证生活品质的"伴疫复工",对他们而言并没有实质意义。作为非刚需的消费品企业,他们也不在近期复工复产或复商复市的名单中。"但是过去三个月里,员工工资、社保、房租等费用都在支付。"创始人不得不向熟人圈发出一封倡议书,希望能突破困境,求得生机。

企业的焦虑如何缓解?我们看到国务院今天下午召开了全国稳住经济大盘电视电话会议,要求地方各级政府要守土尽责抓落实,要在做好疫情防控的同时完成经济社会发展任务,全面把握,

防止单打一、一刀切。要创造性地工作,因地制宜地挖掘自身政策潜力,帮扶市场主体纾困、稳岗拓岗等政策能出尽出。

中国经济一直以有韧性为特色,关键时刻来临,韧性不是刚性,也需要良好的外部条件和政策环境。除了关注会议发布的政策要求,我更注意到会议提出"各地区各部门要坚持求真务实,以实际效果检验各项工作"。求真务实,一定也是那些小企业的期待。第59天。

5月26日

大规模的核酸检测费用到底谁支付?其实国家早有规定,发热门诊可以医保报销,住院只能一次,但是大规模常态化核酸筛查费用由谁支付却有不同的理解和做法,最近很多自媒体和少数券商研究报告作出了错误的报道和判断,更加导致广大群众的焦虑和担忧,毕竟,本来压力就大的医保是百姓的看病钱和救命钱。

第一财经就此连续两天进行了深度报道，并于昨天发布了独家报道：国家医保局向地方发文强调，常态化核酸筛查费用由地方财政承担，专家指出，医保基金由参保人缴费汇集而成，所有权人是统筹地区的参保人，应当由参保人代表在法律的范围内决定其用途。今天下午，国家医保局的官宣进一步明确了上述要求，百姓紧张的神经得以松弛下来。澄清误读和错误观点，维护公众利益，稳定民心，是媒体的基本功能。

用这样一个事件来结束"上海经济日记"也是一个鼓励。自大规模筛查至今整整60天了，今天的"上海经济日记"将是最后一篇。城市终于逐步走向解封，感觉像是过了一个世纪。

无数个日夜，我沉浸在那些文字和视频之间，在那些山和灰尘之间。劫波度尽，我想所有经历过的人都想忘却这段历史，所有经历过的人也一定无法忘却这段历史。

此时此刻，唯一能够帮助我自拔的是那些善良的人，他们帮助我们真正理解了人性，理解了这座让我们刻骨铭心的城市；是那些艰难时刻的光，它们穿透了疫情的迷雾和无数冲突，让我们知道了法治、科学、人性三者之间有着并行不悖的价值观。

所以，我和我的同事们责无旁贷，我们必须去呈现、去记录、去探究，并始终以专业、理性、责任和良知作为底线。我们希望传递真相，弥补裂痕，形成共识，团结抗疫，希望尽媒体的微薄之力，帮助这座城市早日恢复往日生机，帮助这个国家早日走出疫情阴霾。

日记虽然结束，我们的抗疫报道还将继续，感谢读者和观众一直以来的信任和鼓励，欢迎继续提出宝贵的批评和建议。第60天。

一、总编时刻

科创名城"通关术"

第一财经与微众银行"微众企业+"联合推出的《科创源动力》项目启动了第二季,我们依然选取了一组中国一线和新一线城市来考察关于城市和科创的话题。

这几年,无论走到哪个大城市,聊起经济问题,科创始终是当地官员最关注的话题。这个现象背后,有着必然的逻辑。因为创新是经济发展的源动力,而科技又是第一生产力,相比较于其他要素,科技创新可以提高生产效率,从而提升潜在增长率,对于经济增长来说,科技创新带来的边际效应是最大的。从国家的角度而言,科技创新能力已经成为综合国力竞争的决定性因素;从地方政府的角度而言,科技创新是地方竞争和经济增长的最重要抓手。

因此,各大城市不遗余力地抓科创是一个必然结果。其实,从全球第三次工业革命以来的经验中,我们也可以发现,科技创新做得好的城市,带动了城市发展能级,经济增长速度自然更快,质量更佳。同时,在遵循市场规律的前提下,越是重视科技创新要素合理配置的城市,城市的科创竞争力也会越强大,最终,经济与科创形成良性互动,良性循环。

城市科创的"中国特色"

与之相关的是,近几十年来,全球科创发展的一大特点就是越来越集中在都市圈和大城市,如硅谷、波士顿、东京和伦敦。而且近年来又呈现出一个新的特点,就是从都市郊区的小镇纷纷回归到都市的最中心地带,在伦敦、纽约、柏林的老城区里,已成风潮。像纽约硅港,距离华尔街只有1.5公里;像伦敦东区科技城,距离伦敦金融城只有1公里。因为原来那种坐落在城市郊区,依靠公路连接的创新园区,在生活品质方面,在创新人群信息高效率交流方面,无疑存有短板。另外,以数字技术为代表的新一代科学技术具有极强的通用性特征,具有极强的渗透性和协同性,大都市中心和副中心地区因为产业集群度和技术应用落地场景的丰富性,正在吸引越来越多的科创企业开始"返城"。

回到中国，出于历史的原因，中国的大都市城市空间布局和美欧国家的大城市不同，制造业和服务业以及生产和生活区域往往就集中于一个大空间。而且，在20世纪后半叶的快速工业化的时期，几乎每个大城市都有自己的核心制造业，虽然几十年以后产业有了迭代更新，但是，这种大城市和地区核心制造业两位一体的布局并没有改变。极少数希望模仿欧美国家的金融中心，把服务业作为核心产业的大都市，最后也意识到失去了制造业，特别是先进制造业，不仅是GDP大受影响，经济可持续增长和就业的稳定性也失去了依靠。

当然，更不容忽视的是中国制造业的高速发展，在改革开放后，尤其是加入WTO以后，中国迅速崛起为全球最大的制造业国家。据工信部的数据：2021年，我国制造业增加值规模达31.4万亿元，自2010年以来，我国制造业增加值已连续12年位居世界第一。

所以，和欧美国家的大城市相比，中国大城市推进科技创新在城市空间布局和制造业能力等发展条件方面，有着显著的不同。

共性与个性

中国的大城市推进科技创新还有一个鲜明特点，就是各地选择的科创领域和创新产业体系重合度比较高。当然这不是一个贬义词，一来是因为新技术新产业的大趋势十分明朗，大方向就这么几个；二来是以数字技术为代表的新一代科学技术具有极强的通用性特征，可辐射和拉动的产业面很广，可以影响到一大批传统产业的迭代升级；第三则是因为大家都是在起步阶段，城市之间的差距不大，越早投入越快布局，胜算就越大。所以，更需要关注的是在同质化特色下各地是否找得到各具特色的发展方向？

在这两年《科创源动力》项目的走访过程中，我们发现了各地一些有益的经验。其中既包括各地根据自身特点和禀赋所进行的探索实践，也包括像微众银行这样的金融机构所进行的生态赋能。

首先是在几个大的科创领域找到相对细分的方向进行垂直突破。以苏州工业园区为例，在发力高端装备制造、集成电路、生物医药产业的同时，瞄准具有广阔产业前景的新材料领域，以纳米材料为突破口，吸纳了大量如中科院苏州纳米所等高端创新载体，联合一批创新企业，主攻纳米材料为核心的新材料科技创新，园区以"研发创新+创业孵化+规模产业化"布局的纳米技术应用产业载体，已经成为全球纳米技术应用产业的高地。

其次就是立足于本地原有优势传统产业，寻找科技创新的突破方向，最典型的是长沙，用当地官员的话讲就是"老树发新枝"。在工程机械、现代农业、先进轨道交通装备业等原有优势产业上，通过持续的科技创新，使得既有的这种优势产业不断升级转型，促进优势产业裂变和成长，催生出新的产品和市场。

还有像南京这样具有深厚科教底蕴的城市，其创新突破口不仅是发力软件和信息服务、集成电路这些优势产业，还把重心放在科技成果转化这个普遍难题之上，把成果转化定位为城市科创的重心所在，形成了鲜明的南京特色。

在第一财经新一线城市研究所2021年的一项研究中，我们也可以观察到，在新一代信息技术、高端装备制造、生物医药、新能源等时髦领域几乎成为各地共同选择的同时，不同体量的城市在具体发力时还是体现出不同的思路和形态。

这项研究挑选了长三角和珠三角城市群中产业实力较强的两组典型城市，对所有园区内的企业作了战略性新兴产业的分类。整体来看，上海的产业结构较为均衡，新一代信息技术、高端装备制造、生物等领域的企业数量都保持了较大的规模，深圳则是典型的新一代信息技术产业高地。

与这两座核心城市相比，苏州与东莞在高端装备制造和新材料等领域的企业占比更高，产业结构上明显拉开了差距。

这项研究覆盖了中国的主要城市群，研究结论显示，城市群城市的产业发展基本遵循类似逻辑：小区域内专业集中，大区域内分工协同。

这也是中国城市探索科创道路时，避免同质化竞争的一个自然而合理的选择。

集聚要素为先，营建生态为重

城市和科创的话题，必然离不开地方政府。前面的案例也体现出政府部门的重要作用，他们会做规划，做招商，推动培育和转化，打造产业群、产业链，但是政府如何充当合理的角色并不是一个容易的问题。

在调研过程中我们发现，在这些科创明星城市崛起的过程中，政府所扮演的角色存在不少共同点，他们的头脑都比较清醒，都是在尊重市场规律、产业规律、科研规律的前提下去推动科技创新和产业升级。就像哈耶克所说：

"要创造有利于进步的条件,而不是去'计划进步'"。

国际上那些著名的科创集聚区,在这方面的理念和界限是非常清晰的。他们的主要职能和工作目标是营造一个非常有利于科技创新的外部环境,从物理空间的打造,到创新服务体系的建设,再到构建产业群落,最后形成一个全方位的科创大生态。换言之,即从1.0版本的科技园区演变为2.0版本的生活要素聚集的科创都市。

一个月前,我去苏州工业园区参加关于园区规划的研讨会,园区领导提出的"四个一流"的发展规划令与会者纷纷点赞,即"一流的产业新区,一流的开放名区,一流的创新园区,一流的中心城区",就是暗合了上述全球科创城市2.0版本的发展趋势。

在与长沙当地企业家和科研人员的交流中,我们也发现,长沙这座活色生香的消费娱乐网红城市,能快速崛起为中部科创名城,除去扎实的优势产业基础之外,政府先后推出了一系列扶持政策,像人才落户计划、一站式审批制度、小微企业金融帮扶等,同时大力推动基础研究,建成了一批重点实验室,再加上城市在消费、房价等方面的吸引力,最终形成了一个科创友好型的大生态。

科创是个持续的考题,天然伴随着风险,更没有标准答案。不同国家,不同区域,不同资源禀赋,不同发展阶段,所具备的创新要素千差万别。但是,走访了一批科创明星城市之后,我们发现这些成功背后万变不离其宗的一项基本原则就是一定需要充足的创新要素。从政府角度而言,依托科研机构、企业,建立原始创新能力,以及通过科研、创业、孵化、转化、产业化,形成创新创业生态,再到建立政府服务配套体系、科创投融资体系,构建产业群落,当是最核心的要素。

当这些要素最终集聚,如何激活相关要素,形成化学反应,打通创新链、产业链和资金链,并以更未来的视野打造科创要素和生活要素齐聚的城市,将会是成功的关键,也是更值得深入研究的课题。

2022年12月15日

分享链接

一、总编时刻

2023，中国经济的三"重"展望

今年，第一财经推出了跨年"C"峰会季这一重磅设计，期待我们的峰会在年终各类大型活动中成为一个堪称C位的盛典！

组成第一财经年终峰会季的几个主要活动和论坛，英文缩写都是以"C"开头，这是一个巧合。但是我们这个跨年盛典想要传导出的独特视角和深刻含义，也正好和拼音字母"C"有关，因为我们提出了和汉字"重"有关的三个词：重估、重构、重启。在这个极其特殊的年份、极其特殊的时间点，我们希望这三个词能够传递给业内一些独特的观察视角和判断。

一是重估，要尽快重新评估经济大环境、资产价格和产业趋势。二十大闭幕后，第一财编辑部就提出了"重估"的判断，特别是第一财经日报在10月24日发表的那篇引起广泛关注的社论《积极做好风险资产价值重估的准备》，提示大家在未来的投资、产业政策等领域都要做好预先重估的准备。

今年有两条政策主线，一是疫情防控，二是经济增长。从目前来看，经济增长的重要性、必要性要更大于疫情防控，政策重点已经明显向保持经济增长的角度倾斜。

从近期密集发布的政策来看，变化非常迅猛。最引人关注的当然是疫情防控政策的迅速优化，相关措施对于经济、民生的影响需要尽快重估。近日召开的中央经济工作会议定调了明年的经济政策，一系列全新的提法需要作全面和深入的研判。

还有更长期的重估，就是在新的政策环境下，哪些产业的前景和价值会发生重大变化。但是这些变化只是因为政策的变化就会发生吗？凡事预则立，不预则废，这个道理不管是在疫情防控还是经济增长上都是相通的。我们必须对于经济发展的各种决定性要素和前提条件做好前瞻性、整体性的预判，尤其是在国际国内经济发展环境发生巨大变化的时代。

二是重构，就是以积极主动的姿态应对环境的变化。在重估的基础上找准定位，从政府的经济部门到企业，再到投资机构，重新构建发展战略和发展模式。当下，全球经济正面临疫情、通胀、战争、能源危机等诸多挑战，中国经济在应对这重重挑战之余，还面临着科技脱钩、全球产业链区域化、民营经济信心不足、民间消费不振等不利因素。同时还要看到，树立整体安全观、发展高端制造业、重点关键产业链自主可控、金融全面脱虚向实等国家政策导向非常清晰。

基于上述背景和条件，在经济下行期间，在存量市场博弈下，在走出疫情的预期下，如何在长期战略上保持定力，同时又按照市场的基本规律找到生存和发展空间，再去重构以发展质量为首要标准的发展模式，已成为必由之路。当然，政策的改善和优化也是重构中不可或缺的指向，前些年的政策合成谬误，以及近两年房地产行业的政策摆动和震荡，都提醒我们在决策和政策研判时更需要系统思维和长期眼光。

当然，说到重构，还有大家最为关注的疫情防控政策，我们建议有关部门在优化防控措施的同时，重构中国公共卫生体系，从医疗到医药，从预防到治疗，从基建到人才。

重构也包括在中国经济面临严峻挑战的时候，我们的经济政策要重构发展重心，更多地重视需求侧改革，抓住提振信心、扩大内需这个牛鼻子。

三是重启，中国经济自1978年改革开放以来经历了风风雨雨和各类大小经济周期，中国经济的韧性在于我国巨大的人口基数及消费潜力、完整的工业生产体系和保持对外开放与合作的政策定力，以及中国人民的勤奋和自强不息的精神。随着防疫政策的调整，再加上近期一揽子经济托底政策的护航，我们要有不断重新启航的信心与姿态。

民生是国家的根本，市场是发展的依托。正如第一财经日报12月7日的社论《挺起复苏的脊梁》所说，"市场信心的边际改善取决于市场主体对未来的预期，当下市场主体对未来的预期转弱，疫情只是一种加速因子，本质上源于对未来的不确定性。"日前召开的中共中央政治局会议就突出强调了全面深化改革、大力提升市场信心的重要性。通过全面深化改革开放为经济注入动力和能量，将市场主体从流动性陷阱中拉出来是当务之急。同时也要清醒地认识到，市场经济是一个生态系统，政府的宏观调控和产业引导也必须认清市场规律。

我们呼吁，我们也相信，为经济社会发展营造可持续发展的场景，根本上是真正让市场在资源配置中发挥决定作用。如果方向正确，遵循规律，相

一、总编时刻

信市场的力量和人民的智慧,以中国的效率、巨大市场、民间创新动力、完备的产业体系以及还有一定冗余度的政策空间,从感知到知止,再到行远,中国经济的重启并不遥远!

"倚杖望晴雪,溪云几万重",冬日雪晴的意境背后,有一种清新的生机。

2022 年 12 月 21 日

分享链接

拨开历史的风尘
——第一财经 2023 新年致读者

时针永远面无表情，例行公事地走到了岁末，就像什么都没有发生过，辞旧迎新又一年。

这几天小柯的《送别 2022》刷屏了，因为他唱出了所有人的感慨，尤其是那一句："道个别吧，深一脚浅一脚的一年，让你哭笑不定的一年"。

很多人说，这一次的感觉不是和刚过去的 2022 年告别，更像是在和过去三年做一次刻骨铭心的诀别。

也有很多人说，我想的不是告别，最好能把过去这三年从我的生命中抹去，我宁愿少活三年。

确实，这三年里，病毒无情，世界失序，无数的呼喊，无数的别离，让人痛彻心扉。"有生以来第一次"几成口头禅，"EMO"也成了流行语。生命变得如此脆弱，个体变得如此渺小，人们长时间地处于恐惧、担忧和焦虑之中，因为那些灾害以及次生灾害。

在那些兵荒马乱的日子里，我们是多么渴望时光能够倒流，回到三年以前。就像有一天傍晚，在开往南方的高铁上，我随手写下了一些句子："远远望去／一座南方的城市／暮色中灯火温暖／人群安静／车辆缓慢／不知有汉／无论魏晋"。

当然，这三年我们也不是一无所获。如果一定要从社会进化的角度在历史的长河中给这三年一个印记，那就是对于常识和科学的再启蒙，对于客观规律重拾尊重，对于良知的唤醒，以及对于个人边界的厘清。

所谓"古之得道者，静而法天地，动而顺日月"，千百年来，知易行难。

一场大的劫难中，我们也看到了谁是真正的逆行者、孤勇者、追光者，那些奋不顾身的医护人员，那些被堵在高速公路上的货车司机，那些疾速驰援的快递小哥，那些长途跋涉的返乡者，以及所有为生活而打拼的每一个普通人。人性的光芒犹如星光，在长夜暗路中更显弥足珍贵。

一、总编时刻

在度过如此艰辛的2022年之后,在经历反复的拉锯和震荡之后,在付出了沉重的代价之后,我们也相信,这个社会因此会形成更多的共识。

因为生活从来就不是一道选择题,时光更不可能倒流,生而为人,艰辛谋生,挣扎于疫,都已无从选择。面对生活袭来的一记又一记重拳,除了闪躲,只有硬扛,哪有胜利可言,挺住意味着一切。但更重要的是,三年来,大疫之下,人类虽如困兽,但在不断舔舐伤口之后,空前的社会撕裂正在快速消弭,共识越来越多,同理共情,实事求是,尊崇科学,民生为本。所有的价值判断都指向如何让人们免于担忧和恐惧,如何让所有生命和市场主体可以自由地期待美好未来。

艰难时刻并未结束,在新的一年,全球依然面临衰退、疫情和战争的巨大挑战。在这场艰苦卓绝的战役中,媒体作为时代的传播者、瞭望者和守护者,更不能有半步的退缩。第一财经将一如既往地恪尽主流媒体职守,继续高扬"专业、责任、科学、良知"的旗帜,追求真实,报道真相,传递真知,以不负受众的信赖。

就像诗人食指所写:"我之所以坚定地相信未来,是我相信未来人们的眼睛——她有拨开历史风尘的睫毛,她有看透岁月篇章的瞳孔。"

期待这个世界早日回归如常。

2022年12月31日

分享链接

二、言叶知新

金叶子 | 第一财经日报资深记者,长期关注科技创新和产业发展,聚焦科技政策、数字经济、区域创新、人才培养、知识产权等相关话题。"言叶知新"专栏跟踪政策热点,解析产业发展趋势,挖掘科研人员背后的故事。
联系邮箱:jinyezi@yicai.com

"东数西算"每年带动四千亿元投资!8个枢纽建设重点有哪些

随着"东数西算"工程全面启动,全国8个算力网络国家枢纽节点、10大数据中心集群也将进入具体施工期。

国家发改委创新驱动发展中心副主任徐彬表示,从经济上来看,"东数西算"每年能带动投资大概4 000亿元;同时,对于西部的产业来说,数据中心这些算力设施建设之后,会带来相关的IT产业、绿色能源产业等。

那么,这些算力网络国家枢纽节点和数据中心集群未来如何分工?"十四五"期间又各有哪些侧重点呢?

处理"冷数据"和"热数据"

传统上,我国的通信网络主要围绕人口聚集程度进行建设,网络节点普遍集中于北京、上海、广州等一线城市。

中国信息通信研究院于去年5月发布的《数据中心产业发展指数》显示,我国数据中心产业规模已接近2 000亿元,北京、上海、广州、深圳等热点地区及周边数据中心规模指数较高。伴随5G、人工智能等新技术的发展,我国数据资源呈爆发式增长,这也对算力提出更高要求。

近日，国家发展改革委、中央网信办、工业和信息化部、国家能源局联合印发通知，同意在京津冀、长三角、粤港澳大湾区、成渝、内蒙古、贵州、甘肃、宁夏等 8 地启动建设国家算力枢纽节点（下称节点），并规划了 10 个国家数据中心集群。至此，全国一体化大数据中心体系完成总体布局设计，"东数西算"工程正式全面启动。

国家发改委高技术司相关负责人 17 日介绍，实施"东数西算"工程，是为了推动全国数据中心适度集聚、集约发展，促进数据中心由东向西梯次布局、统筹发展，并实现"东数西算"循序渐进、快速迭代。

去年 5 月发布的《全国一体化大数据中心协同创新体系算力枢纽实施方案》明确了 8 个枢纽节点的定位。对于京津冀、长三角、粤港澳大湾区、成渝等节点，重点统筹好城市内部和周边区域的数据中心布局，实现大规模算力部署与土地、用能、水、电等资源的协调可持续，优化数据中心供给结构，扩展算力增长空间，满足重大区域发展战略实施需要。

对于贵州、内蒙古、甘肃、宁夏等可再生能源丰富、气候适宜、数据中心绿色发展潜力较大的节点，重点提升算力服务的品质和利用效率，充分发挥资源优势，夯实网络等基础保障，积极承接全国范围需后台加工、离线分析、存储备份等非实时算力需求，打造面向全国的非实时性算力保障基地。

中国信息通信研究院云计算与大数据研究所所长何宝宏撰文表示，"东数西算"通过东部和西部的有效对接，利用西部地区算力资源承接东部地区算力外溢需求，建立全国一体化的协同创新体系，推动东西部走向的数据资源融合汇聚、流通交易。可以逐步改善我国数据中心供需失衡的问题，促进算力的全国性调度使用。

8 个节点有哪些分工

在上海新兴信息通信技术应用研究院首席专家贺仁龙看来，简单地概括，西部和东部主要区别是处理"冷数据"和"热数据"。

贺仁龙告诉第一财经记者，"冷数据"一般指的是那些时效性需求不太高的，"热数据"是对处理时间要求高、需要立刻作决策并运算的，如自动驾驶、远程医疗等。他说，对时效要求高的行业的数据仍然会放在东部，这些数据传输到西部去成本也高，而"冷数据"和部分"温数据"（介于"冷数据"和"热数据"之间）可以考虑放在西部运算、分析、存储。

数据中心集群对数字经济的助力和实现"双碳"来说是关键一环。

数据显示，从供给来看，现在我国数据中心大概是500万标准机架，80%在东部，西部大概只有20%，而数据中心的耗电量约占全国总耗电量的2%。

"都说数据中心是'电老虎'，但是随着清洁能源以及数据中心运用效率的提升，从长远考虑，碳排放肯定是变低的。"贺仁龙解释，相较于数据中心，工业、汽车等碳排放更大，如果通过一体化的数据中心调节，比如工业互联网运用下的智能制造，会减少更多碳排放。

徐彬也称，通过"东数西算"工程，使大量的数据中心建立在西部，就能够提高对西部光伏、风电这些绿色能源的使用，如果由20%的比例提高到80%，就能够在2025年这个节点减少1.6个北京市的碳排放总量。这只是从"东数西算"数据中心建设本身来看。

枢纽节点的建设重点

对于8个枢纽节点的未来方向，发改委日前的批复已经明确。

长三角枢纽规划设立的2个集群，是积极承接长三角中心城市实时性算力需求，引导温冷业务向西部迁移，构建长三角地区算力资源"一体协同、辐射全域"的发展格局。京津冀枢纽规划设立的张家口数据中心集群，要积极承接北京等地实时性算力需求，引导温冷业务向西部迁移，构建辐射华北、东北乃至全国的实时性算力中心。

成渝枢纽规划设立的天府数据中心集群和重庆数据中心集群，是要平衡好城市与城市周边的算力资源部署，做好与"东数西算"衔接。粤港澳大湾区枢纽规划设立的韶关数据中心集群，是积极承接广州、深圳等地实时性算力需求，引导温冷业务向西部迁移，构建辐射华南乃至全国的实时性算力中心。

"为坚决避免数据中心盲目发展，在当前起步阶段，8个算力枢纽内规划设立了10个数据中心集群，划定了物理边界，并明确了绿色节能、上架率等发展目标。比如，集群内数据中心的平均上架率至少要达到65%以上。"上述发改委负责人说。

以长三角节点为例，贺仁龙透露，在未来的具体建设中，除了已经公布的一体化示范区、芜湖2个数据中心集群，长三角还将有多个城市级数据中心承载区。"会构建'2+N'的国家枢纽节点空间布局，'2'是重点发展超大型、大型数据中心，'N'即面向长三角主要城市建设多个城市级数据中心承载区，按需发展高性能、边缘数据中心。"

贺仁龙进一步解释，长三角的2个集群距离只有300公里，处于一个东西向中轴线，区位条件优越，数据中心集聚态势明显，配套资源丰富。另外，一体化也让统筹推进有力。截至2020年年底，长三角地区已建和在建数据中心可承载机柜数约为131万架（折合2.5 kW标准机柜）。"目前长三角集群内的数据中心上架率在60%左右，'十四五'期末需要在65%以上。在算力一体化方面，区域内"东数西算"占比可提高的空间在20%。"

从去年开始，各省份相继发布了"十四五"通信业规划，对数据中心等发展有了明确规划。

《上海市新一代信息基础设施发展"十四五"规划》提出，互联网数据中心标准机架可用规模2025年预期值在28万架。在临港新片区、青浦、松江、金山等数据中心配套资源条件较好、区位优势明显的区域加快推进国家算力网络枢纽长三角节点数据中心集群建设，承载数据跨境存算、跨区域算力调度和创新示范应用等需求。

江苏省提出，"十四五"期间，统筹大型、超大型云计算数据中心布局，推进边缘数据中心建设，江苏数据中心机架数达到70万架，为5G、人工智能、工业互联网等新技术发展提供数据中枢和算力载体，并提升数据中心绿色发展水平。

数字经济大省浙江省的通信业发展"十四五"规划提出，打造云边协同的数据中心集群。例如，落实长三角一体化国家战略，支持建设长三角国家级区域型数据中心集群。以杭州主核心区和宁温金义副核心区为重点，加强大型以上数据中心布局建设。

在绿色数据中心优化布局工程方面，浙江省的目标是，到2025年，形成区域集群-本地中心-边缘节点的多层次数据中心布局。优先支持杭州、宁波、温州、金义等都市圈做大做强大数据中心，重点支持中国电信（杭州）大数据中心、中国移动长三角（杭州）第二数据中心等项目建设。在有条件的地区，支持建设长三角国家级区域型数据中心集群，实现算力资源调度与共享。

《广东省信息通信业"十四五"规划》提出，推动新型数据中心高质量发展。在全国一体化大数据中心体系下，统筹部署广东省绿色智能的算力基础设施，优化广东省数据中心的布局。

例如，建设粤港澳大湾区国家枢纽节点和大数据中心集群。支持广州超算、深圳超算提升能力，支持珠海横琴建设人工智能超算中心，支持广州、深圳、珠海、佛山、东莞、中山等地建设边缘计算资源池节点。支持广州、深圳等建设低时延类小型或边缘数据中心，支持粤东、粤西、粤北气候适宜、能源丰富的地区在符合规划布局的前提下，集约、集聚地建设数据中心。

2022 年 2 月 22 日

分享链接

近十年高考热门专业变迁："新工科"崛起，AI 产业规模超 4 000 亿元

每年高考结束后，作为考生迈入人生新阶段的起点，学校和专业的选择一定程度上决定了未来的就业方向。

2022 年高考本科录取工作已接近尾声，哪些专业最受关注？百度高考大数据 2022 高考专业热榜显示（选取 8 月 2 日的数据为例），热度前 10 的专业中，6 个为工科专业，总体上专业选择"向实"。

同时，在最近一周内，第一财经记者多次查看该榜发现，专业排行较稳定，前 10 中工科占据半数以上，前 20 中理工科也占据一半。

复旦大学全球科创人才发展研究中心主任姚凯告诉第一财经记者，随着后工业化时代和数智时代的到来，人工智能、大数据、大规模集成电路、高端装备制造等战略性新兴产业不断涌现，适应数智时代的复合型新人才供不应求，人工智能工程师、大数据工程师等一大批新型数字化职业应运而生。专业热搜榜排名的巨大变化，揭示教育体系的专业设置与新时代产业转型和人才市场的动态适应，是当前高等教育、职业教育甚至基础教育的必然趋势。

"新工科"走俏

近年来，实用性较强的工科专业成为高考报考热门。今年，人工智能、电气工程、大数据技术、自动化等"新工科"热度不减。

上述 8 月 2 日的热榜显示，前 10 的专业中工科占 6 个，分别是电气工程及自动化、机械设计制造及其自动化、电子信息工程、计算机科学与技术、人工智能、软件工程。

另据百度搜索和中国教育在线此前发布的《2022 高考搜索大数据》，今年十大热度攀升专业中，人工智能专业位列第一，连续 3 年蝉联高考专业报考热搜榜第一，今年的搜索热度同比增幅达到 54%。机械工程、电气工程、大数据等专业紧随其后，搜索热度增长显著。

可以看到的是，2013年到2022年的这十年间，前5热门的专业中，工科类占比逐渐提升，2013—2014年，前5热门专业中未见工科专业的身影，而是以人文社科类为主；2015—2019年，工科专业均占1—2个席位；到了2020年，前5热门专业中工科已占据4席，并延续到今年。

以今年第一名的人工智能专业为例，在教育部推进"新工科"建设以来，以人工智能为代表的专业增设火热推进，2021年就有130所本科院校新增人工智能专业。

老牌工科专业——电气工程及其自动化、机械设计制造及其自动化等，由于就业面覆盖了电力、高端制造、通信、半导体等，热度也持续保持，今年的投档线及位次同样居高不下。

这些热门专业的背后，也揭示了中国经济和社会的发展趋势。

近年来，大数据、人工智能、区块链、云计算、5G等新一代信息技术的加速创新，推动了以数字经济为发展趋势的变革浪潮，数字经济成为继农业经济、工业经济后的现代社会主要经济形态。根据中国信通院发布的《中国数字经济发展报告（2022年）》，2021年，我国数字经济发展取得新突破，数字经济规模达到45.5万亿元，同比名义增长16.2%，高于同期GDP名义增速3.4个百分点，占GDP的比重达到39.8%。

具体到产业前景方面，包括电子信息制造业、电信业、软件和信息技术服务业、互联网行业等的信息通信产业的数字产业化，2021年的规模为8.35万亿元，同比名义增长11.9%，占数字经济的比重为18.3%，占GDP的比重为7.3%。涵盖工业互联网、智能制造、车联网、平台经济等融合型新产业新模式新业态的产业数字化，2021年我国的规模达到37.2万亿元，同比名义增长17.2%，占GDP的比重为32.5%。

在热门专业人工智能领域，官方数据显示，我国人工智能核心产业的规模超过4 000亿元，企业数量超过3 000家。

在市场规模增长的带动下，就业机会和待遇也在提升。

麦可思研究院发布的《2022年中国大学生就业报告》显示，2021届本科计算机类专业的月收入较高，为6 886元。其中，本科专业方面，月收入最高的专业是信息安全专业，达到7 439元，软件工程专业的月收入也超过了7 000元。此外，信息工程、计算机科学与技术、网络工程、互联网工程、电子科学与技术、微电子科学与工程、信息管理与信息系统、自动化专业的月收入进入前十名。

毕业于"211"高校的"95后"范晓已经在银行信息系统工作了两年，他告诉记者，受学电子工程专业的"80"后表哥的影响，自己本科也选了相关专业（物联网工程），虽然现在从事的并不是和专业完全对口的工作，但是由于本科的通识教育涵盖面广，目前工作岗位上需要的后端开发、运维都很容易上手。"我是2020年毕业的，大三时本来计划出国读研的，不过疫情发生后，国外疫情的发展情况还不明朗，又很快收到了心仪的工作offer，就先选择上班了。"

"近年来我国大力推进科技自强自立、人才强国等国家战略的实施，人才培养和专业设置也体现了国家战略的内在需求。人工智能、大数据技术、机械工程、电气工程、临床医学等专业作为需求增长型专业，由于就业前景乐观，考生报考的热度高涨。"姚凯说。

这些领域本科专业和职位扩张

攀升的市场需求也催生了一些新的专业和就业岗位。

据教育部统计，自2012年以来，共有265种新专业纳入本科专业目录，高校新增本科专业布点1.7万个，撤销或停招1万个。

教育部公布的2021年度普通高等学校本科专业备案和审批结果显示，2022年，全国高校新增1961个专业点，撤销804个专业点。碳储科学与工程、空天智能电推进技术、生物育种科学、资源环境大数据工程、湿地保护与恢复、智慧林业、劳动教育、科学史等31种新专业正式纳入本科专业目录，列入相关高校2022年的本科招生计划。

记者梳理发现，近3年来，工学类新增专业较多。2019年度，31种新增本科专业中，20种为工学专业；2020年度和2021年度，新增专业数量分别为37种和31种，工学专业均占14种。

在就业方面，和"新工科"相关的数字职业也快速扩张。

日前，人社部向社会公示新修订的《中华人民共和国职业分类大典》，其中的一个亮点就是首次标注了数字职业，数量多达97个。

从数字职业的产业分布来看，目前在我国数字经济五大产业类别中，大部分数字职业集中在数字技术应用业，数量占比为46.4%；数字化效率提升业和数字要素驱动业的职业占比分别为19.6%及17.5%；数字产品制造业和数字产品服务业的职业占比分别为 9.3% 和 7.2%。

姚凯说，热度之下也要看到，数智时代更需要融合软硬技能的复合型人才，专业热搜榜的变化并非简单地可以认为人文社会科学不重要了，而是通过"新工科"人才、"新文科"人才、"新医科"人才的形式广泛地分布于各行各业，"未来的专业人才培养要更加重视人文社科和自然科学知识的交融，同时要更加重视教育质量的提升，不能'萝卜快了不洗泥'"。

2022 年 8 月 4 日

分享链接

48个国家产业园的GDP超千亿元！园区经济"挑大梁"要重视这几点

作为我国科技创新和产业发展的有力组成部分，以国家高新区和国家经开区为代表的产业园区是我国经济发展的压舱石，抓好产业园区的转型发展能起到以点带面的作用。

近日，科技部在北京召开国家高新区和高新技术企业高质量发展推进会。科技部部长王志刚要求，国家高新区和高新技术企业要积极响应国家战略需求，主动应对当前经济下行压力的严峻形势，要成为宏观经济增长的稳定器、保就业促创业的主力军。

赛迪顾问园区经济研究中心总经理孙晓利对第一财经记者表示，"稳经济"首先是稳住企业主体，高新区、经开区是各区域企业的聚集区，能够在培育企业、服务企业的过程中，精准把脉需求，助企纾困解难，推动我国经济稳中向好、稳中趋优。

高新区、经开区的GDP总量占比达25.3%

根据赛迪顾问最新发布的《园区高质量发展百强（2022）》（下称报告），截至2021年，国家级高新区共计169家（含苏州工业园区），国家级经开区共计230家；此次共有53家国家级高新区、47家国家级经开区入榜。

百强园区中，GDP超过1 000亿元的园区共有48个，高新技术企业数量超过300家的园区共有65个，进出口额超过500亿元的园区共有40个。其中，53家入榜的国家级高新区的企业营业收入达334 773亿元，占所有国家级高新区企业营业收入的78%；47家入榜的国家级经开区的企业实际利用外资达318亿美元，占所有国家级经开区的企业实际利用外资总额的52%，马太效应正在释放。

按四大区域划分，东部地区占比最多，超过50%，处于绝对领先地位。其中，江苏省占19席，其后依次为浙江省、广东省、山东省、湖北省，入榜园区数量分别为9席、8席、7席、7席。青海省、海南省、宁夏、内蒙古以及西藏未有园区入榜。

孙晓利分析，2021年，仅169家国家级高新区和230家国家级经开区的GDP总量就已达到29万亿元，占国内生产总值的比重达25.3%。其中，国家级经开区的GDP同比增长15.4%，增幅高于全国平均水平7.3个百分点。国家级高新区的GDP同比增长12.8%，增幅高于全国平均水平4.7个百分点。2021年，国家级高新区高新技术企业数量已达11.5万家，占全国高新技术企业数量的35%。同时，自2018年科创板启动以来，全国377家科创板上市企业中，国家级高新区培育的企业占比达67.1%。

在"挑大梁"的同时，报告认为，园区经济如今也要注意产业规模与产业结构、投资驱动与科技创新等几组矛盾。例如，产业规模与产业结构之间的矛盾，要解决好主导产业财政贡献不足、税源产业附加值不高的问题，做好产业能级跃升。

同济大学中国产业园区发展研究中心副主任李军强告诉第一财经记者，产业园区在补"链"的同时要注意织"网"。"如果说产业链是围绕产业的具体环节，那么创新网则是围绕'产业链'编制'创新网络'。上海张江近两年力推的外资企业研发中心，是园区构建创新网络的一个新做法。该类研发中心连接的企业或团队可能短期内不会直接参与到产业链，但却是未来产业发展的重要力量。"

在孙晓利看来，目前高新区存在的主要短板是服务企业创新的市场化体系建设滞后。多数高新区对企业服务多以基础性政务服务为主，仅有少数的高新区建立了涵盖仪器设备租赁、技术转移转化、检测认证、知识产权、科技金融等领域的全要素、市场化科技服务体系。已建立的企业仪器设备共享服务平台、行业公共技术服务平台等市场化平台中，定价机制、补贴机制、评估机制等运营机制有待完善，市场化机构的参与积极性不足。

长三角要勇挑大梁

日前召开的中央政治局会议提出，"经济大省要勇挑大梁，有条件的省份要力争完成经济社会发展预期目标"。

对于GDP总量约占全国四分之一的长三角来说，最重要的一个使命，就是科技和产业创新的开路先锋。国家"十四五"规划提出，瞄准国际先进科创能力和产业体系,加快建设长三角G60科创走廊和沿沪宁产业创新带,提高长三角地区配置全球资源的能力和辐射带动全国发展的能力。

8月初,科技部在苏州召开长三角国家高新区稳增长座谈会。科技部副部长邵新宇指出,当前正处于经济恢复的关键时间点,做好下半年尤其是三季度的工作尤为重要和关键,长三角作为我国经济发展最重要的板块之一,要勇挑大梁,全力以赴"拼"经济,发挥高质量发展排头兵的作用,率先成为支撑高水平科技自立自强的创新高地、更具有吸引力的人才高地、具有国际竞争力的产业高地、服务新发展格局的开放高地和制度与政策创新的改革高地。

产业园区则是"挑大梁"的重要载体。在百强园区中,今年沪苏浙皖三省一市占近四成(37%),前五中上海张江高新技术产业开发区(第2)和苏州工业园区(第4)则是创新策源和产业发展的典型,合肥高新区也进步明显。

以成立30周年的张江高科技园区为例,已经从1992年的17平方公里扩展到如今220平方公里的科学城,成为上海科创中心的核心承载区。

日前,上海市产业技术创新促进会联合上海市科协、临港集团等单位共同发布的"2022上海硬核科技企业TOP100榜单"显示,25家张江科学城企业登榜,占全市的四分之一。张江科学城2022年的"半年报"显示,上半年经营总收入10.1%、工业总产值12.7%、工业投资22.3%。

苏州工业园区则拥有国家经开区、国家高新区两个评价系统,兼具产业发展和科技创新的功能,尤其是产业集聚的马太效应。

2021年,园区生物医药、纳米技术应用、人工智能三大新兴产业的总产值超3 000亿元,持续保持20%以上的增幅。其中,生物医药产业综合竞争力跃居全国首位,纳米新材料集群成为全市唯一的国家级先进制造业集群,获批首批"中国软件名园"试点示范、"江苏软件名园"培育试点。经济增速放缓的上半年,苏州工业园区的进出口总额达到584亿美元,同比增长12.9%。

排在第14的合肥高新区创新要素集聚效应明显。作为合肥综合性国家科学中心的核心区,合肥高新区依托高校院所、科研机构、科技型龙头骨干企业聚集的优势,搭建了协同创新平台。聚焦信息、能源、健康、环境等四大领域,建设合肥综合性国家科学中心战略性平台。

长三角在打造产业集群化发展的同时，各园区如何更加有效地配置资源，提升产业链、供应链的韧性和竞争力？

孙晓利表示，长三角要加快从城市群、都市圈层面制定园区发展规划，加快开发区整合优化，以合力打造世界级、国家级产业集群为目标，引导区域内园区在顶层设计、产业布局、科技创新、基础设施、营商环境等多维度的协同。

"长三角要针对中心城市园区和非中心城市园区构建差异化的评价指标体系，以评促发展，倒逼区域中心城市园区加快'腾笼换鸟'，向产业链高附加值环节发力，非中心城市园区加快承接产业外溢，强化产业链、供应链配套能力。对于存在互补优势的开发区与行政区，可探索实行'政区合一'管理。对于总体实力不强、主导产业均不突出、同质化竞争严重的经开区和高新区，可以探索'合二为一'统筹管理，打造更高能级的产业发展平台。同时，可推动区域内国家级经开区、国家级高新区整合相邻、相近的省级经开区、高新区及工业园区等。"孙晓利说。

2022 年 8 月 14 日

分享链接

二、言叶知新

健康码三年后退场，专家建议这类隐私数据应销毁或封存

随着"新十条"提出"不再对跨地区流动人员查验核酸检测阴性证明和健康码"，伴随了大家三年的健康码正逐渐退出日常生活。

国务院联防联控机制近日发布的《关于进一步优化落实新冠肺炎疫情防控措施的通知》提出，除养老院、福利院、医疗机构、托幼机构、中小学等特殊场所外，不要求提供核酸检测阴性证明，不查验健康码。重要机关、大型企业及一些特定场所可由属地自行确定防控措施。不再对跨地区流动人员查验核酸检测阴性证明和健康码，不再开展落地检。

"看演出的时候，三道门都不用查验健康码了，就在最后的入闸口电子扫了绿码作场所码。""新十条"发布后的第3天，上海市民陈先生告诉第一财经记者。

小小的健康码，过去三年和每个人的日常生活紧密相连，作为一种技术辅助手段，也为开展疫情防控工作提供了重要保障。随着"新十条"的落地，跨地区通行及公共场不再查验健康码，健康码是否会彻底退出历史舞台？这些积累的数据该如何处理？

应该销毁部分个人信息数据

作为数字治理的基础设施，健康码的诞生也是数字社会建设过程中的标志性事件。追其起源，都是率先诞生在两款互联网平台企业的移动App支付宝和微信上，以用来帮助地方政府投入抗疫，民众也让渡了一部分个人隐私来支持疫情防控。

从种类上看，健康码大致包含个人基本信息、个人健康信息、行程信息、健康证明信息四类。随着健康码的普及应用，在后续升级改造中合并了诸如核酸检测证明、疫苗接种证明以及场所码、复工码、货运码等信息。

微信健康码的技术团队带头人，上海交通大学特聘教授、人工智能研究

院副院长马利庄曾对记者解释，健康码首先包含民众的身份核实，这个时候一般会运用远程光线活体检测技术进行识别，捕捉到人脸信息后台快速计算比对完成远程核实，以此保障用户身份的真实性，防止造假。健康码还可以附带核酸信息、位置信息等，比如场所码就是健康码和通讯位置信息绑定起来的。系统开发和执行人员对于转码等都是没有权限的，"红码、黄码、绿码这种转码工作归行政部门管。另外，包括用户识别用的人脸信息这种隐私，也不会在系统留存。"

这些个人数据信息，有一部分（如身份等）在疫情开始之前就已由相关部门采集，一部分则是疫情后才诞生，如核酸信息、场所码等。

"真正属于疫情后采集的数据，主要是核酸检测数据和场所码信息，现在的关键是这两类留存的数据接下来怎么办。"复旦大学国际关系与公共事务学院教授、数字与移动治理实验室主任郑磊在接受第一财经记者采访时表示。

对于个人信息的处理，从国家到地方都出台了明确规定。

《个人信息保护法》总则第六条规定："处理个人信息应当具有明确、合理的目的，并应当与处理目的直接相关，采取对个人权益影响最小的方式。收集个人信息，应当限于实现处理目的的最小范围，不得过度收集个人信息。"

国务院联防联控机制综合组于2021年1月印发了《新冠肺炎疫情防控健康码管理与服务暂行办法》，其中的第二十四条明确，加强个人隐私保护，为疫情防控、疾病防治收集的个人信息，不得用于其他用途；第二十九条明确，任何组织和个人发现违规违法收集、利用、公开个人信息的行为，可以及时向网信、公安部门举报。

今年5月24日起施行的《上海市人民代表大会常务委员会关于进一步促进和保障城市运行"一网统管"建设的决定》明确，信息核验中采集、处理个人疫情防控信息应当遵守个人信息保护相关法律、法规的规定，采集的个人信息仅用于疫情防控需要，任何单位和个人不得泄露。

"随着'新十条'的落地，类似核酸信息、场所码等数据都应该销毁、封存或者彻底脱敏。以前手机通信就是经过严格脱敏的，在公共应急事件例如节假日景点游客众多等情形下会对人流量进行提示，但这些分析预测和预警不会关联到具体某个人。"郑磊解释。

如今的场所码包含更多个人的隐私信息，一些省市已经严格执行定期销毁场所码，"场所码的采集目的是流调，信息都具有时效性，过了这个时间后信息都需要销毁。"郑磊告诉记者，最重要的是，随着健康码跨区域流动查验的取消，健康码平台下融合的各类信息也应回归到只能由原相关部门依法管理和使用，不再共享，场所码的信息采集也理应退出。

健康码应该聚焦便民服务

虽然叫健康码，但健康码在疫情发生以来一直是作为一种和风险指数绑定的二维码，代表着接触过什么人、去过什么地方。随着"新十条"的落地，健康码理应回归便民服务的本源，民众自愿使用。

"未来健康码首先应该回归到出于卫生健康的目的而使用，比如说就医没带医保卡，用健康码刷医保卡扫码挂号、付费等。"郑磊认为，疫情总会过去，而民众养成的使用能力和习惯以及过去几年累积的技术和应用基础，可以借此转换为居民的电子ID或者电子名片，用来预约进入图书馆、博物馆，到政府办事。

"比如我们去办事总是要带户口本、房产证等纸质证书，如果推行二维码关联，扫码后这些信息能一目了然，再也不用带烦琐的纸质证明。"在郑磊看来，健康码未来的应用场景可以朝这个方向推行，并且是非强制性地使用，只是给民众提供一个多样选择。

同时他强调，在日常状态下，健康码就只用来方便看病用，相关行政部门和企业后台的数据不应再像疫情期间一样集成到健康码下，需要各自归口做好治理和利用，"比如医疗部门就不需要知道我的交通出行信息"。

郑磊说，数字治理体现在日常生活的方方面面。推进数字治理的过程中，不仅需要考虑怎么建等技术性、操作性问题，更需要思考为谁而建、为什么建、由谁来建以及什么不应该建等原则性、根本性问题。

"当健康码在未来转型为一个便民码的同时，要坚持有所为、有所不为，而且是依法为和依法不为，没有得到个人授权不能随便使用，对于数据的治理和保护都要承担起法律责任。"郑磊说。

2022年12月10日

分享链接

三、一佳之言

刘佳 | 第一财经科技主编。长期观察和研究科技领域，融合科技与财经的多元视角，深入报道科技产业的变化、风云人物、商业故事等。
联系邮箱：liujia@yicai.com

"说好"的盈利呢？
长视频集体进入"搞钱"时代

视频行业的盈利是场漫长的马拉松长跑。

2010年，爱奇艺CEO龚宇曾在接受记者采访时乐观地预计，2012年有望实现单季盈亏平衡，2013年实现全面盈利。同一年，他的竞争对手优酷CEO古永锵在优酷上市后对记者说，盈利时间表已掌握在自己手中；当时还没有被优酷合并的土豆CEO王微则说，争取在2010年实现盈利，"如果不行的话，2011年年初也差不多"。

12年过去了。视频行业在经历了一系列的兼并整合之后，古永锵离开优酷做回了投资的老本行，土豆创始人王微成立追光动画，龚宇成了视频行业创始人中少有的留到最后的那个。但除了优酷在2013年第四季度有过短暂盈利外，长视频行业已经经历了长达12年的亏损。

今年，几乎从未实现盈利的长视频宣布停止内卷、要"搞钱"了。在公布了总营收306亿元、净亏损62亿元的2021年报后，龚宇表示长视频行业已经进入转折点，新阶段的特点就是追求效率、追求减亏，最终追求盈利，而不是之前的追求市场份额与高速增长。他给出一张明确的盈利时间表：在2022年全年实现non-GAAP运营层面盈亏平衡，并尽快实现季度non-GAAP运营层面盈亏平衡。

三、一佳之言

紧接着，B站董事长、CEO陈睿在电话会议发布"反内卷"宣言："每家公司的成本投入，包括市场投入、人力成本等方面，以前内卷得很厉害，但是今年我认为内卷的情况会得到很大缓解，我们也会借此机会控制支出，降本增效，把不该花的钱都控制住，把该花的钱的效率提得更高。"B站CFO预计，公司将于2024年实现non-GAAP盈亏平衡。

更早之前，阿里巴巴的2022财年Q3财报显示，优酷日均付费用户规模同比增长14%，亏损同比收窄，收窄的原因是"对内容及制作能力方面进行审慎地投资，持续改善营运效率"。

腾讯视频尚未对外透露降本增效的信号，但是去年已宣布会员费涨价，业绩预计此后每年涨价或成视频行业常态。

和12年前相比，为什么这一次长视频终于"卷不动"了？

各家2010年前后第一次立出"盈利flag"时，正值移动互联网流量经历爆发式增长的开始，换句话说，当时大家正处于投入期而不是回报期，此后一段时间还试图抢占互联网电视市场；另一方面，则是各家不断加大的版权投入，成本压力不容小觑。一个例子是，2013年视频网站花费600万元能够买到头部卫视一年所有非独播的综艺节目，但一年后仅一档综艺一季价格低则600万元，高则上千万元；最疯狂时，有视频从业者对笔者透露，甚至要随身带着企业公章去谈版权当场签合同，争抢的激烈程度可见一斑。

因此，包括"优爱腾"在内的各家长视频，将上亿资金花在购买综艺和自制上。显然，这些高投入并没有成正比例的规模性的产出。不过，有一些变化已经发生：不同于12年前以广告收入为主的盈利模式，会员收入近年来已经能够占到长视频营收的半壁江山。

盈利的痛尚未解决，新的竞争对手又出现了：靠二次元、亚文化圈层起家的B站加速出圈，还有越来越多的用户把碎片化时间花在抖音、快手等迅速崛起的短视频平台上。尽管长视频平台也试图打造自己的短视频业务，但二者显然并非同样的运营逻辑，市场上也几无水花。

除了应对短视频冲击，长视频行业自身也有包括"内容注水""唯流量论"等问题，更有用户已经习惯倍速看剧，对注水影视作品不再买单。

从全球流媒体的趋势来看，Netflix的盈利让长视频行业看到了盈利的曙光；从宏观环境来看，通胀加息周期叠加战争，资金避险情绪高，资本无疑更青睐那些减亏或盈利的企业。竞争对手短视频正处风口，人口红利消失，广告收入不断下滑又12年没有盈利的视频网站，需要讲出"新故事"。

从用户和会员规模来看，和疫情刚刚暴发时相比，当时短期内各家大幅拉升用户活跃度、会员订阅数等指标，但现在无论是Netflix还是国内的"优爱腾"，都面临着用户规模被提前透支、付费用户下滑的挑战。

在视频行业营收模式结构不发生巨大改变的前提下，要想实现盈利目标，开源节流势在必行。去年冬天，爱奇艺已经通过裁员优化组织结构，解决与人相关的成本和费用，提高效率，B站管理层也表示今年员工数增长会非常有限；在内容控制上，无论是采买、制作还是运营环节，接下来都要做更加精细化的选择。此外，技术手段或将在提高影视制作的工业化程度、降本增效上发挥更大作用。

"搞钱"口号喊得响亮，对各家而言，无论是降本增效还是会员费涨价，只是解决了成本问题中的一环。放弃低俗迎合、唯流量迎合，持续生产优质内容，才是长视频的核心竞争力。除了已有业务之外，未来视频网站想象空间在哪儿？资本市场或许还需要更多"新故事"。

2022年3月8日

分享链接

马化腾：腾讯如何"过冬"？
要把子弹用在关键战役上

"被疫情偷走的两年发生了什么？"

在腾讯内部问答社区"乐问"里，这个问题让腾讯董事会主席兼首席执行官马化腾感慨颇深。

第一财经记者独家获悉，在2020年的一场线上交流中，马化腾曾和员工调侃起自己腰椎不好的老毛病，经过了一年时间的锻炼后，拍了腰部的片子，结果和腾讯2020年的业绩一样"突出"；一年后的员工大会上，马化腾又一次拿自己的腰来调侃：他游了一年泳又拍了片子，结果发现自己的腰椎间盘跟腾讯2021年的情况差不多——不那么突出了，甚至还少了一块儿。

2022年3月23日，腾讯交出2021年第四季度和全年的成绩单。其中，2021年Q4腾讯的净利润（Non-IFRS）为248.8亿元，同比下降25%，这是继三季度净利下跌2%后，连续第二个季度出现单季净利负增长。2021年全年，腾讯实现营收5 601.18亿元，同比增长16%，净利润为1 237.88亿元，同比微增1%，是近十年来净利增幅最低的一年。

如果把时间拉回到2020年，腾讯全年实现营收4 820.64亿元，同比增长28%，净利润为1 227.42亿元，同比增长30%。可以说，在全面投入数字化抗疫的特殊一年中，腾讯的基本面表现出色。

和2020年相比，2021年业绩"不那么突出"的背后，腾讯面临的挑战不小。一个是反垄断，另一个是游戏行业新规。前者还将持续相当长的时间，需要腾讯沉着应对、做好合规，后者涉及版号暂停发放与未成年人监管，还需要产业链协力将漏洞补上。

此外，过去一年的时间里，腾讯主导的斗鱼、虎牙合并案未获通过；巨头开始拆除围墙逐步走向互联互通；旗下所有App一度暂停更新，配合合规检测；它还出售了大部分对京东的持股，同时也带来780亿元的收益。从业绩看，除了净利润增幅创十年新低外，增值服务和广告收入的增速大减；在

C端业务中，微信及WeChat的合并月活跃用户增速放缓，QQ的智能终端月活跃账户数出现同比下降。

从外部环境来看，互联网风口变了：社区团购烧钱模式难以为继，在线教育在"双减"政策之下面临巨大的转型挑战，行业的收缩一定程度上影响了腾讯的营收；在资本市场上，全球市场都在上演过山车走势，资金日趋谨慎，中国科技股也迎来最艰难的时刻，腾讯股价更是一度跌破300港元的关口。

第一财经记者独家获悉，马化腾在会上提到了"过冬"。他说过冬的时候要考虑两点：一是调整姿态，为了应对外界环境变化，要进行降本增效，要把子弹用在关键的战役上，"如果战场上没人了，子弹还在扫射是没意义的。"他提到，这时候需要重新"减肥增肌"，酝酿下一个风口或者战役；二是要强化内部协作，而不是单打独斗，一个典型的例子是企业微信、腾讯会议和腾讯文档三个SaaS产品的融合打通。

腾讯酝酿的下一个关键战役在哪儿？

起点是2018年的"930"变革，当时，腾讯宣布正式启动新一轮的整体战略升级：扎根消费互联网、拥抱产业互联网。这一年，马化腾在写给腾讯合作伙伴的一封公开信中写道："没有产业互联网支撑的消费互联网，只会是空中楼阁。"

此前，腾讯被视作过去十多年中国消费互联网最大的受益者之一。近几年，腾讯在拥抱产业互联网方面动作频频，大力投入数字新基建，并在政务、金融、教育、交通出行、医疗、智慧零售、工业、能源等诸多领域形成产业数字化方案。在新的"战场"上，马化腾给腾讯的定位是：社会大土壤上的一棵树，关键时候不缺位，要到位。以腾讯面向产业互联网的重要窗口业务CSIG（云与智慧产业事业群）为例，定位是助手，负责搬水干活，"随时可以被换掉"。

腾讯在2020年第四季度财报中提到，金融科技及企业服务业务收入同比增长29%至385亿元，仅次于网络游戏营收的391亿元，意味着腾讯转型产业互联网已见成效。此后，腾讯还罕见地在央视发布了《腾讯助力实体经济》的新品牌广告。

在今年"两会"期间，马化腾拟提交的书面建议就涉及数字技术和实体经济的深度融合。他还建议，要引导技术、资金等资源要素真正地流向实体

三、一佳之言

领域。

从腾讯昨日发布的财报不难看出,短期业绩承压背后,腾讯在主动切换发展引擎。2021年四季度,金融科技和企业服务板块的营收同比增长25%,达到479.58亿元,首度超越网络游戏板块,成为腾讯营收贡献最大的业务板块,该板块同样是腾讯成本投入增速最快的业务板块。换句话说,以服务B端为主的数字经济收入成为腾讯新的增长曲线,加速推动腾讯虚实融合、低速换挡。

值得注意的是,尽管金融科技和企业服务版块在营收体量超过了游戏业务,但在利润上的追赶仍需要时间。以腾讯云例,产品研发投入较多,仍处于相当大的亏损,尤其是行业竞争下价格战日趋白热化,作为国内市场份额第一的阿里云,也是在不久前刚刚宣布首次实现盈亏平衡。至于金融科技版块,以此前公开业绩的蚂蚁集团、京东数科等为例,目前有的已经实现盈利,有的仍处亏损阶段。

与此同时,腾讯在CSIG和PCG两大事业群进行了不同程度的人员优化,另据第一财经记者了解,腾讯的社会招聘也在收紧。

无论是马化腾还是腾讯总裁刘炽平,都在昨天不约而同地提到了"降本增效"的相关话题。

"互联网行业正在遭遇结构性的挑战和改变,腾讯作为其中参与者也会主动进行调整。"在电话会议中,腾讯总裁刘炽平这样说,"过去行业是竞争驱动型,投入较大。现在,相比短期收益大家更关注长线业务发展,更健康地投入,尤其是对营销成本、运营成本和人力成本的优化。我们也对亏损业务进行了成本优化动作,以便保持更加健康的增长"。

马化腾也表示,面对行业挑战,腾讯积极拥抱变化,降本增效,聚焦重点战略领域,注重长期可持续发展。虽然腾讯的收入增速放缓,但公司在业务上继续取得战略性进展。他说,相信中国互联网行业正在结构性地迈向更健康的模式,回归以用户价值、科技创新及社会责任为中心的本源。

2022年3月24日

分享链接

销量暴跌厂商砍单，这届年轻人为什么不愿换手机了？

夏天快到了，手机厂商却集体进入"寒冬"。

"没钱，没坏，还能用。"

看上去，年轻人不再像过去那样有着"换机焦虑"了。不久前，"年轻人为什么不愿换手机"的话题引发热烈的讨论和用户的共鸣——价格贵、没有变革式创新，又不是不能用。

一方面，人们的工作、生活越来越离不开手机和智能化应用，就连不久前计划收购推特的马斯克都在公开场合点赞称："在中国，你基本上可以生活在微信里，它什么都能做。"而硬币的另一面是，过去几年高速增长的智能手机开始卖不动了，尤其是5G手机进入销量瓶颈期。

信通院的最新数据显示，今年3月，国内市场手机出货量为2 146万部，同比（较上年同期）下降40.5%。其中，5G手机1 618.5万部，同比下降41.1%，占同期手机出货量的75.4%。

刚刚公布财报的上市公司小米也印证了这一点。小米智能手机第一季度的出货量排在全球第三，但它不仅营收净利下滑，智能手机出货量也同比下滑22.1%。小米总裁王翔表示，疫情对生产与物流产生非常大的影响，上海疫情叠加线下门店关闭影响到消费者的购买欲望。

供应链也频传砍单消息。天风证券分析师郭明祺透露，中国主流安卓手机厂商目前已经削减了约1.7亿部手机订单，约占2022年出货计划的20%。

根据安信证券的统计，2022年一季度安卓产业链企业归母净利润为亏损3.3亿元，同比下降144.2%，苹果产业链企业归母净利润为76.2亿元，同比下降11.5%。

过去很多年，换机周期18个月几乎是业内共识，但如今国内手机厂商已经进入了存量市场，vivo执行副总裁胡柏山近日在公开场合表示，用户的换机周期从最早的16—18个月，演变至20—24个月，再到近期的36个月。

三、一佳之言

为什么5G手机卖不动了？

一方面，这与新冠肺炎疫情考验下的供应链息息相关。虽然半导体供应相对去年有一定程度的缓解，但包括存储、显示、摄像以及先进制程的SOC等特殊领域和品类的关键零部件供应依然紧张，厂商的生产线制造也受到波及，物流和复工复产成本增加；另一方面，疫情影响着企业线下门店正常经营以及线上销售渠道物流的正常配送。

从5G手机本身而言，无论是硬件还是软件应用方面，普遍缺乏创新。

从硬件看，屏幕、摄像头、快充功能成了各大厂商攻克的重点，"堆料"背后缺乏跨越式的创新，无法给用户带来较强的换机动力，而各家不断内卷的折叠屏手机不仅价格高，供应链也不够成熟，难以成为推动手机市场的主力。

从软件看，5G的应用未达预期，当前的4G手机足够承载几乎全部的手机应用，而市场上围绕5G的杀手级应用并未出现；从运营商角度来看，5G资费依然居高不下。

此前，不少曾在千元机市场打得不可开交的手机厂商，希望抢占华为空缺的5G手机市场，一头扎进了5 000元左右的高端旗舰领域，但从第三方数据来看，苹果依然牢牢掌握着高端手机市场的话语权。

用户消费需求所带来的挑战，无疑远远大于手机在生产方面所遇到的挑战。

疫情之下，用户居家办公、在线学习机会增多，这些需求更多地带来了PC、平板等产品的增长，但对于手机销量带动有限。此外，消费者预算的影响导致了手机市场需求低迷，而海外市场也不明朗，手机厂商普遍采取更加稳健保守的运营策略，甚至不约而同地积极布局智能汽车等领域。在经历结构性调整的背后，对手机厂商而言，接下来要用"紧日子"换"久日子"了。

2022年5月21日

分享链接

四、娜姐笔记

李娜｜第一财经科技频道副主编、资深记者。从2008年开始进入媒体工作，长期关注手机通信以及芯片领域报道。
联系邮箱：lina@yicai.com

2030年将迈入三万兆时代
未来通信的机会点在哪？

华为每年数以千亿元级别的研发费用怎么投，投向哪儿，在2022年的分析师大会上逐渐有了答案。

当"传统理论接近瓶颈"时，华为认为，智能化时代下的感知、连接和计算以及由此带来的对物质和现象、生命、能量等更高的认知已无法用原有的理论得以实现。比如，从工程瓶颈上看，摩尔定律驱动了ICT的发展，以前CPU性能每年提升1.5倍，现在只能达到1倍，传统理论走到了极限。

正因此，华为首次在全球分析师大会上提出"要敢于向前端基础研究寻求答案"的目标，并再次用五倍薪酬寻找全球"天才少年"，以解决世界级的难题。

同时，面对ICT的主航道，华为提出了从架构到软件再到系统级的路径探索方案。

"单点的领先难以继续。但华为现在更希望在系统创新上寻求突破点，如软件架构和基础技术。"在华为轮值董事长胡厚崑的主题演讲中提到，目前华为正在用"全对等互联模式"突破以CPU为核心的异构计算架构的性能瓶颈。在基础软件层面，华为也在把过去每个处理器专属的工具软件进行整合，实现开发效率的倍增。

四、娜姐笔记

此外,在华为提出的"智能世界2030"预测中,万物互联已经成为现实,从连接百亿的人到连接千亿的物,连接数量将提升至少10倍。元宇宙的全息影像将模糊现实与虚拟的边界,全息影像至少需要10 Gbps,而我们今天看的4K电影只需要100 Mbps,因此带宽需求也将百倍提升。

同时,自动化生产、远程手术等1 ms超低时延应用在2030年也得到普及,时延等待将比今天降低百倍。乐观估计下,全球联接数将达到2 000亿,IPV6地址渗透率将达到90%,人均无线蜂窝网络流量将超过600 GB,增长40倍。

这将为通信行业带来一个关键特征:立体超宽。也就是说,未来宽带将不仅在地面,还将延伸到空中,如超高速卫星移动、星地覆盖、超长距星间通信等场景,这时候,基于星历信息、GNSS定位、双连接的综合切换技术、超级波束技术以及激光动态跟踪、瞄准等将会成为通信行业技术创新的新方向。

此外,随着人们需求的变化,人们也将进入到全息、全感、全交互时代。华为预测,未来10年,随着各国光纤网络的广泛部署,有线和无线将从今天的家庭、个人、园区三千兆共同迈入三万兆时代。为了支持这些变化,通信技术将从现在的5G时代逐步演变成5.5G、6G。在固网方面,将从现在的F5G逐步演变成F5.5G、F6G。

在华为ICT战略与业务发展部总裁盖刚看来,通信行业未来十年的发展特征包括立体超宽、通信感知融合、确定性体验、智能原生、安全可信和绿色低碳。未来十年甚至更长的时间,数字化和低碳化是人类社会发展最重大的两大趋势,也是最重要的两个机会。

在笔者看来,正确的方向选择比努力更重要,无论是基础科学的前端研究,还是技术创新的商业化落地,即便是在困难时期,华为的投入方向依然覆盖了"从信息的产生、存储、计算、传送、呈现,一直到信息的消费"的全链条,这或将为十年后更加激烈的竞争舞台埋下竞争力的"种子"。

2022年4月29日

分享链接

移动支付江湖硝烟四起 华为支付"往前一步"

尽管在一年前就拿下了支付牌照，但华为在支付领域的步伐一直走得小心谨慎。

在 C 端金融业务上的纠结与克制更多是出于华为内部对自身业务边界的思考，尤其是对与主营业务关联性不太高的金融行业，任何一小步都可能带来行业内的剧震。

但从今年 4 月开始，华为在金融领域的动作多了起来，包括华为支付现身华为钱包 App，华为开发者联盟网站、鸿蒙生态应用接入平台陆续上架华为支付直连商户的开发入口，部分联运应用以及华为视频、华为音乐、华为主题、华为云空间与华为支付直接拉通。

种种迹象表明，华为开始向支付领域注入更多的资源。

但在现有格局下，国内移动支付行业的双寡头市场格局已经成型，微信用户已经有 12 亿户，支付宝用户也已经超过 10 亿户，从旧赛道切入对于华为来说并不乐观。

华为的机会点在哪里？在笔者与华为内部人士的交流中，鸿蒙生态系统成为被提及最多的因素。

"想明白了就朝着一个城墙口投入。"上述内部人士对记者表示，基于软件应用的支付需求正在随着物联网的崛起逐步向软硬协同的方向转变，这是鸿蒙生态的机会，也是现在华为支付的机会。

过去，互联网巨头从场景切入，通过提供支付服务和账户体系对客户产生黏性，以此为基础提供综合化的金融服务，构建金融生态体系，但终究是移动互联网时代需求与场景下诞生的产品。

从功能上看，支付是底层生态系统内交易闭环的核心功能组件之一，在物联网系统与移动系统割裂的背景下，诞生于移动时代的支付产品，在物联网时代生态的商业闭环中可能会受限。

四、娜姐笔记

简单来说，新的移动支付形态或许不需要通过再打开手机"扫一扫"或者"碰一碰"，而是通过任意一种终端完成，比如晃一晃手表上弹出的一条消息，即可完成某次加油或者购物消费。

当前，华为已完成了 2.4 亿存量设备的系统升级，手机、平板、智慧屏、智能手表等多个产品品类都搭载了鸿蒙操作系统。因此，从华为当前的发展方向考虑，将支付功能通过鸿蒙操作系统扩展到其他设备都是有可能的。

对于华为来说，这不是一个短时间可以完成的项目，一方面，微信支付、支付宝已经占据了市场的 9 成份额；另一方面，移动支付规模增速下降，C 端流量逐渐见顶。华为支付想要在市场上走出一条属于自己的路，还需要很长的时间。

值得注意的是，目前，华为支付与 Huawei Pay 的使用仍需要各自独立"绑卡"，并未完全打通。

此前有不少人将华为支付误认为 Huawei Pay。从定位上看，前者是经中国人民银行许可，由深圳市讯联智付网络有限公司提供的支付服务，依托华为钱包为管理入口，提供支付账户管理和支付服务的入口；后者则是华为钱包与银联共同推出的手机闪付能力，支持 NFC 支付、银联二维码、线上支付等支付方式。

两者在目前华为金融业务上可以说是并行关系，但相信华为对金融合作方的业务整合将会是其接下来在支付赛道破局的重点。

不管怎样，眼下科技企业对金融的渗透已经加速，除了华为外，去年以来，包括拼多多、携程、字节跳动、快手在内的互联网企业均通过收购等方式获得支付牌照。在未来的支付赛道上，不管对于哪家企业而言，都是一场"硬仗"。

2022 年 6 月 9 日

分享链接

金融行业数字化转型进入四期叠加阶段

移动互联网的快速发展，金融业务的线上化、移动化和场景化比例越来越高，相应地也带来了数据量的爆炸式增长以及数据类型的多样性问题。

今年年初，中国人民银行印发《金融科技发展规划（2022—2025年）》，提出新时期金融科技发展的指导意见。其中强调，要强化金融科技审慎监管为主线，将数字元素注入金融服务全流程，将数字思维贯穿业务运营全链条，注重金融创新的科技驱动和数据赋能，推动我国金融科技从"立柱架梁"全面迈入"积厚成势"新阶段，力争到2025年实现整体水平与核心竞争力的跨越式提升。

从技术厂商的参与度来看，目前包括华为、阿里以及京东在内的多家云计算厂商均陆续表示将加大对金融领域的投入。华为中国区副总裁、华为云中国区总裁张修征称，目前华为云在全球范围内服务的金融客户超过300家，已覆盖中国六大行、十二家股份制商业银行。

在智谷趋势发布的《中国银行行业上云调研报告》中提到，自2018年以后，云计算、大数据、区块链等技术在银行业得以应用，银行的获客、风控、贷后管理等能力得到大幅提升。据相关测算，金融行业在2021年约占中国云服务市场总规模的11%，仅次于泛互联网、政务行业。

国家金融与发展实验室副主任杨涛表示，当前我国金融行业数字化转型进入了四期叠加阶段，处于信息化的末期，移动化的成熟期，开放化的成长期以及智能化的探索期。

据笔者观察，目前在治理体系与组织架构上，银行的重心主要放在加强顶层设计、增设科技部门或金融科技子公司、研发新业务新模式等，在经营管理上，数字化转型已融合到包括前、中、后台各业务环节中，数字化主要应用有精准营销、智能风控、智能客服和产品创新等。

但也可以看到，在数字化进程加快的同时，我国金融业正在面临多重新的挑战。

首先，多数金融机构采用双模架构进行核心系统的改造，但随着业务量的激增，集中式核心无法支撑海量交易，单模架构的推进迫在眉睫。再者，数字化场景的逐步爆发也是其固有商业模式面对的挑战之一。

2025年，数字经济规模将达到23万亿美元，超过千亿个的物联网终端将进一步催生金融业产生更多的业务场景和商业模式。例如，智能汽车和自动驾驶的出现对金融服务意味着什么？在笔者看来，自动驾驶不仅是一个新产业和新动能，也将会催生全新的服务场景以及进一步的场景裂变。

"银行管理者需要在网络稳定且快速的情况下，满足大量在线业务实时处理，对于业务部门而言，随着新场景的层出不穷，如何设计出普惠的服务体系是当前的难题。"华为的内部人士表示，传统的金融机构对部门新场景的经营模式和情况并不清楚，就只能依靠传统有限的财务报表信息来对新业务进行风险评估，但其实并不适用。

此外，当前行业当中涌现了部分黑灰产业应用云计算技术进行非法金融类业务，这些问题的出现对金融云的风控反欺诈能力提出了更高的要求，从底层构建更安全的金融数字化底座将会成为未来几年的趋势。

2022 年 7 月 17 日

分享链接

五、宁可直说

宁佳彦 | 第一财经科技频道副主编，毕业于东北财经大学，获新闻学（经济新闻方向）、金融学双学士学位，复旦大学MBA。从2012年起进入媒体工作，关注科技行业的报道，侧重技术对产业的影响。

"宁可直说"专栏，科技与商业何须粉饰，有话宁可直说。

联系邮箱：ningjiayan@yicai.com

提到元宇宙，飘红的怎么总是游戏股？

元宇宙今天可是出尽了风头。

A股的资本市场上，国泰君安的元宇宙概念下有113只股票，截至当日收盘，有99只股票飘红，中青宝以大涨20%领先，中文在线、完美世界、二六三等8家公司涨停。

也是在今天，在2022上海全球投资促进大会暨"潮涌浦江"投资上海全球分享季启动仪式上，上海市发布了元宇宙、绿色低碳、智能终端、数字经济四个"新赛道"的投资促进方案，其中，预计到2025年，上海市的元宇宙产业规模突破3 500亿元。

这不知算不算一种遥相呼应。几方消息叠加来看，产业规模前景一片欣欣向荣，资本市场上元宇宙概念涨幅最大的还是以游戏类企业为主，但有趣的是，业界公认有潜力的底层技术相关企业在资本市场上的表现却不尽如人意。

胡润研究院首次发布的《2022胡润中国元宇宙潜力企业榜》把元宇宙分为五大产业领域：底层技术类的上榜企业最多，占比38%，以中兴通讯（微跌0.04%）、欧菲光（上涨2.45%）、科大讯飞（微涨0.55%）为代表；生态应用类其次，占比23%，以字节跳动、芒果超媒（3.01%）、三七互娱（上涨

4.38%）为代表；平台技术类占比 20%，以网易、百度、360 为代表；终端产业类占比 10%，以华为、小米、歌尔股份（微涨 0.24%）为代表；网络技术类占比 8%，以中国移动、中国联通、中国电信为代表，而这些企业今日均呈跌势。

看起来元宇宙概念作为前沿技术聚合的产物，正在引发全球产业界的关注和追捧，这已经形成了一定的共识。令人困惑的是，从概念上大家接受元宇宙是融合人工智能、云原生、区块链、5G、扩展现实、数字孪生等多种前沿技术构建沉浸式的新型数字空间，为什么几轮资本热潮中引起关注的是游戏类企业居多？

"如果此时品牌手中有现成的合适资产，就很容易参与进来。随着沉浸式体验的普及，那些已经建立了丰富的 3D 资产库的品牌将获得先发优势。从现在开始，为打造成功 3D 和沉浸式虚拟环境累积经验十分重要。" Adobe 大中华区董事总经理吴振章说。

这或许能够解释为什么游戏行业最为超前——有大量的人才储备和技术储备，意味着有机会成为元宇宙红利最早的分享者，游戏行业既是元宇宙技术的提供者，也是技术的获益者。

相较而言，离元宇宙应用近的还包括娱乐与电子商务行业，相关技术的应用可能比我们想象中更快，比如虚拟主播、虚拟偶像越来越多，电商行业中用于产品展示的高清图也不需要在摄影棚中实拍，而是构建了 3D 的数字模型多角度展示，这些都能够节省时间和成本。

随着越来越多的品牌为元宇宙及各种沉浸式体验做准备，3D 内容创作相关的基础产业更加值得关注。毕竟，元宇宙的存在并不仅仅是为了打造像游戏一样的虚拟场景，有的是为了构建数字孪生，复刻真实的世界，还有的倾向于提供跨地区协作、社交。

照理，这些也不会是资本遗忘的角落，就是股价上的表现非常不明显。

毫无疑问，中国对发展元宇宙的热情仍在持续，这可以从几家互联网大厂此前的收购中看到。有趣的还有 Adobe 3D&I 大中华及东南亚地区业务负责人尹珊的视角，她以深化 3D 与沉浸式体验的 Substance 3D 系列应用工具的访问量为例来说明这一点。她提到，这款工具较去年取得同期 100% 的强劲增长，中国也是欧美之外公司最关注的市场，因为"在整个网站访问量中，大概有一半的 IP 来自中国"。

全球范围内相关领域的并购和融资也很活跃。中国电子信息产业发展研究院发布的《元宇宙产业链生态白皮书》显示，截至2022年4月，全球VR/AR企业今年以来获得投融资事件超43笔，其中，超亿元的投融资事件共18笔，单笔最高融资金额达22亿元，融资总金额达82亿元。

在元宇宙的"虚实交互"之中，也有一些问题值得长期关注和思考：

一个是虚拟作品的版权保护。"我们应该知道虚拟作品的来源，资产是如何创建的。只有保证作品来源的准确性和原创性，这个市场才会繁荣发展。"吴振章认为，数字艺术和虚拟财产能够在一些沉浸式体验中发挥重要的作用，帮助用户在新的空间中表达个性和情感。最近，杭州互联网法院公开审理并宣判了一起与NFT数字作品侵权有关的案件，提示了平台和技术服务提供者需要考虑数字资产的保护。

另一个就是，当前带有垄断特征的企业是否会利用它们的权力成为新一代平台的垄断者。虚幻引擎和游戏开发商Epic的CEO Tim Sweeney就表达过担忧，好在大家还都有时间观察。

如果有一天领衔元宇宙概念飘红的公司能在这些问题上有所突破，那就好了。

2022 年 6 月 16 日

分享链接

五、宁可直说

虚拟主播加入"反诈"队伍，数字人赛道"卷"起来了

古堡龙姬的身份最近不一样了，她是完美世界旗下的第一个虚拟电竞主播 IP。作为 B 站 UP 主，她拥有 20.5 万名粉丝，日常的工作是游戏直播和发布有趣的小视频。

最近，她把介绍更新为"上海市反电信网络诈骗中心宣传员"，一条反诈宣传视频播放量在 B 站上超过了 5 万次。

不得不说，虚拟主播在 B 站上已经很多了，但是有着"官方行政 title"的可没几个。按照计划，古堡龙姬还在为在直播间进行反诈宣传做准备。

"这是一个开端，我希望把更高的质量、更好的设计、更有趣的灵魂展现给广大的用户。"完美世界高级副总裁、完美世界电竞与平台业务总裁顾黎明接受第一财经记者采访时说。

虚拟主播投身公益

近年来，电信网络诈骗是青少年网络环境的重灾区，培养青少年反诈意识刻不容缓。想要"公安速度"赛过"诈骗速度"，预防是关键。2021 年，国家反诈中心共紧急止付涉案资金 3 200 余亿元，拦截诈骗电话 15.5 亿次、诈骗短信 17.6 亿条，成功地避免了 2 800 余万名群众受骗。

是什么促成了上海市反诈中心与完美世界电竞展开合作？又为什么是古堡龙姬担任宣传员？

"这是跟闵行区公安分局一起合作的，我觉得挺有意思的，因为与以前那种非常官方的宣传不一样。对年轻的一代，太官方了可能被忽略，把它做得有趣一点，那么从头到尾就看完了。"顾黎明告诉第一财经记者，在游戏用户中以诙谐有趣的形式，讲述在年轻人群中十分常见的"游戏账号买卖"诈骗场景并进行反诈骗宣传是"水到渠成"的，虚拟主播的社交属性可以放大传播的声量，并且还能实现互动交流。

完美世界电竞在 2020 年年底首推 CS：GO 虚拟主播古堡龙姬。经过不到两年的试运营，积累了一定的数字技术和运营实力，并陆续上线了 CS：GO 虚拟主播永恒娘及 DOTA2 虚拟主播 dodo。古堡龙姬为后来的虚拟主播在运营和人设上提供了经验，也在这个过程中积累了一批忠实的粉丝。

就在这条反诈视频下方的评论中，当受众积极寻找自己喜欢的虚拟主播出现并计算在"官方认可"的合作视频的时长时，也有人分享了曾遭遇过的网络诈骗。

这实现了上海反诈中心的合作目的：一方面，可以通过短视频、漫画、警民直播间互动等 Z 世代人群喜爱的方式，推出系列内容宣传反诈骗知识；另一方面，双方建立了长效的沟通机制，进行资源和信息的互动，反诈中心民警也可以第一时间了解不同类型的诈骗手段。

这次虚拟偶像的公益宣传联动从策划到执行历时 3 个月，正逢上海疫情防控保卫战。"如果居家期间还被骗钱，这样的打击会更大，我们项目组的成员也希望做一点对社会有意义的事情。我们很重视这次合作，在制作过程当中反复地看怎么样能够应用好这个传播场景，让年轻一代不仅仅理解，还能接受。我相信这个案例只是开始，后期会有很多案例继续合作，我想把它做得更好。"顾黎明说。

赛道"卷"起来了

不得不说，这几年，虚拟数字人的赛道"卷"起来了。无论是在商业化场景还是在重大发布的场合，越来越多的虚拟人开始"卡位"。

歌姬的代表有初音未来、洛天依活跃在舞台上；前不久靠着虚拟美妆达人的柳夜熙在短视频平台上迅速吸粉走红；虚拟主持人和虚拟嘉宾登上高端会议讲台的也有不少，比如 B 站的泠鸢 yousa、微软小冰、小爱同学以及百度的小度都曾经出现在世界人工智能大会上；在大公司的重磅发布会上，虚拟人也作为技术代表出现，比如引起过热议的英伟达 CEO 黄仁勋的"数字分身"。

天眼查的数据显示，我国现有虚拟数字人相关企业 28.8 万余家，有近 7 成的虚拟人企业成立于 1 年之内，行业进入爆发期。从企业注册资本来看，超 6 成企业的注册资本在 500 万元以内；从企业成立的时间来看，近 9 成企业的成立时间在 5 年内，63.96% 的企业成立于 1 年内。

五、宁可直说

这其中领跑同行的当属游戏公司。以完美世界为例，顾黎明透露，目前有专门的团队在为 3 个虚拟 IP 服务，他们既为虚拟数字人的发展进行规划，也会根据承接的项目再临时抽调人手，"比如我们也会用这些虚拟主播跟一些学校做艺术教育培训，现在还在跟中国非遗音乐进行一些合作，一些经典品牌、非遗文化需要传承"。

二次元的破圈虽然为虚拟偶像的诞生提供了宽松的氛围，但是技术赋能的成本高企，虚拟人短期内还很难反哺资本的加持和受众的喜爱。

"今天虚拟直播经济上大部分是带货、广告、打赏这些模式，这对受众群消费者有'磨损'，要把'磨损'减到最低程度。"顾黎明看好的模式是类似目前新东方直播这种对商誉增值的方式，并认为这是一种微创新。"不是说推翻了以前的直播，但是赋予直播不同的内容和不同的角度，我们在孵化这种持续性的商业模式。"

完美世界电竞的判断是：随着 2D、3D 动捕等技术的不断优化和迭代，全球虚拟主播产业正处在高速发展的阶段。中国国内也有可供虚拟主播展示的平台土壤、虚拟主播幕后团队和相当一批喜爱虚拟主播的粉丝。未来 5 年，虚拟主播行业将持续高速蓬勃发展。围绕虚拟主播，公司进行了直播内容、视频内容、游戏内容、图文内容、数字应用和交互产品等尝试。

"我们对虚拟数字人的评估首先是关注度，但是每一个阶段，对它的指标要求是不一样的，在哪个阶段它的发展重点是什么、要运营什么，都有目的性和计划性。"顾黎明认为，打造虚拟数字人的初心是以科技赋能有生命力的灵魂，这个灵魂应该被设计为美的、有趣的。

顾黎明把虚拟数字人 IP 的生命周期分为不同的阶段，"大家在接受度上随着 IP 的生命周期发展可能会有'磨损'，前 3 年喜欢、后 3 年可能不喜欢，我觉得这是一个自然的现象。如何把它变成'常青树'，在获得关注度的同时，能够长生命周期地持续、稳健运营，而不只是昙花一现地'绽放'过，这也是我们努力的目标和方向。"

2022 年 6 月 30 日

分享链接

"海上八先"话AI，见证世界人工智能大会五年荣光与期待

古有传说"八仙过海，各显神通"，今有"海上八先"话AI，畅想科技引领未来。

这是2022世界人工智能大会期间首次推出的一档AI夜话栏目，首批"海上八先"邀请了复旦大学人工智能创新与产业研究院院长漆远，壁仞科技联合创始人、总裁徐凌杰，云从科技联合创始人、研究院院长李继伟，晶泰科技CEO马健，商汤科技副总裁张少霆，傅利叶智能CEO顾捷，瑞莱智慧CEO田天，NReal联合创始人、算法负责人吴克艰。在这里，他们共话AI"赋能百业"，畅想"AI+元宇宙"融合背景下的硬核新科技、产业新赛道与未来新场景。

"海上八先"所在的企业在业界单项细分领域中领先，个人也是行业发展、探索中的先锋。他们彼此分享企业的成长、对技术的思考和对行业乃至大众生活的改变，也成为观察世界人工智能大会发挥平台作用、链接功能、引力场效应的窗口。

技术促进社会和经济发展

"这是哪？""这里是全新的宇宙。"

"这里有什么？""这里有你想象的一切。"

2022世界人工智能大会的开幕式以两个孩子对新世界的探索而开启，也是大众对元宇宙好奇的投射。

"假如有一个新的技术产生，不同元素的组合会产生新的技术域，有出现新的社会发展的可能性。"结合从科技巨头公司到学界的工作经历，复旦大学人工智能创新与产业研究院院长漆远认为，元宇宙、人工智能与具体行业结合可以极大地促进数字经济的发展，其成果可以穿越经济周期带来新的可能，"经济本身是技术的一种表达"。

五、宁可直说

元宇宙是现有各类底层技术的集成和融合,核心技术主要包含用于提供网络连接基础设施的通信技术、用于构建 3D 虚拟世界的 3D 引擎技术、用于激活数字化身和支持算法应用的人工智能(AI)技术,以及用于提供沉浸式交互体验的扩展现实(XR)技术。元宇宙技术层每个模块的核心技术都在不断革新,为元宇宙应用提供技术底座。

算力是支撑技术运转的基础。"GPU 承载着元宇宙两个非常重要的元素,图形的渲染和人工智能的计算。今天实体的物理世界更多的是'我在我思',我看到这个世界希望把它反映出来、仿真出来,未来在元宇宙,我们真正可以做到'我思我在',我的思维能够不被物理世界所限制,可能性变得无限了。这对计算的要求越来越高,我们要做的是提供稳定、可靠、高效的算力。"壁仞科技联合创始人、总裁徐凌杰开启了"现场带货"模式,一边科普,一边向大家推荐壁仞科技最新发布的 GPU BR100 系列。这款大算力人工智能通用 GPU 芯片今年获得了世界人工智能大会最高奖项——卓越人工智能引领者(Super AI Leader,简称 SAIL 奖),同时入选了"八大镇馆之宝"。"今天绝大部分的算力来自国外厂商,相信未来十年甚至用不了那么久,超过半数的算力来自中国,这也是我们奋斗的目标。"

这是上海强韧全产业链的一个代表环节。从上海市的布局来看,还有基础类、技术类和应用类等不同层级的企业。其中,基础类企业涉及智能芯片、传感器等,突破"卡脖子"问题;技术类企业涉及计算机视觉、语音、自然语言处理等领域,也已取得创新成果,正在加快价值落地;应用类企业涉及千行百业,深耕垂直领域,提升赋能价值。

医疗领域就是技术和应用交融的集中体现。"让 AI 流淌进每一款新药,让患者更快地获得有效治疗。"晶泰科技 CEO 马健认为,很多应用场景的发展速度是获取速度的成本。晶泰科技致力于将量化计算、人工智能、云计算等核心技术深度融合,并应用到小分子药物发现、药物固体形态研究以及工艺开发等药物临床前研究的环节,从而大幅提升关键单元的研究效率及整体开发的成功率。

傅利叶智能 CEO 顾捷通过自主研发出力反馈技术平台、多关节机器人运动控制卡、多维力传感器等核心技术和零部件,主攻康复机器人方向,"以前,建一个康复中心需要有大量的人力,现在两个治疗师让机器人帮患者做康复训练,已经在我们身边出现了。"他认为,"加上算力、AI,这些都可以运用在日常生活中。"

商汤科技副总裁张少霆以针对肝脏疾病的影像学全流程管理为例,以一个病患得到救治、减少转诊并获得更加及时的医疗建议,从而免于骨肉分离的实际案例体现了人工智能"赋能百业"。这需要算法更快迭代,能覆盖常见病种和罕见病种。"在世界人工智能大会上取得高精尖突破性的成果要'顶天立地',而人工智能需要发展到'铺天盖地'。"他希望有一天,能"让我的身边人看病更方便,治病更加精准和舒适,这就是我们希望用人工智能达成的"。

以"海上八先"为代表的技术创新企业正在推动技术发展,改变社会、经济、生活的方方面面。智慧芽数据显示,基于"战略性新兴行业"标准对全量专利进行智能分类,上海市在人工智能核心技术领域的专利申请量累计超过4.5万件,位于全国前列。从趋势上看,上海市在该领域的专利申请量呈现逐年快速递增的趋势。根据《中国研发指数CIRD 2022年7月月报》,上海市7月在人工智能领域的发明专利同比增速达到12.6%。这些技术成果的转化都将助力上海市向领先的"人工智能高地"迈进。

联通元宇宙未来

"AI+元宇宙"成为今年世界人工智能大会的一大亮点,各家企业在磨砺技术的同时,也在思考业务与元宇宙未来的结合点。随着未来AI技术在元宇宙中应用的研究和探索,甚至由AI独立进行元宇宙的构建都不再是幻想。

"云从认为,相当长的一段时间内是人和机器共存的状态,人机协同可以把人的智能、强项和机器的智能、强项结合在一起,这样对社会产生最大的经济效益,基于这个云从发布人机协同系统,希望把AI的最大能力运用到各项社会生产和社会生活中去。"云从科技联合创始人、研究院院长李继伟说。他提到未来还有几个问题需要解决相对应:首先,需要实现整个物理世界的数字化;其次,需要对数据做整理,提炼出知识指导未来的行为,赋能普通人的正常生活;最后,在感知的基础上实现人与机器、人与虚拟世界的交互。

NReal联合创始人、算法负责人吴克艰想把信息显示方式、交互方式重新回归到自然的3D世界,通过把所有信息叠加在真实世界并立体地显示,无缝实现数字世界和现实世界的融合。"整个光学显示技术不断小型化、功耗降低,这使大家愿意戴上眼镜,软件算法AI相关技术真正赋能眼镜,而不仅是显示投屏功能。"他做了个有趣的类比,"现在戴近视眼镜、老花眼镜是为了看清物理世界,未来戴上 AR 眼镜可以看清空间互联网这个元宇宙。"

不仅是终端设备,架构定义了元宇宙世界的基本规则和虚拟实体的呈现方式,如渲染效果、动画系统、物理模型、智能"大脑"等。3D 引擎、AI、数字孪生等技术将现实中的实体抽象至虚拟元宇宙世界中并赋予其超现实特征、交互能力、情感联接等能力,构建了元宇宙中的虚拟实体,为沉浸及交互式应用打下基础。

在德勤中国发布的元宇宙系列白皮书《消费元宇宙开启下一个消费时代》中提到,元宇宙数字产品包括专业生产内容(Professional Generated Content)、用户生产内容(User Generated Content)及人工智能生产内容(AI Generated Content)。AIGC 持续积累,为创作者生态的蓬勃发展提供助力。未来人脑能力的局限性可以由 AI 来进行辅助和补充,AI 加持下的 PGC 或 UGC 生产模式将进一步弥补数字世界内容的消耗,从 AI 辅助生产内容,再进化到 AI 生成内容(AIGC),这种裂变级的制作与传播会让元宇宙越来越丰富。

"这个时代人工智能辅助我们更好地表达观点,从概念非常快速地生成图片、视频和更多有含义、有语意的内容,这种情况下方便我们每个人实现高质量甚至非常复杂的创作。"瑞莱智慧 CEO 田天肯定了元宇宙激发了人们的创作活力,也指出这对数据安全提出了更高的要求。"人工智能本身没价值观,人工智能的使用者可能有不同的意图,我们希望能够通过技术的手段来实现人工智能的治理,一方面,让 AI 变得更加可靠、可信;另一方面,防范 AI 被滥用,实现人工智能和人类真正可信赖、互信的未来愿景。"

我们正向嘉宾所希冀的那样,迈向"人工智能在看见、看不见的地方发挥更多作用"的新未来。作为连续第五年在上海举办的世界级盛会,"海上八先"中的三位见证了过去 5 年上海实现的三个倍增:人工智能产值倍增,从 2018 年规上产值 1 340 亿元增长到 2021 年的 3 056 亿元;人工智能规上企业倍增,从 2018 年规上企业数量 183 家增长到 2021 年的 311 家;人工智能从业人员倍增,从 2018 年的约 10 万人增长到 2021 年的约 23 万人。

上海市还在积极推进一系列政策法规的落地。今年 6 月,《上海市培育"元宇宙"新赛道行动方案》正式发布,提出 2025 年"元宇宙"相关产业规模达到 3 500 亿元。就在 2022 世界人工智能大会召开前夕,人工智能领域的首部省级地方法规《上海市促进人工智能产业发展条例(草案)》开始公开征求意见。

"海上八先"体验到的点滴进步和政策法规的制度保障是世界人工智能大会推动上海发展不同方面的缩影,未来将有更多的 AI 创新创业人才扎根上海、干事创业、实现梦想,与世界人工智能大会共同成长。

2022 年 9 月 3 日

分享链接

六、推本溯源

李溯婉 | 2000年大学毕业之后从事财经媒体工作至今。于2004年加入《第一财经日报》，现任汽车频道主编。"推本溯源"专栏主要是通过观察分析汽车产业最新发生的事件，追溯其背后的故事或商业逻辑。

联系邮箱：lisuwan@yicai.com

电动车赛道挤满"野蛮人"，传统车企怎么办？

传统车企的步伐，随着各路"野蛮人"不断入侵汽车领域而正在调整中。

近日，本田在其全新纯电动车品牌e：N首款电动车即将上市的节骨眼上，还与索尼牵手，计划成立一家合资公司，共同开发高附加值的纯电动汽车，新公司的首款纯电动车型将于2025年开始销售。在纯电动车赛道上将双线开战，此举意欲何为？本田方面表示，这是"为了进一步创新"。

作为全球十大车企之一，本田与其他传统车企巨头情况类似，对汽车产业加快电动化、智能化、网联化转型过程中存在的种种不确定性产生焦虑。在电动化的上半场，日系车企普遍比特斯拉以及中国部分自主品牌的节奏慢，当前又面临着多个领域的"野蛮人"不断打破边界入侵智能汽车领域，压力进一步增加。如何防守和进攻，传统车企巨头迫切地寻找对策。

特斯拉2021年全球销量已逼近100万辆，并扬言2030年迈上2 000万辆的台阶。与特斯拉斗得如火如荼的比亚迪，最近几个月的月销量连连突破9万辆，按目前的势头，其2022年销量有望冲破100万辆。"蔚小理"等造车新势力车企也来势汹汹，欲抢夺更多的市场份额。不过，现在冲在最前的这批新能源车企，未必都能笑到最后。科技、房地产、家电等多个行业的巨头已纷纷入场造车。

作为由百度发起成立并由吉利战略投资的集度，本月初迎来它的一岁生日，其在业内首创了 SIMUCar（软件集成模拟样车）基于软硬件解耦双线研发的汽车机器人开发模式，目前已完成 2.0 版本的升级。这家喊着刷新传统造车模式固有认知的科技公司，计划下个月在北京车展上交出首份作业。即将正式亮相的集度首款汽车机器人概念车，有望在 2023 年量产交付。同样从科技领域跨入汽车领域的小米，一转眼官宣造车将近一周年。按计划，小米汽车将于 2024 年上半年正式量产。科技巨头苹果也动作连连。苹果供应链的主要代工厂富士康和立讯精密已先后公开造车规划图，立讯精密前不久宣布与奇瑞新能源共同组建合资公司，又一次引发业内猜想，这或许是为打入苹果的造车供应链而先行一步。不过，也有消息传出，苹果未必要等这两家果链代工厂准备好才造车，其已频频接触多家车企，可能率先牵手现代汽车和麦格纳。华为的行动则比苹果更快，其深入参与设计等方面的赛力斯新车问界 M5 近日已开始交付。尽管华为反复重申不造车，但其被业内认为一只手已伸入汽车生产线上。螳螂捕蝉，黄雀在后。当前这些陆续闯入汽车疆土的科技巨头们，被认为有望成为黄雀。

在这场百年一遇的汽车产业变革中，原有格局将被颠覆。在燃油车时代，车企往往朝着发动机、变速器等核心零部件发力；在智能电动车时代，整条产业链皆在发生变化，上下游企业在竞合中寻找新契机，相互之间的关系将更加错综复杂。仅是动力电池这一核心零部件，其技术路线以及运营模式皆存在多种可能性。从锂矿供应商到电池制造商再到新能源主机厂，它们在不断博弈。最近一两年"缺芯少电"的现状，让汽车产业链上各家企业更清楚地意识到，彼此间亦友亦敌，纵然曾经多么和谐地站在一条战线上，但有一天也可能会为利益吵红了脸。不过，要自己垂直整合整条产业链，这又何其艰难。

即使是作为产业链高度垂直整合者的比亚迪，虽然当前凭着手握芯片和电池等核心零部件在新能源汽车领域高歌猛进，但是其在自动驾驶领域依然存在短板，被认为进入智能化下半场后未必能一直保持很强的战斗力。随着"软件定义汽车"的时代来临，激光雷达、高精地图、网络通信、AI 计算等技术比拼加剧，一方面，需要企业持续地大手笔投入；另一方面，将会挤压硬件的价值空间。传统汽车产业链、供应链和价值链被逐步打破。未来汽车产业链大幅延伸，新的应用场景和商业模式不断涌现，对传统车企会产生巨大影响。

未来新能源汽车将从交通工具变为智能终端，正是看到这一巨大变革的新契机，继苹果、华为、阿里、百度、小米等科技企业纷纷加码布局新能源汽车领域之后，索尼也入场了，跨界造车热度不减。汽车与信息通信、能源、交通等产业正加快融合发展，未来智能电动车是跨领域产业融合的产物，其关键技术、产品定位、产业生态、能源结构皆不断发生变化。面对新领域错综复杂的局面以及高投入、高风险，这些"野蛮人"往往并未贸然单打独斗，而是选择与传统车企建立千丝万缕的关系。

面对汽车赛道不断地涌入"野蛮人"，一些传统车企也在采取化敌为友的策略，纷纷向"野蛮人"抛出绣球，不断结盟并扩大朋友圈。例如，国内车企上汽与阿里合作打造斑马网络和智己电动车，吉利与腾讯、百度、富士康等企业皆有合作。跨国传统车企巨头也在采取各种行动。近日，有消息传大众汽车计划以数十亿欧元收购华为自动驾驶部门，其希望借助华为的软件等技术优势在智能电动车赛道上提速。本田则在自身加快电动化、智能化和网联化转型来守住地盘的同时，另辟蹊径地与索尼成立新合资公司，欲通过双方合力在高端纯电动市场占一席之地。

传统车企将鸡蛋放在不同的"篮子"里，相对而言可以多些机会。不过，与科技等行业的企业跨界合作过程中，谁掌握方向盘以及在双线甚至多线开战中如何平衡种种关系，这些对传统车企而言依然是不小的考验。

2022 年 3 月 6 日

分享链接

新能源车内卷严重,丰田新车方向盘将被"挤"成异形

作为纯电动车赛道上的晚到者,丰田等跨国传统车企多少有些焦虑。为了扭转局面,丰田们将使出什么招数?

汽车切换赛道的速度,甚至比业内预期的还快。4月3日才宣布停产停售燃油车的比亚迪,随即在当月以电动车击败所有合资企业而首登中国汽车销量榜首。在疫情冲击下,比亚迪的垂直供应链起到抵御寒流的作用,更重要的是这家企业站在风口上。

虽然国内整体车市4月受疫情重创,但新能源汽车的销量同比增长44.6%,市场占有率达到25.3%。今年1—4月,国内新能源汽车销量同比增长1.1倍,市场占有率达到20.2%。按目前的态势,新能源车今年的市占率有望比相关规划提前三年冲至20%。在新能源赛道上奔跑多年的比亚迪,正进入产品和技术的强周期,加快蚕食合资车企的地盘。今年以来,比亚迪密集投入新车和新技术,继推出元PLUS、宋MAXDMi、驱逐舰05、汉DM系列等多款新能源车之后,近日又发布了CTB电池车身一体化技术及首款搭载CTB技术的e平台3.0车型海豹,唐EV新车将于6月1日上市。此外,比亚迪目前还把多年没有起色的合资品牌腾势的主导权抢过来,计划一年内将投放三款腾势新车撬动豪华新能源车市。多面出击,比亚迪寄望进一步扩大在新能源赛道上的优势。

不仅是比亚迪,一批自主电动车品牌也在迅速冒出来。造车新势力阵营竞争格外激烈,"蔚小理"形成的第一阵营的格局已被打乱,埃安喊着要改成"埃小蔚"的新组合,零跑4月的销量一下子冲到"蔚小理"前面,哪吒等新势力车企也来势汹汹。销量已被多家新势力企业超越的蔚来,5月实现在新加坡上市,这家于三地上市的企业通过加快融资步伐发起新一轮攻势。蔚来和理想皆计划进攻30万元以下的新能源车市。此外,上汽智己、北汽银狐等自主电动车品牌也蓄势待发。

六、推本溯源

在疫情阴霾以及原材料涨价等多重因素的合力下,汽车行业处于骤变中。受疫情重创的汽车产业链尚未愈合,诸多车企5月份的销量依然不尽如人意,最快也要在6月才能恢复正常。需求收缩、供给波动以及市场预期转弱三重压力,进一步加剧行业竞争,燃油车市场则面临着更大的挑战。长安汽车董事长朱华荣前不久在中国电动汽车百人会论坛上表示,随着新能源汽车的加速,中国燃油车市场的竞争将更加激烈,未来3—5年将有80%的中国燃油车品牌"关停并转"。

目前,重度依赖燃油车的合资品牌普遍比自主品牌承受更大的压力,亟待把新能源车的短板补齐。中国汽车工业协会副总工程师许海东认为,今年将是汽车行业加快重组的一年,尤其是新能源汽车领域将迎来激烈的淘汰赛。

新能源车市内卷加剧,如果合资品牌不尽快扭转局面,未来会变得越来越被动。拿什么与特斯拉、比亚迪等100%实现电动化的车企竞争,丰田、大众等跨国传统车企有些头疼。它们一方面要守住燃油车的地盘,另一方面又要尽快啃下新能源车这块硬骨头。

大众ID.系列2021年在华累计销量为7.06万辆,虽然是新能源车赛道上表现最好的合资品牌之一,但未达成其去年8万—10万辆的预期目标。除了芯片等零部件供应不稳定的因素外,业内普遍认为更重要的原因在于大众ID.系列并没有深刻理解当前中国市场的消费变化,在智能化方面比特斯拉、"蔚小理"等车企逊色。

大众汽车集团(中国)CEO冯思翰表示,大众ID.系列2022年在华冲刺14万辆的销量目标。不过,大众汽车供应链受这波疫情冲击很大,大众ID.系列要完成此目标有一定难度,而且即使达标,与比亚迪、特斯拉等车企的新能源车销量差距依然甚远。长期轮流霸占国内汽车销量榜首的一汽大众和上汽大众,上个月由于种种原因,不仅被比亚迪抢走冠军宝座,还双双跌出前三,如何加快电动化转型,是大众亟待攻克的难题之一。

与德系车企在电动化方面起步较慢有所不同,日系车企早已启动电动化,但丰田、本田等日系车企主要朝混合动力车型(HEV)发力,在纯电动车赛道上反而成为晚到者。今年以来,油价持续上涨,促使属于节能车的HEV目前市场表现不错,丰田旗下的广汽丰田凭借HEV等车型热销在4月首次进入国内车企销量排行榜前三名,批发量还夺得合资车企第一名。不过,在以纯电动车为主的新能源车赛道上,日系车依然是吃亏的。目前,丰田、本田等跨国车企巨头在华大动作连连，进攻纯电动车市是关键一战。

为了进一步促进电动化战略落地以及让全新e：N品牌的纯电动车尽快在华占有一席之地，本田正在将豪华车品牌讴歌的资源整合到电动化事业中，并决定从2023年起将停产停售讴歌在华的现有产品，腾出更多精力攻打纯电动车市。

丰田也在想方设法地撬动中国纯电动车市，继2020年在华纯电动车领域首战失利之后，目前尝试以bZ纯电动专属系列发起新一轮进攻，作为bZ纯电动专属系列的首款车型，丰田bZ4X已开始预售，但当下仅推出圆形方向盘版本。实际上，丰田为了实现差异化竞争，不惜棋行险招，还在打破陈规探索搭载异形方向盘和线性转型系统的OMG（One Motion Grip）驾控套装的版本，丰田旗下豪华车品牌雷克萨斯全新电动车RZ也计划采用异形方向盘。OMG驾控套装在构造上取消了方向盘与轮胎之间的机械连接，方向盘转动角度设定为正负150°。因此，无须换手打轮即可完成转向操作，这能减轻驾驶员在弯道行驶、掉头、入库等操作过程中的负担。不过，此项创新存在一定的风险，吸睛的异形方向盘能否通过相关法律法规以及被习惯使用圆形方向盘的车主接受，这还是未知数。

国内纯电动车的赛道越来越拥挤，新产品和新技术层出不穷，留给丰田等传统跨国车企争取出线的时间已不多了。

2022年5月29日

分享链接

不甘做"打工人",新能源车企与电池商争夺锂矿"印钞机"

经历过芯片荒、电池荒之后,越来越多的车企更清楚地意识到,如果仅忙于造车而不延伸产业链,即使抓住了新能源汽车的风口,也可能沦为上游锂矿、锂电池企业的"打工人",并因此纷纷加入抢矿大战。

近日,广汽埃安与赣锋锂业在广汽中心举行战略合作协议签约仪式,双方将建立长期的战略合作关系,从新能源动力电池最上游材料端展开合作,持续探讨在锂资源开发、中游锂盐深加工及废旧电池综合回收利用各层面的深入合作。

广汽集团董事长曾庆洪表示,当前新能源汽车市场处于快速增长阶段,影响销量增长的主要因素在于成本、芯片供应及基础设施配套,电池成本已占整车成本的50%以上,限制了销量的进一步增长。未来,广汽埃安与赣锋锂业可依托各自在新能源领域的产业基础及行业资源优势,探讨在锂资源、电池回收、电池梯次利用等方面开展合作,提高双方的盈利水平及市场地位,共建产业链战略联盟。

这让人不由自主地联想到曾庆洪前不久在2022世界动力电池大会上吐槽给宁德时代"打工"。动力电池原材料的价格一路暴涨,碳酸锂从2020年7月的4万元/吨狂飙至今年年初的51.5万元/吨,一年多时间的涨幅超10倍,随后虽然略有回落,但最近数月仍然在47万—48万元/吨的高位徘徊。电池企业不断地将成本压力传导给主机厂,为此,主机厂除了上调新能源汽车售价,也开始后向一体化"造电池"和布局电池原材料。

今年以来,国内新能源汽车的产销量翻一番,但绝大多数电动车企依然处于亏损的境地。新能源汽车产业高速发展的红利,大多数被上游锂矿、锂电池企业赚走。多家锂矿企业今年上半年的业绩预告显示,与动力电池企业相比,上游的锂矿企业更是赚得盆满钵满。其中,锂矿龙头企业天齐锂业的"印钞"速度飞快,预计上半年的净利润达96亿—116亿元,同比增长

110.9—134.2倍；赣锋锂业也有不错的业绩，预计净利润为72亿—90亿元，同比增长4.1—5.4倍。

为了更好地控制原材料成本以及把握未来发展的节奏，多家动力电池加快在上游布局，抢矿现象不断上演。其中，中创新航与天齐锂业今年5月达成战略合作协议、碳酸锂供应框架协议；蜂巢能源、亿纬锂能和上游锂矿企业川能动力6月宣布将组建合资公司，共同在德阳—阿坝生态经济产业园投资建设3万吨/年的锂盐项目。作为动力电池领域的老大，宁德时代出手更为阔绰，目前对外投资、自建多个锂矿项目，包括收购加拿大锂矿公司100%的股权以及于今年4月以8.65亿元拿下宜春市一处锂矿勘探权等。

宁德时代、比亚迪、中创新航、蜂巢能源、国轩高科等动力电池企业正掀起新一轮的"扩产潮"。在智利锂矿项目生变7个月之后，比亚迪近日拟在亚洲锂都宜春市投资285亿元建设年产30 GWh动力电池和年产10万吨电池级碳酸锂及陶瓷土（含锂）矿采选综合开发利用生产基地项目，与已在宜春市落户的宁德时代、国轩高科两大电池企业抢夺丰富的锂矿资源。值得注意的是，具有电池企业和新能源车企双重身份的比亚迪，得益于多年打造的垂直供应链模式，今年上半年的净利润预计为28亿—36亿元，同比增长138.59%—206.76%。

目前，新能源车霸主地位之争日益激烈，越来越多的车企在朝技术和产品发力的同时，也愈发重视对新能源产业链的全面自主掌控能力。有"锂"走遍天下，不仅是电池企业，特斯拉、广汽等车企也纷纷入场，抢夺优质锂矿资源以及加快布局下一代电池。

手上有矿，心中不慌，锂作为动力电池最关键的原材料，价格持续走高且需求缺口较大，车企布局电池上游材料，对锂资源供应安全具有根本性意义。目前，我国动力电池产业链在核心上游资源储量有限且对外依存度高。其中，锂资源储量占全球的6%左右，但禀赋较差、开发成本高，对外依存度超过70%。无论是动力电池企业还是新能源车企，都纷纷将动力电池上游关键资源纳入战略资源考量，加大相关资源的勘探和开发力度，这将有助推动新能源汽车产业的发展。

对于上游的锂矿企业而言，虽然握有锂资源，但并非高枕无忧，一方面，锂资源储量有限，将来有可能坐吃山空；另一方面，新能源车企正不断地在氢能源等路径上寻求突破，未来锂电池存在被其他新能源替代的可能性。正因此,被喻为"印钞机"的锂矿企业也纷纷寻找盟友,通过新能源产业链上下游结合而打造更有竞争力的新能源产品。

汽车产业链正发生颠覆性变革,新的价值链也正在重构中。例如,一辆30万的新能源车,动力电池的成本动辄能达到10万元以上,相同价位燃油车的一台发动机的成本也不过一两万元。披荆斩棘、逐渐开拓出一条新路的新能源车企,势必不甘心将大部分利润拱手相让给上游的锂矿、锂电池企业,正想方设法地提升产业链中的地位及价值。

一些新能源车企一边选择与锂矿企业结盟,一边紧锣密鼓地推进自研自产动力电池的进程。例如,拥有海绵硅负极片电池等多项技术的广汽埃安,目前已成立能源公司、电驱公司,并计划成立电池公司,欲全面自主地掌握EV产业链。广汽埃安副总经理肖勇今年曾谈到,该企业未来30%的高端电池将自研自产,70%的中低端电池由外部电池企业代工。

谁将为谁打工?中下游的电池厂、主机厂皆纷纷涉足锂矿,争夺更多的话语权。新能源车产业链的中上游企业普遍挣很多钱,而下游企业"没有肉吃甚至连汤都喝不了"的现状被认为是"畸形"。新能源产业链上的各方亟待共同努力,通过技术升级以及方案优化等降低动力电池的成本,让动力电池的价格重新回到下行的通道,让新能源汽车产业链形成良性循环,这将有助于新能源汽车加快替代燃油车并成为汽车市场的主角。新能源产业链上各方利益既对立又统一,一场新的博弈正在开始。

2022年8月22日

分享链接

# 七、唐言柳语

唐柳杨 | 第一财经汽车频道副主编，高级记者。有近20年的新闻媒体工作经验，关注和报道汽车产业新闻超过10年。
联系邮箱：tangliuyang@yicai.com

神龙汽车站在命运的十字路口

　　据3月1日晚间Stellantis集团2030战略发布会，该集团与东风汽车达成神龙汽车股比维持不变的共识。为了协调双方经营理念的不同以及组织扁平化的需要，中方和法方将分别主导东风雪铁龙和东风标致两个销售公司。在东风汽车内部，这种新的模式被称作"两室一厅"。

　　在此之前，外界曾普遍猜测神龙汽车将步华晨宝马、江淮大众、广菲克、东风悦达起亚等公司后尘，由外方实现绝对控股。如果出现这种局面，意味着神龙汽车将不复存在，就像江淮大众已经更名为大众中国（安徽）公司。

　　如今的结果对一直努力自救的神龙汽车团队称得上是最好的局面。"两室一厅"模式从制度上规避了50∶50合资模式下对等决策与双签制带来的管理低效与内耗，也捍卫了中方在合资公司中的权益。外方在股权上的让步则体现出外方对神龙汽车逆境崛起的认可，也体现了在智能电动车时代来临时，Stellantis对东风汽车在技术与中国市场理解等方面的倚重。

　　过去几年里，法系车纷纷败退中国，东风雷诺撤资、长安PSA整体出售、华晨雷诺走向破产重组，法系车在华仅剩神龙汽车一根独苗。

　　时间倒回到2016年，在消费升级与销量下滑并存的双重市场挤压之下，神龙汽车、北京现代、广汽菲克、长安福特、东风悦达起亚等二线合资品牌集体进入断崖式下跌的通道。其中，神龙汽车从最高年销70万辆一路跌至年销5万辆。

七、唐言柳语

时至今日，北京现代、东风悦达起亚、广菲克还在持续的下滑中，如广菲克 2021 年仅售出 2 万多辆汽车。神龙汽车则在 2021 年以同比 100.07% 的增速跨过 10 万辆门槛，也在时隔数年后终于给员工发了 5 个月工资的年终奖。

客观来说，神龙汽车销量倍增的原因之一是基数低，但也要看到整个市场的变化对二线品牌更加恶化。

2017 年之后，中国燃油车市场持续下滑，即便 2021 年整个车市实现同比正增长，但增量绝大多数来自新能源车，燃油车的销售总量仍低于 2017 年。与此同时，豪华车企通过紧凑级产品大肆挺进合资腹地，头部自主车企也在大举进攻，从经销商网点到用户，全面切分二线合资品牌的市场份额。2020 年新冠疫情的爆发，对神龙汽车而言更是雪上加霜。

在公司内部，神龙汽车还面临着人员持续流失、军心不稳、缺乏芯片等多重困难。去年夏天，马来西亚疫情暴发后博世 ESP 芯片大面积断供。

神龙汽车总经理陈彬曾告诉笔者，该公司曾以超出正常价格 300 倍的价格在黑市上采购博世 ESP 芯片（最高约 4 000 元/颗）。当笔者问起神龙汽车为何愿意承担如此巨大的成本来采购芯片时，陈彬表示："对其他公司而言，如果因为缺少芯片减产，只是损失了一点产销量。对于神龙汽车来说，如果因为芯片交不出车，面临的是现金流断裂、员工工资都发不出来的生存危机。"

回顾神龙汽车绝处逢生的变化，笔者认为，神龙汽车至少做对了 5 件事：在企业最低谷时凝聚人心、提振士气；股东双方放弃理念差异，外方股东充分放权中方团队，取消双签制，减少管理磨合；从企业内部、经销商渠道网点等全体系的以客户为中心的转型；坚持新产品与技术的投资；营销与服务领域的创新。在整个系统复苏的动力不足时，营销与服务的创新对新客户的开发，保有客户再购车的激发起到了关键的助推作用，大胆启用凡尔赛为车名就是一个典型的案例。

虽然 10 万辆的年销量在中国车市中并不起眼，但是细化数据后能看到神龙汽车连续 13 个月销量的同比正增长。其中，上市仅 3 个月的凡尔赛 C5 X 去年的销量达 1.21 万辆，神龙汽车终于有了支柱型的产品。东风标致 4008、5008 等品牌的销量放在行业里虽然不高，但是高价值商品的占比大幅提高和改善，508L 的销量超过了神龙巅峰时期的成绩。

更加难能可贵的是，神龙汽车的高层对于今后的目标更加冷静与清醒。第一财经在 2019 年曾发表文章指出，神龙汽车的败局很大程度是由于盲目的战略大冒进所致。在最近一次的沟通中，陈彬表示神龙汽车 2022 年的目标是达成 17 万辆的盈亏平衡点，之后再稳一稳，把企业的基础夯实，未来不追求 50 万辆、70 万辆的销量目标，而是要关注经营质量。

在成立的第 30 年，神龙汽车走到命运的十字路口。在"两室一厅"模式下，外方将主导东风标致的未来，中方将主导东风雪铁龙的发展。

笔者认为，这种设计对于神龙汽车以及双方股东而言是一次非常有意义的尝试。一直以来，东风雪铁龙和东风标致虽然是两个品牌，但所有的产品都同根同源，无论车身尺寸、动力总成、座舱布置和配置方案都高度雷同，只能在造型上予以区隔，双品牌在市场上不仅没有形成合力，彼此还存在较大的内耗。

中外股东分别主导一个品牌，在各自技术的导入下，东风雪铁龙和东风标致在产品与技术上有可能形成真正的差异化。东风汽车可以在技术输出的过程中摊销研发成本，接轨外资全球化体系与标准；Stellantis 集团则可以借助东风汽车弥补自身在电动车、自动驾驶、智能座舱、中国用户需求把握等方面的短板。

在燃油汽车时代，中国汽车市场的产品、技术以外资导入为主旋律，用欧美用户的喜好来覆盖中国用户的需求。但是在智能电动汽车时代，汽车的电子消费品属性越来越强，市场的引领和变革将从中国开始。拥抱东风汽车，将是 Stellantis 迎接一个新时代的契机。

需要指出的是，虽然神龙汽车实现了来之不易的业绩反转，守住了中方股东的股份比例，但现在还谈不上安稳无忧和持续盈利的稳健经营。同时，中国新能源车的元年在 2021 年开启，接下来几年中国车市将出现剧烈的结构调整，神龙汽车将面临燃油车市场持续快速下滑与全新的智能电动车赛道双线作战的压力。

2021 年，神龙汽车暂时度过了生存的挑战，却因为即将到来的公司治理结构变化进入了命运的十字路口，未来的道路上还有许多挑战等待克服。

2022 年 3 月 4 日

分享链接

七、唐言柳语

中国造车新势力将外资豪华车品牌甩到身后

2月份,高合汽车再度压倒保时捷 Taycan 和特斯拉 Model X,蝉联 50 万元以上豪华电动车市场的销量冠军,市占率更是达到 33%。相当于该细分市场每卖出 3 台车,就有一台是高合 HiPhi X。

在去年 10 月,高合汽车 HiPhi X 开启交付的第 4 个月,HiPhi X 超过保时捷 Taycan 问鼎 50 万元以上豪华车市场新能源车的销量冠军。截至目前,高合汽车已累计向用户交付 5 142 辆 HiPhi X,作为平均销售价格接近 70 万元的豪华汽车产品,高合汽车创下 50 万,以上中国豪华纯电品牌最快交付的速度。

在 30 万元级别豪华电动车市场,蔚来汽车 2021 年的上险量超过特斯拉和宝马,位列第一。去年特斯拉在华上险数量比蔚来少 7 000 台左右,宝马、奔驰、奥迪的上险量更低。

小鹏、广汽埃安等本土公司普遍战胜了合资车企。凭借 DMI 和 EV 两条技术路线的产品,比亚迪在销量规模上战胜了特斯拉。4 月份,比亚迪将会发布一款全新的纯电动轿车,直接与特斯拉 Model 3 展开竞争。

大众纯电动车 ID. 系列在去年展开反攻,截至目前销量结果并不理想。究其原因,在于大众 ID. 虽然是好开的电动车,而不是用户更喜欢的智能电动车。由于智能座舱等方面的短板,大众汽车在华某子公司人士认为大众 ID. 最理想也只能成为中国新能源车市场的二线车型,无法复制大众汽车在燃油车市场的统治地位。

在燃油车市场,这些变化几乎是不可想象的。不要说在售价 30 万元或者 50 万元以上市场击败外资对手,15 万元细分市场对于许多自主品牌燃油车来说还是一个天花板级的存在。从这个角度来说,智能电动车赛道不仅创造了中国汽车产业弯道超车的机会,还创造了中国品牌侵入欧洲公司统治了上百年的豪华车市场的机会。

醒悟过来的豪华车企将在 2022 年发起更加猛烈的进攻,根据各家车企发布的信息，包括奔驰、宝马、奥迪、沃尔沃等在内，外资豪华品牌将在今年密集推出10多款新车。不过从已经发布的产品信息来看，它们的胜率普遍不大。

这很容易理解，多数外资公司的新能源车还停留在油改电或者更换了动力总成的交通工具层面上，它们很难理解中国用户对于智能化装备的渴求，以及在中国市场引领下汽车正加速向移动智能终端蜕变。

正如沃尔沃一位离职的工程师所说："我们已经量产的车相对于竞品是落后的，正在规划和开发的产品，等到几年后正式量产的时候依然是落后的。"

以高合汽车为例，去年该公司首款车 HiPhi X 发布时，一家德系汽车公司工程师评价说，该款车堪称特斯拉和奔驰 S 级的结合体——电子架构对标特斯拉，配置对标奔驰 S 级。如果说当时的 HiPhi X 的特点是"三电"硬件拉满，智能科技配置创造了新的功能和体验，如今 HiPhi X 已经进化到用户可自定义车内场景，将尚处概念化阶段的智能家居完全移植到车内。

在近期推出的改款车上，高合 HiPhi X 将续航提高至 650 公里，把 17 个扬声器的 Meridian 音响下放到所有车型，副驾增加了 19.9 英寸的娱乐大屏。在传统车企上很难看到这种改变，因为年度改款车的核心目标通常是降低成本，而不是增加配置。

"我们现在看到的豪华车公司推出的电动车，都没有跳出燃油车的定义，去重新构建新一代汽车产品的概念。正是因为没有跳出燃油车的定义，从产品到营销服务没有创新，所以找不到卖点，找不到盈利点，也找不到需求。"捷豹路虎中国公司一名管理层人士说道。

这也解释了为什么众多历史悠久的豪华车企，在这一轮电动车的销量爆发中大幅落后于高合、蔚来等中国本土新创公司。

今年2月，大众汽车工会主席丹妮拉·卡瓦洛表示，大众汽车在中国必须采取更积极的行动，进一步了解中国消费者的需求，以此收获更多的市场份额，尤其要重点关注软件领域。

"在燃油汽车时代，中国汽车市场的产品、技术以外资导入为主旋律，用欧美用户的喜好来覆盖中国用户的需求。但是在智能电动汽车时代，汽车的电子消费品属性越来越强，市场的引领和变革将从中国开始，由中国市场去影响全世界的市场。"一家新势力车企的研发高管向笔者说道。

回到本文的主题，2022年奔驰、宝马等豪华车企将大举进攻新能源车市场，它们会改变中国新创公司目前处于头部的格局吗？笔者认为不太会。

燃油车时代的竞争可以说是大鱼吃小鱼，智能电动车赛道则是快鱼吃慢鱼。高合、蔚来、特斯拉等公司不仅在用户洞察、商业模式等方面的创新方面快人一步，在产品定义和供应链生态的重塑方面已经领先两个身位。

在最近这一个产品周期，奔驰、宝马等传统豪华车企面对的很可能是互联网式的降维打击。

2020 年 3 月 15 日

分享链接

福特电马重新审视中国市场

今年 8 月,福特拿下了美国电动汽车销量的第二名,仅次于特斯拉。其中,Mustang Mach-E 的销量达 3 120 辆,同比增长 115%;且 Mach-E 8 月的订单达到创纪录的 7 800 多辆。此外,福特的商用电动货车以超过 90% 的份额在美国市场占主导地位。

但在中国,Mach-E 似乎还没有找到感觉。过去几个月,Mach-E 的月销量持续在 400—800 辆之间波动,门店铺设速度也较为缓慢。

在近期的一个沟通会上,福特电动车事业部的人士直言,中美两地市场的差异表现,让公司内部开始反思在中国的战略举措。

Mustang Mach-E 是福特转型电动车的战略车型。2021 年 4 月,Mustang Mach-E 在中国开启预订,售价 26.5 万元—37.9 万元。去年 10 月份,福特 Mustang Mach-E 新增 GT 车型,百公里加速 3.65 秒,售价 36.99 万元起。

与接近尺寸的竞争对手相比,Mach-E 的售价并不贵,比如极氪 001 上市时的价格是将近 28 万元起售。在配置上,Mustang Mach-E 标配了 6 个摄像头和 17 个雷达,所有智能驾驶辅助硬件全系前装,全系标配 L2 级别福特 Co-Pilot360 智行驾驶辅助专业包,包含 20 多项智能驾驶辅助功能。

在外资车企普遍较为落后的智能座舱方面,Mustang Mach-E 搭载了最新的 SYNC+2.0 智行互联系统,接入百度生态,集成百度数据、云、地图、语音、支付等能力。在续航方面,Mach-E 长续航后驱版在最新国标 CLTC 测试循环工况下,最大续航里程达到 619 公里,高性能版本 GT 车型的最大续航里程为 492 公里,在行业中都属于主流偏上的水平。

但是,看起来不错的产品力并未转化为优异的销量结果。在整体规模有望达到 600 万辆的中国新能源车市场中,福特电马无论是销量还是声量都较为微弱。

"Mach-E 在美国太成功了,我们把美国成功的经验和思维移植到中国,遇到了水土不服的问题。"上述内部人士解释说,Mustang(野马)在美国是福特传奇跑车品牌,已经有将近 60 年的历史,在美国耳熟能详。公司原本以为 Mustang 在中国也有较大的知名度,但实际情况并非如此。

此外,中国是全球竞争最激烈的新能源车市场。其激烈程度不仅仅反映在市场上的品牌与车型数量最多,还反映在产品与技术迭代、用户权益等服务上。比如英伟达目前最高算力的 ORIN X 芯片,目前只在中国车企的车型上量产装车,通过 4 颗 ORIN X 芯片的使用,最高实现了超过 1000TOPS 的算力。在户权益方面,5 年 12 万公里的整车质保基本上成为中国新能源车企的最低标准,而外资电动车不少还只是 3 年 10 万公里的水平。

今年 8 月 1 日起,极氪为了挽回用户口碑,以 3 亿元的代价,为已购车用户免费升级了高通 8155 芯片。这些商业上很难核算通过的支出,在中国新能源汽车市场已经屡见不鲜。而延续了海外经验与传统成本思维的外资车企,很难理解和认同这些做法。

"传统燃油车基本上是'买定离手',后续的服务交给经销商完成。在电动车时代,则是要持续经营客户关系。虽然外资车企意识到了,但思维和行动还没有完全跟上。"一家外资车企的管理层人士说。

近期,福特电马也推出了为老用户免费升级高通 8155 芯片的服务。福特表示,本次免费升级旨在通过更强的算力平台和持续的软件优化 OTA,为用户带来更优秀的智能座舱体验。相比现款所配备的高通骁龙 820A 芯片,高通骁龙 8155 芯片的 CPU 的计算能力提升 3 倍,GPU 的计算能力提升 5 倍。

记者了解到,免费升级 8155 芯片硬件和配套软件,在福特内部存在较大的挑战。这个举措能够历经阻力出台,也反映出福特重新审视中国市场以及求变的决心。

在诸多外资车型中,Mach-E 称得上是最有机会成功的车型,它拥有 Mustang 品牌的性能背书,源自福特全新的高性能纯电动平台,智能座舱和辅助驾驶系统可圈可点,造型风格也更贴近用户对未来感和科幻感的需求。但是福特电马如果渴望更大的成功,需要更进一步地转变思维,理解中国智能电动车市场的用户需求和游戏规则。

2022 年 9 月 12 日

分享链接

八、如数家珍

王珍 | 第一财经高级记者，毕业于中山大学中文系，跟踪家电行业新闻超过十年，对家电业上下游及显示面板行业有深入了解，重点关注物联网时代智慧家庭、智能制造等话题，剖析跨国公司的模式与经验，并为中国家电企业成长为世界巨头鼓与呼。

联系邮箱：wangzhen@yicai.com

CES 2022：显示技术阵营消弭，环保竞争力抬升

对于新冠肺炎疫情暴发之后首届回归线下的 CES 展，可能是"隔岸观展"的原因，笔者觉得 CES 2022 并没有太多让人完全耳目一新的新技术，只感到多种显示技术较量正在消弭阵营的边界，环保竞争力比起纯粹的黑科技变得更加重要。

CES 2022 虽然恢复线下展，但展商数量规模比以往有所缩小。不过，CES 作为全球最新彩电技术展示的舞台并没有改变。

三星电子没有展出去年年底量产的 QD OLED 的实物，多少让人有点失望。三星 QD OLED 电视屏幕技术获 CES 2022 最佳创新奖，以及索尼发布了 QD OLED 电视新品、戴尔发布了 34 英寸曲面 QD OLED 游戏显示器新品，算是为 QD OLED 补场。

2022 年，三星加入 OLED 电视阵营（2012 年三星曾在 CES 展出 OLED 电视，后来停止生产），让全球电视市场不再有 OLED 与液晶阵营的区隔。OLED 凭借其柔性显示的特点，还渗透进入折叠平板电脑、折叠笔记本电脑或混合形态产品市场，此次三星展示了以"S"字形态内外折、"G"字形态内折两次的多折叠产品，华硕也发布了 OLED 可折叠笔记本电脑。

八、如数家珍

柔性 OLED 通吃手机、电视、IT、穿戴等大小屏，主流地位不可否认。不过，它不是"独唱"，Mini LED 背光液晶屏的主流地位也在提升。索尼今年新增了 Mini LED 背光液晶电视系列，且与三星、TCL、海信一样，把 8K Mini LED 背光液晶电视放在民用电视最高端机型的位置。

Mini LED 的兄弟技术 Micro LED，也几乎覆盖所有头部企业。三星今年发布了 110、101、89 英寸的 Micro LED，LG 在 CES 演讲中展示了 136 英寸的 Micro LED，并透露其首批 Micro LED 电视 2022 年晚些时候出货。TCL 华星与三安合资投资 3 亿的厦门 Micro LED 研发项目上周开工。

在 OLED、Mini/Micro LED 较量加剧的同时，激光显示也不示弱。海信在 CES 2022 上展示了 8K 激光显示解决方案，并计划到 2024 年把激光电视体积缩小到目前的 30%，打出了激光电视的环保牌。此前，LG 也曾在 CES 上展出过激光电视，三星此次还发布了筒形投影仪，意味着不会放过投影市场的商机。

这是一个多元显示技术百花齐放的时代，因为万物互联之下的多元化场景需求更多。所以，索尼、松下、TCL 等纷纷在 CES 2022 上发布智能头显和智能眼镜新品，抢占虚实结合的元宇宙入口，也就不出奇了。

未来显示技术的激战之中，环保竞争力的戏码将变得更重，因为疫情让人们更加关注环境与可持续发展。三星和 LG 都在 CES 2022 上展示使用回收材料制作和包装的产品。LG 电子表示 OLED 由于没有液晶电视的背光，会减少塑料的使用量。三星视觉显示产品计划使用比 2021 年多 30 倍的回收塑料。除了黑科技，如何讲好环保故事，中国企业也需加油。

2022 年 1 月 9 日

分享链接

农村家电渠道业务走向多元化，厨电前景看好

上周，汇通达（09878.HK）登陆港交所，创维等成为基石投资者；京东家电在重庆等地召开星火计划会议。在今年国家鼓励有条件的地区开展农村家电更新行动，以及国内家电市场进入存量竞争阶段的背景下，富有潜力的农村下沉市场被业界和资本市场看好。

与以往不同，农村家电渠道的业务正在走向多元化。以农村家电流通业务起家的汇通达的招股书显示，截至 2020 年年底，家电业务在其整体收入中的占比只有约 24%，农机、化肥等农资业务收入占比约 22%，手机、3C 等消费电子业务收入占比约 35%，酒水、交通出行、家居建材等业务收入占比约 18%。

笔者之前采访过一些农村户用光伏电站的经销商，他们从农村家电经销商转型而来，有的仍然同时兼做家电生意。一些电动自行车企业在拓展农村市场时，也积极地把乡镇家电经销商拉入电动自行车的销售队伍。随着国内家电市场的增速放缓，农村家电经销商都在谋求转型。

创维集团（000751.HK）此次在汇通达 IPO 的过程中，成为基石投资者之一，投资 5 000 万美元、参股约 1.6%，双方一直有业务合作。创维集团有四大业务，包括多媒体、智能电器、智能系统技术和现代服务。面对潜力巨大的新能源市场，创维集团选择以分布式光伏作为切入点，进入清洁能源行业。其家电、光伏业务均有机会借力于汇通达的农村流通渠道网络。

有的家电品牌已借助汇通达的农村流通平台，实现了多元化扩张。从乐视网"单飞"后的乐视超级电视品牌与业务团队，2020 年 8 月与汇通达签约进行战略合作。过去两年，乐视通过与汇通达在产业链、零售渠道等方面的深入合作，迅速地从智能电视业务扩张到厨电、智能门锁、电动牙刷、可穿戴产品等领域。

受宏观经济增速放缓、房地产政策持续收紧等因素的影响，加上中国大家电市场已进入更新需求为主的存量竞争阶段，中国家电零售市场规模已经

出现小幅回落。奥维云网（AVC）的数据显示，2021年中国家电市场尚未恢复至疫情前水平，整体销售额比2019年下滑7.4%。

所以，汇通达一方面继续进行业务多元化扩张，另一方面在家电领域深入挖掘厨电市场的商机。主要是因为经过多年的深度开发，国内一、二线城市厨电市场的需求已接近饱和。而伴随着城镇化战略、特色小镇战略以及乡村振兴战略等国家政策引导，中国三、四线城市的消费需求正在迎来爆发增长期，厨电行业的新增市场重心也将随之朝着三、四线城市倾斜。

在汇通达助理总裁、智能家电事业部总经理李炜看来，国内白电、黑电市场已进入成熟期，大家电销量整体增速放缓。近几年，以洗碗机、蒸箱、烤箱及净水机为代表的新厨电产品逐步进入大众的视野，单品价值较高且存在较大潜在需求，未来整体厨电行业的市场规模有望持续扩容。无独有偶，京东家电在进一步开拓农村下沉市场的过程中，也把智能厨房作为重点。

值得关注的是，随着天猫、京东、汇通达等平台在农村市场持续下沉渠道，原来在三、四线市场的家电品牌专卖店正面临转型与整合。据GfK中怡康大家电事业部总经理彭显东的观察，原先家电生产企业很多都自建网络，产品直供四六级市场。目前，在国内县乡级市场，零售渠道平台已经开始从品牌企业手中接过了家电流通的接力棒。

过去，中国农村下沉市场一直存在问题，主要是交易链条复杂并以传统零售方式为主，缺乏现代化的数字技术。这些都是未来需要改进的，这为汇通达等企业的发展提供了契机。未来，如果能有效地改善这些痛点，将会为中国家电流通带来革命性变化。

事实上，汇通达不是自己直接做商贸，而是为农村的夫妻老婆店提供"帮买"（供应链）、"帮卖"（解决方案）的平台服务。在中国家用电器商业协会常务副秘书长张剑锋看来，农村家电流通市场主要有四类玩家：一是批发商，二是品牌专卖店，三是阿里、京东、拼多多等电商下沉渠道，四是汇通达等整合性的平台。汇通达的价值在于推动农村流通模式创新。

2022年2月22日

分享链接

十天拜访逾十家企业，李东生为何此时密集走访韩日产业伙伴？

7月底、8月初，正值盛夏酷暑时节，TCL创始人、董事长李东生马不停蹄，到韩国、日本拜访合作伙伴，释放出中国企业希望与韩国、日本企业在半导体显示产业进一步加强合作的信号。他称当下海外疫情依然严重，但国际化的脚步不可停歇。

李东生此次东亚之行，已连发了六条微博，透露出从7月24日至8月2日的十天内，他拜访的韩国、日本合作伙伴已超过十家。笔者认为，李东生此次行程有巩固客户关系、为新产线铺路、为拓展半导体业务探路三个目的。

他首先到韩国拜会了LG、三星等合作伙伴，巩固客户关系是他此行的首要目的。TCL科技（000100.SZ）今年受液晶面板需求收缩、价格下跌的影响，上半年归母净利润预计同比下滑约9成。此前，三星等为消化库存而暂停面板采购，梳通面板下游"出海口"变得迫切。

调研机构群智咨询的最新数据显示，在2022年上半年全球显示面板市场的出货面积份额中，中国大陆占比67.5%，中国台湾地区占比17.9%，韩国占比10.7%，日本占比3.9%。中国大陆在全球液晶面板市场的出货面积份额更高，今年上半年占比69.6%，中国台湾地区、韩国、日本的占比依次是19%、7.2%、4.2%。

今年全球液晶面板市场供过于求，行业现在处于下行周期的底部。韩国企业在这一领域逐步退出，今年6月，三星彻底停止液晶面板生产，LG也计划今年关闭在韩国的液晶面板生产线。三星、LG是全球主要电视供应商，而TCL科技控股子公司TCL华星是全球第二大液晶面板供应商，中韩双方在液晶电视面板供需上有深化合作的空间。

事实上，中韩企业是竞合关系。韩国企业仍在OLED领域保持优势。另一家调研机构CINNO Research的数据显示，2022年上半年全球市场AMOLED智能手机面板出货量约2.78亿片，较去年同期下滑10.5%。其中，韩国厂商出货份额占比 76.5%，份额同比减少；中国厂商出货份额占比 23.5%，同比增加 3.9 个百分点，份额稳步攀升。

有意思的是，拥有全球 7 成 OLED 手机面板份额的三星显示（SDC），既是 TCL 电子（01070.HK）的显示屏供应商，也是 TCL 华星的股东；在市场上，SDC 和 TCL 华星又是竞争对手。

TCL 华星要发展新的 OLED 面板等业务，则离不开韩国、日本企业的支持。所以，李东生此次东亚之行的第二个目的是为新产线铺路。

中国虽然已是全球最大的液晶面板生产国，但在 OLED 面板领域仍落后于韩国，而且面板生产的上游核心设备、核心材料还依赖从韩国、日本进口。TCL 华星目前正在广州建设 8.6 代液晶面板生产线，产品将满足 IT、车载等显示领域的需求。TCL 科技下一步计划在广州筹建一条生产中大尺寸印刷式 OLED 的产线。这些都需要友商支持。

笔者今年 7 月在探访深天马（000050.SZ）在武汉的第 6 代 OLED 面板生产线时曾了解到，该产线的一些核心设备（如蒸镀设备），是由日本和韩国企业联合开发的。如果国产 OLED 面板要进一步扩大份额，在核心设备上的突破必不可少。另外，柔性 OLED 面板的材料有约 200 种，目前多数也从韩国、日本等国外地区进口，材料国产化也需加速。

李东生一直看好印刷式 OLED 的未来，之前 TCL 科技也与日本 JOLED 有合作，双方共同推动大尺寸印刷式 OLED 面板的产业化进程。估计李东生此次东亚之行在这方面会继续努力。

除了巩固客户关系、为新产线铺路，拓展半导体业务则是李东生此次东亚之行的第三个目的。他在韩国拜访了多家半导体公司，并在微博里表达了中韩半导体产业合作的看法。

韩国半导体业界对于韩国加入国际上所谓的"芯片四方联盟"心情复杂。韩国经济与中国经济的关联度高，韩国的半导体产品很大比例都销往中国，所以，韩国半导体公司并不希望出现破坏客户关系的情况发生；与此同时，中国的半导体产业近两年发展迅速，全球半导体产业格局正在重构，这也引发韩国半导体企业的关注，他们对未来的竞争心存警惕。

在李东生看来，中韩在半导体领域的竞合能够促进世界电子产品产业的持续发展。韩国半导体产业的发展带动了一系列电子化学品、设备等产业的发展，个别公司处于垄断地位。中国的半导体行业要完善产业生态仍需假以时日。

　　TCL科技近年通过收购中环股份（002129.SZ）等，切入半导体材料和光伏材料的领域，今年还进一步延伸到上游多晶硅项目的投资。韩国、日本在半导体设备和电子化学品方面有优势，中国有庞大的市场和产业，韩国、日本与中国的产业合作潜力仍然广阔。

　　竞合是中、韩、日三国半导体显示行业发展的主旋律，韩国、日本企业要稳健发展，就不可能放弃中国庞大的市场需求；中国企业要向产业链上游迈进，也离不开韩国、日本企业的支持。正如三星、LG曾是全球液晶面板的龙头，现在中国是全球液晶面板最大的生产国，而三星、LG已把面板业务的重点转向OLED，中、韩、日三国的半导体显示企业应该在竞合中相互促进，并共同拓展全球市场。

2022年8月9日

分享链接

库卡中国本土化助业绩逆势增长，"承德启中"潜力大

世界四大机器人企业之一的库卡集团，受益于中国业务本土化的推进，今年前三季的业绩逆势增长。库卡"承德启中"取得成效，承接德国技术、启动中国市场新引擎的做法值得借鉴。

2016年，中国家电龙头美的集团（000333.SZ）发起对库卡的要约收购，欲在"智慧家庭"之外，开辟"智能制造"新赛道，实施"双智战略"，库卡也看重中国市场的潜力，双方喜结良缘。

之后，双方的业务协同曾经历波折。在ABB、发那科、安川等其他三大机器人企业在中国业务增长明显的情况下，库卡在华业务却略显迟滞。如何有效地发挥协同效应考验着双方。

今年，美的集团完成了库卡的私有化，加快内部资源协同。2022年前三季度，美的集团机器人与自动化事业部实现收入195亿元，同比增长5.72%，其中，库卡的业绩表现亮眼。

库卡今年前三季度已接订单36.9亿欧元、同比增长36.7%，销售收入27.7亿欧元、同比增长17.4%，息税前收益8 090万欧元、同比增长77.9%；其中，库卡中国已接订单9.82亿欧元、同比增长92.8%，销售收入6.45亿欧元、同比增长59.1%，息税前收益2 210万欧元、同比增长5 525%。从增速对比看，库卡中国毫无疑问已成为库卡全球业绩增长的重要引擎。

这背后，是库卡近几年加快整合了中国的需求、中国的供应链和中国的研发资源。

有百年历史的库卡，擅长为汽车企业的生产线提供机器人，服务奔驰、大众等知名品牌。在中国，除了汽车行业，金属加工、消费电子等一般工业门类众多，库卡机器人需因地制宜。

库卡中国研发部高级机电经理王邵玉近日曾向媒体透露，2020年，库卡中国立项做一款小型机器人，主要面向消费电子领域的制造自动化，大幅提升了库卡机器人在全球电子行业的竞争力，迄今已有近2 000台的销量。

另一个例子是弧焊机器人。由于弧焊的工作环境比较恶劣，随着中国就业市场的演变，愿意去做焊接的年轻人越来越少。库卡中国结合中国本土的需求和弧焊工艺，研发出弧焊机器人。之前，库卡全球供应链以欧美日企业为主。库卡中国尝试引入中国供应商，通过严苛考核和优化，提高国产零部件的性能，加上库卡研发的系统设计和集成优化，产品性能指标得到提升。

经过几年的摸索与重构，库卡中国借鉴库卡德国研发平台的经验，搭建了中国本土的研发体系和研发平台。基于这个新产品开发的项目管理框架，库卡中国已交付了20款产品。目前，库卡中国在上海与顺德有近400名研发人员，他们与库卡德国总部奥格斯堡的研发人员协同，可以把一款新机器人的开发周期从24个月缩短至15个月，从而提升了竞争力。中国研发的实力不可小觑，今后有望更多地反哺库卡全球业务。

今年机器人行业受到疫情影响，大部分厂商业绩承压。库卡从去年到今年表现比较亮眼。GGII（高工产研）的统计数据显示，2022年第二季度中国工业机器人的出货量同比下滑7.5%，上半年出货量同比增长3.8%，预计2022年全年市场增速在15%—20%左右，预计销量30.3万台。高工机器人产业研究所所长卢瀚宸认为，相比早几年刚刚被美的收购的时候，现在库卡有比较大的转变。库卡今年高于行业增速的成长，折射出美的对库卡的整合效应正在显现，同时库卡中国本土化的进程也在提速。

事实上，库卡在中国的业务版图大于机器人。库卡集团是"1+4"的业务架构，除了库卡机器人，还有库卡工业、库卡柔性、瑞仕格医疗、瑞仕格物流四大业务板块。而美的集团正在积极发展美的医疗、智慧物流等创新业务，并融入瑞仕格医疗、瑞仕格物流的资源，扩大中国市场的业务规模。库卡中国近年的产品布局丰富程度更具前瞻性，显示出本土化的新进展。

中国正从制造大国向创新大国转型，中国庞大的市场和制造业体系，给德国先进的装备产业和技术提供了广阔的应用舞台。德国先进的机械装备产业，再嫁接上具备成本优势的中国供应链，以及创新水平日益提升的中国研发力量，将可在全球市场更具竞争力，从而迎来新一轮增长的契机。这就是库卡"承德启中"带来的启发。

2022 年 11 月 5 日

分享链接

有了院士表态，中国 8 代 OLED 落地成渝快了？

中国科学院院士欧阳钟灿 12 月 1 日在 2022 世界显示产业大会上演讲时表示，成渝（成都和重庆）可以继续建设第 8 代 OLED 面板生产线。这意味着，中国 OLED 产业向高世代产线迈进的方向已经明朗。

今年 4 月，曾有传闻称京东方酝酿在成都上马 8.6 代 OLED 面板生产线，当时，京东方的高管回应说还在进行预研。此次中国显示产业顶级专家欧阳钟灿的表态，是否意味着京东方 8.6 代 OLED 面板生产线落地成渝地区快了？

为什么过去大半年没有听到京东方 8.6 代 OLED 线的新进展，可能有两方面原因：一是全球显示面板业今年二、三季度经历了行业下行周期的谷底，面板企业业绩承压；二是大尺寸 OLED 电视市场的表现低于预期，受到液晶面板大幅跌价和 Mini LED 背光液晶电视崛起的冲击。

目前，全球显示面板产业已在谷底企稳，蓄势准备反弹，并酝酿新一轮的增长。韩国三星有投资高世代 QD OLED 面板产线的想法；国内的 TCL 华星曾规划在广州上马 8.6 代印刷 OLED 产线；京东方也在做新一轮布局，估计 8.6 代 OLED 产线的议题再被提起。

成渝地区是京东方柔性 OLED 的最大生产基地。成都在中国柔性 OLED 产业的发展中领先。京东方成都 6 代柔性 OLED 生产线是国内首条全柔性 OLED 生产线，也是全球第二条量产的 6 代柔性 OLED 生产线。欧阳钟灿认为，成都具备在柔性 OLED 上的发展先机。

2021 年，京东方柔性 OLED 智能手机面板出货量约 6 000 万片，同比增长近 60%，出货量位居全球第二（仅次于三星），主要由成都、绵阳、重庆三条 6 代柔性 OLED 面板线生产。成渝地区已形成由上游原材料和零部件、中游显示面板和模组、下游显示应用组成的产业链。

谈及新型显示产业的发展趋势，欧阳钟灿认为，液晶显示的优势短期内无法被替代，一定时期内会有多种新型显示技术并行发展；OLED（含柔性）具有轻薄、弯曲、折叠、可卷曲等优势，适合移动、便携、异形等产品使用，已得到市场认可；印刷显示是解决大尺寸 OLED 生产难题的一个途径。

2021 年，中国液晶面板厂出货总量达 1.58 亿片，占比全球出货量达 62%，下一步的目标就是要在 OLED 领域赶超韩国企业。

中国大约用了 5 年时间，在 OLED 领域投资了 5 000 亿元。业界预计，2023 年中国 6 代及以下 OLED 面板生产线的产能将超过韩国，当然，出货量仍有差距，而且在大尺寸 OLED 领域尚处于空白。

欧阳钟灿直言，中国企业已具备 OLED 面板批量生产的能力，与 OLED 一线企业的最大差距在于工艺把握和供应链配套。目前，OLED 已经解决了异常复杂的生产制造技术，但尚需解决撒手锏级应用的问题。

在大尺寸 OLED 领域，欧阳钟灿预计，印刷显示工艺有望取代目前的 AMOLED 蒸镀工艺，有效地降低发光材料的成本，解决大尺寸 AMOLED 生产技术地难题，大大扩展 AMOLED 显示的应用范围。"要实现 8.5 代以上印刷 OLED 的量产，需要喷墨印刷设备、可溶性 OLED 材料及墨水、喷墨印刷技术、薄膜封装技术、氧化物 TFT 背板技术以及驱动补偿技术等方面的全方位配合，全产业链的协同创新是一个必然途径。"

"成渝已经初步形成柔性 OLED 的产业优势，可以继续投建第 8 代 OLED 产线，攻关印刷 OLED 等多种技术方向，抢占 OLED 技术制高点。"欧阳钟灿建议说，基于柔性 OLED 产业优势，成渝可以进一步布局柔性电子产业，通过自主培育本土企业和引进外部优秀企业相结合，完善柔性电子产业链，抢占全球柔性电子产业高地。

可以预期，如果京东方 8.6 代 OLED 面板生产线落户成都，相比以往产线将有三大不同特点：一是将采用新的印刷显示工艺；二是所生产的大尺寸柔性 OLED 面板不只应用于电视，尽管京东方已展示过 55 英寸 4K 打印 OLED、55 英寸 8K 打印 OLED，而是会重点发展用于可折叠笔记本电脑等创新性 IT 产品的屏幕；三是预计会采用更多的国产材料和设备，带动中国显示面板上游的材料、装备一起突破，争取价值链上的中高端地位。

前不久，有传闻称，与 TCL 华星有合作的日本 JOLED 公司已研发出大尺寸的印刷 OLED，将交给 TCL 华星生产。尽管 TCL 华星与京东方酝酿布局 8.6 OLED 的地点和路线不同，相信在促进中国 OLED 产业链打破上游材料、装备瓶颈方面会协同创新，形成良性的竞合关系。

2022 年 12 月 1 日

分享链接

少壮派上位，全球显示面板业酝酿 2023 年复苏

TCL 科技（000100.SZ）12 月 23 日公告高管层调整，财务出身的杜娟、韩籍高管金旴植均辞去公司董事的职务，公司 COO 王成、副总裁赵军被提名为新的非独立董事候选人，赵军升任公司高级副总裁。王成、赵军都是"70 后"，而且都经过多年历练。

事实上，京东方（000725.SZ）今年 4 月底也换了高管，高文宝接替刘晓东任京东方新一届总裁。前不久，三星显示也对高管层进行了调整，提拔了一批年轻的中高层管理人员。

"少壮派"上位，全球显示面板业酝酿着 2023 年的复苏。

眼下，全球显示面板业虽然部分尺寸开始价格反弹，但仍然处于艰难的行业周期底部。

群智咨询的预测数据显示，2022 年全球液晶电视（LCD TV）面板预计出货 2.59 亿片，同比下降 1%，出货面积同比下降 5.4%；2023 年预计出货 2.51 亿片，同比下降 3.2%，出货面积 1.66 亿平方米，同比增长 3.2%。

2022 年全球 LCD TV 面板平均尺寸同比下降 1.1 英寸，近 10 年来首次出现同比下降，预计 2023 年平均尺寸恢复至 49 英寸。群智咨询预计，高刷 TV 面板出货稳步增长，2023 年的渗透率有望超过 10%；而 OLED 及 8K 面板增速低于预期，2023 年的渗透率分别为 4.1% 和 0.2%。

2023 年，在库存减少、大尺寸需求恢复、亏损压力等的影响下，预计中国大陆面板产能逐步恢复，韩国和中国台湾厂商的策略偏保守，面板供应资源进一步向中国大陆厂商集中。

京东方 2023 年规划主要增加大尺寸面板供应，一方面增加 65 英寸、75 英寸面板的供应，另一方面提升 80 英寸及以上超大尺寸面板产能的比重。TCL 科技旗下的 TCL 华星结合其印度模组厂的资源，积极规划小尺寸面板业务，2023 年面板出货数量及出货面积有望双增长。

三星显示 2022 年上半年关闭其最后的 LCD 面板生产线；LGD 也将在 2022 年年底关闭韩国 7.5 代液晶面板生产线，其广州的 8.5 代 LCD TV 面板生产线的产能利用率也大幅下调。三星显示把业务重点转向发展大尺寸的 QD OLED 以及巩固小尺寸 OLED 的行业地位。

无论是整个行业还是头部企业，都到了再出发的关键点。

京东方今年年底已经做了不少布局，包括拟收购华灿光电的控股权，打通 Mini/Micro LED 上游 LED 芯片环节；拟投资不超过 290 亿元在北京建设第 6 代新型半导体显示器件生产线项目，着力布局 VR 显示市场，抢抓元宇宙的商机。

TCL 华星也为下一轮的增长铺路。以 IT 显示、车载显示等中尺寸高附加值显示面板为主打产品的 TCL 华星广州 8.6 代液晶面板生产线已于今年 9 月底投产。

三星显示新提拔的年轻高管中，不少就是大尺寸 QD OLED 和小尺寸 OLED 方面的专家。

如何让行业从谷底反弹、令面板业务扭亏为盈，是最大的课题。控制住产能恢复的节奏、加快推进面板技术创新、应用创新，让企业重入良性循环，是新上位的"少壮派"们的责任。

在前不久举行的 2022 世界显示产业大会上，高文宝说，行业正处在新一轮科技革命和产业变革蓄势待发的时期，像车载显示作为智能座舱人机交互的端口，正朝高端化、多元化、融合化的方向发展。王成也表示，大屏化趋势下，98 英寸电视进入百姓家会越来越普遍。

赵军 9 月底曾向笔者表示，TCL 华星广州 8.6 代线既要补上公司在中尺寸面板上的短板，还将同时为下一代的印刷 OLED、Micro LED 显示技术的产业化发展做好铺垫。

2023 年外部环境总体呈现波动中复苏的迹象，群智咨询副总经理兼首席分析师陈军建议企业稳健经营、严控库存，坚定技术创新、高端突破，扩大外需，坚定全球的多边合作。

2022 年 12 月 25 日

分享链接

九、科技心语

钱童心 | 资深记者,毕业于上海外国语大学法语系、法国政治学院新闻传播系。2010年加入第一财经,先后任职于第一财经电视国际栏目和第一财经科技频道,报道全球前沿科技发展和大公司动向,擅长商业领袖专访和撰写人物报道,尤其擅长跨国企业高层专访。
联系邮箱:qiantongxin@yicai.com

滴血验癌被判欺诈,硅谷"神话"会终结吗?

曾有"女版乔布斯"之称的硅谷创业家伊丽莎白·霍姆斯(Elizabeth Holmes)刑事欺诈案本周审判,霍姆斯被判四项罪名成立,面临最高20年的监禁。这是硅谷创业家罕见的因欺诈受审并被定罪的案例,"硅谷信条"造就下的"Theranos神话"破灭,也为投资人敲响了警钟——科学需要时间,不要相信"神话"。

从斯坦福大学辍学后,霍姆斯创立了"滴血验癌"生物技术公司Theranos,并得到包括默多克和沃尔玛家族的投资,克林顿任期的美国国防部长威廉·佩里也是Theranos公司的董事会成员。该公司估值最高曾达90亿美元,霍姆斯个人身家也一度达到45亿美元。人们很难想象,这样的骗局会发生在科技高度发达的硅谷。

一位在堪萨斯州工作的生物技术领域投资人告诉笔者,一些曾与Theranos接触过的健康医疗领域投资人早就察觉到这家公司不对劲。"当投资人要求获得一些数据时,公司以商业机密为由,不愿意拿出最简单的数据。"他说道,"最终受骗的都是非健康医疗领域的科技投资人,他们并不懂生物技术。"

他还表示，美国媒体将霍姆斯过度"神化"，也应该对此负有责任。2014年，霍姆斯曾登上了《财富》杂志的封面；一些媒体曾将Theranos描绘成"下一个苹果"。霍姆斯也被塑造成一个极其理性而不带个人感情色彩的硅谷创业者的形象，除了工作之外，她是一个没有时间做任何其他事情的机器。

在她的手写备忘录上记录道，凌晨4点起床，运动、冥想、祈祷、用早餐（香蕉和乳清）。在早上6点45分，大多数人还在睡眼惺忪地摸着闹钟的时候，她已经达到公司门口。

"我从来不迟到一分钟，不会表现出兴奋，一切都是为了工作，从不冲动。"这是霍姆斯为自己立下的规则。她称自己"从来只考虑决策的后果，不会犹豫，很少说话，并且会当场戳穿谎言"。但她成功地愚弄了精明的硅谷投资人。

Theranos的骗局也反映了硅谷资本界普遍存在的炒作现象和对迅速致富的向往。特斯拉CEO马斯克已经成为全球首富，他在点燃硅谷资本的热情后，迁往得克萨斯州。

但生物科学无法造假，也不是能够一夜之间被颠覆的。一些相信"科学神话"的投资人和科技公司尤其需要小心。

美国《科学》杂志发表的一篇评论文章认为，Theranos事件反映的更大的问题是，"硅谷的普遍心态和生物制药现实之间的差距"。"这是一个卖给不了解这些生物学问题或者血液检测技术的人的故事。"评论写道。

硅谷的投资人往往夸大或者扭曲了软件和硬件技术对于现实改变的能力，而违背了基本的科学规律。但科学要靠时间验证，并不是施展魔法那么简单，这对于硅谷而言是一个重要的教训。寻求彻底改变和颠覆一个行业的创新者，必须告诉投资人他们的技术今天可以做什么，而不仅仅是他们希望有一天它可以实现什么。

这也是霍姆斯和乔布斯的本质区别。乔布斯用iPhone改变了人们的生活方式，此后iPhone不断地更新迭代。但Theranos向往的用一滴血的样本进行数百种不同的检测，则是一个无法兑现的谎言。Theranos成立以来，没有推出过任何一款设备，但霍姆斯声称已经设计出更小、更快速的高通量筛查检测产品。

由于Theranos从未公开上市，所以它也缺乏上市公司和公众的监督，这也警示投资人，未来在作出投资决策之前，一定要加强对于专业领域技术公

九、科技心语

司的独立审查力度。

"医疗健康领域的专业很复杂，可能是最难投资的领域。"上述堪萨斯生物技术投资人告诉笔者。他认为，投资人必须要使用专业人员，对医疗健康企业进行技术、财务和医疗方面的尽职调查，并确定产品在临床和商业上是否可行，以及是否有科学证据支持创始人的主张。

"如果企业拒绝拿出数据，那么可能就是一个危险的警示。"他对笔者说道。好的数据是由外部的科学家和实验室完成并发表在同行评审的期刊上，优秀的数据会被大量引用。

很多人对霍姆斯被判刑拍手称快，但 Theranos 一定不是最后一个"烂苹果"。在硅谷，类似的谎言可能正在发生，因为这里充斥着无与伦比的财富，让人们欲罢不能。就像《科学》杂志在评论中写道："投资人相信有魅力的年轻企业家将再次改变世界，如果能迅速投钱，就能占据最有利的位置，因此等到下次出现同样引人入胜的故事时，他们仍会毫不犹豫地投钱。"

2022 年 1 月 6 日

分享链接

全球需求疲弱搅乱芯片行业，巨头逆境中求增长

全球通胀和经济增长乏力正在影响着各行各业的需求，作为各技术领域底层支撑的核心芯片行业，也在新一轮的经济周期中遭受打压。

今年迄今为止，GPU 巨头英伟达的股价已经跌去超过 36%，AMD 的股价下跌近 30%，高通的股价下跌近 24%，美光科技的股价下跌超 20%，英特尔的股价下跌超 13.5%。

美国芯片公司股价大跌，一方面是受到美国科技股整体下挫的影响，但更重要的因素是受到宏观经济环境的影响，来自下游的需求出现显著回落。这些宏观因素包括通胀对购买力的影响、俄乌冲突导致能源价格的上涨、疫情对供应链的影响、劳动力和运输成本的上升、虚拟货币价格下跌导致的挖矿热情下降等。

所有上述影响，最终都反映为终端消费者需求的下降，就连支撑起英伟达一半收入的游戏业务也受到影响。英伟达在最近的财报中首次警告了游戏业务在未来的一个季度中将面临两位数的增长下滑。

英伟达创始人 CEO 黄仁勋告诉记者，作为消费级产品，GeForce 芯片的需求受到影响。尤其是考虑到疫情下消费需求的减退，公司将不得不选择减少对中国市场部分产品的销售。"我们希望等到需求进一步上升时，再恢复供应量。"黄仁勋对记者表示。

对于英伟达而言，中国不仅是一个巨大的消费市场，而且也位于该公司全球供应链体系的中心地位。英伟达在中国大部分的生产基地都在深圳，目前深圳的生产已基本上克服了疫情的影响，但中国市场的整体需求仍待改善。

去年以来，由于全球芯片供应未跟上需求的复苏，一度出现了芯片供应短缺的危机。但截至今年第一季度，英伟达的 GPU 库存几乎恢复正常，用于加密货币挖矿芯片的需求甚至已经出现萎缩。

在英伟达所有的产品线里，支撑公司销售强劲增长的是数据中心和人工

九、科技心语

智能业务，该业务的销售规模也已经超过了传统的游戏业务。主要原因有两点：一是包括零售、医疗、制造等行业领域都在转向云，大幅刺激了数据中心的需求；二是人工智能的应用正在越来越丰富，AI 的训练需要大量的机器学习，AI 的发展也推动了数据中心的需求。

例如，本月早些时候，谷歌就发布了一款可实时进行多种语言翻译的智能眼镜，这意味着谷歌需要更多的 AI 处理能力来满足快速反应的翻译功能需求。

英伟达原本希望收购 Arm 公司来实现更强劲的创新和增长，但这项收购最终未能获得监管机构的批准。然而，这并未阻碍其他芯片巨头的收购尝试。

上周，英伟达的合作伙伴博通宣布收购软件企业 VMware。尽管目前尚不清楚博通这项收购的确切动机，但记者认为，这项收购能够至少帮助博通从设计和销售芯片的核心业务转向利润更高的软件业务。博通宣布收购后，股价大涨近 6%。

曾经凭借移动芯片占领市场绝对地位的高通，在新的市场环境下也在寻求新的增长点。高通 CEO 克里斯蒂亚诺·阿蒙（Cristiano Amon）认为，高通的市值被低估了，投资者应该重新考虑他们对高通的看法。

由于需求疲弱，智能手机的出货量今年持续下滑，手机厂商多次下调订单，截至目前，中国几家大型手机厂商砍单已经超过 20%，这尤其表现为中低端智能手机产品需求的下降。但高端智能手机产品拥有更强的抵御通胀的能力，因此专注于高端产品线，可以帮助企业在增长疲弱的市场上赢得份额。

高通正在不断扩张高端智能手机芯片的份额，例如，在三星 Galaxy 等设备中的份额目前已经超过 75%。这帮助该公司即便是在疲弱的市场环境中，仍然保持了超过 40% 的季度增长。

2022 年 5 月 29 日

分享链接

大众换帅，苹果加码，汽车竞争全面转向软件

汽车行业的竞争正在全面转向软件。如何向车主销售汽车以外的服务和功能，创造新的收入增长点，是未来这个快速增长的行业的核心竞争点。汽车软件市场的增长规模可能达到每年数十亿美元。

大众汽车集团周五宣布，首席执行官赫伯特·迪斯（Herbert Diess）将于8月底离职，迪斯曾在电动汽车和软件开发方面投入数十亿欧元。

今年5月，大众汽车监事会要求管理层为软件部门CARIAD制定更稳健的发展计划，以精简运营并加快发展速度。

CARIAD是迪斯努力在大众汽车内部创建的以德国为中心的软件业务。上周，大众CARIAD与意法半导体宣布合作开发汽车所需的关键微控制器芯片，这是一种专为简化向软件定义汽车过渡而设计的芯片。

迪斯曾称赞特斯拉在芯片设计方面的能力，惊叹他们只需要两到三周的时间就可以重写一个软件程序，对芯片进行设计方面的改进。

过去四年，特斯拉的市值增长了15倍，目前的市值超过8 000亿美元，相当于10个大众汽车的市值。

美股市值排名榜首的苹果公司也看到了汽车软件市场的巨大潜力，苹果的发力点是市面上已经大量安装的CarPlay系统。

今年6月，苹果在开发者大会上发布了下一代汽车软件CarPlay，深入推进到这个快速增长的领域。凭借苹果公司全球十亿台规模的iPhone等设备的装机量，CarPlay也可以成为汽车制造商的一大卖点。

苹果公司表示，它正在与福特、捷豹路虎、梅赛德斯-奔驰以及本田等汽车制造商洽谈，引入新版CarPlay软件。苹果还透露，目前美国高达98%的新车都安装了CarPlay系统。

根据麦肯锡的一份报告，到2030年汽车软件市场将以每年9%的速度增长，快于整个汽车行业。麦肯锡的分析师预测，到2030年，汽车软件的销售

九、科技心语

额可能达到 500 亿美元。

新版本的 CarPlay 可能会成为苹果新兴的巨大收入引擎。苹果公司已经积累了大量的 iPhone 忠实用户，并已经从美国商城创造了数百亿美元的收入，2021 年，苹果商城的销售额预计在 700 亿—850 亿美元，苹果收取的佣金比例为 15%—30%。

尽管现在苹果公司尚未向汽车厂商收取费用，但未来该公司也可以像分发 iPhone 软件服务一样销售汽车服务，从而进一步提升苹果公司的软件服务收入。

不过也有一些汽车厂商没有使用苹果公司的 CarPlay 系统，例如通用汽车。通用汽车如今每年从车载订阅中获得的收入达到约 20 亿美元，该公司预计，到 2030 年，车载订阅收入可能翻十倍，增长至 250 亿美元。

特斯拉也不支持 CarPlay，并不断地推销辅助驾驶功能 FSD 软件套件，该软件能够提供包括自动停车和车道保持等功能，每月的订阅费用达 199 美元。

上周，百度发布了一款可以不带方向盘的自动驾驶汽车，预示着自动驾驶向日常应用又更近了一步。

有机构预计，未来如果汽车都实现了自动驾驶，车内的场景将成为重要的消费场景。摩根士丹利的分析师推测，自动驾驶技术的进步每年可以解放数万亿小时的时间，服务软件可以催生一个潜在的巨大市场。

2022 年 7 月 24 日

分享链接

美国《芯片法案》或迫使台积电等厂商调整战略

上周，美国众议院通过了《芯片与科学法案》（下称《芯片法案》），将为在美国本土新建芯片工厂补贴数百亿美元的补贴作为激励措施。该法案原计划本周二由美国总统签署，不过由于拜登新冠再次被检测为阳性，《芯片法案》的签署计划也被推迟，目前尚未有明确的时间公布。

业内担心，《芯片法案》签署实施后，可能迫使台积电等芯片制造商在中美之间作出选择，对企业未来的多元化发展产生不利影响。

这项对半导体行业补贴额度高达 520 亿美元的《芯片法案》规定，接受补贴的企业未来十年内将被限制在中国以及其他地方进行重大交易，也就是说，企业如果想要在美国之外的地方进行产能扩张，将会受到限制。

一位业内人士告诉记者，包括台积电、三星等在内的芯片制造商都在中国拥有工厂，这些企业未来在中国的发展战略可能发生改变。

公开信息显示，台积电在南京拥有 16 纳米和 28 纳米的芯片制造工厂，三星在西安拥有存储芯片制造工厂，SK 海士力在无锡和大连拥有存储芯片制造工厂，英特尔和美光都在中国拥有芯片封装和测试工厂。

上述公司中已经有多家企业宣布了在美投资建厂的计划。台积电将在亚利桑那州投资至少 120 亿美元，生产 5 纳米制程的芯片，用于消费电子产品，目前这座工厂正在建设中，目标是明年年底完成，该项目也有望获得美国《芯片法案》的补贴；三星也宣布将在得克萨斯州投资 170 亿美元。

台积电是目前全球最大也是最先进的芯片制造商，在全球芯片供应链中的地位举足轻重，为苹果、高通、英伟达等美国公司生产芯片。根据美国半导体工业协会的数据，台积电拥有全球超过 50% 的半导体代工市场。包括台积电在内的中国台湾芯片制造商供应了全球超过 90% 的先进技术芯片，苹果的 A 系列和 M 系列芯片都由台积电代工。

台积电已公布了未来三年投资 1 000 亿美元用于扩大晶圆制造产能和技术

九、科技心语

研发。不过由于芯片制造设施非常复杂，依赖从材料到化学品，从软件到测试设备的全球供应链，台积电想要在美国新建芯片产业链同样面临被供应商"卡脖子"，这些技术涉及数百种原材料、特殊气体和金属、易耗件等，厂商很难把控整个供应链。

由于全球芯片需求飙升，芯片制造能力仍面临短缺，各国都在努力建设更多的芯片制造基地。据称，由台积电和其他公司运营的台湾芯片工厂已经满负荷运转，它们在最近几个月设法将产量提高了约5%，以试图缓解芯片短缺。

重建生产线需要花费的代价是高昂的。根据贝恩公司的数据估算，要将美国芯片产能提升5%—10%，大约需要400亿美元的资金，未来十年，美国需要在芯片投资方面耗费约1 100亿美元的资金。

2022 年 8 月 3 日

分享链接

亚马逊为何收购扫地机器人 iRobot？

亚马逊 8 月 5 日宣布，将以每股 61 美元的价格收购扫地机器人鼻祖级企业 iRobot，这项收购采用全现金收购的形式，对这家 iRobot 的估值达到 17 亿美元。

iRobot 当日股价收盘大涨超过 19%，市值突破 16 亿美元。过去一年，iRobot 的股价累计已经下跌了 30%。

iRobot 以 2002 年推出的扫地机器人 Roomba 闻名，产品线从吸尘器扩展到其他家庭清洁机器人，例如拖地机器人和除草机。这项交易有望加深亚马逊在消费机器人领域的影响力。

去年，亚马逊推出首款家用助理机器人 Astro，开始大胆押注消费机器人领域。这是一款售价达 1 450 美元的智能家庭机器人，配备了公司的 Alexa 数字语音助理，可以跟随消费者在家中四处走动，主要功能是巡视和取货，但不具备扫地功能。

亚马逊希望提供给消费者居家生活的解决方案，从而不断拓展零售服务的边界。扫地机器人作为刚需的家庭智能设备，可以成为亚马逊生态系统的一部分。此前亚马逊的智能语音系统是一个很好的入口，未来扫地机器人可以和亚马逊云 AWS 以及语音助手 Alexa 进一步整合起来。

iRobot 由麻省理工学院机器人专家 Colin Angle 与他的导师在 1990 年创立的。Angle 曾告诉记者，iRobot 创立之初是为了设计和制造登月机器人，但最后做成了扫地机器人。多年来，iRobot 团队已经证明了这款兼具实用和创新性的产品重塑人们居家清洁方式的能力。

在实现了多年的高增长后，iRobot 正在面临增长放缓的压力。8 月 5 日公布的财报显示，iRobot 第二季度的收入同比下降达 30%，在北美、欧洲、中东和非洲多个地区的订单意外减少、延迟和取消，现在库存过剩。

iRobot 在 2020 年和 2021 年全球新冠大流行期间的销量大幅增长，但在近几个季度，与其他消费电子产品一样，也受到供应链限制。由于成本增长和销量下滑导致的收入下降，公司在过去一个季度出现亏损，iRobot 还宣布将裁员140人，占公司员工数量的10%。

在中国，iRobot 也面临科沃斯等大量国内厂商的竞争，国内的产品往往价格更低。记者从某电商平台查询到，一款 iRobot 扫地、拖地机器人套装售价高达4 800元，iRobot Roomba i3+扫地机器人的售价高达3 900元，上一代 Roomba i4 售价也高达1 800元，国内某些品牌的扫地、拖地一体化智能套装的售价最便宜的仅为一两百元人民币。

此次收购也是亚马逊史上规模第四大的一笔交易，2017年，亚马逊以137亿美元收购零售商 Whole Foods；2021年，亚马逊以84.5亿美元收购电影制片厂米高梅；今年7月，亚马逊以39亿美元全现金交易方式收购初级医疗保健提供商 One Medical。

在不到一个月的时间内，接连现金收购两家价值数十亿美元的企业，也反映了科技巨头充足的现金流。财报显示，截至第二季度末，亚马逊持有的现金和现金等价物的总额为375亿美元，略高于半年前的362亿美元。

由于此前对电动汽车公司 Rivian 在内的几项投资并不成功，导致亚马逊今年第二季度出现亏损，净亏损超过20亿美元，今年以来，亚马逊的股价下跌超过15%。

2022年8月6日

分享链接

脑机接口技术离普通人还有多远？

创新的神经接口技术近年来备受科学界和资本界的关注，脑机接口、深部脑刺激等技术已经在神经外科临床中应用，给医生带来便利，给患者带来福音。但是，企业家们的愿景远不止这些。

Neuralink 公司创始人马斯克希望有一天通过脑机接口技术，可以真正实现下载大脑、记忆和人的性格。他还称已将自己的大脑上传到云端，并且已和虚拟版的自己交谈过。

Neuralink 公司将于 10 月 31 日展示最新取得的进展。该公司正在面临从动物试验迈向人体试验的关键阶段。

Neuralink 的脑机接口芯片被马斯克描述为植入头颅中的 Fitbit，芯片通过细小的金属丝与大脑相连，这些电极用来记录和解码来自大脑的电信号，可协调手部和手臂的运动。

但现在的问题是，有多少健康人真的愿意在大脑里植入一个设备，来帮助自己提升睡眠质量？因此，这也限制了 Neuralink 这类有创的脑机接口植入物的商业化应用场景。

近期，Meta 的创始人扎克伯格对马斯克的这一愿景"泼了冷水"。扎克伯格称，至少未来的 10—15 年内，还看不到普通人如何从 Neuralink 这样的大脑植入物中获得益处。

日前，多位国际著名的神经科学专家在天桥脑科学研究院（TCCI）举办的一场"面向大众的神经技术"研讨会上也表示，这种有创的脑机接口技术目前的应用主要集中于临床，例如，让中风或因其他疾病引起失语症病患增强语言功能，帮助严重的帕金森病或其他运动障碍症状的人显著地减轻症状，提升渐冻症（ALS）患者、卒中患者的拼写准确率等。

这意味着，目前的脑机接口主要是通过对大脑运动意识的解码和感官的反馈，实现对大脑结构和功能的重建；业界所期待的下一代的用于健康人群的脑机接口技术，将能做到解码工作记忆、情感和运动集成，并通过自适应的调节和感官反馈，实现对大脑功能的稳定提升。要实现这些功能，还需要

九、科技心语

漫长的过程，仅启动人体临床试验就可能耗费数年时间。

在清华大学生物医学工程系教授洪波看来，以目前脑机接口技术的研究水平，还远远没有到了要担心伦理风险的时候，随着技术的发展，未来也会面临伦理方面更大的挑战。洪波的团队目前已经实现使用 3 个颅内电极微创植入，帮助残疾人打字，每个电极的等效信息传输率达 20 比特/分钟。

TCCI 应用神经技术前沿实验室主任 Gerwin Schalk 教授认为，神经技术在普通人群中最先落地的功能，可能涉及睡眠调控以及缓解抑郁焦虑场景。他举例称，通过神经技术产生能够引起大脑积极反应的音乐，让大脑和音乐韵律达成一致的节奏，起到帮助正常人个性化提升睡眠质量的作用。

不过，要说服健康人在大脑中植入一个"异物"来提升睡眠质量，恐怕很少人愿意接受这种选项。

相比之下，距离普通人更近的脑机接口应该是一种无创的设备。正如扎克伯格所透露的，Meta 正在研究一种神经接口技术，只需要通过动一动手腕，就可以给人们发短信。扎克伯格希望这种神经接口技术可以作为其进军"元宇宙"世界的一部分。

但扎克伯格也承认，这种技术成功的关键在于如何让计算机将信息直接输入人的大脑中，要实现这一技术，Meta 可能无法凭借一己之力。Meta 可以做的是，利用可穿戴设备来接收从身体其他部位检测到的大脑信号，也就是基于人体运动神经元发出的信号。

根据扎克伯格的设想，这些信号可以传递给可穿戴设备，例如一个腕带。腕带在接收到信号后，可以将其翻译成特定的指令。扎克伯格所描绘的这种愿景更接近于普通人的现实生活，但他同样没有给出实现这些愿景的时间表。

人类在探索脑机接口技术的途中还有很多未知，不应停下脚步。脑机接口的发展趋势也将由表象到机理、从有创到无创、从单一学科实现多学科融合，并最终造福更广大的人群。

2022 年 9 月 17 日

分享链接

十、晋观医养

郭晋晖 | 第一财经新闻中心政经部资深记者，毕业于中国人民大学，长期关注就业与社会保障、养老等民生领域，"晋观医养"专栏立足于打通养老政策和产业的全链条，瞄准养老产业的堵点和痛点，为业内人士提供有价值的投资参考。
联系邮箱：guojinhui@yicai.com.

重特大疾病个人自付超三成！破解看病贵，社会力量如何发力？

部分大病、重病患者的医疗负担较重，是我国医疗保障制度中的一块短板。推进重特大疾病医疗保险和救助制度建设，补齐保障短板，有针对性地解决保障不足问题，是"十四五"时期医疗保障领域的重要改革之一。

南开大学卫生经济与医疗保障研究中心近日发布的一份名为《重特大疾病多层次医疗保障发展指数研究报告》（下称《报告》）称，以医疗收入的付费结构来衡量多层次医疗保障体系的保障程度，从全国范围来看，在2020年重特大疾病多层次医疗保障体系中，医疗费用的个人自付程度超过了三成。

近年来，医保在破解"看病难""看病贵"问题上取得突破性进展，持续地降低了群众就医费用，但还存在托底保障功能不足、救助不及时、不充分问题。

中国劳动和社会保障科学研究院研究员王宗凡在近日举行的一场多层次医疗保障建设研讨会上表示，重特大疾病医疗费用负担过重问题仍然比较突出，下一步需要优化三重保障待遇政策设计，并引导商保、慈善、互助等其他保障措施发挥其自身优势，提供更多的互补性保障供给。

重特大疾病个人医疗负担仍过重

《报告》测算,2020年,重特大疾病多层次医疗保障体系的总保障程度为68.06%,其中,基本医保的保障程度为57.39%,大病保险的保障程度为1.50%,医疗救助的保障程度为0.99%,商业健康保险的保障程度为8.18%,医疗费用的个人自付程度为31.94%。

南开大学卫生经济与医疗保障研究中心主任朱铭来表示,《报告》揭示了我国重特大疾病多层次医疗保障体系对医疗费用的总体保障程度和医疗费用的自付程度,反映了我国居民实际的医疗负担状况。

何为重特大疾病?我国医保制度采取的是以医疗费用为基准,当患病后的医疗费用超过患者的经济承受能力,进而严重影响患者及家庭的正常生活时,即可认定为重特大疾病。医保制度的重要政策目标就是要减轻困难群众重大疾病的医疗费用负担,化解因病致贫、因病返贫的风险。

《报告》称,《中国卫生健康统计年鉴》的数据显示,近年来治疗重特大疾病的医药费用一直呈上升趋势,医药费用上升较快的如肺癌,其人均医药费用平均每年增长10%以上。

王宗凡表示,国家医保局成立之后,医保目录的范围不断扩大,持续地将昂贵的创新药纳入报销范围。目前可报销的药品品种虽不断增加(2 860种),但仍有不少创新药品未能及时地进入医保目录,新技术、诊疗项目等也面临同样的问题。

恶性肿瘤反映了重特大疾病药物费用负担的现状。在肿瘤特药的多层次支付体系中,基本保障层包括基本医疗保险、大病保险以及医疗救助,目前支付贡献率为35%—45%;在社会补充保障层中,商业健康险支付贡献率约为6%,补充医疗保险不足1%;在个人负担层级上,为减少个人自费负担,防止因病致贫、因病返贫,通过创新支付与服务手段减轻患者的综合负担,个人自费支付贡献率为45%—55%,创新支付约为6%。

城乡居民大病保险制度自2012年8月下发实施,截至目前,制度已经实施十周年,成为中国特色医疗保险体系的重要组成部分。该制度实施以来,对于减轻患者大额医疗费用起到非常重要的作用。

王宗凡表示,大病保险更多地发挥了"二次报销"的作用,但对重特大疾病人群的保障力度并没有明显高于其他进入大病保险保障范围的人群,高额费用保障效应未能精准有效地发挥。无论是 5 万—6 万、6 万—7 万元费用段，还是 13 万—14 万、14 万—15 万元费用段，提升的报销比例相差不大，并未明显体现出向高额费用的倾斜。

引入社会力量降低就医负担

做好重特大疾病医疗保障，是进一步减轻困难群众和大病患者医疗费用负担、防范因病致贫返贫、筑牢民生保障底线的重要举措。目前，我国已经搭建完成了由基本医疗保险、大病保险、医疗救助以及商业健康保险共同构成的重特大疾病多层次医疗保障体系。

《报告》称，依据国家医疗保障待遇清单（2020 年版）对住院起付标准（职工医保的起付标准原则上不高于统筹地区年职工平均工资的 10%）、住院基金支付限额（职工医保叠加职工大额医疗费用补助、居民医保叠加大病保险的最高支付限额原则上达到当地职工年平均工资和居民人均可支配收入的 6 倍左右）、普通门诊（对于起付标准以上、最高支付限额以下的政策范围内的费用，居民医保门诊统筹支付比例不低于 50%）和门诊慢特病（把高血压、糖尿病等门诊用药纳入医保报销）等基本医保待遇的支付政策，广大职工和城乡居民的医疗健康服务需求有了一定程度的保障。

朱铭来表示，基本医保的最高支付限额有限，考虑到基本医保目录限制和基金支付的压力与日俱增，基本医保待遇水平很难得到进一步提升，因此，大力发展职工大额、居民大病、医疗救助以及商业补充保险迫在眉睫。

多地已经开始建设重特大疾病医疗保障制度的探索。天津市近日印发了《关于健全重特大疾病医疗保险和救助制度若干措施的通知》，聚焦减轻困难群众重特大疾病医疗费用负担，强化基本医保、大病保险、医疗救助（"三重制度"）的综合保障功能，构建政府主导、多方参与的多层次医疗保障体系。

天津市的政策规定，医疗救助不仅公平地覆盖医疗费用负担较重的困难群众，也覆盖因高额医疗费用支出导致家庭基本生活出现严重困难的大病患者（即因病致贫的重病患者），因病致贫的重病患者认定条件由市民政局会同市医保局等部门合理确定。

这份通知提出，鼓励医疗互助和商业健康保险发展。支持商业健康保险发展，鼓励商业保险机构开发城市定制型商业医疗保险产品，加强产品创新，做好与基本医疗保障的衔接互补，在产品定价、赔付条件、保障范围等方面对困难群众适当倾斜。

王宗凡建议，以"惠民保"为突破口，加快发展商业健康保险，加强商保、慈善等其他保障措施与"三重制度"的互补衔接，放大对重特大疾病的保障合力。

2022 年 7 月 24 日

分享链接

全国卫生总费用十年增5.2万亿，医保成医疗服务的主要"买家"

近年来，我国医疗卫生总费用逐年增长，基本医保已成为医疗服务的购买主体。

全国卫生总费用包括政府卫生支出、社会卫生支出和个人现金卫生支出三个部分。从2010—2020年这十多年间的数据看，政府卫生支出的比重小幅增加，社会卫生支出的比重明显增加，个人卫生支出比重的有所下降。

不过，虽然个人卫生支出的比例逐年降低，但面对重特大疾病所需的大额医药费支出时，基本医疗保障仍然存在较大缺口。

南开大学卫生经济与医疗保障研究中心近日发布的一份《重特大疾病多层次医疗保障发展指数研究报告》（下称《报告》）称，2020年，重特大疾病多层次医疗保障体系中，医疗费用的个人自付程度超过三成，我国居民实际的医疗负担仍然较重，需要进一步完善多层次的医疗保障体系。

国家卫健委体制改革司司长许树强近日表示，我国下一步完善医疗服务体系的改革重点之一是要健全多渠道的筹资机制，加大政府投入的力度，提高基本医疗保险基金的统筹层次，积极发展商业健康保险，拓展渠道支撑服务体系的可持续发展。

卫生总费用十年增加5.2万亿元

《报告》显示，2020年全国卫生总费用达72 175亿元，比2019年增加6 333.61亿元，增长9.62%；相比2010年度，全国卫生总费用增加52 194.61亿元，年平均增幅为12.38%。

我国卫生总费用占GDP的比重也呈逐年增长的趋势。2020年全国卫生总费用占GDP为比重为7.1%，比上年度增加0.43个百分点；相比2010年度增长2.25个百分点。

具体来看，2020年全国卫生总费用中，政府卫生支出21 941.9亿元，占当年度卫生总费用的30.4%,比2019年增加3924.95亿元,增长21.78%,占卫生总费用的比重增加3.04个百分点;相比2010年,政府卫生支出增加16209.41亿元,年平均增长12.98%,占卫生总费用的比重增加1.71个百分点。

2020年度,社会卫生支出30273.67亿元,占当年度卫生总费用的41.94%,比2019年增加1123.1亿元,增长3.85%,占卫生总费用的比重减少2.33个百分点;相比2010年,社会卫生支出增加23077.06亿元,年平均增幅达到13.95%,占卫生总费用的比重增加5.93个百分点。

2020年度,个人现金卫生支出19959.43亿元,占当年度卫生总费用的27.65%,比2019年增加1285.56亿元,增长6.88%,占卫生总费用的比重减少0.71个百分点;相比2010年,个人卫生支出增加12908.14亿元,年平均增长9.92%。

南开大学卫生经济与医疗保障研究中心主任朱铭来表示,个人卫生支出2020年比2010年降低7.64个百分点,从整体来看,个人医疗费用的负担有所降低。

不过,从微观上来看,个人患重大疾病之后仍然面临着因病致贫的风险。《报告》引用《2022年国家癌症报告》的数据称,我国整体癌症粗发病率仍持续上升,癌症造成的医疗压力持续增加;男性的癌症发病率最高为肺癌,女性为乳腺癌;城市的癌症发病率高于农村;我国传统高发的食管癌、胃癌、肝癌等肿瘤呈现持续下降的趋势,但疾病负担仍然较重。

基本医保基金是社会卫生支出的主要部分。从2020年的数据看,全国各类卫生机构的医疗收入为35713.5亿元,基本医疗保险基金支出21032亿元,基本医保基金支出占医院医疗收入的58.89%;2010年,各类卫生机构的医疗收入为11847.2亿元,基本医保基金支出3538亿元,基本医保基金支出占医院医疗收入的29.86%。2020年基本医保基金支出占医院医疗收入的比重比2010年增长29.03个百分点。基本医保已成为医疗服务的购买主体。

朱铭来表示,基本医疗保险制度是我国重特大疾病多层次医疗保障体系的主体与核心,从《报告》测算的指数来看,我国基本医疗保险存在一定的保障缺口。而且随着我国老龄化程度的不断加深,基金支付的压力与日俱增,基本医保待遇水平很难得到大幅提升。

老龄化背景下基本医保的挑战

《报告》称,我国老龄化程度不断加深,人口老龄化带来的医疗保险需求增大，65 岁及以上人口从 2015 年的 1.44 亿人上升至 2020 年的 1.91 亿人，占总人口的比例从 10.5% 上升到 13.53%。民政部预测，"十四五"期间，全国老年人口将突破 3 亿人，我国将迈入中度老龄化社会。由于老年人的机体免疫能力下降，患病风险增加，医疗费用负担更重，国家基本医保基金将会面临更大的挑战。

人口老龄化还通过参保人的年龄结构来影响基金的收支状况，在职职工与退休职工之比（下称职退比）是衡量医保基金收支状况的一个重要指标。

2021 年度，参保职工中在职职工为 26 106 万人，比 2020 年增加 677 万人，增长 2.7%；2021 年参保退休职工为 9 324 万人，比 2020 年增加 298 万人，增长 3.3%。

相比 2010 年，在职职工参保人数增加 8 315 万人，年平均增长 3.2%；退休职工参保人数增加 3 380 万人，年均增长率为 3.8%。2021 年，职工医疗保险中参保职工的职退比为 2.80∶1，比 2020 年的 2.82∶1 略有下降。

从这些数据可以清晰地看出，从 2012 年开始，全国参保职工的职退比下降比较明显，即在职职工参保人数占职工总参保人数的比重逐渐下降，退休人员参保人数的占比在逐渐上升。这在一定程度上反映出人口老龄化对职工医保参保年龄结构带来影响。

朱铭来分析称，基本医疗保险虽然在制度上实现了全覆盖，但考虑到我国人口基数较大，以 2020 年为例，2020 年年末国家总人口为 14.12 亿，而基本医疗保险参保人数为 13.61 亿，通过简单计算可以发现，2020 年年末我国尚有约 5 100 万人口未参加基本医疗保险，难以享受到基本医疗保险的保障服务。

目前，我国已经搭建完成了由基本医疗保险、大病保险、医疗救助以及商业健康保险共同构成的重特大疾病多层次医疗保障体系。朱铭来认为，基本医保的最高支付限额有限，需要大力发展职工大额、居民大病、医疗救助以及商业补充保险。

2022 年 8 月 4 日

分享链接

十、晋观医养

应对老龄化这十年：参保人数增加2.5亿人，养老金结余增加近4万亿元

随着人口老龄化的加剧，中国社会保障体系建设也进入快车道。十年来，养老保险覆盖人群超过10亿人，养老金多项制度改革取得突破。

"全民覆盖、人人享有社会保障"是过去十年中国社保改革的主线之一。

养老保险十年增加2.5亿人

2012年到2022年6月底，基本养老保险参保人数从7.9亿人增加到10.4亿人，参保人数十年增加了2.5亿人。

华中师范大学公共管理学院副教授孙永勇对第一财经记者表示，过去十年，我国从新型农村社会养老保险制度、城镇居民社会养老保险制度到城乡居民基本养老保险制度，再加上原来的城镇职工基本养老保险制度，基本养老保险实现了制度全覆盖。基本养老保险覆盖人数稳步增长，正走向人群全覆盖。

从城镇职工基本养老保险制度来看，除2018年之外，过去十年参保职工增加规模都在1 000万人以上，2021年增加了2 058万人，参保总人数从2012年的2.3亿人增加到2021年的3.5亿人。与此同时，随着我国老龄化程度的加深，退休人员的数量在过去十年间翻了近一倍，从2012年的7 446万人增加到了2021年的1.32亿人。

在参保率水平持续提升的同时，退休人员养老金待遇水平不断提高。近年来，我国持续上调企业职工养老金，职工养老金从2012年的月均1 686元上调到2021年的2 987元；四次统一提高城乡居民基本养老保险全国基础养老金标准。

孙永勇表示，在连续10多年每年提高10%之后，虽然面临着越来越大的经济下行压力，但国家还是每年以适当的比例提高了城镇职工基本养老保险的养老金水平，居民养老金从无到有并逐步得以提高。养老保险待遇水平不

断提高，为保障老年人的生活提供了基础性保证。

这背后是我国养老保险基金的平稳运行。十年间，养老保险基金的规模不断扩大，保障能力持续增强，基本养老保险基金累计结余从2.6万亿元提升到了6.4万亿元。

十年间，基本养老保险基金收入从2012年的2.2万亿元起步，2015年收入超过3万亿元，2017年、2018年先后跨越了4万亿、5万亿元大关。受到疫情期间大幅度减免社保费的影响，2020年基金收入下滑到4.9万亿元，但到2021年再次大幅上升，达到6.6万亿元。与此同时，基本养老保险基金支出的规模也从2012年的1.67万亿元增加到2021年的超6万亿元。

人社部副部长李忠在8月举行的"中国这十年"系列主题新闻发布会上表示，三项社会保险基金累计结余6.9万亿元，基金年度收支规模超过13万亿元，市场化投资运营基金超过8万亿元。

多项制度改革取得重要突破

十年来，我国不断加大对社会保险制度的调整与优化，在多项搁置多年的"老大难"改革上实现重要突破。例如，机关事业单位工作人员养老保险与城镇职工基本养老保险顺利"并轨"；正式建立城乡居民基本养老保险制度；实施基本养老保险基金投资管理制度；实施企业职工基本养老保险基金中央调剂制度，以及实现省级统筹后向全国统筹迈进等。

2014年，我国建立城乡居民基本养老保险制度，对其覆盖范围、缴费与支付、基金管理与运行等进行统一规定，实现了基本养老保险层面的城乡统筹。城乡居民基本养老保险基金收支以及累计结余也在稳步增加，基金累计结余从2012年的2 301亿元增加到2021年的1.14万亿元。

此外，我国于2018年7月建立了基本养老保险基金中央调剂金制度，并对调剂金筹集、拨付方式与管理等内容进行了重要部署，有利于更好地利用已有资金解决养老保险的财务问题，适度均衡了省际养老保险基金的负担，迈出全国统筹的第一步。2018—2021年，中央调剂制度实施四年间，共跨省调剂资金6 000多亿元。

财政部的数据显示，2021年，企业职工基本养老保险基金中央调剂比例提高到4.5%，调剂的总规模达到9 300余亿元；重点支持收支矛盾突出的省份，中西部地区和老工业基地省份的净受益金额超过2 100亿元。

十、晋观医养

为解决各省份之间养老保险基金结构性矛盾日益突出的问题，自2022年1月开始，实施企业职工基本养老保险全国统筹。全国统筹制度实施以后，将在全国范围内对地区间养老保险基金当期余缺进行调剂，用于确保养老金按时足额发放，中央和地方政府的支出责任分担机制将同步建立。

健全多层次社保体系

二十大报告提出了下一步社保改革的方向：健全覆盖全民、统筹城乡、公平统一、安全规范、可持续的多层次社会保障体系。完善基本养老保险全国统筹制度，发展多层次、多支柱的养老保险体系。实施渐进式延迟法定退休年龄。扩大社会保险覆盖面，健全基本养老、基本医疗保险筹资和待遇调整机制。加快完善全国统一的社会保险公共服务平台。

孙永勇认为，未来改革的重点包括：继续坚持做好"扩面"工作，实现"应保尽保"，逐步提高养老金水平，特别是提高城乡居民基本养老保险的待遇水平，重点发展个人养老金制度，做大做强养老保险体系的第三支柱。

李忠表示，目前人社部抓紧实施养老保险全国统筹；建立职业年金制度，出台了个人养老金制度，填补了多层次、多支柱养老保险的制度空白。

完善多层次养老保险制度是社保改革的重中之重。虽然我国在20世纪90年代就提出了多支柱养老保障体系，但各支柱之间的发展不太均衡，面对老龄化加深的挑战，必须改变基本养老保险"一支独大"的局面。

今年4月，国务院公布《关于推动个人养老金发展的意见》，推动发展有政府政策支持、个人自愿参加、市场化运营的个人养老金，健全多层次、多支柱养老保险体系。目前，多项配套政策正在陆续出台。

二十大报告提出，实施积极应对人口老龄化国家战略，发展养老事业和养老产业，优化孤寡老人服务，推动实现全体老年人享有基本养老服务。

2022年10月20日

分享链接

覆盖广但水平低，农民养老金仅为城镇职工的 5%

我国城乡老龄化的差距正在不断加大，面对人口老龄化对农村的冲击，资金、设施、人力等方面的准备仍然不足，农村养老问题成为我国共同富裕道路上的一块短板。

全国人大农业与农村委员会主任委员陈锡文在近日由中国社会保障学会举办的"共同富裕大家谈"论坛上表示，农村养老金水平过低的问题应当引起足够重视。目前农民实际发放的养老金水平为每月平均 188 元，只相当于城镇职工养老金平均发放水平每个月 3 577 元的 5.26%。

不仅养老金水平比较低，农村养老的服务设施、服务人才等方面的公共资源也明显落后于城市。《"十四五"国家老龄事业发展和养老服务体系规划》提出，老龄事业和养老服务还存在发展不平衡、不充分等问题，主要体现在农村养老服务水平不高等方面，要加快补齐农村养老服务的短板。

广覆盖、低水平

全国第七次人口普查的数据显示，我国农村已经进入了中度老龄化社会，乡村 60 岁、65 岁及以上老人的比重分别为 23.81% 和 17.72%，城乡老龄化的差距正在不断扩大，乡村老龄化的程度更高。

中国人民大学经济学院院长刘守英在上述论坛上表示，2020 年，我国农村老年人已经达到 1.21 亿人，平均四个农村人口中约有一个 60 岁及以上老人。农村人口老龄化的程度高于城市。农村地区的老年抚养比也明显高于城市。2020 年农村地区的老年抚养比是 41.8%，差不多 2.4 个年轻人抚养一个农村老人，而同期城市地区老年人的抚养比是 22.59%，约为 4.4 个年轻人抚养一个老人，农村人口的老龄化形势严重。

陈锡文表示，目前农村人口老龄化程度明显高于城镇，城镇的老龄化程度为 15.8%，农村为 23.8%。未来农村人口老龄化的进程将持续快于城镇。

因此，如何应对农村人口的老龄化问题，就成为实现全体人民共同富裕进程中一个至关重要的问题。

中国老年调查数据显示，2016年，中国农村老年人口的人均年收入是9 510元，只占城市老年人口的1/3。

陈锡文认为，当前，农民养老金水平过低的问题应当引起足够重视。2020年，全国农村最低生活保障标准为5 962元，也就是每个月496.8元。而农民的基本养老金只相当于农村最低生活保障标准的37.84%，这就意味着不少领取了基本养老金的农村老人，如果自己不再谋求劳动收入，那就仍被纳入农村最低生活保障的范围。这也就表明，当前农村的基本养老制度存在不合理之处。

我国于2009年起建立并逐步实施了新型农村养老保险制度，所有符合年龄资格（60岁以上）的农村老年人都可以领取养老金，由财政提供的基础养老金为每个月55元起步，一些财政较好的地区会有所增加，目前全国平均的水平是每月188元。

刘守英认为，尽管农村老年人社会保障的覆盖率现在有所提高，但是保障水平还是很低。有一个数据是，70%的城镇老年人生活靠养老金，但在农村这个比例只有10%。

陈锡文说，农民的基本养老保险制度有很大的特殊性，不少农村老人在这项制度建立之前未曾缴纳过个人养老金，这是由历史原因造成的。因此，既要考虑国家设置这项制度比较晚的情况，更应当考虑老年农民在农产品统购统销制度下对国家作出的极大贡献。农民养老金发放水平过低的主要原因，是财政给予的基础养老金水平太低，应当合理提高农村基本养老保险中财政对基础养老金的补贴水平。

刘守英建议，进一步提高养老保障水平，建立农村养老金稳定和动态调节机制。目前，我国农村老年人的养老保险停留在广覆盖、低水平的阶段，与城镇老年人的养老金水平呈较大的差距，可以对标城市居民养老金增长和调节机制，着力提高农村老年人养老金的水平，辅助于精准化养老补贴制度，逐步缩小城乡差距。

农村养老的"短板"待补

城乡之间的养老差距，不仅表现为养老金的差距，还表现为养老服务供给上的差距。与城市相比,农村在养老服务设施、人才、财政投入等方面都明显滞后于城市地区。

其中较为突出的是健康管理方面相关服务的缺乏。刘守英表示,随着国家出台《"健康中国2030"规划纲要》,乡村振兴战略中也提出推进健康乡村建设、完善基础设施建设、开展家庭医生签约服务,目前,很多村卫生室设备设施较为完善,但是多年未投入使用或间歇性使用,存在空置现象。农村救急体系尚未建立和完善,当老年人有突发健康危险时,尚无急救车以及相关急救措施,农村急救体系尚难安全、有效地应对。家庭医生签约服务难落到实处,多呈现"有签约、无服务"的状态。

农村老年群体的健康状况普遍不佳。刘守英提到,农村老年人口健康状况不及城市,农村需要照料的老年人口规模是城市老年人的2.7倍。

陈锡文表示,除了应当合理提高农村基本养老保险中财政对基础养老金的补贴水平以外,农村养老设施和服务的缺失问题也应当引起高度重视,应当抓紧研究并建立以农村集体经济组织和村民自治组织为主要依托的多元化、多样化的农村养老服务,让农村老人也能体现老有所养。

民政部社会救助司司长刘喜堂表示,民政部近些年在农村养老服务方面做了大量工作,目前正在实施农村社会服务兜底保障工程,加大农村养老方面的投入,要建立多层次的养老服务体系,强化兜底性的养老服务,特别是依托区域养老服务中心或者为老服务综合体来发展农村的互助养老。

2022 年 12 月 5 日

分享链接

十一、快消栾谈

栾立 | 第一财经产经中心记者，长期关注快速消费品行业。
联系邮箱：luanli@yicai.com

酒仙去"网"，酒业新零售们兜兜转转回到起点

> 酒业新零售们没有能够把高端白酒的价格"打下来"，反倒和传统酒业大商的模式变得越来越接近。

在成立13年后，作为曾经酒类电商和新零售的代表性企业之一，酒仙网近日悄悄把名字中的"网"去掉了。

酒仙网创立于2009年，但真正被市场所关注，却是2014年和竞争对手1919进行的那场电商大战，双方以低价茅台、五粮液在"双11"连战数场，至今还被圈内津津乐道。在那之后，酒业新零售也一直是市场关注的热点之一。

酒业新零售和酒业电商在当时还是新事物，但市场之所以如此关注，是因为作为资本助推的新势力，其无视酒企严厉的市场控价政策，成为行业的"搅局者"，市场也希望通过酒业新零售品牌们搅动一池死水的白酒江湖，打破只有超级酒企没有超级酒商的尴尬局面。

但在这数年之中，酒业新零售们没有能够把高端白酒的价格"打下来"，反倒在经历了模式的反复调整之后，酒业新零售们大多活成了酒业"新连锁"或酒业"新渠道"，和传统酒业大商的模式变得越来越接近。

在网络给各行各业带来翻天覆地的改变的当下，却好像拿传统的酒业没有太多办法。2021年，酒仙网董事长郝鸿峰在接受记者采访时曾透露，国内

酒类零售有多个业态，包括烟酒夫妻店、连锁卖场、酒类电商和新零售等，但传统模式依然占到90%以上。

笔者以为，酒仙网之所以要去"网"，和酒业新零售这些年的变化有关。

在成立之初，酒仙网的主要销售依靠于其线上渠道——官方网站和电商平台门店，2017年之后，酒仙网加快了线下渠道门店的铺设。从2021年9月公布的招股书就可以看到，2018—2020年，酒仙网的线上渠道为62.9%、57.5%和59.8%，如果扣除直播渠道的收入，传统线上收入的占比在减少，传统门店的数量则超过千家。据了解，目前酒仙网线上和线下的收入已经比例接近。

这一变化实际上也体现了酒业新零售与传统白酒企业博弈的结果。

目前国内酒水消费中，白酒依然占到主要份额，从国内主要的几家酒业新零售品牌如1919、酒仙网、华致酒行的产品销售收入中可以看到，白酒销售额占比高达70%—87%。但很长一段时间内，酒业新零售们却不受头部白酒企业欢迎。

多年来，头部白酒企业通过多级经销商制建立了庞大的市场分销体系，并对市场分区域分级，严格控货控价，因此，酒业新零售品牌的兴起不但以线上模式打破了地域销售的限制，也以价格破坏者的身份出现，这触动了头部白酒企业最敏感的那部分神经。于是，酒业新零售人们就变成了山上的"麻匪"，如果想在白酒品牌掌控的传统市场里分一杯羹，就得"跪着"，否则，就要面临被"剿匪"。

在2014年的白酒电商大战后，酒仙网和1919一度遭到了多家头部白酒企业的封杀，在此后数年的行业发展中，个别企业的负责人甚至在经销商大会上公开提醒酒业新零售们要"守规矩"，而酒业新零售们也没有继续做行业的"颠覆者"，只能向强势白酒品牌妥协。

特别是在白酒行业的新一轮增长中，市场逐步向名酒企业集中，这也让掌控名酒资源的头部白酒企业在厂商博弈中更加占据主动。与此同时，随着线下业务的铺开，酒业新零售也需要得到更多的头部白酒企业资源和产品的支持。

对于去"网"化，除了业务结构方面的考虑，酒仙网内部也希望进一步扭转在酒企心中网上销售的印象。

另一方面，酒业新零售们逐渐发现，国内酒水消费场景大多以商务和家庭聚会等聚饮为主，聚饮前消费者往往会提前准备好酒水，特别是在高端白酒等方面，即饮的需求并没有那么强烈，因此，消费者关注产品的保真和购买的便利度同样重要。

此外，酒类销售特别是知名白酒的销售，终究是厂方主导下的交易模式，品牌与产品均在企业的强势控制之下，流通企业难以掌握话语权；除此之外，国内大量基于关系销售如同市场毛细血管般的团购业务，也无法立即被互联网销售所取代。

因此，新连锁化打响品牌、壮大体量反而更符合市场当下的需求。

应该说在多年的发展中，酒业新零售在酒业流通渠道的进化中贡献颇多，比如在数字化赋能、提升酒水购买的便利度和体验感等方面，给传统的酒水流通行业带来了诸多积极的改变，特别是加快了散乱的传统渠道集中度提升和整合的进程。

从体量上看，2021年1919公司实现收入46.1亿元，华致酒行收入74.6亿元，酒便利收入10.8亿元，在万亿元酒水消费中的占比依然很低，相比于国外渠道商动辄20%—30%的市占率相差甚远。而酒业新零售们若想真正成为行业的改革者，改变目前厂强商弱的局面，或许还需要更多年的成长。

2022 年 5 月 13 日

分享链接

植物基热度不减，肉、奶为何不同命

8月2日晚，网红燕麦奶品牌OATLY公布了上半年的业绩，疫情下亚洲市场依然实现四成以上的增长。

第一财经记者注意到，近年来备受市场关注的植物基产品热度正在分化，植物奶的热度在上升，而植物肉却在降温。

植物奶持续升温

财报显示，OATLY 2022年上半年实现收入3.4亿美元，约合23.3亿元人民币，同比增长20.2%，第二季度单季收入1.8亿美元，同比增长21.8%。

亚洲依然是OATLY增长最快的区域市场，虽然受到疫情的冲击，但亚洲市场上半年贡献了7250万美元的收入，同比增长41.5%，其中，第二季度同比增长66.3%，增速高于第一季度。

第一财经记者注意到，OATLY的业绩增长主要来自产能和销量的同步增长，2021年年底，OATLY在安徽省马鞍山市启用了亚洲产能最大的新工厂，并计划在中国投建第二家新工厂。随着产能的释放，2022年第二季度，OATLY的产成品量为1.24亿升，同比增长17%，销量1.21亿升，上升27.4%。虽然OATLY并未公布中国市场的收入数字，但在此前的"6·18"期间，OATLY曾透露其全渠道销售额突破5300万元，同比增长超150%。

财报中，OATLY公司CEO托尼·彼得森称，乌克兰战争、疫情和通胀等问题都影响了今年的市场情况，宏观经济的不确定性已经影响了公司在餐饮服务和新市场中扩大分销的速度。同时，目前亚洲疫情影响仍存，因此餐饮渠道的复苏比预期要更慢。此外，彼得森也认为，要从乳制品消费者中转化植物蛋白饮料消费者，进度比预期更长。

虽然受到疫情的冲击，但目前国内市场植物奶的热度还在不断上升。艾媒咨询的报告显示，2020年中国燕麦奶的市场规模为17.5亿元，同比增长153.6%，2021年的同比增长为141.7%。预计未来4年中，中国燕麦奶的市场复合增长率将在50%左右。国内企业中，从头部乳企伊利、蒙牛，到新植物基品牌奥麦星球、一番植、每日盒子等都推出了燕麦奶产品，电商平台上销售的燕麦奶品牌超过60个之多。

在近日举行的第十五届全国营养科学大会上，雀巢大中华区首席市场官曲向明透露，雀巢正在中国市场加速植物基领域的投入和布局，将推出新的植物蛋白饮品豌豆饮等植物基新品。

豌豆饮的蛋白质含量与牛奶接近，消化利用率达到98%，雀巢希望能够借此在火热的植物基饮料市场上分一杯羹。

植物肉销售遇冷

相比于植物奶的高热度，植物基的另一大方向——植物肉在经历了2020年和2021年的爆红之后，在国内市场却日渐"平庸"。

企查查的数据显示，近两年植物肉赛道频获融资，2020—2021年，植物肉赛道共发生21件投融资事件。截至今年8月初，国内植物肉相关现存企业共100余家，2022年植物肉赛道共发生8件投融资事件，资本热度依然可观。

但从市场看，植物肉的热度似乎并没有想象中的那么高。在2020年，包括雀巢、星巴克、肯德基、喜茶等多家餐饮食品企业在国内布局或推出相关产品，国内也有多家上市公司宣布涉足人造肉领域。但记者近期发现，植物肉产品已经从上述企业的菜单中"消失"。

一家企业的相关负责人向第一财经记者回忆称，上一次销售植物肉产品还是2020年，当时销售情况只能算一般，目前也没有再销售植物肉产品的计划。相对产品持续销售时间较长的，是喜茶与星期零合作推出的未来肉田园三明治，后者一直到2021年还有销售。但喜茶方面回应表示，目前这一植物肉产品因为口味迭代已经暂停销售，后续是否有新产品还没有准确消息。

值得注意的是，当时涉及植物肉概念的国内上市公司相关业务成绩寥寥。

美盈森（002303.SZ）曾宣布与江南大学合作，推出多款包括人造肉饼和植物蛋白鸡柳等产品，2021年的财报显示，其蛋白类产品收入只有104.8万元。2019年年底，金字火腿（002515.SZ）发布公告称，已完成植物肉产品标准备案，并陆续上线了4款植物肉产品。在接受投资者调研时，金字火腿公司曾表示，植物肉将是公司确定的未来业务重点。但在2021年的财报中，公司并未透露植物肉相关的数据。

8月5日，植物肉的头部企业Beyond Meat即将公布半年报，不过其此前公布的 2021 年四季度和 2022 年一季度的业绩增速并不乐观。2021 年第四季度，Beyond Meat 公司的净营收约为 1 亿美元，同比下降 1.2%；2022 年一季度，Beyond Meat 的营收约为 1.1 亿美元，较去年同期增长 1.2%，增长明显放缓。

在行业看来，植物肉和植物奶同为植物基产品，但国内市场表现存在差异，问题仍在消费者的认知上。

广东省食品安全保障促进会副会长朱丹蓬告诉第一财经记者，植物奶属于饮料、休闲品类，而植物肉属于食材，对于两者消费者认知的截然不同。目前饮料行业的口味研发、工艺等都很成熟，而且植物奶与新咖啡、新茶饮等下游合作，在产品口感上也更容易取悦消费者。相比之下，植物肉很多基础的问题还没解决，比如口感，也成为阻碍植物肉在国内发展的主要问题之一。

曲向明表示，目前国内植物基的市场确实存在波动，但并不会影响雀巢在可持续营养领域的整体布局，2021 年，雀巢于天津建设亚洲首个植物基食品工厂，也在加速本土化研发。在市场调研中，雀巢发现中国消费者对植物肉的口感有更高的需求，因此，雀巢在试图通过 HME 高湿蛋白挤压技术，针对中国消费者做一些配方的改良，推出香肠、四喜丸子、饺子等新产品。

不过行业依然看好国内植物肉赛道的机会。数据显示，国内 61.3% 的成年居民肉类摄入过量，但植物蛋白摄入比例低，比如大豆类蛋白仅占 5.9%，这一趋势可能会带来肥胖、超重等问题，而植物基食品可以替代动物食品；同时植物蛋白的二氧化碳当量比动物蛋白更低，也更符合低碳的行业发展方向。

《2021 中国植物肉行业洞察白皮书》指出，中国对植物性肉类的需求将在未来 5 年内增加 200%，据 Euromonitor 预测，到 2023 年，中国人造肉的市场规模将达到 130 亿美元。

不过雀巢方面表示，目前国内消费者对植物基产品的接受程度还没有那么高，植物基产品还需要逐步引入。

2022 年 8 月 3 日

分享链接

两节旺季葡萄酒市场持续疲软，行业还未找到破局之路

中秋、国庆两节旺季，国内的葡萄酒商却难言开心。近期，第一财经记者对市场走访时发现，两节旺季葡萄酒销售依然疲软，一般而言，中秋、国庆旺季的销售往往要占到酒商一年收入的大头（五到七成）。在业内看来，本轮葡萄酒市场的持续疲软，与疫情阻断消费场景和市场消费力下降有关，但行业下行4年，仍未找到破局之路。

两节市场疲软加剧

"生意还不如去年。"山东张裕葡萄酒代理商张旭（化名）告诉第一财经记者，由于当地多次出现疫情，今年的葡萄酒生意一直处于时断时续的状态，库存也在不断增长，原本以为去年开始触底反弹，但没想到今年的生意反倒更加艰难。特别是进入两节旺季，当地的餐饮消费等都受到疫情影响，也直接影响了葡萄酒销售。

天津进口酒商王伟也叹息生意难做，由于今年企业活动、聚会等明显减少，两节销量要比往年减少三成以上，两节旺季销售要占到他一年销售的大头，旺季销售疲软也让王伟危机感十足，不得不增加业务，销售精酿啤酒、酱酒等其他酒类产品。

今年中秋和国庆相隔较远，使得今年的两节旺季持续时间很长，原本有利于葡萄酒销售，但多位受访的酒商表示，虽然采取了促销、让利等方式，但市场受到疫情和消费疲软的影响，销量有不同程度的下滑，但还在预期之内。

值得注意的是，今年上半年，国内葡萄酒企业的生意就已经颇为艰难。在12家葡萄酒上市与新三板挂牌公司的半年报中，只有5家企业的营收维持增长，其中，净利润增长的只有4家，除了张裕表现较为稳定外，王朝酒业的营收下滑了44%，中葡股份、怡园酒业、伊珠股份等净利润则出现60%到

70% 以上的下滑。

据国家统计局的数据，1—6月，国内118家规模以上葡萄酒企业的总销售收入为38.53亿元，同比下降11.8%；利润总额为0.76亿元，同比下降44.5%。其中，张裕的半年收入为19.5亿元，约占总行业收入的半壁江山，但如果扣除张裕贡献的3.6亿元净利润，意味着葡萄酒行业整体亏损有所加剧。

进口葡萄酒商的日子也不好过，2022年1—6月，进口葡萄酒上半年的进口额和进口量分别下降10.7%和13.3%，虽然5、6月份进口额有所回升，但记者注意到，主要是受进口价格双位数大幅上涨推动，实际进口量仍在下滑。

在今年的中酒展上，中国食品土畜进出口商会酒类进出口商分会秘书长王旭伟透露，目前进口葡萄酒仍在寻底，2022年上半年，相当比例的中小酒商业绩下滑30%—50%。由于商超、餐饮、夜场等传统渠道受疫情的影响严重，消费场景缺失，市场经营活动弱化，渠道动销受阻，库存积压抬升成本，进而导致行业市场分化，行业巨头、品牌企业的抗压能力更强，受影响相对较小，中小企业受冲击严重甚至濒临破产。

在WBO葡萄酒商学院院长杨征建看来，目前葡萄酒行业是受到系统性的影响，中小酒商可以通过开发新客户或新渠道获取一些增长，而大型酒商很难回避冲击，预计到明年上半年，市场都不会太乐观。

行业尚未找到破局之路

相比于已经回升的啤酒和白酒行业，在持续数年下行之后，葡萄酒行业一直没有找到扭转局势的办法，这也让渠道和酒厂都感到茫然。

2022年上半年，法国葡萄酒巨头卡思黛乐大费周章，对中国市场的1 500名消费者和150位经销商进行了深度调研，希望搞清楚疫情前后消费者和渠道到底遇到了什么问题。

调查结果发现，疫情下消费者的购买渠道发生了很大的改变，疫情下消费者通过电商平台购买葡萄酒的占比达到38.7%，比疫情前的24.7%提升了14个百分点；传统渠道超市、进口商店等则分别从30.5%下降到23.7%、从26.5%下降到19.1%。

疫情下葡萄酒的消费场景也发生了改变，疫情前，商务宴请和聚会分别占到73.1%和60.5%，自饮场景只有16.8%；但疫情下，商务和聚会下降到

56.3%和55.5%，自饮场景的比例上升至31.1%，几乎翻倍。

消费场景的变化，让线上渠道变得更加重要，但这却是国内葡萄酒行业的软肋。由于长期以来国内葡萄酒市场鱼龙混杂，缺乏系统的品牌打造，销售大多依靠渠道推动，多采取多级制的线下分销模式，为了避免产品底价曝光，酒厂和代理商对线上销售往往采取封堵的策略。

在卡思黛乐亚太区总裁毕杜维看来，疫情下市场正在发生变化，葡萄酒商如何抢占个人乃至家庭消费，酒商如何解决消费者在购买葡萄酒的时候遇到的选择和信任问题，都是行业需要思考的新问题。

但这些问题在行业里还没有标准答案。

记者注意到，国内葡萄酒酒企开始不再刻意追求增长数字，转而追求业务的稳定。据经销商透露，目前张裕对部分受疫情严重影响的区域市场的经销商进行了任务量调整，有经销商的全年任务下调至原来的50%。

今天张裕总经理孙健回应第一财经记者表示，这是一个局部的做法，疫情对葡萄酒行业的持续影响已经很明显，对局部市场进行任务量调整也是张裕疫情下市场操作的新思路，即不想通过挤压经销商来获取增长，希望维持市场库存处于良性水平，意在长远。企业内部也在加快推动向中高端聚焦、事业部改革和数字化转型等改革进程，希望可以获得更多的业绩增长。

对于习惯了传统销售模式的葡萄酒商来说，疫情带来的市场新变化让他们感到非常不适应。

天津酒商王伟也曾想组织人员直播卖酒，但看到很多同行在只有几个人的直播间里，还要激情澎湃地喊着"3、2、1，上链接！"，让他心生退意。

目前，王伟正在和几个朋友合伙希望拿下一家知名酱酒企业的当地的总代理权，在他看来，造成葡萄酒行业现状的问题并非只有疫情，要改变也非一朝一夕，如今"先熬过这两年，活下来再说。"

2022年9月20日

分享链接

十二、乐言商业

乐琰｜第一财经产经频道副主编、资深记者。毕业于上海交通大学国际经济与贸易专业。从2003年开始进入媒体工作，长期专注于旅游酒店和商业零售产业领域报道。作品荣获第34届中国经济新闻奖二等奖，2020年上海市报纸行业协会"媒体深度融合"创新项目一等奖。在第一财经有"你不知道的商业秘密"专栏、"乐言商业"日报专栏和同名电视节目，"乐言商业"电视节目于每周四的第一财经电视午间新闻时段播出。同时，还有"乐琰财经"视频号，粉丝量逾30万。曾经撰写《我就是喜欢创业》一书，参与撰写反映改革开放30年的《30年30人》等书籍。

联系邮箱：leyan@yicai.com

"不卖隔夜肉"的钱大妈，缘何败走北京市场？

以"不卖隔夜肉"著称的生鲜超市钱大妈一直以来都备受关注，其低价和按时段打折的策略吸引了不少消费者，尤其是如今生鲜产品成为零售商"主角"的时代，钱大妈这类新兴零售业态更是受到经营者与投资者的青睐。

2020年，钱大妈进入北京市场，其先选址在通州区，然后慢慢向中心城区扩张。就在日前，钱大妈败走了北京市场——公开资料显示，北京钱大妈生鲜食品连锁有限公司共拥有12家分支机构（门店），其中9家门店均于2021年12月注销，还有3家店显示存续，且该公司被列入经营异常名单。

仅2年不到的时间，钱大妈就折戟北京市场，这背后究竟是什么原因？

在笔者看来，第一，是高租金成本带来的压力。在实体零售店经营中，最大的成本之一就是门店租金。大部分的实体零售业者都是采取租赁形式进行扩张，很少有类似麦德龙这样大量自持物业的零售商。因此，一直都在水涨船高的租金是大部分零售业者的负担。相对而言，一线城市的租金压力更大。虽然钱大妈的门店面积不大，但其作为社区零售店，必须选址在具有一定客流量的地方，这类地段的租金成本都不低，因此，钱大妈在北京市场铺设了一些网点后，显然承受不起当地的高租金压力了。

第二，高租金需要得到高客流量支持，钱大妈的打折策略是为了吸引更多客源，但是钱大妈在北京市场的整体客流量并不高。钱大妈方面也承认，北京市场的门店单日客流量未达预期水平。换言之，"高租金+低客流量"使得钱大妈在北京市场入不敷出了。从零售商的角度而言，进店客人也未必都会产生消费，且打折超市的客单价也不会很高，因此，入店客人的基数一定要足够大才能支撑门店运作，但根据实际情况来看，钱大妈北京市场的门店客流量应该是不够的。

第三，成也生鲜，败也生鲜。笔者曾经在钱大妈门店看到，在收银台处醒目地写着"不卖隔夜肉"，店内分为水果、蔬菜和肉类几大品牌专柜。要知道，生鲜产品的运输要求高且保质期很短，所以货损率非常高，虽然打折清货可以保持高周转率，但是如何保证清货是个问题。鉴于北京市场的钱大妈门店客流量整体未达预期，可见其周转率不太高，这就意味着门店经营者需要承担极大的资金压力。

第四，消费习惯问题。钱大妈的特点在于"不卖隔夜肉"，也就是保鲜，因此在南方市场颇受欢迎。但相对而言，北方消费者比较喜好囤菜模式，对于鲜食的诉求不如南方消费者强烈，因此钱大妈的核心特色并未在北京市场发挥出优势。

中国连锁经营协会发布的《2020中国超市百强榜单》显示，钱大妈2020年的销售总额达到133亿元，排在第13位。

在笔者看来，做生鲜业务本身没有问题，但必须要根据自己的能力来做市场定位和投入，如果定位平价折扣模式，则必须要保证客户基数足够大且门店数量达到一定的规模。如果大量采用加盟商经营，则必须做好统一化管理与合理的利益分配。钱大妈收缩北京市场门店，既是断臂止损，也是经验积累。

2022年1月23日

分享链接

THE9演唱会风波，究竟是谁之过？

最近，THE9演唱会发生退票风波，有相关后援会粉丝爆料称，演唱会主办方北京国潮文化旅游发展有限公司（下称国潮文化）称演出将延期举行，但至今都没有举办，因此，大量粉丝要求退票，但主办方一直未全额退款，或涉及数千退票者，金额或高达数百万元。

该事件在第一财经报道后，3月18日晚间，国潮文化发布公告，承诺将于3月18日起7—10个工作日内完成此次演唱会所有团体购票尾款退款。

获得主办方的退款承诺后，粉丝暂时表示满意，但还需看最终的实际退款情况。

回过头来看此事件，会发生如此风波，究竟是谁的过错？笔者认为，这要从不同的方面来分析。

先了解一下这个组合以及演唱会的售票模式。THE9是一个人气女子组合，由爱奇艺平台出道，作为"限定团"，一般会在一年至一年半时间内解散，其间成员以组合形式共同发展，但也会有不同的个人标签。于是粉丝就会分成不同的"阵营"，站队自己喜欢的那个成员，因此，THE9的9位成员就分别有各自的粉丝后援会，这样的粉丝模式也为之后的团购埋下了伏笔。

根据笔者了解，一般的演唱会都是观众根据自己的需要各自买票，但是这类具有各自后援会的组合演出，很容易用团购形式买票。一则是因为同一个后援会的粉丝想要坐在一起，这就需要座位连号，大家得一起购买，这在足球观赛中也很常见——为了保证自家球迷都坐在一起。二则是团购可以获得优先选座的权益。根据粉丝提供的THE9演唱会团购协议可见，主办方会根据团购金额的大小来给予优先选座权，金额越大，越能优先选座位。不少后援会都希望可以获得优先选座权，于是纷纷团购。

从主办方国潮文化的角度来看，与热门的艺人IP合作，尤其是"限定团"的告别演出，必然会拉一波高潮，一般而言可以让主办方赚到盆满钵满，这也是这几年选秀偶像的惯用模式——团队出道、商务合作获利、告别演出大赚一笔后,再各自发展,继续吸金。但是令主办方没有想到的是遇到疫情而延期演出,然而一些前期投入已经产生,要拿回成本就得让演出举办,可是根据目前的防疫情况来看,短期内很难举办演唱会这样的聚集性活动,因此大量粉丝要求退款,让主办方很是尴尬。

值得注意的是,不少通过散客渠道(如大麦网这类平台)购票的粉丝反而容易获得退款。而签订了动辄几十万元大单的团购粉丝们却难以获得主办方的全额退款。这就牵涉到一个购买方式的问题,散客通过购票渠道的购买是有一定的权益保障的,尤其是大麦这些相对成熟而正规的渠道,都有一套退票的正规流程。但与主办方签订了团购协议的粉丝,相当于一切都要看协议双方的情况而定,比如现在主办方资金紧张,购买方一时间就难以获得全额退款。

主办方的趋利性可以理解,但不能盲目地投入演出合作,凡事需要有风险评估和预案,还需要有充足的资金来应对危机。同时,这种主办方与粉丝直接签订大额购买协议的做法也需要谨慎评估。有业内人士质疑,这样的团购是否涉及集资?资金的具体去向究竟如何?虽然主办方以此方式可以短期内快速地吸收资金,但也会给自己"埋雷",一旦发生现在这样的退票纠纷,主办方就难以一下子拿出足够的资金来退给购买方。因此,销售门票应该走正规安全的专业票务渠道,这对主办方和粉丝都有利。

从粉丝的角度而言,追星可以理解,但必须理性。比如之前发生的浪费食物"打投"(给偶像投票)事件就很不理性。根据笔者从部分粉丝处了解到,后援会的粉丝经济也是容易出现问题的。就拿团购来说,这就类似是一种集资,负责集资的人充当什么角色?资金究竟流去了哪里?是不是保证都花在应该花的地方?如果有差价又该怎么算?有些时候,粉丝集资也是一笔糊涂账,一旦发生纠纷,内部就会非常混乱。所以,后援会在支持偶像的时候,也应该对于自己的行为是否恰当作出评估。比如这次的THE9演唱会团购,也有并未参与的后援会,就是因为有些粉丝作了风险评估,认为还是分开购买比较保险。因此,买方要谨慎对待,一些没有保障的购买方式或是类似此前疯狂"打投"导致食物浪费的行为要坚决杜绝。

THE9由爱奇艺平台出道,于2021年12月正式解散。爱奇艺表示,本次演唱会的主办方为国潮文化,爱奇艺会积极沟通主办方,协助粉丝尽快完成相关退款。当然,最终国潮文化的确给出了在近期完成全额退款的承诺。颇有意思的是，如今 THE9 已经解散了，理论上这 9 位成员都有各自的经纪人和工作室，如果真的延期举行演唱会，这 9 位成员要如何聚齐，抑或她们未来还会不会合体，都尚未可知。

2022 年 3 月 21 日

分享链接

十二、乐言商业

疫情之下的影视业，严限演员片酬能否规范市场

疫情之下，最近不少演艺人员已经暂停了手上的工作，或者减少了演出。笔者近期与部分演艺工作者交流时发现，业者们都觉得这几年整体行业受挫，加之疫情影响，更是少了很多商机。业者们不仅在期盼复工复产，还希望行业能够更加规范化。

就在近期，国家广播电视总局在官方社交媒体平台发布的《演员聘用合同示范文本（试行）》说明中强调，全部演员的总片酬不超过制作总成本的40%，其中，主要演员的片酬不超过演员总片酬的70%，其他演员的片酬不低于演员总片酬的30%。

这让一些腰部及以下的艺人看到了希望。

先来了解一下头部艺人的收益情况。此前有圈内人爆料，如果是知名艺人拍戏，按集数来计算，一部40—60集的电视剧拍摄下来，数千万元的收入是不在话下的，一些头部艺人、顶流明星的单部影视剧收入甚至一度达到上亿元。参加一个综艺节目，知名艺人的开价至少在数百万元，或可达千万元。

为何明星的收入可以这么高？这与行业特性有关。每年从艺术院校毕业的，或者此前通过选秀进入演艺圈的艺人有很多，但这行饭并不容易吃，除了外表、演技、才艺等，还需要有人设、有自己的标签，更重要的是符合观众的喜爱要求，这几年还必须要有流量。要符合所有条件，相当于"千军万马过独木桥"，有些艺人拍过不少作品，但就是不被观众记住或接受，这就需要经纪公司来运作。而且艺人需要流量就得背后有资本方、经纪公司的支持，这都是要巨大投入的。像丁真那样意外走红的案例是极少数。

培养一个知名艺人的投资太大，成功概率太小，因此，一旦有一个艺人成为红人，背后公司和投资者必须要从该艺人身上获取高回报，当然，艺人本人也渴望更高的收益。于是就出现了高片酬和高代言费。

这样的收益结构扭曲了影视作品的投资比例，例如，大部分的投资用于知名艺人的片酬，应该被重视的导演、编剧和服化道等投入很少，于是，烂

剧横生。同时，这样的收益分配让一些虽不知名但非常专业的演职人员长期处于不合理的收益状态。疫情来袭，不少演艺项目都受到影响，这更让腰部及以下的艺人受挫。有一些不知名的演员对笔者透露，自己已经好几个月赋闲在家，根本接不到任何演出机会，即便偶尔有来接触的项目，给出的酬劳也很低。

如今，《演员聘用合同示范文本（试行）》严格规定了主要演员的片酬不超过演员总片酬的70%，其他演员的片酬不低于演员总片酬的30%。这对于非头部演员而言是一个有利的信号，因为他们的收益会趋于合理化，有了合理化的收益，演职人员才能制作出更好的作品，减少烂剧的产生。

虽然疫情在一定程度上冲击了影视行业，但随着复工复产和《演员聘用合同示范文本（试行）》对演员片酬的严格规定，会在很大程度上有利于行业的规范。

有业内人士反映，最近出现的一个新问题——近期不少新剧用当红艺人搭档一些低咖位的合作者来演出作品。有圈内人表示，为符合主要演员的片酬不超过演员总片酬的70%，就要严控主演的片酬，可是有些已经成名的当红艺人并不愿意太过于降低片酬，这些头部演员占据了可允许范围费用中的大部分，剩下的费用已经不多，不太可能请得动同等咖位的当红艺人，于是就出现了一个大咖搭配一个新人演员的"花式组合"，在这样的组合中，如果新人演员业务能力强且搭档给力，作品就会成功，否则，就难以达到很好的效果。

在笔者看来，作为演员，最重要的是艺德、演技和作品，而不是单纯地比拼流量和高收益。如果演员都可以接受合理的收入，用心打造作品，就不会出现影视剧作品的投资比例失衡，进而导致高片酬和低质量作品的现象。当然，粉丝也应该保持理性，更多关注作品，而不是刷流量比数据。演员的道路要走得长久，还得靠内在艺术修为。影视行业要长期发展，更应该合理化所有人员的收益，拍摄优质作品，并尝试多渠道发行和多元化作品设计，提升疫情来袭后的风险控制能力。

2022年5月31日

分享链接

从热播剧《梦华录》看消费产业的生意经

最近有一对荧幕CP"顾盼生辉"颇受欢迎,这是热播剧《梦华录》中的男女主角顾千帆和赵盼儿的情侣组合名称。

有别于一般的古装偶像剧,《梦华录》不仅仅着重刻画男女主角的爱情,更是用了大量的笔墨来描绘女性创业史。而且该剧的故事改编自关汉卿的《赵盼儿风月救风尘》,尽管故事是虚构的,但算是有一定的历史文化背景。

颇有意思的是,在《梦华录》中,女主角赵盼儿堪称一位宋朝的女性创业家,她白手起家,从一间小茶坊做起,一路扩张升级,最后打造了汴京最大的酒楼——永安楼。当大家都在看"顾盼生辉"有多甜蜜的时候,笔者却发现,赵盼儿的创业史折射出很多看似简单却很深刻的消费产业生意经,这些商业理念放到现在商场竞争上也是非常受用。

剧中,赵盼儿初到汴京,人生地不熟,在简单进行了市场观察后,她和她的合伙人开设了一个茶坊,这里涉及业态选址是错位竞争还是集中运营的商业逻辑。赵盼儿选择了在马行街开店,因为这条街上没有餐饮业态,这是错位竞争,在赵盼儿看来,她有了独家优势。这个理念是没有错,但是赵盼儿没有进行深入的市场调研——汴京的商业布局是按照业态细分的,比如马行街上基本都是与马匹生意相关的店,而所有的茶坊食肆则集中在茶汤巷,也就是如今购物中心的布局,即一层集中服装、一层集中餐饮、一层集中家电等。这就造成了女主角的茶坊在最初几乎没有生意,因为茶客们不会到马行街来喝茶,而是集中在茶汤巷喝茶。

笔者认为,错位选址和集中同类业态选址本身都没有错,但是要看整体布局——如果是一个区域内所有业态做全,可以按照赵盼儿的错位选址,在一条街上从餐饮、服装、日用等所有业态都有,最好不要有过多的同类业态,以保持各家业态的独家性;如果是按照业态细分集中布局,就需要把同类业态全部都放在一个区域,消费者的习惯也是按业态去往所在区域,就好比现在的购物中心布局。

赵盼儿的小错误就是在按照细分业态布局的汴京却采用了错位选址法,结果门可罗雀。

但女主角还是非常聪明的,她接下来的一系列商业操作让她挽回生意,甚至在竞争中脱颖而出。她先对客户进行了精准定位。马行街的茶客比较大众化,且赶时间,而宋朝崇尚的茶文化是点茶,这需要一个复杂、冗长的操作过程,包括备具洁器、投茶注水、调膏加水、击拂抹茶和奉茶敬客等步骤。这样讲究且相对高端的饮茶方式并不适合马行街的茶客,此时,赵盼儿需要作出搬店或调整客户定位的选择,而她选择了后者。她将茶坊的产品定位细分为大众化茶饮和二楼雅座,大众化茶饮板块讲究快速和便宜,雅座则是优质茶点和高附加值服务,这样可以覆盖全市场的客户群体。

确定了客户定位后,赵盼儿通过一定的宣传和营销获得了一些客人。然后,展现关键核心竞争力的一步来了——高质量产品。她的竞争对手们都是专业的茶坊,论茶道,不相上下,于是赵盼儿将自己的优质茶点进行创新研发,相当于现在的新茶饮赛道开创新品。借助茶坊合伙人孙三娘高超的厨艺,赵盼儿的茶坊在茶果方面进行了外形和新口味开发,这些独家茶果和茶饮只在她的茶坊有,且非常美味,高质量商品自然吸引了众多客人。

随后,赵盼儿进行了差异化的高定价,既然商品过硬,就值得高价钱,这也可以平衡她在大众化产品线的平价收益,让茶坊整体的收入有保障。

当然,高价也引起了部分顾客的不满,此时,赵盼儿并没有降价,而是采取高端包装和限量销售的方式来维持高价。高端的茶点取一些雅致的名字,如桃夭、笑春风、春水生、晚更红,并且将高端茶点装在豪华包装的食盒内,让高级感延续,使客人觉得物有所值。更绝的一招是限量销售,比如高端茶点每人每天仅限购一份。这就从一批顾客中自然筛选出重点忠实客户,且由于高端包装、过硬的商品以及物以稀为贵的心态,让不少客人心甘情愿地花钱消费。

除了这些,赵盼儿还开发了体验式服务。因为她的另一位合伙人宋引章是教坊司的琵琶色教头,一位顶级琵琶演奏高手。于是在二楼雅座每天有琵琶曲表演,且同样是限量提供,一天最多2—3场。同时,赵盼儿还有一手"茶百戏"的绝活儿,相当于现在的咖啡拉花。这些都吸引了大量文人墨客前来饮茶和观赏,且回头客众多,复购率极高。如今的新消费市场也经常结合

十二、乐言商业

体验式服务，比如海底捞的美甲、成都不少饭店有戏曲表演等，这种附加服务也提升了收益，更是增加了客户黏性。

上述做法让赵盼儿在短期内获得了大量的客人，且高价定位也使其收益颇丰。但这也引发了市场竞争对手的不满，有些对手开始模仿并快速做出了山寨版的茶点且启动价格战，面对这种情况，赵盼儿采取的是回归商业本质的方法——保证自家商品的高品质，且坚决不降价。最初，低价山寨商品的确让竞争对手分流了一些客人，但是久而久之，赵盼儿的茶坊商品是口感最好的，顾客自然回流，且保持原价也没有太大的收益损失。试想，如果赵盼儿加入价格战，长期来看就是所有商家都会为了获客而大量投钱，过高的营销成本会损伤所有业者的利益。

《梦华录》还未播完，赵盼儿的故事还在继续，从一位古时女性创业者的小茶坊可以看到精准客户定位、细分产品线、高品质商品研发、包装与限量销售法、保持自身定价、体验式服务等消费产业的经营理念，最重要的是回归商业本质，女主角之所以能获得客人们的信赖和高黏性，甚至在后期将茶坊升级成当地第一大酒楼，主要是依靠过硬的核心商品竞争力和懂得客户需求。仔细研究《梦华录》的生意经，并用于如今的新消费赛道，相信会使得业者们获益匪浅。

2022 年 6 月 14 日

分享链接

会员店的核心商品哪家强？
就看这些特点

  会员店曾经是零售产业中占比并不高的一种业态，然而，经过多年的发展，在目前的中国市场，大量零售商开始扩张会员店项目，就在近期，山姆、家乐福、盒马甚至是大润发等都在或开新店，或摩拳擦掌地进行筹备。在刚刚过去的"十一"黄金周，家乐福又新开了会员店，而此前山姆刚刚新开了城市中心概念的会员店。

  根据业者们的反馈，由于大卖场的竞争日益激烈，目前整体行业的利润下滑明显，相对而言，客单价较高的会员店收益和利润都比较可观，有时候一家会员店的业绩抵得上好几家大卖场的门店，这也难怪商家们都开始大量铺开会员店生意。

  会员店真的是开得越多越好吗？衡量会员店优劣的标准到底是什么？

  在笔者看来，抢占优质商圈位置当然是所有零售商都会去做的事情，也无可厚非，但是衡量一个会员店核心竞争力的最重要特点是商品，尤其是独家商品。从这些商品中可以看到零售商的采购能力和成本控制能力，继而可以比较出性价比。

  第一个特点是看整体的商品SKU数量。通常大卖场的单店SKU可达1万个以上甚至更多，而会员店会根据后台大数据选择最热销的一些产品，尽量每个品类就保留1—2个品牌，这就给顾客节省了挑选的时间，并且集中营销几款热门产品，增加有效购买率。通常会员店的单店SKU在4 000多个，如果更严格把控，还可以低于4 000个，所以，会员店的SKU是做减法，越少越精，而并非越多越好。可能一般消费者不会去数整个门店的商品数量，你只要看单品品类里面的具体商品数量就可以了解到情况。如果你进入的这家会员店和一般超市卖场的商品并无太大区别，就说明其采购能力不强，仅仅是把普通卖场和超市的商品做了一点升级，这并非真正意义上的会员店。

　　第二，看自有品牌商品的占有率。目前，很多大卖场和超市的自有品牌商品占有率都不超过10%，而在会员店，这个比例起码应该在25%或30%以上，有些甚至近50%。自有品牌商品的占有率代表这个零售商对核心热销品的研发和聚焦能力。自有品牌商品都是商家经过分析，挑选热门品类，再寻找工厂进行生产，在基本保证同等品质的前提下，可以大大降低价格，有些自有品牌商品甚至可以比品牌商的同款商品低50%左右的价格，因为没有中间流通环节，属于工厂直供。因此，当你看到一家会员店内有为数不少且品质不错的自有品牌商品时，可以基本了解到这家会员店是在用心做商品的。

　　第三，看独家商品的多少。这里的独家商品当然也包括一部分上述自有品牌商品，但更大的意义在于这个指标可以直接显示出会员店的核心采购能力。比如，开市客店内的独家商品就要比其他同行多一些，这里说的独家商品并不是简单的只有这一家有，还涵盖独家尺寸和包装、特别款和定制款等。比如某一款酒，其实各大品牌零售商均有销售，但是只有开市客有一个特大容量的款，这就是开市客的采购能力——因为这种特殊包装的独家款是需要供应商开设专门的生产线去制造的，会员店一定要有足够的订货量，供应商才会生产，所以，销售能力和规模不够的零售商是没有能力去下这样的订单的。在开市客、山姆等比较成熟的会员店内可以看到大量的独家商品，尤其是一些定制款商品，比如有些大牌的服饰会和会员店联手定制专供会员店销售的商品，让顾客可以用低价买到大牌商品，这就足以见到这些会员店强大的供应链采购能力。反之，则说明这家会员店的采购能力还不够强。

　　第四，看周边的附加服务。比如餐吧的商品，开市客、山姆等几家大型会员店都有餐吧，其中所销售的牛肉卷等快餐都比较受消费者的欢迎，这里不仅仅是比较价格，还要看食物的份量、牛肉的品质和丰富程度，这些小细节也可以直接反映出该店对于原材料的采购能力，有时候哪怕是差几毛钱的细微差别，也可以了解到后台的成本控制能力，从而比较出该会员店的采购规模和能力。

当然，衡量一家零售店的指标还有很多，但对于会员店而言，核心商品尤其是独家商品是关键，懂得了上述几个要点，就会有助于消费者理解会员店的优劣和经营能力。其实，会员店的商机和市场潜力还很大，希望业者们能可持续发展，努力提升商品研发和采购能力，不要像多年前抢夺大卖场选址那样，大量铺开网点后又进入关店潮。会员店是一门好生意，业者们要努力做好商业本质，用商品和实力说话。

2022 年 10 月 12 日

分享链接

十二、乐言商业

张庭夫妇涉传销案听证会结束，微商"陷阱"为何屡禁不止？

11月7日，持续4天的"TST庭秘密"涉嫌网络传销一案的听证会在河北省石家庄市落下帷幕，张庭（张淑琴）、林瑞阳（林吉荣）、陶虹等均为涉案主体。有媒体报道称，石家庄裕华区市场监管局的办案人员在听证会上出示了相关证据，"TST庭秘密"的约30名代理律师主要从管辖权、鉴定机构等方面陈述了意见。

根据相关规定，在听证会结束后相关部门需要在规定的期限内给出结果，目前还需要等待。天眼查App显示，TST关联公司仍在申请商标"庭秘密天音"，国际分类包括广告销售、科学仪器等，当前的商标状态均为申请中。

这并非张庭夫妇第一次被质疑传销，此前湖北省保康县市场监督管理局经过调查，就认定过"TST庭秘密"有传销行为。

先不说这次的结果会如何，但微商的"陷阱"为何屡禁不止？

在与不少业内人士的交流中，笔者了解到，这些年随着互联网的发展，微商开始崛起，根据天眼查的不完全统计，截至2022年3月15日，我国目前共有17 346家微商相关企业。很多渠道和平台上都会有人告诉你"在家就能赚钱"的机会，于是一大批人"入坑"。

在笔者看来，互联网生意不是不能做，如果是持有相关牌照，有正规管理的电商平台，当然是可以运作的。但有些微商则是"挂羊头卖狗肉"，甚至连"狗肉"都没有，那就非常荒谬了。

这些微商通常会先找到"合适的目标"，比如待业在家者，或者一些要带孩子而不便上班的宝妈，以及长期精神生活空虚、需要关怀的人。这些人或需要钱，或需要爱，于是，微商就会根据各个对象的情况来给予金钱诱惑（在家就可赚大钱），或每天对你表示关爱（比如欺骗感情或假意亲情关怀），获得对方信任。接下来就是要求对方买货、卖货、办卡、加入销售组织等，还会设置一套所谓的分红机制等。

这里需要分清楚的是，正常的销售人员，卖货后获得佣金是合理合法的，但是传销不同，有时候传销所卖出的货品质量有很大问题，有些传销机构甚至根本没有货品，仅仅是在发展下线，获取"人头费"，这就违背了商品销售的原则。更过分的是多层级分销，赚取多层级的"人头费"，等于最初的发展者什么都不用干，只要一层一层地收费即可，这就涉及传销行为，是被禁止的。

就张庭夫妇的案件来看，此前湖北省保康县市场监督管理局经过调查认为，"TST庭秘密"奖金制度将会员区分为蓝卡会员和红卡会员，其中，蓝卡会员属一般消费者，且针对蓝卡会员的奖金制度符合商业惯例，并无违法情形。但对红卡会员执行的奖金制度——要求被发展人员发展其他人员加入，形成上下线关系，并以下线的销售业绩为依据计算和给付上线报酬的行为属《禁止传销条例》相关规定的所指情形，属传销行为，构成组织策划传销违法行为，依法没收违法所得1 927.99万元，罚款170万元。

然而，由于金钱的诱惑和虚假的感情关怀作用，总有人会上当。对于传销的认定似乎也不容易。因为要获得这些相关证据，必须有内部人员来获取，但如果内部人员本身就涉及利益或情感纠葛，他们未必会举报。

即便有内部人员举报，还要看之后的法律相关流程。有法律界人士指出，如果是向市场监督管理局举报，就需要有一个听证会和认定结果的过程；如果情节严重，可以将材料移交给公安立案，通常则是在认定后，如涉嫌违法违规，就进行相应的行政处罚。但这并不能确保那些不良微商不会"卷土重来"。如果案件到了公安部门，则需要进一步取证，并将材料移交检察院，如果证据材料不充分，检察院就会交还给公安，要求继续补充材料。检察院审查材料并通过后，交由法院诉讼审理。整个过程需要一定的时间以及充足的证据，这期间不排除一些微商会进行"业务调整"甚至"出逃"。

就拿张庭夫妇来说，目前案件还未结束，有消息称他们已在马来西亚继续做微商。这里又涉及一个概念——属地原则。因为每个国家的法律并不相同，他们在马来西亚的行为是否违法，就要看当地相关部门对于他们的行为认定了。

　　互联网时代诞生了很多新业态，业者们都应该遵纪守法，不要想着去钻空子并赚取不合法的利益。因为天网恢恢，疏而不漏。

2022 年 11 月 8 日

分享链接

十三、婷见影视

葛怡婷 | 第一财经特稿部商业人文记者，复旦大学新闻系硕士，"婷见影视"专栏长期关注文娱产业动态，解析热点文化事件背后的商业逻辑。
联系邮箱：geyiting@yicai.com

"浪姐"上线，王心凌率先翻红，回忆杀为何如此盛行？

5月20日，《乘风破浪的姐姐》第三季更名《乘风破浪》后在芒果TV上线，给沉寂许久的娱乐圈带来了些许新看点。出人意料的是，30位姐姐中最先火的是王心凌。

39岁的王心凌扎着高马尾，身着白色校园制服唱跳《爱你》、wink、比心。"甜心教主"重回大众视野，带着少许岁月的痕迹，不变的依旧是甜美的歌声和甜美的笑容。

这段一分多钟的视频很快在各个平台上"病毒式传播"，又衍生出各式各样的二次创作。在新浪微博，与王心凌相关的热搜超过15个，话题"王心凌乘风破浪再唱爱你"阅读人次达到4.8亿；在抖音，仅"王心凌男孩"一个话题下的视频就有7亿次播放量；5月27日的QQ音乐流行指数榜前十中，包括《爱你》《第一次爱你》《睫毛弯弯》在内的王心凌演唱歌曲占据9席。

王心凌的热度显然也超出了节目组的预期。在第一期节目中，除了初舞台《爱你》之外，她的镜头寥寥无几，总共时长不超过3分钟。在5月27日上线的第二期，第二个镜头就务实地给到了王心凌，整期节目中，她的特写镜头和反应镜头明显增多，还有一条与同组其他姐姐友爱互动的故事线。王心凌的形象丰满了一些，甜美之外，她个性沉静内敛，不争不抢，在表演上

十三、婷见影视

对自己的要求很高。

在《乘风破浪》的舞台上,王心凌成功翻红也给节目带来了远超预期的附加流量。她的个人热度不仅与其他姐姐拉开距离,甚至超越了第一季的人气姐姐。本季 30 位姐姐中,论实力或颜值,王心凌都不算最出挑的那一个,为什么最先火的却是她?

甜妹,不只有甜

在经历了第一季的爆红、第二季水准滑坡之后,《乘风破浪》在姐姐的阵容搭建上下足了功夫。两位大姐大宁静和那英压阵,28 位姐姐来自音乐、影视、舞蹈、体育等不同领域,有谭维维这样的实力唱将,有奥运冠军徐梦桃,还有两位舞蹈界的顶级演员朱洁静、唐诗逸。影视演员张俪和王紫璇的"量紫俪学"CP 组合也因为高颜值得到一定的关注。此外,还有韩国偶像歌手郑秀妍,作为少女时代组合前成员,拥有较为强大的粉丝基础。

与王心凌同为"回忆杀"出现的,还有许茹芸、Twins、薛凯琪、郭采洁等人,在节目开播前,从各大娱乐讨论组热度来看,她们在观众心中就享有较高的期待值。很多网友表示,就是奔着这些青春期偶像而来。

回溯第一季,在以《创造 101》为代表的偶像选秀如火如荼的时候,"浪姐"的出现无疑令人眼前一亮:不再是千篇一律的美少女跳着整齐划一的舞步,一群 30 岁以上的女明星,风格各异,千姿百态;在"重新定义女团"的旗号下,主张不惧年龄、多元审美和女性成长。可以看到,第一季节目中,侧重挖掘成熟女明星不为人知的另一面,"回忆杀"或者"怀旧"并不是节目的诉求。比如同为甜妹出道的张含韵,初舞台以自弹自唱的方式展示才艺,凸显女性的自我突破与成长。

第三季中,除了王心凌,许茹芸、Twins、郭采洁都延续了《乘风破浪的姐姐》所倡导的打破原有人设的主张。Twins 没有像大多人期待的那样合体演唱《下一站天后》,郭采洁表演了一首实验性较强、风格迷幻的歌曲,许茹芸也没有唱观众熟悉的情歌,而是弹唱了一首较暗黑另类的歌曲,在采访中,她也提到此次初舞台,就是想要打破观众对她"苦情"女歌手的固有印象。

和其他人的选择都不一样,王心凌初舞台的形象甚至与《乘风破浪的姐姐》最初的主张背道而驰。她所展现的并不是"成长",而是"不变"。对于"甜心教主"的称号,她也泰然处之:"如果我 80 岁都还在拄着拐杖,还可以被叫甜心奶奶，不也是蛮好的吗？"

"每次刷到《爱你》，心情就会瞬间变好，王心凌好甜。"王心凌俘获的不只男观众。在偶像选秀叫停、甜宠剧失宠的荧屏，"甜妹"反而成了一种稀缺品。并且，王心凌所呈现的甜蜜氛围也不是流水线制造的"人工糖精"，而是自然流露的真实状态，也表达了一种坚持的态度：如果甜美就是本色，不必逼迫着自己转型。

作为在华语乐坛唱片业辉煌的尾声期留下名字的歌手，王心凌拥有的不只有"甜"。2004—2006 年，她连续发行《爱你》《Honey》《Cyndi with U》三张专辑，均入围台湾地区专辑销量前十；主演的电视剧《微笑 Pasta》《天国的嫁衣》迄今仍然是台湾偶像剧收视率前十。2018 年，王心凌发布新专辑中的主打歌《大眠》也成为年度大热金曲之一，经历家庭、情感、事业挫折之后，她没放弃对音乐的追求，甜美的声线中又多了千帆过尽的故事感。

在今天看来，王心凌仍然是艺能全面的偶像，唱跳俱佳，表演富有舞台感染力，并拥有《爱你》《第一次爱的人》《睫毛弯弯》等脍炙人口的作品。她的国民知晓度、歌曲的传唱度等因素促成她的翻红，绝不仅仅是因为"走运"。

当怀旧成为时尚

王心凌成为一个原点，她和杨丞琳的合唱视频被挖出来进行比较，与二人同为台湾地区"三小天后"的张韶涵，这些年一直活跃在大陆市场，吸纳了一批更年轻的粉丝。5 月 27 日晚，孙燕姿在抖音直播开唱，短短一小时显示吸引超 2.4 亿人次观看。与孙燕姿同一时段，微信视频号上的罗大佑线上演唱会，在朋友圈也成刷屏之势，引发广泛讨论。

从张国荣演唱会修复版重映开始，到崔健线上演唱会、周杰伦演唱会重播，乃至刘畊宏健身操搭载《本草纲目》起飞，"回忆杀""情怀牌"密集地出现在这个春天，形成了一股势不可挡的"怀旧潮"。在疫情造成的封闭和隔离之中，怀旧成为情绪的安抚，帮助人们短暂跳脱现实生活的苦闷，找到一种最舒适和安全的方式：返回想象中的过去，镀上一层浪漫化的金粉。

每隔一段时间，"怀旧"总会以一种方式卷土重来。比如过去电视节目中策划的某某剧组二十年后重聚首，几乎每次都是一呼百应，引发大众层面的回忆和热议。一些爆款音乐真人秀综艺，如《我是歌手》《中国好声音》等，选唱将，推新人，靠的还是老歌新唱。去年《披荆斩棘的哥哥》"大湾区"五人组的出圈，同样切中了观众的怀旧情绪，上月由芒果TV推出的另一档综艺《声生不息》更是直接致敬港乐经典。

最近，因为综艺《欢迎来到蘑菇屋》中重聚，"0713男团"火了，它并不是一个新成立的男团，而是指参加2007年《快乐男声》的13强，包括陈楚生、苏醒、王栎鑫等歌手。这支"过气艺人"组成的再就业男团，出其不意地引发热议，网友将他们十多年前的参赛视频挖出来逐帧分析，画质已模糊，情感却真挚。无论境遇如何，这届传奇的快乐男声延续多年的友情令人动容。

如果说上述这些节目还在通过一些改编和创新，令过去的形象、旋律以一种更潮流的方式焕发新生，那么今年4月以来的种种现象级文娱事件，通过社交平台的传播搅动着时代风云。在王心凌唱跳《爱你》的同一个晚上，TME live推出的一场8年前的周杰伦"摩天轮"演唱会重映，加上次日的"地表最强"演唱会，总观看量近1亿，刷新在线演唱会观看人次纪录。作为21世纪华语乐坛最具代表性的唱作人，周杰伦是一代人的青春回忆，在线下演出仍然无法大规模展开的当下，人们隔着屏幕集体狂欢。

在不确定和充满风险的环境中，人们倾向于将希望寄托于依稀记得的过去，越来越多的人渴望通过一种集体记忆，在碎片化的时代中获得连接。罗大佑、周杰伦、孙燕姿这些在互联网传播时代之前就已经树立声名的歌手，作为集体怀旧的载体，将分散的人们重新黏合在一起。这些旋律或者影像获得大量传播的前提是，它们是经典的、能够引发共情的，而非速朽的或者只是某个圈层独享的娱乐。

不断品尝到甜头之后，这些怀旧的符号还将更多地被转换为财富密码，被文娱产业挖掘、反刍、包装、兜售。不过，当这些不可再生的文娱矿藏消耗殆尽后，未来的我们还可以凭借怎样的作品和人，实现"怀旧"的情感消费？从更长远的维度来看，还是期待真正能够反映时代新声的作品出现，期待"明天会更好"。

2022年5月28日

分享链接

易烊千玺等人考入国家话剧院，流量明星考编为何引发争议？

7月6日，中国国家话剧院（下称国话）公示2022年应届毕业生拟聘用人员，易烊千玺、罗一舟、胡先煦等在列。一石激起千层浪，舆论风向从最初的"恭喜三人成功考入国话"转向"招聘免笔试是否合规"，进而又陷入"明星考编是否使用特权"的争议。

针对此事，国话工作人员最新回复称名单上的人员尚处于公示阶段，并没有录取，公示期出现异议的情况会向领导反映，向上级单位报批。截至7月11日上午，针对网友对招聘流程是否公平公正等质疑，国家话剧院尚未作出进一步回应。第一财经记者多次拨打公示期的受理电话，一直处于占线状态。这份拟聘用公告的公示期为7月7日至7月15日。

实际上，明星考编并非新鲜事。2020年，刘昊然考入中国煤矿文工团，岗位是话剧演员。2021年，关晓彤、张艺兴以人才引进的方式加入国话。两则消息在当时均引发了诸如"流量明星能否演好话剧"的讨论，但都不及今日舆情之汹涌。为什么这一次会引发如此巨大的波澜？

左手高薪，右手编制

此次国话拟录取的三人，均为中央戏剧学院2022年应届毕业生，都是"00后"。其中，易烊千玺的名气最大，作为TFBOYS组合的成员，在新浪微博拥有超过9 000万名粉丝。但其真正"破圈"，还是在出演了《长安十二时辰》《少年的你》等影视作品之后。今年春节档，他在两部大片《长津湖》和《奇迹·笨小孩》中担当主角。

胡先煦为童星出道，曾出演电影《百鸟朝凤》，近几年通过《棋魂》《小别离》等影视剧逐渐被观众所认识，也是近年来人气颇高的青年演员之一。罗一舟是偶像选秀节目《青春有你3》的C位选手，并作为IXFORM的组合成员活跃在唱跳舞台，他的影视剧经验不及前两位丰富，但却是三人中唯一

十三、婷见影视

有话剧舞台经历的演员,曾在话剧《白蛇》中饰演许仙。

一名戏剧行业的资深观察人士向第一财经记者表示,在她看来,演员"考编"是一件挺正常的事情:"在北京、上海等大城市活跃着许多影视行业、戏剧行业的从业者,他们中的大部分都是自由职业者,但受到疫情影响,工作机会和演出机会都变少了。像这种国家级的剧团院团,虽然也会受到疫情影响,比如限流等,但至少还是'旱涝保收'的,无论如何,还是会排戏、演戏。"

与大部分同班同学或其余同世代的年轻演员相比,三位年轻毕业生尤其是易烊千玺已经拥有了其他人无法企及的影视资源和机会。在流量为王的时代爆红,从唱跳歌手转型成为一名演员,易烊千玺的成长路径曝光在所有观众的眼皮底下。在看到易烊千玺考入国话的消息时,许多人的质疑之一,是他的演技与能力是否与岗位需求匹配;在工作量已经如此饱和的情况下,他是否有时间参与话剧作品的排练?通常,一台话剧作品的排练期至少两个月左右。

这些疑问又将讨论的焦点引向了国话招聘流程是否合规,比如为何演员岗不设笔试、演员的文化素养是否也应该作为评判标准等。国话在今年3月发布的招聘公告中明确演员岗位不参加笔试:"通过资格审查的人员直接进入面试。面试分三次,每次面试的总成绩为100分,60分及以上为合格,60分以下的人员不再进入下一次面试环节。"

国话,作为文化和旅游部直属的国家艺术院团,在许多观众的心中是殿堂级的存在。2021年恰逢国话创建80周年,演职员工纷纷录制祝福视频,可以说是阵容强大,众星云集。查阅国话官网演员一栏,倪大红、刘烨、孙红雷、段奕宏、辛柏青、陶虹、郝蕾、袁泉、秦海璐、陈数等明星在列且均有数部话剧代表作。但也有在"主要话剧作品"中仅有一部的,如李冰冰、海清等。可以看到,部分演员将更多的精力投入到影视剧当中,话剧是次要舞台。

对比之下,同为话剧艺术的殿堂,北京人民艺术剧院的星光虽看似暗淡些,但濮存昕、冯远征、何冰、杨立新、吴刚等演员的事业均向话剧舞台倾斜,并仍在不断创作新的话剧作品。不过,两家剧院都存在人才储备青黄不接的问题,2020年,蓝盈莹因个人原因辞去北京人艺的工作。舞台剧队伍中又少了一位实力不俗的青年演员。由此可见,传统老牌剧院也需要创新机制,吸引真正适合话剧舞台的新鲜血液，而这也对人才管理和培育提出了新的考验。

话剧需要合适演员，与流量大小无关

明星演员占着话剧院的编制却不演戏的讨论，早在十多年前便曾闹得沸沸扬扬，而当时的主人公是章子怡。章子怡所在的1996级中戏表演班是出了名的明星班，同班同学刘烨、袁泉、秦海璐、胡静都是国话演员。章子怡曾是国话的员工，但却从未排过一出话剧。不过，目前国话官方网站演员一栏中，章子怡已不在列。在众星云集的八十周年庆祝视频当中，章子怡也并未现身。

2007年，中国话剧100周年诞辰之际，时任国话副院长王晓鹰在接受采访时回应在编明星外出拍戏的问题，称影视制作单位都要同剧院签订劳务合同："影视剧要用我们剧院的演员，就相当于把我们的人员租赁给另一个用人单位，所以，要付给我们一定的劳务合同费。"他提到，劳务合同费根据每个演员在影视市场上所能体现出的劳动价值来确定，原则上名气大的演员交的劳务费多，名气小的相对就交得少。

同年，时任上海话剧艺术中心总经理杨绍林曾表示，他们早在1995年就实现了用人制度上的改革，实行事业单位企业经营，在对演员的管理上已经完全市场化："对大部分演员都是实行聘任制，合同管理，这条路走了十几年，已经形成了很成熟的体系。"

目前，上海话剧艺术中心（下称上话）也有不少明星演员，比如奚美娟、徐峥、郭京飞、雷佳音、马伊琍等。上海话剧艺术中心艺术总监喻荣军告诉第一财经记者，上话2011年已由事业单位转为企业，目前是企业单位："上话1995年就实行了演员俱乐部制，目的就是想推动演员的自由职业化管理。"

喻荣军也提到，上话演员出去演出或参与影视项目需要交合同费："有具体规定，各个演员根据其级别不同，缴纳的费用也不一样，一般会抵扣这个演员的基本管理费用（包括基本工资等），但是多出的部分基本上全返还给演员，剧院基本上不会从演员身上赚取更多的利润。"上海话剧艺术中心2021年度的财报显示，演出收入占比超四成，外借人员劳务收入占比1%。

在喻荣军看来，话剧舞台从来需要的是合适的演员与艺术家，与是否明星或偶像其实没多大关系。"明星演舞台剧，国内外都有，是相互吸引的事

情,舞台剧可以锻炼演技,却不是哪个明星都敢于尝试。在英国,许多影视明星一直活跃在话剧或音乐剧的舞台,舞台肯定有吸引他们的地方。"

随着话剧演出的市场化,明星的商业价值也会对话剧票房产生一定的影响。在部分网友看来,明星自带流量,能够为话剧市场引流,这是一件互利共赢、互相成就的事情。

在喻荣军看来,话剧舞台需要明星带流量是个伪命题:"只是一些商业操作的项目需要明星,但也一定要合适的明星。"喻荣军认为,用明星参加舞台剧一直是把双刃剑,一方面可能提高票房,吸引观众;另一方面,明星的价格相对较高,档期难排,往往一出戏还得跟着明星的档期走。"所以,得看什么样的剧组用什么样的明星。大多数情况下,话剧还是以合适的性价比较高的演员为主。"

曾经,年轻人的就业选择灵活多样:自主创业、外企、大厂,而编制只是选择之一。经济下行的环境中,因为相对稳定,不用担心随时被裁员,编制成了许多年轻人的职业选择。当明星拿着高薪,又轻而易举地获得一份体制内工作。年轻人难免感到不平:"他仿佛什么都有了,而我却一无所有。"

面对汹涌的民意,国话暂未给出明确回应。假如风波过后,易烊千玺、胡先煦、罗一舟入职国话,唯一能够证明他们考编初心所在的便是作品,究竟是真的热爱话剧舞台,愿意花时间锤炼自己作为话剧演员的技能,还是仅仅是谋求一个"铁饭碗",占着编制却不演戏。他们的选择将被所有关心此事的人所审视和评判。

2022 年 7 月 11 日

分享链接

"二舅"刷屏,平凡而积极的人生故事引发集体共鸣

7月26日,短视频《回村三天,二舅治好了我的精神内耗》(以下简称《二舅》)在社交平台呈刷屏之势。工作日下午,视频首发平台B站上,实时在线观看的人数始终保持在10万以上。

这一由B站UP主"衣戈猜想"创作的短视频,用11分半的时间回溯了主人公"二舅"波折、苦难却丰饶的人生。天才少年因赤脚医生的误诊成了残疾,放弃学业后学做木匠,凭着手艺走遍天下,结交各路好友;青年时扛起家庭的责任,给亲人制作新婚的所有家具,为养女买房耗尽半生积蓄,人到中年照顾生活不能自理的母亲,任劳任怨。在村子里,他是远近闻名的能人,帮村民修理各式各样的电器、玩具、劳动工具,清贫度日,一生未婚。

该视频于7月25日上午8时上线B站,当天深夜至第二天上午热度飙升,26日傍晚,播放量已经近千万次,弹幕数突破4.4万条。网友"歌钟十二街"对该视频的评论得到了超8万点赞:"看似置身事外淡淡地叙述,偶有玩笑话穿插其间,文字背后的情感足以动人至落泪……像一场时长极短的电影,匆匆而过转眼就迎来结束,这又何其像是普通人的一生。"

"二舅"的故事,重叠了许多普通人的身影,引发观众的广泛共情。两万五千条评论中,不少观众回忆起自己的至亲,"像极了我大舅""特像我爸爸""想起了我的外公"。这些普通人往往藏于平凡市井,却如"二舅"一般身怀绝技,奉献他人。网友"素心一缕"说:"我爸也是木匠,做了很多家具,爱看书,爱研究,会接上下水、暖气管,铺瓷砖,修各种小家电,种地。我问他,爸,你咋啥都会呀?他说,这就是生活。"

不少观众则联想到余华的小说《活着》。余华在序言中写道:"作为一个词语,'活着'在我们中国的语言里充满了力量,它的力量不是来自喊叫,也不是来自进攻,而是忍受,去忍受生命赋予我们的责任,去忍受现实给予我们的幸福和苦难、无聊和平庸。"这段对"活着"的阐述,用于形容"二舅"

十三、婷见影视

苦难而坚忍的一生，也较贴切。

视频当中，有不少适合互联网传播的"金句"，诸如："这个世界上第一快乐的人是不需要对别人负责的人，第二快乐的人就是从不回头看的人。""遗憾谁没有呢？人往往都是快死的时候才发现，人生最大的遗憾就是一直在遗憾过去的遗憾。遗憾在电影里是主角崛起的前戏，在生活里是让人沉沦的毒药。"

该视频的流行，也引发了一些争议。部分评论人士对故事和人物的真实性存疑，有观点认为，这些金句和互联网流行的"鸡汤"并无二致，对"二舅"这一人物的塑造也有浪漫化苦难、消费苦难之嫌。

上海社科院学者陈亚亚认为，《二舅》视频表达了一种面对苦难仍然要积极生活的人生态度，一种生活的韧性，《二舅》故事的解读方向也比较丰富，如励志、乐天知命等，在她看来，虽然是作者的主观解读，但本身并没有刻意美化苦难。

她向第一财经记者分析，疫情当前，很多人感到不堪重负，视频之所以这么火，或许和许多人的焦虑、沮丧心态有关："一方面萎靡不振，丧失了奋斗的勇气，另一方面又非常之焦虑，不愿就此消沉下去，所以，他们迫切需要看到'二舅'这样一个积极生活的榜样，而且因为其生活相对窘迫的原因，这个榜样对自己也没啥威胁，不会加深自己的焦虑。"

在陈亚亚看来，形式上，《二舅》视频和其他走红的短视频不太一样："一般短视频都比较短，都是截取生活的一段，不太像这个视频讲述这么长的过程，有点像纪录片。"她同时指出，纪录片一般要跟拍一段时间，而这段视频中很多内容是靠照片来补充，有些镜头像事后摆拍，因此也不能称为纪录片："如果和文字比较，有点像非虚构写作，但是是否真实，有多少真实，还不清楚。"

在发布《二舅》之前，"衣戈猜想"是一名科普UP主，在B站拥有135万名粉丝，2020年11月15日发布了第一条视频《当代中国各省传说》，迄今发布了35条视频，并不算高产，但有11条视频的播放量都在百万次以上，《谁在组织高考作弊？》的播放量破1 300万次，《6分钟讲明白什么是洗钱》名播放量超过800万次。

"衣戈猜想"本名唐浩，曾在网课机构猿辅导担任高中历史老师。他创作的短视频往往包含很大的信息量，以一种幽默而冷峻的方式进行科普，逻辑明晰，深入浅出，有趣味性。但从人物、故事、风格上来看，《二舅》和其他视频内容有较大的差异，非科普，更像是人物小传。

有网友建议让"二舅"去短视频平台直播，"衣戈猜想"回应："'二舅'认真地活了半生，我分享了'二舅'的故事。大家听了还有点触动，这三者合起来就是个美好的小故事，美好的故事应该有一个美好的结尾。这些年大家看过的烂尾了的美好故事还少吗？让'二舅'安安静静地陪姥姥生活在那个小山村吧，那就是这个故事最美好的结尾。"

2022 年 7 月 26 日

分享链接

《一年一度喜剧大赛2》回归，"腰部"演员的突围之路

断更一周后，《一年一度喜剧大赛2》宣布第五期将于10月28日继续播出，不少观众在官方微博下留言呼吁连播两期，并表示，"这是通知，不是商量。"这句话是本季出圈节目《少爷和我》中的台词。

根据灯塔专业版的数据，《一年一度喜剧大赛2》上线首日便超越《心动的信号5》《脱口秀大会5》《披荆斩棘2》等热门综艺，登上全网正片播放市场占有率综艺类榜单榜首，并连续三十天保持在单日榜单冠军的位置。在表现较为平淡的第四季度综艺赛道上，《一年一度喜剧大赛2》是为无数不多的亮点之一。

去年《一年一度喜剧大赛》低调开播，凭借口碑成为综艺市场上的一匹黑马，打造出《奇葩说》《乐队的夏天》等IP的米未传媒再一次展现出内容创意能力。不同于以往喜剧综艺主打小品等主流形式，《一年一度喜剧大赛》类型多元，包容度高，让观众有机会看到更丰富的喜剧形式。对诸多尚未成名的喜剧创作团队、"腰部"演员的推介，对Sketch、漫才等喜剧形式的展示，为《一年一度喜剧大赛》这一新兴IP积攒下良好口碑。

不过，第一季的高口碑必定会给续集的创作带来巨大压力。这档综艺培育了一批欣赏水平较高且目光苛刻的观众，后续自然要接受他们的审视。对于综艺制作方和创作者而言，唯有拿出比第一季更抢眼的作品，才能让最初的惊艳感和新鲜感得以持续，留住老观众比吸引新观众更为不易。

喜剧使人相聚

从目前上线的四期节目来看，第二季基本上延续了上一季的优势和特质，推介的新人演员和新的喜剧形式（如黑场剧、独角戏、偶剧等）也给观众留下了深刻印象，加上集体创作的形式和专业编剧、表演指导的把控，大多数节目保持了一定的完成度。

首期节目的几个作品风格各异，根植于日常生活的《虎父无犬子》《黑夜

里的脆弱》《排练风云》，反映恼人的家庭教育、"社畜"的艰辛打工生活以及线上交流的不便和阻碍，创作者用细腻的观察和编排回应现实生活的矛盾和焦虑，让有相似经历的观众会心一笑。喜剧演员李逗逗一个人自编自导的独角戏《再见》也通过严丝合缝的编织，反映出女孩失恋后内心的天人交战。

第一期节目基本上延续了上一季的高水准，在豆瓣上拿到了8分以上的好评。然而，这一水准并没有在接下来的第二期、第三期得以延续，作品质量开始变得良莠不齐，一些作品用力过猛或煽情过度，令观众感到有些失望。幸好，若干出圈作品还是撑住了节目的口碑和热度，反讽"霸道总裁"类文艺作品的《少爷和我》和风格天马行空同时具有严密逻辑的《代号大本钟》令观众捧腹，别出心裁的设定为节目增加了不少出圈梗和看点。

最新一期节目进入到有残酷淘汰机制的第二赛段，各个喜剧组合需要围绕"出行""表白""学习"等主题两两对决，并在不到半个月的时间内进行极限创作，最终得票更多的团队才有机会留在舞台上。从幕后花絮来看，为了能够拿出更完美的作品，几乎所有的演员都耗尽心思，为一句话甚至一个字反复推敲打磨。

土豆、吕严的"胖达人"组合带来的《进化论》，与刘旸、松天硕和宇文秋实的"老师好"组合创作的《没有学习的人不伤心》之间的强强对决成为第四期的最大亮点。两支同样才华横溢的喜剧组合围绕同一个主题带来了风格迥异的表演。一个超脱于生活肆意狂想，用惊人的想象力制造笑点，不断砸向观众，令人应接不暇；另一个则反映默默努力却看不到回报的普通人的心境，笑泪并存，情感动人且克制，没有落入煽情的窠臼。

在优质的喜剧内容之外，《一年一度喜剧大赛》的另一特点是将一群有趣、勤奋、热忱的创作者和演员介绍给观众。他们对创作的投入、对喜剧的热爱，都会给观众带来作品之外的感动。第二赛段被淘汰的演员刘旸说："喜剧使人相聚。"这句话同样可以用来诠释这档节目的共创精神。

喜剧演员之间互相帮扶、互相鼓舞的真挚感情冲淡了残酷赛制带来的火药味。对待舞台，他们全情投入，不会因为被淘汰和失败而怨憎对手。节目在呈现喜剧内容之外，同时呈现了充满创作激情、气氛融洽的喜剧创作生态。这份喜剧人凝聚在一起产生的能量，也给观众带来温暖和抚慰。

如何满足苛刻的观众

一档综艺进入N代的时候，就意味着如何满足观众期待、留住他们的注意力将成为主创必须面对的课题。无论是《脱口秀大会》还是《一年一度喜剧大赛》，这两个喜剧赛道上口碑和热度最高的 IP，都需要面对这个问题。

优质的喜剧综艺 IP 吸引和培育了一批高质量的观众。这些观众对节目内容有要求，对创作方法有思考，对表演舞台有期待。于是，在这两档综艺推出续集的时候，面临的最大考验就是如何满足这些老粉丝的挑剔目光。可以看到，"不如第一季好看，不如上一季好看"构成了两档节目最主流的负面评价，而这些评价会对节目的口碑产生较大影响。

节目横空出世时的惊艳、新鲜感退场，能够抓住观众的方法就是推出更"炸"的作品、更耀眼的新人。上一季的《一年一度喜剧大赛》，王皓和史策组成的"皓史成双"、蒋龙和张弛组成的"逐梦亚军"、大锁和孙天宇组成的"大宇治水"，贡献了多个精彩的喜剧舞台，曾经作为"腰部"演员的他们也获得了前所未有的关注度，得到了许多行业资源的倾斜。

《一年一度喜剧大赛2》仍然推出了不少可以反复观看的优质作品，一些才华横溢的演员竭尽所能地展示着各式各样的"花活"，也得到了观众的认可。但在舞台的火爆程度、出圈密集程度来看，与第一季相比的确略逊一筹。除此之外，当嘉宾评价与观众评价产生较大出入并影响比赛结果乃至演员去留时，也会造成观众的不满情绪，当这种评价错位的频率变高，对节目及赛制的不满就会超过对内容本身的喜爱，也会对节目的口碑造成影响。

后疫情时代的综艺市场，需要更多笑声治愈观众焦虑或沮丧的心情，而喜剧这种艺术形式有着得天独厚的条件。这也是《脱口秀大会》和《一年一度喜剧大赛》这两个 IP 得到年轻观众追捧的重要原因，除了节目本身新颖的形式、新人演员带来的新鲜感之外，笑声是人们生活中的"刚需"。

对于节目主创而言，观众的热情和期许既是机遇，也是巨大的挑战。满足他们并不容易，喜剧的标准既简单又苛刻，"不好笑"便是灾难，但让观众开怀大笑，也需要付出更多的心血和努力。

2022 年 10 月 27 日

分享链接

《三体》动画版引发论战，两部真人剧引领明年影视化高峰

很少有 IP 的影视化之路，像《三体》这般备受瞩目又跌宕起伏，其戏剧性不亚于一部小说。

这一由刘慈欣创作的科幻小说系列自 2006 年第一部问世后，以其恢宏的想象力和对人性与文明的冷峻思考，收获粉丝无数。2015 年，《三体》第一部经由科幻作家刘宇昆的翻译获得第 73 届雨果奖最佳长篇小说奖，影响力进一步扩大。即便没有读过《三体》，也不会对其中诸如黑暗森林、降维打击等概念感到陌生。

过去十余年间，围绕《三体》IP，已衍生出广播剧、舞台剧等多种形式的内容产品，面向最广泛观众的电影、剧集的开发未曾间断，投资方、制作方、流媒体平台渴望抢占先机，每隔一段时间就有相关作品立项、开机、杀青的消息，然而成功问世的屈指可数。今年，多个令《三体》粉丝兴奋的消息接连释出，中外两部真人版剧集更新动态，动画版近日开播。

12 月 10 日，《三体》动画版在 B 站上线，连更两集。截至发稿，播放量已突破 1.2 亿次。目前口碑呈两极分化态势。作为首部真正意义上官方授权的影视化作品，《三体》动画版率先亮相，也注定要承受粉丝的审视。

在各种影视化版本被提上日程之前，有读者援引原著，调侃蜂拥而至的制作方："不要拍摄！不要拍摄！不要拍摄！"作为国内科幻小说第一 IP，《三体》影视化需要技术支撑以及对其精神内核的深度理解。不难揣测各方对这一 IP 既虎视眈眈又慎之又慎的心理。成功，或许能够带来源源不断的衍生价值；失败，那就是要承受毁 IP 的骂名和批评。

无论如何，在《三体》波折的影视化之路上，《三体》动画版已经迈出了关键一步。它所收获的经验和反馈，也能够为后续的 IP 开发提供参考。

动画版口碑两极分化

在《三体》动画版的片头，总策划林奇的名字被打上了白框，提示着观

众发生在 2020 年年末的一桩悲剧：游族网络原董事长林奇疑遭人投毒送医救治无效离世。

2014 年，游族宣布成为《三体》系列小说全球影视剧改编权等相关权利的唯一所有人。2018 年，林奇创立三体宇宙公司，布局 IP 系统开发。在他去世前，三体宇宙与多方达成了颇具价值的合作，其中就包括动画版《三体》。

2019 年 11 月，《三体》动画版发布首支预告，原定去年上线。承制这一动画项目的是一家业内颇具声望的公司艺画开天，其代表作是科幻题材动画《灵笼》，视觉呈现和世界观架构得到了大多数观众的认同。一位粉丝留言得到了过千点赞："《三体》交给这家公司，我放心了。"

动画第一集以"古筝计划"为开端，展示出制作方的野心和能力。从预告片可以看到，太空电梯、水滴摧毁人类舰队等原著名场面都将一一呈现。部分粉丝满意动画版的品质，认为城市景观符合想象，动作场面精彩紧张，已经达到国内动画番剧的顶级水平，并且，在这样艰难的外部环境下，能够完成这样一部科幻巨制的影视化，实属不易。

另一部分观众则不留情面地指出，该动画视觉呈现效果不够理想，存在色调灰暗、建模缺乏美感、动作流畅度不够、配音出戏等问题。

在剧情方面，动画版主要讲述的是系列第二部《黑暗森林》的故事，第一部通过字幕和穿插叙述的方式介绍。已经播出的两集中，出现了主人公罗辑遭遇车祸、刺杀等节点，可以预见后续剧情将围绕其悟道、成为面壁者的线索展开。

不过，由于缺乏必要的铺垫，略过重要人物如叶文洁的前史，以及故事缘起的基石，对于没有读过《三体》的观众来说，进入这个故事不太容易。多个主要人物轮番登场，世界观架构庞大，加上剧情跳跃，普通观众较难厘清当中的人物关系和前因后果，难以代入其中并与人物共情。

在人物塑造上也较为脸谱化，不少观众对主人公罗辑的形象感到不满，认为过于轻浮，油腔滑调。原著中喜怒不形于色的叶文洁，被刻画成一个阴谋家，也与粉丝的想象有出入。由此可见，《三体》是一个极具影响力的科幻 IP，改编想要满足粉丝和观众的预期并不容易。但从过往经验来看，并非没有突破口。

早在 2014 年，由《三体》粉丝自制的同人动画番剧《我的三体》意外地得到好评。该系列由导演李圳宜（神游八方）模拟沙盒游戏《我的世界》画风制作而成，动画中的人物、建筑、场景等都是方块造型。《我的三体》目前共推出三季，在豆瓣均获得9分以上的高评价。后两季《我的三体之罗辑传》《我的三体之章北海传》，制作团队加入三体宇宙，背后有游族的资金支持，动画技术上明显改观，有观众借用《三体》中的概念"技术爆炸"来形容该动画视觉上的升级。

这个同人动画的早期阶段，几个粉丝自发形成的团队"用爱发电"，技术层面可以用粗糙、拙劣来形容，但依旧俘获了大批忠粉，究其原因，关键在于对原著的尊重，恢弘且悲怆的氛围，也与小说较贴合。改编《三体》的一个方向，是尊重原著精神，把握其精神气质，加上创作者真挚的情感投入。公开信息显示，《我的三体》第四季预计将于2024年上线。

影视版混战一触即发

三体宇宙公司创始人林奇去世后，《三体》开发的进程并未终止。一系列合作成果在2022年开始陆续落地，今年暑期，三体宇宙与优酷联合出品了一档科幻漫谈节目《不要回答》，邀请贾樟柯、刘慈欣等嘉宾坐镇畅聊科幻奥秘和未来生活。字节跳动也于9月宣布其VR互动叙事作品《三体》将于明年上线。

不出意外的话，明年将是《三体》影视化大年。按照每周更新，共15集的体量，《三体》动画版大约将于明年3月完结。此外，奈飞和企鹅影视制作的《三体》真人版剧集预计将于明年播出。届时，二者难免一决高下。

奈飞今年9月释出首支片花，制作人称改编将怀着最大敬意对待原著，第一季已杀青，正进入后期制作，技术上有创新，故事上强调"人类大团结"。该剧由刘慈欣、《三体》英文版译者刘宇昆担任制片顾问，由《权力的游戏》的两位编剧David Benioff和D. B. Weiss担任编剧和监制。剧集导演是明基·斯皮罗和曾国祥，前者曾参与《风骚律师》系列的拍摄，后者以《少年的你》为中国观众所熟知，演员则来自11个国家，有亚裔演员参与。

尽管奈飞在自制剧上精品迭出，尤其在科幻题材剧集创作上积累了丰富的经验，但David Benioff和D. B. Weiss的加盟，让粉丝感到有些担忧，二人被认为是毁掉《权力的游戏》的罪魁祸首，在他们手上，最后两季走向烂尾结局，人物个性和设定崩盘。除此以外，观众也很关心中西方文化差异对IP改编的影响，《三体》原著所展现的中国式哲思和价值观能否被西方主创所理

十三、婷见影视

解，得打一个巨大的问号。

由企鹅影视、三体宇宙和灵河文化出品的《三体》电视剧也释出了最新预告。该剧由杨磊执导，张鲁一、于和伟、陈瑾、王子文等主演，阵容较抢眼，选角上得到了不少原著粉丝的认可。日前，央视频发布总台 2023 年最新大剧片单，其中就包括《三体》。这也意味着，《三体》有望台网联合播出，登陆央视与观众见面。最新预告片中可以看到，特效场面花了一番心血，制作水准值得期待。

可以看到，围绕《三体》这一科幻 IP 的开发正在进入加速阶段。除了影视版之外，《三体》陆续与多个广告品牌达成商业授权合作。不过，值得注意的是，IP 衍生价值的基础是优质内容，唯有内容与用户建立起情感联结，触达更广泛的人群，才能持续激发人们的消费欲望。

2022 年 12 月 12 日

分享链接

十四、姗言两语

陈姗姗 | 第一财经产经频道主编,首席记者,毕业于上海外国语大学国际新闻专业,复旦大学EMBA,关注航空等大交通物流以及工业制造业领域超过十年,"姗言两语"专栏通过解析热点产业事件,揭示背后的商业逻辑。

联系邮箱:chenshanshan@yicai.com

上市航司去年亏损超百亿,为何还有两家盈利了?

近日,随着国有三大航和吉祥航空陆续发布2021年的业绩预告,8家上市航空公司2021年的业绩情况全部出炉。

不出意外,大多数上市航司业绩预亏,其中,国航、东航、南航三大航预计亏损额均超百亿元。不过也有两家航司宣布扭亏为盈,分别是*ST海航和春秋航空。

国航连续两年亏损最多

在上市航司中,预告亏损最多的,是此前盈利能力最强的中国国航,2021年预计亏损145亿—170亿元。

国航在业绩预告中指出,2021年是新冠肺炎疫情在全球蔓延的第二年,国际航线的投入持续受限,国内客运市场流量大幅波动,公司经营效益改善难度日益加大。此外,油价攀升,汇率波动等因素进一步增大了公司经营的难度,同时,主业相关投资企业也受到严重影响。

国航所指的"主业相关投资企业",主要是指国航参股的国泰航空和山东航空,两家航司在2021年也都亏损,其中,山东航空预计2021年亏损达到

16.2亿—19.8亿元。

由于主基地在北京，国际航线占比也最多，国航受疫情的影响就更大，也就成为连续两年上市航司的亏损王。

其他上市航司在业绩预告中提到的亏损原因，都包括疫情影响和油价等刚性成本的攀升。其中，南方航空就指出，2021年公司全年运力投入和收入客公里同比分别下降0.37%和0.66%，与2019年相比分别下降37.8%和46.5%，其中，国际航线受疫情的影响持续低迷，运力投入和收入客公里与2019年相比分别下降92.3%和95.3%。

吉祥航空也指出，2021春运期间，由于响应"就地过年"的号召，2月公司国内客运运力投入较1月环比下降22.16%，国内旅客运输量环比下降19.53%。3月起至7月中下旬国内疫情未出现散发，国内旅游、公商务出行需求迅速提升，公司于第二季度实现了单季度盈利，同时整个上半年扭亏为盈。但自7月底开始，全国多地出现多点零星散发病例及局部聚集性疫情并持续至今，同时境外输入病例不断增加，公司以上海、南京为主要运行基地，由于上海及南京等周边地区多次出现"带星"，严重地影响了旅客的出行意愿，致使公司下半年以及全年的经营业绩出现了较大额的亏损。

为何还有两家"赚钱"

不过，即使在这样的大环境下，依然有上市航司"赚钱"了，分别是*ST海航和春秋航空。

其中，*ST海航主要受益于刚刚完成的破产重整，公司在业绩预告中透露，扭亏为盈主要是由于重整事项所致，影响金额约160亿—176亿元。

如果扣除上述非经常性损益，海南航空的归母扣非净利润为亏损88亿—105亿元，但经营性利润也较去年同期减亏约93—98亿元。

此外，*ST海航还表示，公司2021年期末归属于上市公司股东的净资产为正值，预计为95亿—112亿元，意味着距离摘掉ST的帽子又近一步。

同样扭亏为盈的春秋航空也有非经常性损益因素的助力。公司在业绩预告中透露，由于2020年曾对联营企业春航日本长期股权投资确认投资亏损并计提减值，致使公司2020年发生亏损，2021年该事项不再影响公司合并报表净利润金额。

此外，春秋航空在2021年的非经常性损益主要为收到财政补贴等，扣除非经常性损益，公司的归母扣非净利润为亏损 0.7 亿—1.3 亿元。

单纯看经营情况，春秋航空的数据指标与其他上市航司相比也是相对更好的。公司在业绩预告中透露，2021 年，公司可用座位公里、旅客运输量、客座率水平较 2020 年分别上升 9.6%、14.6% 和 3.2%，同时，非油单位成本同比下降，客公里收益也实现同比上升，主要经营指标均有所改善。

在非上市航司中，本月厦航和多彩贵州两家航司已先后宣布 2021 年实现盈利。

对于已经到来的 2022 年，国际航协预测，2022 年的航班运输量将达到疫情前水平的 93%，预计将达到 34 亿人次，只相当于 2014 年的水平。多位行业内人士则预计，随着全球加快推进新冠口服特效药的研发，行业积极联手推出疫苗旅行通行证，在"口罩+疫苗+特效药"的多重保障下，2022 年下半年国际航运复苏预期在持续加强。

2022 年 1 月 29 日

分享链接

十四、姗言两语

马士基成立航空货运公司，
航运巨头为何纷纷要上天？

4月11日，航运巨头 A.P. 穆勒－马士基（下称马士基）宣布，成立马士基航空货运公司（Maersk Air Cargo），从事航空货物运输。

根据公司的计划，马士基航空货运公司将在丹麦比隆机场开展业务，并逐步部署和运营五架货机。此外，三架波音767-300货机将投放在美中航线，新飞机预计将于2022年下半年至2024年投入运营。

马士基是全球航运巨头，旗下的集装箱船常年行驶在全球海洋上，对于此次要成立的航空货运公司，A.P. 穆勒-马士基全球物流与服务业务负责人表示，空运是全球供应链灵活性和敏捷性的关键推动因素，能够为客户提供更快的供应链解决方案，并为高价值货物提供更多运输选择，成立航空货运公司是马士基空运战略的重要一步，能够把航空货运与其他运输方式相结合，为客户提供更全面的服务。

马士基的回应，也是全球航运巨头们面临的共同处境。新冠疫情暴发两年来，尽管航运价格大涨，但由于以美国为首的港口装卸人员和卡车司机受疫情影响大减，整个跨境运输的环节都被不断延迟，从而降低了运输效率，带来海运运力舱位的进一步紧缺。

供应链的中断，让这一链条上越来越多的承运人开始寻找更多的运输方式来弥补，然而，由于全球多国采取的旅行管制等措施，导致全球航司大幅削减运力，以往航空货运所依赖的最主要的客机腹舱带货方式，也变得越来越稀缺。

这时候，能够掌控尽可能多的自有运力，成为从事全球物流服务的巨头们最重要的竞争力。

据笔者了解，除了马士基，全球多家航运巨头都盯上了航空货运这块蛋糕。

2021年2月，全球第四大集装箱运输公司法国达飞海运集团宣布成立达飞航空（CMA CGM AIR CARGO），一登场就揽下 10 架中远程宽体货机。地中海航运公司（MSC）也表示，有兴趣收购意大利航空（ITA）的大部分股份，与意大利政府以及汉莎航空建立伙伴关系，意在获得包括 8 架 A330 和超过 20 架待交付的 A330、A350 的腹舱运力。

自疫情暴发以来，全球航空货运市场也一直是赚钱的利器。

以中美航空货运市场为例，去年 12 月，中美航线一架波音 747 的包机价格高达 200 多万美元（约合 1 300 万元人民币），运价创下历史新高。

在这样的背景下，拥有全货机的货运航空公司更是赚得盆盈钵满。

比如经营南航货运业务、并持有南货航的南航物流公司，2021 年实现营业收入 196.59 亿元，同比增长 27.68%，实现净利润 56.93 亿元，同比上升 41.71%。而已经独立上市的东航物流，昨晚披露的年报同样显示大赚 36 亿元，同比增长 53.12%。

不过，这样的好光景也在遭遇挑战。

一方面是油价的飙升。2020 年下半年以来，国际油价触底后持续回升，特别是在俄乌冲突后，布伦特原油期价一度突破每桶 139 美元，达到 2008 年以来的最高水平。

另一方面，根据国际航协的预测，随着全球新冠肺炎疫情的旅行限制逐步放松，受奥密克戎相关影响（亚洲以外）取消的航班将减少，这意味着全球航空货运供求关系将逐步恢复平衡，运价可能逐步降低。

随着航运巨头纷纷上天加入竞争，全球航空货运供需不平衡的矛盾有望得到进一步的缓解。

2022 年 4 月 12 日

分享链接

//十四、姗言两语

复工复产需要全产业链上企业的同舟共济

一度被按下"暂停键"的快递物流业复工复产实质性提速的好消息终于来了。

4月27日,包括"三通一达"在内的多家总部位于上海的快递物流公司,被纳入上海市青浦区第二批复工复产的"白名单",这些企业可以按照防疫要求启动复工复产,包括小哥返岗、网点复工、申请车辆通行证、分拨中心重新开放运作等。

两天后的29日,淘宝天猫平台发布"侬好上海"20条,整合阿里巴巴国内数字商业板块的资源,推出6个方面共计20条商家帮扶举措,助力商家尽可能地加快复工复产的速度。

"三通一达"是指中通快递、圆通速递、申通快递和韵达速递,很多人可能还不知道,平日里上海日均配送超千万件的快递包裹,七成以上都由"三通一达"负责,他们也是淘宝天猫订单的主要派送方。这些快递企业的复工复产速度,决定着上海居民恢复网上下单和寄收快递的速度。

据记者了解,整个快递链条要动起来,需要人、车、分拨中心各个环节的畅通,然而,即使上述几个环节都畅通了,如果货进不来,对复工的快递企业来说依然是"巧妇难为无米之炊"。

因此,打通全国的物流通道,尤其是高速公路通道,也成为交通部近期重点在抓的工作,而这也是电商平台上的商家发货时最担心的。

据记者了解,即使上海市内的快递物流链条畅通了,商家的发货还可能受到发件地管控政策的影响,即使收发快递的起点和终点都没有疫情或封控,但中间的转运中心出现问题,也会影响派件和操作。如果包裹在任何环节出现延误、破损而被投诉,商家又会遭到电商平台的处罚,这也是这段时间以来,即使快递公司能够收货送货,商家却依然不敢发货的重要原因。

"侬好上海"20条正是瞄准了商家的这一痛点，针对性地出台了多条措施。比如"买家上传退货物流单号后，将商家自动确认收货时间调整至21天"，以及"提供区域限售工具，受疫情影响的商家可选择物流通畅区域继续经营，提供预售工具，商家可设置更长的发货周期"，而此前的规定是，消费者提交退货退款申请后，卖家自申请提交之日72小时内不响应售后申请的，就默认达成申请案约定，自动退款给买家。

再如，4月8日—5月6日，符合提前收款准入要求的上海地区淘宝天猫商家，可享"提前收款"服务免费，也就是用户下单后不用等到确认收货，商家就可以提前收款，所有费用由淘宝天猫平台垫付。

与此同时，淘宝天猫还联动菜鸟所有快递合作方，由各家快递公司部门负责人牵头，将上海解封后商家发货纳入第一优先级；菜鸟紧急开通南京—上海和嘉兴—上海两条应急运输干线，并针对货源不在或不全在上海的商家，提供分仓转仓服务，保障订单履约，甚至针对特殊需求，采取包机、包船等非常规手段，加快物流运转的速度。

这些措施无疑可以缓解商家的发货担忧，助力商家快速恢复生意，进而助力整个物流链条的畅通，支持实体经济的恢复。

助力经济举措要实在。"侬好上海"20条中还包括为上海商家提供营销补贴与专属流量支持，延期还款+30天免息，网商贷30天免息，商家直播扶持计划，产业带工厂专场等现金流和营销资源扶持措施，针对受疫情影响严重的商家，聚划算还成立了上海商家专项帮扶中心，开通专项服务通道，平台收到求助后24小时内响应。这一系列举措将从上海开始逐步在全国展开。

值得注意的是，近期上海市也发布了"抗疫情，助企业，促发展"的21条政策措施，实施减税降费、房租减免、财政补贴、金融支持、援企稳岗等纾困政策，与"侬好上海"20条一样，核心都是为了稳住中小企业的基本盘，让它们在动起来之前先尽力活下来，既着眼于当下困境，也为未来蓄力。

记者注意到，包括圆通、中通、韵达等快递企业的总部也出台了对旗下网点进行工资补贴或提供贷款额度等帮扶措施,以缓解网点对复工后运营成本因防疫要求而提高的担忧。

希望产业链上的更多企业行动起来,助力整个产业链能够尽快地顺畅运转。

2022 年 5 月 1 日

分享链接

多家航空公司资不抵债，为何还没有一家倒闭？

疫情暴发的两年来，国内民航业持续亏损，最新披露的 2021 年年报显示，已有 5 家航空公司资不抵债。

这 5 家航司分别是海航旗下的乌鲁木齐航空（137.5%）、海航旗下的福州航空（118.1%）、南航旗下的重庆航空（113.2%）、东航旗下的上海航空（109.6%）以及国航旗下的山东航空（102.81%）。

这五家航司由于都是上市公司旗下并表的航司，因此，它们的盈亏和负债情况也与年报一起披露了，而更多没有上市的国内航司，亏损和债务情况比上市航司还要严重，最近就有不少航司传出了薪水缓发多月的消息。

多位民航业内人士对笔者分析，现在比较危险的航司，一种是资产负债率爆表的，一种是现金流要断了的。目前的情况下，第二种情况更加危险，这其中，民营的、规模小的航空公司面临第二种危险的更多。

春运后，国内航班量急剧下降，有的小航司一天一班都没有飞，机票收入为主的现金流没了来源，从银行也很难借到钱，大股东如果再没有太多的资金积累，就很可能陷入现金流危机。

根据截至 2019 年年底的数据，我国共有 62 家运输航空公司，其中，客运航司 53 家，全货运航司 9 家，国有企业 48 家，民营企业 14 家。

这些航司如果是在国外，不少已经进入破产程序或者关门倒闭了，但直到现在，除了海航被破产重整起死回生外，还没有一家国内客运航司进入破产程序，更不用说关门倒闭，笔者认为有以下几个原因。

一是在中国，航空公司的牌照资源还是非常有价值的，从 2018 年开始，国内就已经不再批准新的客运航司筹建，但仍有地方政府希望拥有一家自己的本土航空，他们只能通过收购现有航空公司牌照的方式曲线进入。

以一直没有本土航空的安徽省为例。早在《安徽省民航建设专项规划（2017—2021 年）》中就明确，要"加快基地航空建设，加快培育本土基地航空公司",省政府已多次发函国家民航局商请支持组建安徽海富航空公司,但直到现在都没有获批筹建。

于是,我们看到疫情以来也有不少民营航司易主,注资的都是地方政府。包括青岛国资收购青岛航空100%的股权,湖南国资增资红土航空成为二股东,瑞丽航空被无锡地方国资控股等。

假如没有这些地方政府的及时"接盘",这些航空公司很可能会面临破产直至倒闭。

二是仍有社会资本希望进入航空业。近年来,由于航空公司的牌照、时刻、飞行员等资源都是稀缺资源,不少原本在地产业、制造业的资本,也看上了航空公司"这块蛋糕",希望通过机队规模的增加带来的航司牌照增值,几年后登陆资本市场或再出售套现。

2020年年底,连年亏损、经营困难的龙江航空被债权人申请拍卖,最终,负债超过8亿元,只有5架飞机、好时刻基本没有的龙江航空98%股权,还是被江苏一家企业以7.71亿元的价格拍下。而第一家飞上天空的民营航空奥凯航空,更是在2019年开始经历了多次大股东变更,通过股东外部资金的注入"续命"。

随着疫情的持续,现在想要依靠航空公司牌照增值套现,也不是一件容易的事,而要维持航空公司的运行,还要不断地注入资金。

据了解,龙江航空在疫情期间就一直在与外部洽谈出售,也有几家表达了购买意愿的买方,不过都因为价格等没有谈拢,最终被拍卖。

在2019年12月买下青岛航空后,青岛市政府在2022年1月又对其增资3亿元,无锡国资也在2021年年底对瑞丽航空增资3.5亿元。

刚刚过去的4月,油价同比上涨了75%,境内旅客量不到2019年的20%,大型航空公司每天都要亏掉1亿元,行业性巨额亏损还在持续,在这样的情况下,国内航司仍将面临较大的经营压力和现金流考验,预计会有更多公司坚持不下去,找到"接盘侠"则越来越难。

2022年5月15日

分享链接

上市航司亏损700亿元霸占上半年亏损榜，疫情改变民航业

今天，上市航空公司的半年业绩全部出齐，8家上市航司上半年一共亏了近700亿元，相当于每天亏掉3.8亿元。

其中，亏损最多的依然是此前盈利能力最强的中国国航，上半年亏损194.35亿元，比去年同期多亏了近两倍；亏损超过百亿元的还有东航，海航和南航，上半年分别亏了187.36亿元，128.37亿元和114.88亿元。

在所有国内上市公司中，上述4家航司占据了亏损榜的前4位，而且亏损额也相当于排在后面的20多家上市公司的亏损之和。

春秋航空、吉祥航空和华夏航空3家去年同期盈利的上市航司，今年也没能逃过亏损，而去年年底已经资不抵债的山东航空，今年上半年依然资不抵债，亏损进一步扩大到32.96亿元。

在去年年底，就已经有山东航空，上海航空，重庆航空，乌鲁木齐航空和福州航空5家航司报告资不抵债，截至今年6月底，资不抵债的航空公司又多了4家，分别是海南航空，深圳航空，南航汕头航空和东航江苏公司。

在不久前举行的全国民航年中工作电视电话会议上，民航局局长宋志勇透露，截至目前，航空公司资产负债率达82.2%，较疫情前上升11.9个百分点，12家航空公司的资产负债率超过100%。

越来越多的航空公司入不敷出，带来的直接影响是民航人才的流失。

宋志勇在年中工作会上透露，新冠疫情暴发的两年来，成熟可用机长减少215人，占比1.1%；机务人员流失9 298人，流失比例为14%。不少企业新员工招聘减少，送培数量减少，技术训练速度降低。民航专业技术人员数量和人才梯队的结构性变化，可能会成为未来恢复发展的制约因素。

与此同时，疫情还在各个层面改变着民航业。

比如旅客结构的变化。受疫情影响，云办公、视频会议等远程、非接触式办公模式越来越被大家所习惯，这直接导致公商务出行下降，上半年高频

旅客数量较疫情前减少70%。

疫情以来，旅客的平均预订时间从7天缩短为2天，对于航班计划、机票销售灵活性的要求更高。旅客构成中，"90后""00后"旅客的占比增加5.2个百分点，亲子游、银发族出行增多。

再比如市场格局的变化。疫情前，北京、上海、广州三地的起降架次、旅客吞吐量占全国总量的16.5%、22.5%，但今年上半年分别下降5.1个百分点和8.8个百分点；成都、重庆、深圳等地的旅客吞吐量占比却上升3.7个百分点。

上半年新增航空人口中，来自一线城市之外的比例为90.8%，提高了2个百分点。

此外，在国际航班"五个一"政策下，国内、国际旅客运输量的比例，从疫情前的8∶1变为现在的202∶1。而由于国际航空货运市场的需求逆势增长，在运输总周转量中，客运与货运的比例从疫情前的3.9∶1变为现在的1.2∶1。

基于这些变化，"积极探索差异化、精准化分类监管，鼓励大型骨干航空公司围绕各自核心市场，打造航空枢纽间空中快线；鼓励中小航空公司大力开拓中小城市航空市场，与骨干航空公司形成互补，形成差异化竞争优势，加大对新增航空人口的精准营销力度，开发更多个性化、差异化的航空服务产品"，是民航局局长给出的航司们活下去的途径和方向。

进入下半年，新冠疫情对民航业的影响依然在持续，陆续有不少国内航空公司披露了获得增资的消息，而在有了更多现金保证活下去的同时，如何主动地适应疫情下的行业新变化，灵活迅速地调整自身的业务结构和运行体系，是航空公司们需要更多思考的。

2022年8月31日

分享链接

"新十条"后航班量翻番,机票预订价格为何一路下滑?

自12月7日"新十条"发布后,国内的航班量和客运量环比7日之前均大幅增长。

然而,第一财经记者从多家平台获得的机票预订价格数据却显示,自"新十条"出台后的8日起,国内航线机票的平均预订价格则是持续下滑的趋势。

航班量和价格背道而驰的背后,是各地防疫政策调整后的旅客量短期"报复性反弹",但很快又进入到出行观望期。

机票预订价格下滑背后

来自航班管家的最新数据显示,12月15日全国民航执行客运航班量7 594架次,环比上周同期增长53%,其中,国内航班量7 350架次,相比"新十条"发布前的航班量几乎翻番。

与此同时,国内旅客量也在逐日增长,从12月8日的51万人增加到12月14日的78.4万人。

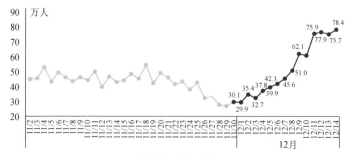

国内旅客量日趋

对此,民航业内人士唐朝对记者分析,航班量和旅客量短期大幅增长的主要原因有两点:一是前期严格的防疫政策压制了不少必要的出行需求,防疫放松后导致"报复性反弹",比如航班量增长最多的是重庆、新疆、甘肃、青海等此前长期封控的地区;二是前期航班量和客运量的基数太小,使得这波反弹看上去十分猛烈。

不过,唐朝认为,在这个阶段,航司的运力投放速度会大幅快于旅客需求的恢复速度,反而进一步加大了市场供需矛盾。因此,这种"报复性反弹"是旺丁不旺财,对航司利润提升的实质性影响不大。预计这一段"报复性反弹"的持续时间也不会太长,最多两周左右(约12月20日前)。

这样的预判趋势,从各大机票预订平台的机票预订价格数据也可以得到印证。

记者从携程了解到,从本周已经起飞的航班平均订单价格来看,对比上周有100元左右的降低,此外,从每日预订的未来出行机票平均价格来看,12月12日—12月15日的订单价格对比12月5日—12月8日降低11%。

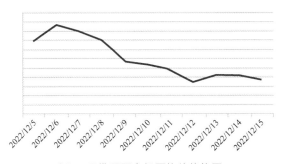

近10日携程平台机票均价趋势图

去哪儿网的数据也显示,当日预订未来出行经济舱机票的平均支付价格,已经从11月30日的701元降到12月15日的533元。其中,12月1~8日缓缓下降,"新十条"出台后的12月8日更是有一个明显下降。

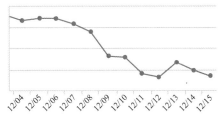

去哪儿经济舱机票平均支付价格变化图

同程旅行方面也告诉记者，12月以来，国内平均机票价呈现出回落态势。截至12月15日，12月份的国内平均机票价格为703.2元（不含税），其中，12月15日的国内平均机票价格为12月份以来的新低，较12月份的机票价格高峰下降了11.75%，而12月份的机票价格高峰出现在"新十条"出台前的12月6日。

民航市场何时能"满血"

那么，未来的国内航空市场何时可以恢复"满血"（恢复到2019年的水平）？

根据航班管家的最新数据，12月15日，全国民航执行客运航班量7 594架次，恢复到2019年的53.6%，其中，国内航班量7 350架次，恢复至2019年的64.1%。

据记者了解，12月14日，民航局向国内航司下发了《安全有序恢复航空运输市场的工作方案》，对国内航空运输市场分阶段恢复作出了具体的引导时间表。

方案中指出，综合考虑航空公司，机场，空管和空防领域的安全保障能力，引导航空公司在本航季按照以下三阶段稳步恢复航班：

第一阶段（即日起—2023年1月6日），最高日航班量不超过11 280班（其中，国内客运航班不超过9 280班），以2019年日均客运航班量的70%为基数进行恢复。

第二阶段（2023年1月7日—2023年1月3日），最高日航班量不超过13 667班（其中，国内客运航班不超过11 667班），以2019年日均客运航班量的88%为基数进行恢复。

第三阶段（2022年2月1日—2023年3月25日），与第二阶段持平，不过部分符合要求的航司可自行评估后按2019年的日均航班量进行恢复。

这意味着，至少到1月初开始的春运期间，国内客运航班量也不会"满血"。

从多家机票预订平台的数据来看，春运期间（2023年1月7日—21日）的机票预订量已在大幅增长，从北京、上海、杭州等城市飞往三亚、昆明等旅游城市的经济舱机票已接近全价。

"近期春运机票预订量增长，反映出大家回家过年的朴素愿望，潜在需求是存在的，但需求端也展现出结构化的特点：一部分人即使加强防护也要出行；一部分人则更谨慎。因此，全部需求无法完全被释放，"去哪儿大数据研究院副院长郭乐春分析，预计 2023 年春运机票预订量将达到近三年的峰值，接近疫情前的八成。

2022 年 12 月 16 日

分享链接

十五、海斌访谈

彭海斌 | 第一财经产经新闻部副主任。毕业于四川大学经济系，自 2010 年开始从事媒体工作，专注产业与公司报道。
联系邮箱：penghaibin@yicai.com

露露乐蒙店里消失的中国制造

中国消费者对于露露乐蒙（lululemon）来说越来越举足轻重。

过去两年间，总部位于加拿大的运动服装品牌露露乐蒙在中国复合增长率远超其他国家，它新开店数量最多的市场也是中国。这帮助了露露乐蒙的市值超越阿迪达斯。通过实体门店和线上平台，露露乐蒙的产品与中国消费者的关系越来越紧密。

中国制造对于露露乐蒙来说却越来越无足轻重。

露露乐蒙的生产环节距离中国日益遥远。第一财经记者近期走访了露露乐蒙的上海新天地门店，里面陈列的绝大多数产品来自越南、柬埔寨等国家，中国制造十不及一。

露露乐蒙远离了中国制造。

消失的中国制造

"原来还有一些中国制造的产品，现在越来越少了。"在露露乐蒙的上海新天地门店，一位导购员对第一财经记者表示。

露露乐蒙的上海新天地门店是一栋独立的中式风格建筑。这栋三层建筑的外墙以青砖砌成，搭配了石库门元素。它是露露乐蒙在华东地区的最大门店，一层和二层分别陈列了男士和女士服装，三层则辟为会员活动区。

十五、海斌访谈

记者走访这家店面时,查看了货架上的众多品类的产品吊牌。露露乐蒙赖以成名的瑜伽服以及冬季羽绒服等男女成衣主要来自东南亚国家,如越南、菲律宾或孟加拉国等,仅有背包和帽子等少数产品的标签上注明着"中国制造"。

据露露乐蒙2020年的财报,该公司与制造环节的大约40家供应商合作,头部的5家供应商制造了露露乐蒙约6成的产品,其中最大的制造企业生产了露露乐蒙17%的产品。

露露乐蒙没有披露谁是它最大的制造商,但确切无疑的是这家制造商的主力生产工厂并不在中国境内,因为中国(包括港澳台地区)总体只生产了约9%的露露乐蒙产品。

越南才是露露乐蒙产品最大的生产基地。

露露乐蒙今年三季报披露,它大概33%的产品生产于越南、20%的产品生产于柬埔寨,12%的产品产自斯里兰卡。这一趋势与运动品牌耐克类似,据记者梳理财报,目前耐克超过一半的运动鞋产自越南,25%左右产自印度尼西亚,而中国生产的比例已经下降到21%。

露露乐蒙的产品中中国制造的比例曾经异乎寻常的高,尤其是在21世纪的前十年时间里。

2005年是中国纺织服装产品出口的一个转折年度,在这一年,按照WTO的规定,美国等国家去除了针对中国纺织服装的出口配额,当年中国对美国出口的露露乐蒙产品激增。

露露乐蒙上市的首份财报显示,在2007财年,该公司60%的产品是中国制造;2008财年,中国制造了65%的露露乐蒙产品;2009财年是抛物线的顶点,这一年中国制造了75%的露露乐蒙产品;2010年中国制造的份额下降到60%。

在21世纪的第二个十年里,中国制造的比例下滑速度异乎寻常地快。2011年,中国生产露露乐蒙的比例下降了11个百分点至49%,南亚/东南亚地区则上升至41%;在露露乐蒙的2012财年,中国制造的比例进一步下降至34%。

同时消失的还有加拿大制造。

作为露露乐蒙的总部所在国,加拿大一度制造了超过18%的公司产品。但在与亚洲制造者的竞争中,加拿大的制造业败下阵来。该公司在2012年不再单独披露加拿大本土的产量占比，北美地区的制造比例为 3%。

此后，制造环节的天平继续向东南亚国家倾斜。中国制造占露露乐蒙产品的比例 2013 年为 23%、2014 财年为 11%、2016 财年为 15%、2017 财年为 10%、2018 财年为 12%、2019 财年为 11%（包括台湾地区的 2%）。到了 2020 年，露露乐蒙只有 9% 的产品来自中国（包括台湾地区的 2%）。

露露乐蒙官方回复第一财经采访时表示，该公司致力于在全球范围内打造供应链，而其"标准运营方式是定期评估和调整相关布局"。

中国制造业环节尤其是东南沿海的制造业面临劳动力短缺已经并非一年两年。而东南亚，比如越南的劳动力优势明显。露露乐蒙在 2010 年的财报中表示，当时中国制造面临的潜在压力来自"人民币显著升值的可能，劳动力的短缺和劳动力成本上升等"。

越南的吸引力在于其廉价的劳动力成本，以及面向国际市场时更低的关税税率。但在构建完整的纺织服装产业链上，越南还有很大欠缺。

"我们使用的大量原材料和产品来自中国"，露露乐蒙官方对第一财经记者表示："事实上，露露乐蒙使用的三分之二的原材料来自中国，用于在全球范围内制造我们的产品。"露露乐蒙的财报显示，它当下产品所需的纺织材料 45% 来自中国台湾地区，18% 来自中国大陆，16% 来自斯里兰卡。

旺盛的中国市场

疫情期间，露露乐蒙在中国的门店数量已经超过了总部加拿大的门店数量。

截至 2021 年 10 月 31 日，露露乐蒙在中国（包括港澳台地区）的门店数量已经达到 71 家，比年初新增 16 家门店。同期，露露乐蒙的美国门店增长 7 家至 322 家，而加拿大的门店数量维持在 62 家。

2021 年，中国是露露乐蒙新增门店最多的国家。这得益于中国对新冠疫情的强有力控制，消费者的社交和购物需求恢复了活力。

据露露乐蒙今年第三财季季报，它在中国线上和实体门店销售都十分强劲，过去两年间实现了 70% 的复合增长率，显著超越国际市场的整体增速。以欧洲市场为例，露露乐蒙过去两年间的复合增长率只有 20%。

"我们对于中国市场 70% 的复合增长非常满意。公司持续投资于中国的新店面、投资位于上海的中国区总部。"露露乐蒙首席执行官 Calvin McDonald

十五、海斌访谈

在 2021 年第三财季的业绩沟通会上表示。

露露乐蒙中国市场门店数量的增长，是对过去趋势的延续。

2020 年，疫情曾令露露乐蒙短暂关闭了在中国的所有店面。随着疫情得到控制，这些店面很快重新开启，而且该公司没有停止在中国开启新店的脚步。

2020 年一年间，露露乐蒙在中国开出 17 家新店面，超过任何一个国家。截至 2020 年年底，露露乐蒙在 17 个国家运营着 521 家门店，其中的绝大部分在美国和加拿大，中国的门店数量位居第三（55 家）。

这种门店数量的强劲增长只发生在中国和美国。从全球对比来看，露露乐蒙的总部所在国加拿大的门店数量基本维持在 60 家左右，从 2017 年以来已经基本没有增长；美国的门店数量则从 2017 年的 274 家增长 41 家至 315 家，不过 2020 年新增门店仅 10 家。

中国成为露露乐蒙第二大店面数量拥有国，只用了 6 年时间。而且露露乐蒙自己掌控着分销渠道。露露乐蒙的一位员工对第一财经记者表示，它在华的 71 家门店全部是自营，而没有第三方加盟店。

露露乐蒙在 2016 年才在中国开出第一家门店。它的瑜伽服等产品售价不菲，而中国消费者需求旺盛。

中国中产人群的增长，以及对于健康生活的渴望促成了一个蓬勃发展的运动服饰市场。露露乐蒙和它的竞争对手耐克、阿迪达斯等都从这个迅速成长的蛋糕中获益匪浅。以耐克和阿迪达斯为例，这两家公司进入中国时间更久，长期以来是中国运动服饰的最大市场份额占有者。

露露乐蒙似有后来者居上的势头。这家运动服饰的黑马目前市值约为 480 亿美元，已经超过阿迪达斯，排在耐克后面。

2022 年 1 月 18 日

分享链接

资本严冬带给 CXO 的不全是"寒气"

去年年中的时候,臻格生物开始着手建立更高效的数据保护体系。

但这一计划被疫情所延误,它的数据保护平台真正落地的时候,资本市场也从火热的夏季进入严冬期。

制药企业的估值遭到大幅下调,此前在国内蓬勃发展的 CXO 机构也受到重创,现在开始面临更多变的资本市场和监管环境。接受第一财经记者采访的臻格生物 CEO 陈建新表示,资本寒冬切实地影响了 CXO 公司的业务,但它带来的也不全是坏消息,而且中国 CXO 机构未来一定会在全球市场占据一席之地。

多变的环境

作为一家医疗领域的 CDMO 公司,臻格生物的业务模式是承接来自生物制药公司的合同生产环节。它从去年的下半年开始考虑为公司更新数据保护平台,采纳了 Veritas Technologies 的方案,后者是一家多云数据管理领域的跨国公司。

臻格的数据保护平台,涉及一座新的 GMP 工厂、一个已经在运行中的中试基地以及一座 ADC 工厂。它的目的并非只是保护臻格自身的数据,更多的是保障其合作医药公司生产数据的完整性。

当时资本市场上的 CXO 机构表现正好。药明生物、泰格医药等公司的股价处于其历史高位,百济神州等制药公司也受到投资人的追捧。

中国的制药企业越来越多地与国际接轨,其研发、临床以及生产的标准也与欧美发达国家日趋一致。

"从 2016 年开始,陆陆续续地有大量药企找到我们,它们明显感觉到在数据保管上的压力和挑战。现在,在 GMP 环境里对于电子记录和电子合规,全球监管机构有非常严格的标准,其中包括审计留痕。"Veritas 大中华区总裁滕文对第一财经记者表示:"也就是说,不仅数据要被很详细地保护,同时要证明数据的完整性,没有中间篡改。"

十五、海斌访谈

如众多行业一样，疫情期间臻格与 Veritas 双方的合作进展出现了迟滞，部分工作转到线上进行。

"目前基本设计的签字（质量控制部门的签字）已经全部放行了，后面就进入具体的落地实操了。一旦环境具备了，就可以进场施工了。"滕文说："预计进场施工完之后，争取在 45 天左右完全交付这一套保护平台。"

疫情期间，企业的发展受到了影响，整个制药行业的估值也发生了天翻地覆的变化。

从去年年中至今，制药公司和 CXO 公司普遍经历了估值的深度下调。以头部的药明生物为例，它的股价从去年最高点的 87 元跌到了近期的 50 元左右，跌幅达 42%。泰格医药则从去年同期的 206 元跌至当前的 94 元左右，跌幅达 54%。百济神州从去年上市时候的高点，市值已经跌去了一半多。

不少制药公司受限于融资困难，已经着手砍掉研发管线，这意味着制药行业需要的外部研发和生产制造服务的缩减，这给 CXO 机构带来了负面冲击。

陈建新对第一财经记者表示，这场疫情以及资本市场的严冬，切实地影响了 CXO 机构。

CXO 的业务往往遍及各个主要经济体，多变的监管要求也令它们面临更复杂的经营环境。

美国总统拜登当地时间 12 日签署了一项行政命令，以鼓励制药产业、农业、能源等行业的美国本土化生产。中国的 CXO 上市公司股价应声大跌，周二收盘时，药明康德港股和 A 股分别下跌 15% 和 10%，泰格医药港股下跌超过 10%。

"复杂环境下，对于监管单位和企业，尤其是对于新药'出海'，临床与法规是很重要的挑战。不同的临床试验设计决定了一个临床试验的结果，一个临床试验的结果决定了产品的走向。我们必须要相当了解这个国家监管机构的要求，同时做好差异化的临床设计。"精鼎医药大中华区负责人与亚太生物运营负责人徐维君对第一财经记者表示。精鼎制药是一家美国的临床 CRO 公司。

"在当下多变的环境中，我们必须找到更好的临床试验方法以提高适应性。除了执行临床试验的设计计划书的外，也要找到适合的国家和临床试验中心。"她表示。

一把双刃剑

资本市场的严冬，传递给 CXO 机构的不全是坏消息。陈建新认为，这场寒冬对 CXO 来说是一把双刃剑。

"首先，前端的订单会少一些，比如一家创新药企原来要做 10 个项目，现在减到了 5 个项目，分到 CDMO 做的项目自然而然就会少了。这是负面的影响。"陈建新说："但还有一个正面的影响。以前每一家生物制药公司都想去建厂，它们觉得建厂很容易，不知道光搞一个数据库系统就是多么巨大的工程。"

据陈建新观察，现在制药公司投资更加谨慎，"现在已经明白过来了，所以它们不会再去建厂，而会把这部分交给我们来做，这就是新的机会。"

CXO 机构在疫情期间对业务作出灵活调整。精鼎医药利用智能远程临床试验，减少了面对面的访视与增加了直接提供药品给病人的机会。

"新冠疫情让我们重新思考如何更有效地执行临床试验，同时缩短病人与临床试验中心的距离。"徐维君对记者表示："不管在什么环境下，让一切都顺利进行，尤其是继续推动试验的进展。"

当下复杂的市场环境，长期看来并不影响 CXO 产业在中国壮大。

部分 CXO 机构在今年仍顺利地得到风险资本的支持。智享生物 8 月初获得了清松资本和高榕资本等机构的超 5 亿元投资，臻格生物 8 月中旬得到了国药中金、张科禾润等机构的 C+轮 1 亿元投资，且愿意与 Veritas 合作大手笔的投资数据安全。

创新药物的研发和生产外包模式产生于 20 世纪的美国，其背景是新药研发的周期拉长、投入增大且成功率不断降低。中国本土的 CXO 业务在 21 世纪初发展起来，大量的研发人员和工程师为该产业在中国的发展奠定了基础。药明康德、泰格医药等一批企业借势崛起。

"十年前，中国整体生产工艺水平比现在低十倍，并且还不稳定，实现不了国际化的 GMP 生产。现在，这些我们都能做了。"陈建新回忆说："共享能带来低成本，中国现在每年产生几百万个癌症病人，每个人省一万元，那就省出来几百亿元了。这就是生物医药 CDMO 公司给中国带来的贡献，并且模式可以推广到全球。"

十五、海斌访谈

在医疗领域的创新和发展，中国企业在"1-N"阶段慢慢变得强大。"0-1"阶段的突破性创新则需更长时间的积累。

"这有个过程。因为中国学术界发展纯科学研究也要几十年的积累。"陈建新认为，国内的 CXO 企业未来一定可以在全球市场占据一席之地，"但中国要建立一个庞大的，从 0-N 的生物医药体系，还是一个长期的过程。"

2022 年 9 月 19 日

分享链接

中国的代工企业们不愿再隐身幕后了

巨星科技希望逐步压低其代工业务的比例,该公司高级副总裁李锋近期在接受第一财经记者采访时表示。

中国的工业门类齐全,各个制造业细分板块都分布着众多的代工企业。它们的产品质量足以满足欧洲和美国等发达市场的消费端需求,但此前通常隐身幕后,以代工者的身份赚取加工制造费用。

随着国内外信息渠道的通畅,尤其是电商时代的到来,它们开始在代工业务之外,寻求打造自身品牌。决定商品贸易的胜负手,已经从以前的信息不对称,变成了谁能够更快地根据消费者新出现的痛点,用产品进行快速反馈,并用数字化工具找到匹配的消费者。

这些走上台前的企业,不少已经取得一定的成绩,不过大部分还需要时间的打磨。

走向台前

"史丹利百得这样的公司是以品牌为主的,如果它只专注制造,肯定会失败,因为它没有办法和中国企业PK。"李锋对第一财经记者表示。

史丹利百得是一家历史悠久的美国工具制造商。2020年10月,史丹利百得宣布提前解散其位于深圳的全资子公司,后者生产经营电动工具、吸尘器及附件等产品。

对于解散深圳子公司的原因,史丹利百得的解释是:"随着市场整体环境的变化和行业内竞争的加剧,集团基于战略发展需求不得不重整业务资源以提升市场竞争力。"

目前史丹利百得在中国的苏州还设有制造工厂,与此同时,它还与巨星科技等中国公司合作,借助后者的代工能力。"我们的生产成本远远低于他们的生产成本。从产能上来说,史丹利百得的工厂产能也不及我们,这个成本必定就上去了。"李锋表示。

巨星科技是一家位于杭州的工具制造商,它设立之初的全部产能是为海外企业做贴牌生产。但它自身也在一步步地壮大,并已经登陆资本市场。它并不想止步于代工,此后设立了自己的品牌。根据该公司最新的一个五年计划,巨星科技准备将代工量占比降低到4成,6成是公司自有品牌。

"现在来看,我们的发展趋势可能远远超过预定目标。其中的一个原因是,我们收购的一些美国、欧洲的一线大品牌,对我们的销售整合有很大的帮助。"李锋透露说:"所以,我们的OEM份额会越来越少,这是我们发展的必然趋势,也是公司的长期战略。"

转型为品牌制造商的代工企业不在少数。

型德国际是一家生产商用餐厨设备的中国企业,在经过数年为海外品牌代工之后,它决定设立自己的品牌Kitma。它借助电商渠道杀入全球商业采购市场,一度成为亚马逊工业商用分类中的TOP5卖家。稳健医疗也是从OEM走向自主品牌,把winner品牌的医用口罩和医疗敷料销售给专业的海外医疗机构。

文具品牌得力从一开始为国际品牌做贴牌加工,后续逐步拓展品牌海外线下分销。它在2018年上线亚马逊的美欧日站点,抓住了办公和学校用品的商采潜力,把握返校季及开工季等大促节点,在这些市场打开了局面。2021年,得力在亚马逊上来自企业端的销售额较前一年增长485%。

这些传统的制造端代工企业分布在各行各业。它们的产品质量足以满足欧洲和美国等发达市场的消费端或者企业端需求。此前,它们受限于传统的贸易链条,无法直接触达终端用户。海外的进口商向国内制造型企业下订单,其特点是单次量大而频次低,这些进口商将产品买断后转售给欧洲或美国的消费者。

在电商时代,这种情况在改变。

"这几年我们可以很明显地感觉到,中国卖家的品牌意识越来越强了。去年的一个调研发现,93%的中国卖家已经很清楚地认识到建立品牌的重要性。"亚马逊中国副总裁、亚马逊全球开店亚太区企业购负责人杨钧对第一财经记者表示:"过去4年里,在亚马逊全球站点上完成品牌注册的中国卖家数量增长了40倍,14%亚马逊上的中国品牌已经在超过5个国家或地区拥有注册商标。"

一定要有耐心

震坤行工业超市董事长兼CEO陈龙认为,不断上升的生产成本是企业走向品牌化的推动力。

震坤行工业超市是一家工业品 B2B 电商行业"独角兽"企业，它也在积极寻求开拓海外市场。它在境外以销售精选产品为主，这类似于工业领域的 COSTCO 模式。

"随着社会的进步，成本肯定是上升的。要化解成本上升的压力，传统制造型企业尤其是给别人代工的企业必然直接做品牌。因为在整个销售环节里面降成本最快的就是减少中间环节。"陈龙对记者表示："比如企业委托别人代工，它再品牌溢价卖给消费者；如果你把这层渠道减少的话，直接就可以卖给消费者。我觉得电商时代是一个非常好的机会，就是让做 OEM 的工厂有机会直接触达消费者。"

在跨境电商兴起之前，海外的进口商或品牌商离消费者很近，它们知道消费者需要什么样的产品。顾客的知识和偏好都掌握在它们手上。杨钧认为，随着电商及数字工具的不断普及，现在亚洲的工厂也能直接接触并获知海外消费者和企业买家的需求了。企业对顾客的认知和顾客的理解，已经不像以前那样的信息不对称。

天平正在向制造端倾斜。

"这些离供应链最近的中国制造商或者品牌商是这个趋势的获益者，因为它们被数字化的工具武装得更加完整。"杨钧评价说："全球跨境电商，不管 ToB 或者 ToC，总体趋势就是决定商品贸易的胜负手，已经从以前的信息不对称，变成了谁能够更快地根据消费者新出现的痛点，用产品进行反馈，并用数字化工具找到匹配的消费者。"

大量中国卖家已经开始从中国制造向中国品牌转型。它们正在经历一系列的转变：在制造技术上从高起订量、慢生产线转化为数字化柔性生产，思维模式也从赚快钱变成了赢得消费者长期信任的品牌模式。这也需要企业有敏捷的反馈、制造、营销等方面的能力。在杨钧看来，今天的部分制造类企业"对客户需求的了解还是有提高空间的"。

"打造一个品牌，你说很难也谈不上，但是我觉得一定要给时间。"李锋说。巨星科技旗下的 WORKPRO 是巨星自主创立的第一个全品类综合性工具品牌，有 4 000 种以上不同的产品。现在它就是该公司销售最好的品牌，每年有约两亿美元的销售额。这个品牌已经有近十年的历史。"所以，打造品牌，一年、两年、三年会感觉很难，我想最起码要留有五到十年的时间，一定要有耐心。"

全球化的品牌，需要全球化的生产基地。巨星科技目前已经有一部分生产制造环节布局东南亚，大约5年前，该公司已经在柬埔寨、越南和泰国设立了工厂，此外，它在德国、瑞士、美国等也有布局。李锋认为，中国制造业一定是全球化的，但是很多大件产品及高端产品建议本土生产，这样可以省掉很多高昂的海运费及国际运输带来的诸多不稳定性因素。

"我还是坚定地看好中国制造，因为中国制造已经超越了成本，已经是整体生态优势。"杨钧说，"从各方面来看，中国制造商与供应链的发展趋势还是非常好的。"

2022年10月14日

分享链接

十六、秀言城事

李秀中 | 第一财经记者，毕业于重庆大学经济学专业，长期关注区域经济与城市发展，"秀言城事"专栏通过对区域发展热点的观察研究，探寻中国经济增长的源动力以及背后的商业机会。

联系邮箱：lixiuzhong@yicai.com

高温"烤"四川，水电大省电力困局待解

8月18日，林云（化名）所在的公司放高温假两天。因为根据成都市经信局的安排，他所在的企业在未来几天用电负荷将较平常减少70%，剩下30%的用电负荷只能维持企业冷冻库房的需求，办公区无法上班。

早在7月份的时候，林云所在企业的生产基地就开始执行错避峰用电，生产线白天休息，晚上11点到第二天早上5点开工。但是，从8月15日开始，企业所属川内各大生产基地按照政府要求全部暂停生产，让电于民。

四川省这个全国最大的水电开发和西电东送基地，在夏季丰水期正在遭遇前所未有的电力紧张局面，是什么样的原因造成目前这个水电大省电力短缺的困境？又该如何应对未来的长期挑战？

"不得不停限电"

8月17日，成都最繁华的区域之一春熙路，往日的流光溢彩不再，大量户外LED广告牌被关闭。在电力紧张的形势之下，这座城市正在全面压缩光彩亮化等负荷用电，全力保障民生电力供应。

四川省从15日0时开始紧急扩大工业企业让电于民的实施范围，对四川

电网有序用电方案中所有工业电力用户（含白名单重点保障企业）实施生产全停（保安负荷除外），放高温假，让电于民，时间到20日24时。

继工业企业生产全停之后，近日成都一些写字楼、商场等商业物业也开始限电。第一财经记者从CBRE世邦魏理仕成都不动产管理部了解到，一些写字楼项目也接到执行有序用电方案，有的物业用电负荷削减70%。

从工业企业到商业物业、党政机关，四川省正在全力应对电力短缺，保障电力供应。

四川大学能源研究中心主任马光文向第一财经记者表示，四川省最近气温太高，电力负荷超过往常的20%，用电量大幅增长，尤其是空调负荷增长很快。拉民用电的影响面太大，现在只能在工业上限电，等后期缓解之后再想办法让工厂扩大生产。

8月15日，四川省召开电力保供调度会，预计全省最大用电负荷将比去年同期增加25%，为此，四川省启动了三级保供电调控措施，全力保障民生用电。在8月15日全省工业企业生产全停之后，川内上市公司纷纷发布暂停生产的公告。

四川省刚刚经历了疫情冲击，目前正在"拼经济"的关键时刻，却遭遇了电力紧张。

一家新能源汽车零部件企业的有关人士向第一财经记者介绍，临时停电期间，公司积极启动自备发电机组通电作业，确保部分增量零部件产线运行及核心客户的供应保障。另外一家川内大型企业有关人士也表示，省内企业目前正积极配合有关部门要求有序地调整负荷，随着后续电力形势的有效缓解，企业用电将恢复至正常水平。

史上最强极端高温

水电大省四川也面临电力短缺，极端高温被认为是罪魁祸首。一方面，极端高温带来用电负荷的攀升；另一方面，极端高温导致干旱，上游来水少，水力发电大幅减少。这对电力供应和需求两端都产生严重影响，导致电力短缺。

马光文表示，四川电力供应80%来自水电，但干旱导致水库水位降得很低；同时，天气太热，电力负荷超用电量大幅增长。另外，根据西电东送政府间协议，四川省的发电量还需要大量外送；全国面临高温天气，煤炭供应也比较紧张，保供压力大。

四川省气候中心高级工程师孙昭萱向第一财经记者表示，四川省的极端高温缘于西太平洋副热带高压范围偏大，且强度持续走高，四川盆地到长江中下游都受其控制，近期因而高温少雨。以往副高会有南北摆动的变化，但是近10天以来却稳定少动，这样，北方的冷空气和南方的水汽无法进入，一直没有降水的有利条件。

四川省气候中心工程师孙蕊向第一财经记者表示，今年四川省经历了三轮高温天气：首轮在6月底，比往年来得早；第二轮是7月4日—16日；第三轮从7月25日至今，目前，全省范围内超过100个县站的高温天气已经持续10天。预计今年夏季，四川省的高温热浪事件综合强度将达到1961年有气象记录以来的最强。

孙蕊表示，6月以来，四川全省平均高温日数为23天（日最高气温大于摄氏35度，截至8月17日），较常年同期增加16.4天，为1961年以来历史同期最多。全省86个观测站的日最高气温高于摄氏39度，甚至部分高原观测站也罕见地出现高温天气。不仅如此，6月以来（截至8月17日），四川省平均降雨量较常年显著偏少40%，为1961年以来历史同期最少。

四川省水利厅也发布消息称，今年7月以来，全省平均降雨较常年同期偏少，旱情持续发展，为近10年的最重伏旱。预计8月中旬，降雨和主要江河来水较常年同期明显偏少。经省防汛抗旱指挥部研究决定，自8月11日18时起，将7月15日启动的四级抗旱应急响应升为三级。

四川省气象台首席预报员青泉向第一财经记者表示，根据预测，未来一周左右，四川盆地内没有冷空气过程，也没有降水过程，因此，高温天气还会持续5—6天。7月以来，全省平均降水量为136.7毫米，降雨与往年下降超过50%。目前还不具备人工增雨的条件。

电力供应的长期挑战

与短期用电紧张相比，四川省在未来几年面临的缺电形势将越发明显。马光文表示，现在四川省水电外送已经有点力不从心，根据可再生能源就近消纳的原则，首先应该要解决四川省的自用电。

2021年，四川省全社会用电量3 274.81亿千瓦时，同比增长14.3%，增速较上年同期提升5.6个百分点。随着四川省经济社会的发展，其全社会用电量的增速连续多年位居国家电网供区省份（市、自治区）第一。

十六、秀言城事

在用电量增长的同时,四川省以水电为主的能源结构越来越明显。四川省统计局的数据显示,四川省规上企业原煤产量从 2016 年的 6 076.2 万吨下降至 2021 年的 1 907.2 万吨、占一次能源产量的 6.8%,下降 18.2 个百分点。

与此同时,2021 年年末,四川省水力发电装机容量达到 8 947.0 万千瓦时、较 2016 年年末增长 26.1%,规上企业水力发电量 3 531.4 亿千瓦时、增长 29.7%,占全省发电量的 81.6%、高于全国 67 个百分点,装机容量和年发电量均稳居全国第一。

过去 5 年,乌东德、白鹤滩、两河口、长河坝等一大批大型水电项目相继投产发电,四川省相当于再造了一个三峡电站,水力发电能力显著提升。不过,这些新建成的大型水电站的发电量主要是输送到东部地区。马光文表示,电站虽建在四川省,但白鹤滩和乌东德的发电量留在当地的很少,70%—80%的电被送走了。

仅次于三峡电站的世界第二大水电站白鹤滩水电站 2021 年建成,将通过两条±800 千伏特高压直流输电工程输送到江苏、浙江等长三角地区。同年建成的世界第七大水电站乌东德水电站则并入南方电网,通过世界首个特高压柔性直流工程送往广东、广西,服务大湾区。

白鹤滩水电站至江苏线已经建成投运,至浙江线明年建成,届时,四川省每年将向长三角地区输送电量超 1 500 亿千瓦时。

作为西电东送的基地,四川省外送电量持续增长。国家电网四川电力公司的数据显示,2021 年,四川地区实现风光全额消纳,水能利用率连续 3 年上升,达 96.6%,全口径水电外送电量 1 368 亿千瓦时,连续 5 年外送电量超过 1 300 亿千瓦时。

不过,随着四川省的经济社会发展,其电力需求增加,电力缺口出现时间可能将更多、规模将更大。马光文称:"按照目前的分配方案,到不了 2030 年,四川本地就无法满足自身的用电需求。"

成渝地区双城经济圈战略上升为国家战略,将深刻改变成渝地区的战略地位和发展格局,电力供需也将随之发生较大变化。

《成渝地区双城经济圈规划纲要》提出,优化川渝电力资源配置,完善川渝电网主网架结构,优化重庆都市圈 500 千伏目标网架。研究论证疆电入渝工程。推进白鹤滩水电站留存部分电量在川渝电网消纳。培育发展电力现货市场和川渝一体化电力辅助服务市场。

8月17日，四川省委书记王晓晖调研全省电力供应保障、迎峰度夏工作情况时表示，要持续提升电力供应保障能力。着眼长远发展需要统筹布局，加快推进川渝、阿坝—成都东、攀西—天府南、甘孜—川南等1 000千伏特高压交流工程前期工作，上马一批抽水蓄能水电站和天然气发电项目，拓宽能源富集地区向省内重点负荷地区输电的通道，形成一体开放、多能互补的格局，加快构建四川省安全可靠的电力供应保障体系。

2022年8月18日

分享链接

十六、秀言城事

新能源汽车城崛起，
产业下一轮布局或瞄准两大方向

新能源汽车产业快速发展成为城市经济新的增长点，也是今年经济的一大抢眼"亮点"。

产业的快速发展正在推动汽车产业区域格局发生变迁，一些新的汽车城正在诞生，传统汽车城的格局是否会面临洗牌？

新的汽车城

9月15日，比亚迪西安三期工厂启动总装仪式，标志着比亚迪西安工厂将实现年产100万辆的目标。用比亚迪董事长王传福的话来说，目前，西安是比亚迪除总部深圳以外，布局最全、业务合作最广的城市。

比亚迪在西安的产能释放，带动陕西省汽车产量的快速增长。今年上半年，陕西省汽车总产量排名全国第九，其增速蝉联全国各主要汽车生产省份的第一位。

陕西省工信厅的数据显示，今年上半年，陕西省汽车产量51.29万辆，增长48.8%，高于全国52.5个百分点，增速领跑全国；产值1304亿元，增长12.5%。其中，新能源汽车34.62万辆，增长531%，高于全国413个百分点，占全省汽车产量的67%，占全国新能源汽车产量的13%。

新能源汽车的快速增长成为地区经济的新兴增长点。受益于新能源汽车产业的快速发展，虽然今年年初遭遇疫情冲击，但西安市上半年的GDP仍增长了2.9%，增速在全国大城市中处于中上水平。

9月22日，西安市统计局发布的数据显示，1—8月，西安市规模以上工业增加值同比增长11.7%。其中，汽车制造业的总产值增长37.7%，较1—7月提升3.2个百分点；汽车产量同比增长82.4%，其中，新能源汽车的产量增长3.7倍。

这样的城市还不止西安一个。新能源汽车产业的快速发展正在改变原有的汽车产业格局,一些类似西安市这样的汽车产业后发城市正在快速崛起,成为汽车产业中与传统汽车城相对比的一股新兴力量。

依托于理想汽车工厂的带动,江苏省常州市的新能源汽车产业也取得显著增长。常州市统计局发布的数据显示,今年1—8月,常州市规模以上工业增加值同比增长7.1%,比1—7月提升1.5个百分点,增速高于全省平均3.5个百分点,连续5个月位列苏南第一;产值同比增长10.7%,较1—7月提升0.8个百分点。

其中,动力电池行业的产值增长108.9%、新能源整车制造业的产值增长191.9%、光伏行业的产值增长36.2%,对全市规模以上工业产值增长贡献率分别达48%、23.2%、19.3%。这几大风口产业,常州市都占齐了。

在这些城市中,新能源汽车产业风头正劲的城市莫过于要打造"新能源汽车之都"的合肥市。合肥市政府通过"以投带引",依托国资平台,积极招引新能源汽车重大项目,带动全产业链发展。

目前,合肥市集聚了江淮、大众(安徽)、蔚来汽车、安凯、长安、奇瑞(巢湖)、国轩高科、道一电机、明天氢能、和行出行等一批新能源汽车龙头企业,形成了涵盖整车、关键零部件(电池、电机、电控)、应用(公交、分时租赁)、配套(充换电基础设施、电池回收)的完整全产业链条。

火石创造产业研究院研究总监冯雷博士向第一财经记者表示,一些城市新能源汽车产业发展比较好有这样四个原因:一是靠近主要消费市场;二是政策上的倾斜;三是雄厚的汽车产业基础;四是完善的汽车后服配套。

冯雷表示,现在新能源汽车产业基本形成了北上广三足鼎立、中西部崛起的格局。不排除有新的汽车城诞生,会相对弱化传统汽车城的影响力,但短期内还不至于颠覆。一方面,汽车产业具有较高的进入壁垒,对资本、人才、上下游产业链配套的依赖性较强,不会轻易转移;另一方面,火石创造也洞察到可能会有造车新势力搅动城市间的竞争格局,创造新的新能源汽车之城,其网络化、平台化思维以及强资源整合能力、对市场的精准洞察将进一步缩小与传统汽车城之间的差距。

新一轮招商竞争

相较于其他地区,同样立志要大力发展汽车产业的四川省,在新能源汽车产业上尚显不足。从最近3年四川省和陕西省的汽车产量数据来看,2020

年，四川省和陕西省分别是69.05万辆和62.83万辆，2021年变为72.74万辆和80.1万辆。今年1—8月，四川省汽车产量为46.5万辆，陕西省已经是72.68万辆。

"新能源汽车产业是四川省的一大弱项，是绿色低碳产业的最大短板。虽然原来有一些传统汽车企业，但是没有知名新能源汽车品牌和头部企业。在新能源汽车补贴政策退坡之后，产量逐渐下降。"四川省产业经济发展研究院院长骆玲向第一财经记者表示。

骆玲认为，面对新能源汽车产业的重大发展方向，四川"动作慢了"，在第一轮新能源汽车产业布局中没有抢到重大项目。而在第一轮布局中，其他一些城市在配套政策、土地、用能上都给予了极大的支持。

不过，骆玲认为，随着能源价格的波动，以及新能源产业站到了发展的风口，这些条件将会促使新能源汽车头部企业提前扩大产能，形成第二轮布局，而这个时候，四川省和成都市仍然有机会。

事实上，在新能源汽车站上风口之后，各大城市展开了新的重大项目招商竞争，并希望以重大项目来引领带动其新能源汽车的完整产业链。

今年7月，成都市政府与比亚迪签署战略合作协议。成都方面希望能与比亚迪在新能源汽车、动力电池、充换电基础设施等领域进一步深化交流合作，充分发挥"链主"企业的龙头带动作用，积极参与产业"建圈强链"。

骆玲认为，四川省有丰富的锂矿、磷矿、钒钛稀土等战略资源，这是新能源汽车产业的关键材料，可以用资源优势转化。四川有风电、光电、水电等清洁能源的优势，还有巨大的新能源汽车的消费市场，这是无论哪个头部企业都不会忽视的。

冯雷也表示，新能源汽车产业新一轮的布局可能主要是两个方向：一是绿电资源比较丰富且制造业基础良好的部分内地城市，现在大多数新能源汽车使用的还是灰电，在"3060"的目标下，新能源汽车的用能结构也会随之改变，向绿电驱动转型，因此，新能源储备丰富的城市将迎来更大的发展机会；二是更加靠近汽车产业专业供应链的区域，根据火石创造产业数据中心的统计，长三角地区集聚了49家整车厂以及4 454家零部件公司，其广大的腹地区域将会率先获得产业要素外溢的红利，如江西、安徽、苏北等地将有望形成新的汽车产业集群。

骆玲认为，现在只需要政府制定更加有力的产业政策，"配套政策跟上去，舍得投入，抓住新能源汽车产业技改扩能的机会，四川省在第二轮产业布局中吸引若干家头部企业落户是可能的。而且成渝地区也正在联手打造万亿元级的汽车产业，新能源汽车是一个重点方向。"

2022 年 9 月 26 日

分享链接

各路资本争抢四川锂矿，
地方希望资源服务实体经济

新能源汽车产业不断增长的需求带动锂矿价格走高，锂矿资源丰富的四川省吸引各路资本介入，希望分得一杯羹，但是，地方政府更愿意把这一资源优势转化为推动制造业发展的砝码，而不是沦为炒作的标的。

各路资本介入抢矿

最近，碳酸锂价格再度走高。截至 9 月底，电池级碳酸锂现货均价达到 51.75 万元/吨，现货最高价已突破 52 万元/吨至 52.5 万元/吨，二者皆创历史新高。持续长牛的走势带动锂矿的价格上涨，抢购锂矿成为一些企业和投资者的快捷途径，而四川省是其重要的目的地。

四川省委省政府决策咨询委员会委员、四川省产业经济研究院院长骆玲向第一财经记者表示，中国锂矿资源仅占全球的 6%，四川省是全国锂矿资源最丰富的地区。因此，各路资本到四川，希望在锂电产业上游分得一杯羹，或者保障其中下游的生产原料。

四川省经信厅厅长翟刚在今年 6 月的发布会上表示，四川省锂矿资源储量占全国总量的 57%，居全国之首，现已具备采矿权的矿石储量达到 1.58 亿吨，力争在"十四五"期间形成锂矿开采能力 500 万吨。

今年 5 月，四川省雅江县斯诺威矿业发展有限公司 54.3% 的股权在网上平台公开拍卖，该公司掌握着四川省雅江县德扯弄巴锂矿、石英岩矿探矿权，拍卖价格达到 20 亿元。虽然这场拍卖最终悔拍，但是从侧面反映了对四川省锂矿的争夺。

骆玲表示，实际上，由于持续增长的需求，又长期依赖国外进口，国内两大锂业巨头赣锋锂业和天齐锂业已经在国外展开锂矿的争夺，而现在这场争夺延伸到国内。

目前，已经有多家上市公司在四川省竞得矿权。融捷股份通过子公司甘甘孜州融达锂业公司拥有甲基卡锂辉石矿山采矿权,有 105 万吨/年露天开采能力及 45 万吨/年矿石处理的选矿能力;盛新锂能持有业隆沟锂辉石矿 75%的股权,现有矿石采选产能 40.5 万吨/年。

骆玲表示,新能源汽车主流的电池还是锂电池,虽然有新的技术路线出来,但是离产业化还有很长距离,而且锂电产业的产业链非常完整,成本降低了,技术更趋成熟。现在是锂矿最景气的时候,矿石一直在涨价,因此吸引很多企业来找矿。

一位投资者向第一财经记者表示,很多投资者想到四川省来找矿,但是大多没谈成,要么要价太高,要么准备自己做。骆玲也表示,僧多粥少,四川省现在只有 6 个矿权,还没有新的矿权出来。

四川省的锂矿主要分布在甘孜州的甲基卡和阿坝州的可尔因两个矿田,目前有采矿权的矿山共有 6 个,分别为康定甲基卡、德扯弄巴、雅江措拉锂辉石矿、阿坝李家沟、马尔康党坝、业隆沟锂矿。

将资源优势转化为招商砝码

今年 2 月,宁德时代子公司四川时代新能源资源有限公司与甘孜州投资集团、宜宾三江汇达公司、四川省天府矿业公司在成都签订合资协议。根据协议,各方将在符合国家战略性矿产安全保障的前提下开展全方位合作,加快全省锂矿资源勘查开发,增加锂资源供给。

2019 年以来,宁德时代与四川宜宾市陆续签约了四川时代动力电池一至六期项目,总投资 300 亿元左右。其中,第五期和第六期于 2021 年投资,投资额为 120 亿元。2021 年年末,宁德时代在宜宾继续投资 240 亿元建设动力电池宜宾制造基地七至十期项目。

宁德时代与宜宾、甘孜国资的合作,使得宁德时代进入上游的锂矿开发环节。四川省正是通过资源的优势争取吸引宁德时代加码投资。有消息称,未来四川省将为其配置新的矿权,这成为四川独特的招引方式和优势。

骆玲表示,四川省把锂矿等能源矿产作为战略资源,为实体经济服务,把资源优势转化为发展新能源汽车全产业链的优势。四川省希望在新能源汽车制造产业上发力,通过资源优势转化产业链优势。

去年年底发布的四川省地质勘查规划(2021—2030 年)提出,四川可尔因-甲基卡稀有金属矿重点规划勘查区包括可尔因和甲基卡勘查区。部署斯约武、康浦尔-色里-斯则木足、木绒、甲基卡、容须卡等地区稀有金属矿勘查及重要矿（床）山深部和外围勘查，预期新增锂资源量100万吨。

2020年，川能动力出资9.27亿元收购四川能投锂业有限公司62.75%股权。能投锂业正在建设中的李家沟锂辉石矿105万吨/年采选项目，是目前国内投资超大的锂矿采选项目，规划日处理4 200吨原矿，年处理原矿105万吨，年生产精矿18万吨。

骆玲表示，这个矿权最初是21世纪初由浙江一家民企获得，只花了2 000多万元，此后几经转手到目前的价格。未来新的矿权肯定是公开拍卖的方式，但会设置比较高的产业门槛，将资源优势引导到支持实体经济、发展制造业上面去。

目前，四川省已经形成宜宾、遂宁、成都和眉山四地的锂电产业集群。其中，宜宾和遂宁分别以宁德时代和天齐锂业为龙头，成都也形成了以中创新航、蜂巢能源等为龙头的产业集群，都形成了空间集聚，其他地方也形成了锂电材料部件的配套企业。

不仅如此，四川省正在通过资源优势吸引新能源汽车全产业链企业入驻。今年7月，成都市政府与比亚迪公司签署战略合作协议，建立全方位、多元化的战略合作关系，在电子信息、新能源汽车、轨道交通等战略性新兴产业领域开展更加广泛、更深层次的务实合作。

7月8日，四川省委书记王晓晖在成都会见比亚迪公司董事长王传福一行。双方围绕抢抓成渝地区双城经济圈建设战略机遇，加大在川投资布局力度，进一步深化电子信息、新能源汽车、动力电池等领域合作，助推四川汽车产业高质量发展等交换了意见。

2022年10月12日

分享链接

十七、财税益侃

陈益刊｜《第一财经日报》资深记者，长期关注财政税收领域，聚焦财税政策、财税改革、地方债管理、减税降费、税收征管等相关话题。"财税益侃"专栏剖析财税热点事件，解析政府调控意图，帮助读者更好地读懂财政话题。

联系邮箱：chenyikan@yicai.com

增值税改革十年减税亮眼，下一步怎么改

过去的十年，增值税改革动作频频，这一收入超6万亿元的第一大税种改革，不仅直接影响企业和老百姓，更是与经济发展密切相关。

为消除重复征税等，2012年，营业税改为增值税（下称"营改增"）试点启动；2016年，"营改增"全面推开，营业税被取消。此后，增值税改革进一步深化，包括税率简并下调等，尤其是今年超2万亿元大规模增值税留抵退税，给企业等市场主体减负无疑是十年来增值税改革的一大亮点。

多位财税专家告诉第一财经记者，十年来的增值税改革明显减轻了企业等市场主体的负担，激发了市场活力，从而促进经济平稳运行，并基本建立了现代增值税制度。增值税立法也已启动。未来增值税改革将进一步深化，三档增值税税率有望进一步简化成两档，增值税抵扣链条进一步完善，增值税留抵退税改革仍需继续推进，应退尽退，并完善增值税出口退税制度等。另外，还要平衡好增值税改革与立法之间的关系，从而稳定市场主体的预期，进一步推动建立现代化增值税制度。

十七、财税益侃

减负与税制完善并举

增值税是以商品(含应税劳务)在流转过程中产生的增值额作为计税依据而征收的一种流转税,目前是我国的第一大税种。

根据财政部的数据,2012年国内增值税收入从约2.64万亿元增至2021年的6.35万亿元,占税收总收入的比重提升至近37%。增值税收入规模稳步增长的背后,与十年来中国经济稳定增长直接相关,也与近十年增值税改革息息相关。增值税改革前期以"营改增"为主,后期则以增值税制度改革为主。

北京国家会计学院教授李旭红告诉第一财经记者,2012年1月1日,我国在上海市的交通运输业和部分现代服务业开展"营改增"试点。此后,该试点范围持续扩大,直至2016年5月,我国在全国范围内全面推开"营改增"试点,此次改革消除了我国长久以来对货物和劳务分别征收增值税和营业税所带来的重复征税问题,建立了健全、科学、合理的流转税制度。

"全面'营改增'有效地解决了营业税制度下造成的重复征税、增值税抵扣链条中断等问题,打造了更加中性的税收环境,有助于激发市场活力,是我国开展供给侧结构性改革的重要战略举措。"普华永道中国行业发展与税务战略主管合伙人李军告诉第一财经记者。

李旭红介绍,在全面推开"营改增"之后,2017年7月,增值税又进行了税率的改革,将四档增值税税率简并下调为三档(13%、9%和6%)。此外,我国大规模减税降费政策也推动着增值税改革不断深化,2019年正式建立留抵退税制度,尤其是2022年实施的存量留抵退税政策,是我国增值税留抵退税制度的一次重大突破。

税务总局的数据显示,截至今年9月20日,增值税留抵退税款高达22 113亿元。大规模增值税留抵退税政策的实施,缓解了企业的资金压力,助推了经济平稳运行。

李军认为,2017年至今增值税改革的主线围绕增值税的减税开展,增值税减税对国家提高直接税比重、降低企业综合税负起到了重要作用。在税率降低的同时,我国不断探索增值税进项留抵退税制度的完善,通过实施相关举措,我国留抵退税政策正在逐渐与国际接轨,朝着留抵退税常态化的方向发展。

不少企业也真真切切地感受到了增值税减税的实效。武汉古河汽车系统有限公司财务股长张凤在谈及增值税十年改革时表示:"增值税税率越来越低,优惠政策越来越多,业务办理越来越方便。"

上海财经大学公共政策与治理研究院副院长田志伟告诉第一财经记者,近十年增值税改革体现了三大主线:第一是让增值税制度更加适应经济发展,比如"营改增"就是消除重复征税,促进服务业发展;第二是优化了我国的税制结构,增值税减税改革符合降低间接税比重、提高直接税占比的大方向;第三是优化了增值税制度,建立现代增值税制度。

接受采访的专家普遍认为,十年来增值税改革减轻了企业的负担,增加了企业的现金流,帮助企业渡过难关,激发了市场活力,促进了经济增长,优化了税制结构,也使得我国基本上建立了现代增值税制度。

下一步改革的重点

十年来增值税改革进展大,但未来改革仍将持续。

李旭红表示,近年来,我国不断深化增值税改革,成效显著,使得增值税在保障财政收入、维护税收中性方面发挥了重要作用。"十四五"时期,我国增值税改革的目标是完善现代增值税制度。因此,应进一步深化我国增值税改革,在保障财政收入的同时,坚持以维护增值税中性、促进经济增长为导向,推动建立现代增值税制度。

增值税税率进一步简并是大势所趋。此前,国务院明确增值税税率简并方向是三档并为两档。

李旭红认为,我国实行增值税三档税率以及零税率政策,多档税率情况下容易出现进项税率低于销项税率的税率倒挂现象,导致企业产生大量留抵税额,影响企业的资源配置,使得增值税的中性难以有效实现,影响经济增长的质量,同时,从优化营商环境的角度来看,过多档税率设置会增加企业的遵从成本。为简化增值税税制和维护增值税中性,借鉴国际经验,可考虑将现行三档税率减至两档,包括标准税率和低税率。

李军认为,增值税税率简并是完善增值税政策、实现增值税税收中性的重要一环。他建议在未来减税降费的改革方向上,进一步下调增值税税率,最终实现除零税率外的三档税率简并为两档税率。

田志伟表示,未来应继续优化税率结构,简并增值税税率,并最终形成一档或者两档的增值税税率结构。

李旭红表示,未来还要进一步完善增值税抵扣制度,扩大增值税进项税额可抵扣的范围，使上下游抵扣链条完整，促进增值税中性的有效实现。

近些年增值税进项税额抵扣的范围不断扩大，不动产、旅客运输等相继纳入。中国政法大学教授施正文认为，一些企业增值税税负较重的原因就是抵扣不充分，下一步增值税改革需要完善增值税抵扣制度，这一影响不亚于税率降低。

李军认为，目前仍然存在支付贷款利息、购买餐饮服务及居民日常服务等用于生产经营无法进项抵扣的问题，造成重复征税，增加了企业和最终消费者的税收负担。建议适时考虑扩大增值税进项抵扣的范围，完善增值税抵扣链条。

完善增值税留抵退税制度，也是下一步改革的重点。

李旭红建议，调整留抵退税的适用条件，留抵退税是保障增值税中性原则实现的税收机制安排，增值税改革应继续着重发挥好留抵退税维护税收中性的作用。对于新设立的企业，可考虑放宽信用等级的限制至 M 级，并根据企业经营状况及时调整信用等级，确保诚实守信、可持续经营的企业能够及时获得留抵退税资格，享受政策红利。

田志伟表示，要进一步完善增值税出口退税制度，统一增值税出口退税率与增值税税率，衔接好留抵退税制度与出口退税制度。

"随着征管水平的进一步提高，可以考虑对服务出口实行全面的零税率政策，使得出口服务以税负为零的价格参与国际市场的竞争，以进一步推动我国外向型经济的发展。另外，建议推进服务进入海关特殊监管区域享受退税政策，降低区内企业的采购成本，提高企业的竞争力。"李军说。

增值税已经启动立法工作，《增值税法（草案）》征求意见稿已经公开向社会征求意见，国务院计划今年提请全国人大常委会审议。

李旭红认为，未来要协调好制度性政策与法制化政策之间的关系。建议及时将现行的、行之有效的增值税优惠政策转换为制度性安排，以增值税立法为契机，将包括留抵退税政策在内的增值税政策渐进地转为增值税的制度规定，稳定市场主体的预期，并进一步强化增值税中性，推动建立现代化增值税制度。

2022 年 10 月 13 日

分享链接

土地财政告别高增长，多地调低土地出让收入预算

今年土地市场的下滑形势，显然超出不少地方政府的预期。

近期不少基层政府依法调整预算，目的是做到全年预算收支平衡，其中，多数地方政府调低了年初政府性基金预算收入预期，而这笔收入主要来自国有土地使用权出让收入（下称土地出让收入），各地的调降幅度不一，有的地方调低土地出让收入降幅甚至高达97%。

导致土地出让收入大幅下降的主要原因是，楼市低迷叠加房企困难，导致房企的拿地意愿低。根据财政部的数据，今年前10个月地方政府性基金收入中，土地出让收入为44 027亿元，比上年同期下降25.9%。而上一次土地出让收入降幅超过20%，还是在2015年。

土地出让收入是地方财政的重要收入来源，20多年来土地出让收入从500多亿元增至超8.7万亿元，在经济下行压力加大的情况下，土地财政依赖度在提升。今年土地出让收入大幅下滑，土地财政何去何从？

调降土地出让收入

在地方政府的财政收入中，除了以税收为主的一般公共预算收入外，另一大财力就来自政府性基金收入，其中，土地出让收入占比超过9成。由于今年土地市场低迷，土地出让收入明显低于年初预算，为了做到全年预算收支平衡，10月份以来，在地方密集披露的预算调整报告中，大多数地方都调低了政府性基金预算收入，其中主要是调降全年土地出让收入预期。

从全国层面来看，根据今年中央和地方预算草案的报告来看，今年全年地方政府性基金预算本级收入预计约为9.4万亿元，同比增长0.4%。但从实际执行情况来看，财政部的数据显示，今年前10个月地方政府性基金预算本级收入约为4.9万亿元，同比下降24.3%。

由于土地出让收入占政府性基金预算本级收入比重达9成，这也可以粗

略被看作，与年初土地出让收入持平预期相比，今年土地出让收入降幅已经超过20%，这可以视为全国地方降幅的一个平均数。

由于各地经济社会发展程度、土地供需情况等千差万别，实际的土地出让收入形势也差别极大。第一财经记者查阅近百份地方预算调整报告后发现，多数土地出让收入较年初预期大幅下降，但也有少数地方保持强劲增长。

根据北京市门头沟区2022年区级预算调整情况的报告，年初预计全年土地出让收入为119.75亿元，此次预算调整中，调减区级土地出让收入85.85亿元（较年初预计数的降幅约为72%），这主要是年初预计上市并取得收入的多个项目地块，截至目前均未入市成交。

湖北省荆州市今年预算调整方案的报告显示，市直政府性基金预算中地方本级收入由50.83亿元调整为15.2亿元，减少35.63亿元。主要是土地出让收入短收，根据资规部门提供的出让计划并结合财政体制调整方案测算收入。

在近期的预算调整报告中，调降土地出让收入的还有不少地方，包括贵州省铜仁市、浙江省永康市、湖南省澧县、陕西省安康市、湖北省荆门市、云南省红河州、广东省阳江市、四川省绵竹市、广西壮族自治区富川县等。如果具体到镇一级政府，土地出让收入的波动更大。

比如，广东省东莞市桥头镇公开的今年财政预算调整方案的报告显示，今年年初当地预计土地出让收入为18.12亿元，此次调减为17.71亿元，降幅高达97.7%，主要是由于地块未能如期推出市场，未实现收入。

粤开证券首席经济学家罗志恒告诉第一财经记者，今年以来房地产下行压力加大，受到疫情反复、部分地市楼盘烂尾等因素影响，居民端购房能力及购房意愿趋势性下行，企业端部分房企面临市场融资困难、销售回款转负等问题，房企整体预期较弱、拿地意愿下行，导致政府性基金收入增速快速下行。

地方土地出让收入大幅下滑，直接导致地方可用财力减少，相应支出项目支出缩减。

比如，桥头镇调减由国有土地使用权出让分成收入及专项债券安排的项目支出17.80亿元，包括轨道交通计提资金、复垦指标费、土地统筹费用、山和垃圾填埋场搬迁整治及后续管理项目、水生态PPP项目、部分道路改造工程等。

由于今年地方政府专项债券发行规模创历史新高，新增专项债筹资超过4万亿元，而这笔巨额债务收入是计入地方政府性基金账本中的，因此，尽管一些地方的土地出让收入大幅下滑，但由于专项债收入大增，一些地方政府性基金总收入仍保持增长，使得政府性基金支出依然保持相对较快的增长，以稳定经济。

财政部的数据显示，今年前10个月，尽管全国地方政府性基金预算本级收入（约4.9万亿元）同比下降24.3%，支出（约8.2万亿元）却同比增长7.7%。

当然，也有一些地方调增土地出让收入预期，这也是缓解地方财政收支矛盾的一大重要举措。

比如，浙江省杭州市本级今年预算调整的报告显示，杭州市本级政府性基金收入拟由年初的约970亿元调整为1553.89亿元，增加583.88亿元。这主要是土地出让收入预算较年初大幅增加564.36亿元。湖北省咸宁市预算调整方案称，今年加快梓山湖区域开发等，土地出让收入增收12.28亿元。

土地财政或难以高增长

土地出让收入的波动幅度较大，不仅跟房地产、土地市场关系密切，也跟当年财政收支形势密切相关。通常来说，当一般公共预算收入增长乏力时，为了缓解收支矛盾，地方加快卖地的节奏，土地出让收入就会快速增长。

根据官方的数据，1998年地方土地出让收入为507亿元，而2021年这一收入规模已高达8.7万亿元，增长约172倍。尽管土地出让收入有明显的波动，尤其是2012年和2015年均出现下滑，但总体来看，土地出让收入保持增长势头，尤其是2015年以来稳步增长，2020年土地出让收入占国内生产总值的比重提高至8.3%。

今年土地出让收入大幅下滑毫无悬念，明年土地出让收入形势如何？

罗志恒分析，近期稳楼市政策持续发力，避免房地产过快下行对经济带来的负面冲击。从供给端看，政策从保交楼、保项目逐步转到纾困企业主体，缓解房企现金流压力，如央行、银保监会推出"金融十六条"，证监会推出股权融资方面调整优化5项措施，保持房地产融资平稳有序；从需求端看，降低居民购房成本，支持刚性和改善性住房需求，提升居民购房信心，避免房地产销售、投资和土地出让收入下行对经济形成拖累。

"预计明年的土地市场会在政策支持下逐步回暖，但在经济下行压力仍存的背景下，政策传导至实体生效仍需要一定的时间，居民、民营房企预期改善可能偏缓，预计2023年国有土地使用权出让收入仍为负增长。若土地市场恢复至 2018—2019 年的平均水平，则预计国有土地使用权出让收入增速在－2%左右。"罗志恒说。

光大证券首席宏观经济学家高瑞东表示，一般而言，各地要求房企在签订土地出让合同后的 1 个月内缴纳成交价款的 50%，余下的在 6 个月内缴清，最迟不超过 1 年。因此，我们可以将土地成交作为领先指标，估算 2023 年的土地出让收入。我们采用百城土地成交总价，按照领先规律进行估算，预计 2023 年土地出让收入增速为－6%左右。

今明两年，土地出让收入均出现下滑，一些人士认为，土地财政是否成为过去式？

一位地方财政人士告诉第一财经记者，目前说土地财政成为过去式还尚早，毕竟不管是东部还是西部，短期内仍没办法摆脱对土地财政的依赖。但当前和今后一段时期，整个宏观经济形势和消费预期转弱，不可避免地会影响土地收入，如果再过度依赖，地方财政将难以为继。

辽宁大学地方财政研究院院长王振宇对第一财经记者表示，土地财政不会短期内退出历史舞台，只是其边际收入效应在递减，且不同地区的差异性很大，也就是说土地财政的一般意义逐渐弱化，特殊属性永远存在。未来，一定是房地产财政代替土地财政。

罗志恒认为，土地财政向何处去，要结合未来国家战略、经济产业结构转型及财税改革趋势综合判断。中期来看，随着房地产行业高杠杆、高周转时代的终结，随着房地产市场健康平稳地发展，土地出让收入也将回归常态化的低增长。

"长期来看，土地财政作为时代的产物也必将伴随时代的变迁而发生相应变化，共同富裕和高质量发展要求房地产繁荣的时代转向科技和制造强国的时代，对应的财政收入、支出结构都将发生变化。"罗志恒说。

他表示，未来土地财政的转型应在财税体制改革、产业结构转型、重塑税基和财政结构、优化债务和支出结构、政策协调五大维度上发力。

2022 年 11 月 29 日

分享链接

专项债余额首破 20 万亿元：土地财政转型，偿债风险如何控？

作为稳增长重要政策工具的地方政府专项债券（下称专项债），近些年的发行规模快速攀升，截至今年年底，债务余额突破了 20 万亿元的关口。

受房地产市场持续低迷的影响，作为偿债收入重要来源的土地出让收入今年出现明显下滑。专项债偿债风险引起外界关注。

粤开证券首席经济学家罗志恒告诉第一财经记者，整体来看今年专项债偿债风险较往年有所上升，但整体仍然安全可控。这跟严监管下专项债项目本身的收益提升有关，而稳楼市政策下明年政府性基金收入下行的压力将减缓。另外，专项债务本身可以滚动接续，当前债务的付息压力整体可控。

但显然，在债务约束下，专项债难以继续保持往年高速增长的势头，专项债规模需要与政府性基金预算收入及项目收益相匹配。未来适时、适当地压缩专项债规模和在地方政府债务中的占比，成为业内部分专家的共识。

风险有所上升，但总体安全

地方政府债券分为一般债券和专项债券，前者针对没有收益的公益性项目，偿债来源于一般公共预算；后者则针对有一定收益的公益性项目，偿债来自对应的政府性基金收入或项目收益形成的专项收入。专项债也被称为中国版的市政债。

专项债 2015 年首次发行，当年规模接近 1 000 亿元，随后几年规模快速攀升，今年新增专项债发行规模首次突破 4 万亿元。

不少专家表示，专项债在扩大有效投资、稳定经济增长方面发挥了重要作用，为稳定宏观经济大盘提供有力支撑。

专项债发行规模逐年攀升，也带来债务余额的快速增长。财政部的最新数据显示，截至 2022 年 10 月末，全国地方政府债务余额约 35.17 万亿元，其中，专项债务为 20.71 万亿元，一般债务为 14.46 万亿元。

今年专项债余额首次突破 20 万亿元，如何衡量专项债风险？

为了控制地方政府的债务风险，中央为地方债发行采取限额管理，设置举债"天花板"。经第十三届全国人民代表大会第五次会议审议批准，2022年全国地方政府的债务限额约为 37.65 万亿元，其中，专项债务限额约为 21.82 万亿元。

目前，地方政府债的务余额和专项债务余额还在限额以内，其中，专项债余额距离限额还有约 1 万亿元的空间。

另一个衡量专项债风险的重要指标，与以土地出让收入为主的政府性基金收入情况直接相关。

作为偿债主要来源之一的地方政府性基金收入今年出现下滑。财政部的数据显示，前 10 个月，地方政府性基金预算本级收入 48 537 亿元，比上年同期下降 24.3%，其中，国有土地使用权出让收入 44 027 亿元，比上年同期下降 25.9%。

财政部近些年公开了名为专项债务到期还本保障倍数的数据，来反映专项债的偿债保障能力，计算方式是用当年的地方政府性基金预算收入，除以专项债年均到期的还本规模。显然保障倍数越高，偿债风险越低。

财政部公开的《关于 2021 年地方政府专项债务余额决算的说明》显示，截至 2021 年年末，专项债务到期还本保障倍数为 5.11，偿债保障能力较好。这一数值 2020 年和 2019 年分别为 5.27 和 4.49。

罗志恒告诉第一财经记者，今年以来由房企风险引发的房企融资困难与居民购房信心不足，使得房地产市场（含土地市场）持续低迷，前 10 个月政府性基金预算收入同比下滑，冲击地方可用财力。

"在今年政府性基金预算收入大幅下降（预计约 8 万亿元）的背景下，预计专项债务到期还本保障倍数处于 3.8—3.9，较 2021 年 5.11 有较明显的下降，专项债偿债风险有所上升，但整体仍然安全可控。"罗志恒说。

对外经济贸易大学毛捷教授告诉第一财经记者，2017 年以来专项债普遍被项目收益专项债取代，大部分专项债的项目收益成为还债的主要资金。当然，土地出让收入仍是专项债偿债的重要来源。所以，随着土地财政转型，专项债的财政可持续性对项目收益提出了更高的要求。这也是财政部强调专项债限额分配要优化的原因，项目做得好，收益充足的，多给限额。

近些年，财政部等部门不断强化专项债监管，加强项目审核把关，重点审核项目融资收益平衡等，资金倾向财政实力强、中央和省级重点项目多的省市。

"今年以来，地方持续加大对专项债项目的监管，提高专项债资金的使用效率及项目质量，项目本身可产生的用于偿债的资金更多，在一定程度上缓释了风险。"罗志恒说。

他表示，今年以来稳楼市政策从供需两端持续发力，避免房地产过快下行对经济带来的负面冲击，预计明年政府性基金预算收入下行的压力将有所减缓。

尽管今年前10个月土地出让收入大幅下滑，但降幅呈现缩窄趋势。多位专家预计明年地方政府性基金收入仍会下滑，但降幅会比今年有明显收窄。而这在一定程度上将能减轻专项债的偿债压力。

优化债务结构

缓解偿债压力的另一个重要举动，是根据项目实施周期，适当拉长发债期限，使得与项目期限相匹配。比如，财政部的数据显示，2018年的专项债平均发行期限为6.1年，截至今年10月底这一时间延长至10.1年。

实践中，地方政府偿还专项债务除了自有资金外，更常用的是发行再融资专项债券，借新还旧。财政部的数据显示，今年前10个月地方发行再融资专项债接近1万亿元，这笔资金将用来偿还到期的债务本金。但是政策规定，偿债利息必须用财政资金偿还，不得通过上述再融资债券筹资来借新还旧。

罗志恒表示，专项债务本身可以滚动接续，更需关注专项债务的付息压力。整体来看，2021年专项债务的付息率达到4.3%，较2020年上升1.1个百分点，债务付息压力整体可控，但也要警惕部分区县的支付风险和重整风险上升。

在土地出让收入难以维持高增长，而优质项目减少的现实背景下，未来一段时间，专项债规模（限额）是否能维持高增长？

罗志恒认为，可以从应然（应该的样子）和实然（实际的样子）两个角度来看专项债限额问题。从应然的角度看，专项债的限额应该大幅压缩，通过地方一般债或者国债发行后的转移支付来弥补。

"这主要是因为目前专项债项目申报中，部分地方政府通过各种包装使得项目符合要求，但部分资金投向项目后的收益较差，导致专项债实际上的偿还风险较大，专项债已不能完全反映出专项项目收益偿还债务的设想和债务风险形势。"罗志恒说。

他表示，从实然的角度看，过去的几年为了应对经济下行，拉动基建投资对冲总需求下行，专项债事实上发挥了较大作用，如果直接压低限额和当年新增金额，而缺口得不到弥补，就会引发宏观经济下行和财政作用不积极的风险。

罗志恒建议，应该优化政府债务结构。一方面，增加国债占比，降低地方债占比；另一方面，在地方债中，提高一般债占比，压缩专项债占比。简言之，压缩专项债的前提是财政收支缺口能得到弥补。

财政部原部长楼继伟此前公开表示，目前地方政府一般债券（额度）给得太少，而专项债券额度给得太多。"十四五"时期，需要优化政府债务结构，提高地方政府一般债占比，降低专项债占比。

根据官方的数据，截至今年10月底，专项债占地方政府债务的比重约为59%，一般债占比约41%。根据光大证券测算，今年地方政府债务率可能突破120%的债务警戒线，地方政府加杠杆空间有限，中央政府的空间更大。

当然，继续强化专项债项目监管，提高项目收益的管理水平，对于防范专项债的风险也十分重要。

国务院发展研究中心宏观经济研究部副部长冯俏彬建议，要持续深化中国投融资体制改革。具体而言，要牢牢抓住当前投融资中项目与资金的性质不够匹配这条主线，通盘考虑各类资金和项目之间的搭配，以多样化的资金来源匹配多样化的项目，切忌将压力过多地集中于专项债一极之上。

2022 年 12 月 6 日

分享链接

第三部分
Yimagazine视角

第一财经 Yimagzine 是第一财经传媒矩阵中的杂志产品，每年推出 12 个重磅封面策划和 12 篇上市公司研报，以商业为主视角，涵盖新经济、技术、社会、文化、医疗、教育、职场等领域，旨在为年轻一代和新阶层提供审美和智识并重的新商业读本。本栏目为 Yimagazine2022 年深度报道的精选。

瑞幸新赌局

施 歌 邓依云

财报造假引发的监管处罚、诉讼赔偿和债务重组尚未彻底了结，遭受巨大冲击的瑞幸用了一年半时间重新恢复自身造血机能，并且正在筹谋一个新赌局。

"单子太多了，快给我做哭了。"在西安一家瑞幸咖啡门店担任店长的刘雨，至今还清楚地记得2020年4月3日那天店内的爆单场面——在一天之内接到比平日多出3倍的订单——那正是瑞幸发布公告自曝财务造假的第2日。

那天涌进门店的顾客，就像赶在银行倒闭前来挤兑一样，"就怕明天喝不到了。"

2020年4月初，瑞幸公告称，2019年第二、第三、第四季度内，公司约有22亿元的营收与虚假交易相关联，某些成本和费用也因虚假交易大幅膨胀。瑞幸还提醒投资者，公司此前发布的所有财务报表及业绩指导数据都不再值得信赖。

这份公告印证了同年2月做空机构浑水发布的一份匿名报告中的诸多说法。浑水指出瑞幸有意营造门店盈利的假象，并认为瑞幸的商业模式存在固有缺陷。

从公司成立到IPO仅用了18个月——瑞幸曾以此创下"全球最快IPO"的纪录，造假丑闻则令它上市13个月后在纳斯达克停牌退市。有数位机构股东参与的瑞幸董事会投票罢免了创始人陆正耀的董事长职务，涉及业绩造假的核心高管——CEO钱治亚、COO刘剑也遭解职。彼时外界最主流的预言是"瑞幸大势已去"，至少它在美股市场的表演已经彻底"凉凉"。

但是，外界始终没有听说瑞幸被私有化的消息。瑞幸转至场外交易（OTC）的粉单市场（Pink Sheet），这是美国唯一对上市企业没有财务要求、不需要发行人定期和不定期地披露信息的证券交易平台，但流动性也相对很差，云集着大量无人问津的仙股（penny stock）。

至此，事关瑞幸的命运走向出现一个很大的悬念：这家在海外资本市场基本已经信誉扫地的企业，坚持不退市，它到底想做什么？

粉单转板之难，有目共睹——参与粉单市场报价的公司目前约有 1.1 万家。以 2020 年为例，曾有 45 家来自 OTC 市场的公司转板到纳斯达克、纽交所和美交所，但其中没有一家出自粉单市场。

背负巨大造假丑闻的瑞幸，还面临一大堆麻烦事——它要面临来自美国证券交易委员会（SEC）的调查和处罚；要处理来自二级市场投资人的各种集体诉讼和法律赔偿；要说服所有的债权人接受债务重组方案；要清理门户、剔除以创始人为首把公司战略严重带偏的管理团队，还要时刻防止他有机会重夺公司控制权……

同时，瑞幸还要做好面向国内消费者的"信心维稳"。通过公司的毛细血管——每一个门店店员"一切如常"的工作举止，试图安抚消费者：全国超过 4 500 家门店是真实存在的庞大网络，不可能在一日之间倒下，所以，App 里的优惠券和储值也不用挤兑式消费。

所有这些愚公移山式努力的背后，确实存在一个由瑞幸现阶段实际控制人大钲资本谋划的新赌局：它希望瑞幸有朝一日可以重返纳斯达克。为此，即使跌落至粉盘，瑞幸仍然频繁地对外发布公告，及时披露公司每一个重大事项的进展。自 2021 年 7 月重新发布"脱水版"2019 年年报之后，瑞幸又很快于 9 月、10 月补发了 2020 年年报和 2021 年中期业绩，并在 12 月上旬发布 2021 年 Q3 财报——至此，从资本市场的视角看，瑞幸的"信批"节奏已重新恢复至丑闻被揭露之前的状态。

财报数据显示，2021 年前三季度瑞幸净营收达到 55.32 亿元，净亏损为 2.34 亿元，相比 2020 全年的 56.02 亿元亏损大幅缩减。从这些数据来看，瑞幸已基本上挺过了公司最为难熬的阶段。它曾一心想要靠规模取胜，其非理性的烧钱扩张，带来的恶果就是 2020 年高企的净亏损。但是站在 2022 年年初，按其披露，瑞幸距离实现盈亏平衡仅一步之遥。

瑞幸的"下一步动作"已经再明显不过：不管投资人是否还愿意重新认可它的诚信度，至少瑞幸要把面向资本市场该有的"标准动作"全部都做到位，接下来就是等待纳斯达克重新为它打开大门的那一日。

回看瑞幸在粉单市场的交易行情，2021 年最高曾爬升回 17.48 美元，瑞幸市值因此重回 45 亿美元。截至本文发稿前，它的市值又再度回落至 23 亿美元。

"最快应该会在明年上半年。"2021 年 12 月末，多位接近瑞幸的消息人士向《第一财经》杂志透露了相似的信息。他们口中都有一个推理算式——目前星巴克的市值大约是 1 300 亿美元，中国区贡献了其总营收的 1/9，假如星巴克中国的业务拆分上市，市值约在 140 亿美元。所以，如果一切顺利，瑞幸的合理价值也应该至少在这个水平线之上。

如果参照瑞幸 2019 年 Pr-IPO 阶段 40 亿美元的估值，不难理解，尽管艰难但一级市场老股东仍坚持把瑞幸送回纳斯达克的动力在于——市值 100 亿美元以上的瑞幸，还是大有可赚的。

然而，支撑机构股东如意赌局的基础，最终还是要看瑞幸在国内咖啡生意的实际业绩规模以及运营健康度。更进一步说，这场新赌局的胜败，皆系于瑞幸所代表的"快咖"连锁模式是否真走得通。

精细化管理与加盟店战略

即便是瑞幸在二级市场遭遇停摆的时刻，消费者也没有停止购买瑞幸的咖啡。危机爆发后的几天，刘雨除了每天要应对单量的暴增，几乎没有感觉到任何来自公司内部的变化。他只聆听过一次"紧急会议"，主题是提醒店员"如果有顾客问起新闻上的事，不要答复就可以"。

没有关店的通知，豆子、牛奶等原料都如常供应。刘雨一度担心过工资能否照常发放，但实际上只是晚了一两天。

"这么大的摊子，瑞幸自己如果收拾不好，也会有人来接盘的。"和很多人的想法一样，刘雨也觉得，公司做了两年，几千家门店不可能说没就没，所以，他并不怎么在意外面的负面传闻。

如果拆解瑞幸历经 20 个月"起死回生"的全过程，就会发现这家公司没有简单地选择"转攻为守"，它的进击并没有停止——在产品层面，瑞幸继续积极地向市场推出各种创新单品，在销量稳定增长的同时，又借热销新品可以全新定义价格的机会，一次次"顺理成章"地拉升产品均价。在门店扩张的节奏上，瑞幸的直营店规模自 2020 年以来从未突破 4 500 家这个历史高位。支撑瑞幸门店势力范围重新超越星巴克的主力部队，其实是最近两年被迅速复制的加盟店。

瑞幸 2021 年三季报显示，截至报告期期末，加盟店的规模已经涨至 1 465 家，较年初净增 586 家。瑞幸直营门店则在 2020 年财务造假风波后经历了关店潮，陆正耀时代火速开拓的4 500余家门店净关店数字接近560家。2021年重新恢复扩张，但前9个月仅新增了277家。

生活在安徽中部一个三线城市的陈政作为加盟商，目前拥有2家瑞幸咖啡门店。他的首店开业是在2021年4月，是这个城市的第一家瑞幸。陈政告诉《第一财经》杂志，瑞幸计划2022年在这座城市通过加盟模式再开20家门店。

经过申报、选址、审核等流程，他的首店位于市中心一家购物中心的一层底商，每日单量能稳定在约400单。他和合伙人一共投了70万元，原以为要一年回本，实际上只用了5个月。

对于加盟店，瑞幸并不收取加盟费，而是对2万元以上的月营业额做阶梯式的抽成，比例从10%到40%不等，如果月营业额超过8万元，就要交40%的"服务管理费"。瑞幸的另外一笔收入来自向加盟商销售设备及原材料，今年第三季度，瑞幸加盟店的营收达到4.16亿元，其中，有超过一半的收入来自原材料销售。

陈政觉得，从瑞幸采购物料的价格和市面上差不多，有的还会低于自采价格。瑞幸之所以能把销售采购作为增收的重要来源，讲的仍是一个"规模"故事。

"规范且严格"——这是在合作中瑞幸留给陈政的最大印象。他举了一个例子：瑞幸虽然不直接指导选址，但它要求加盟商在选定位置后，通过视频记录现场的商场条件、临近品牌、人流量等信息，提供美团和饿了么上竞品单量的截图，经过区域招商经理及其领导审核后，才能最终确定店址。陈政就是经过这样一套流程，才选定了这块面积20平方米左右、月租金8 000元的购物中心底商位置。

陈政感觉瑞幸过去几个月对于加盟店"越管越严"。他的店内安装了海康云龙视频系统，用来配合瑞幸的大区经理每天巡店抽查——考核项目包括店员着装是否整洁等细节问题。如果品控抽查不合格，加盟店会面临"一次警告、二次罚款、三次闭店"的惩罚措施。

这些管理流程都是从直营店的日常管理经验中复制而来的。刘雨是2019年加入瑞幸，他的体会是瑞幸向来注重人效，远程视频监控虽然只是抽查，但足以有效地杜绝店员们"上班时划水"。

相比星巴克注重"堂食"服务，瑞幸的"快咖"模式利用线上自助点单系统，能天然地节省一部分门店人工成本。每到周五，瑞幸会根据一周内每日的单量给下一周排班，其中会启用大量兼职。这样做，既节省了一部分全职店员的人员成本，另外，瑞幸的后台管理系统能按照单量和峰谷状态调配兼职店员，把他们灵活派往任意一个门店当班。

刘雨曾在周末体验过一个人当班。他解释说，瑞幸的全自动咖啡机上手快、好操作，在咖啡制作环节也可节省人力。瑞幸的新人通常经过40个小时带训就能上岗成为一名门店咖啡师。

财务造假危机之后，刘雨明显感受到公司不再挥霍钱去扩张了。作为店长，刘雨的绩效考核包括三块：人效、工时数和满意度。一旦出现诸如使用过期物料等严重食品安全事故，会直接影响绩效。过去，门店对每日盘点环节发现的问题订单往往不会深究，现在不同了——一旦发现原料消耗与订单数据不匹配，就需要对原因盘问得更加仔细。

加盟店的员工配置、新员工培训上岗节奏均与直营店一致。陈政的店内，除了1名店长和3位全职员工外，还有六七个兼职的大学生。

星巴克2018年在与陈政的加盟店一街之隔的购物中心布局了自己的"城市首店"。直到2021年年底，星巴克在该城市的门店数只有3家。然而在加盟商的助力下，瑞幸正在以更快的速度下沉，进驻到星巴克几年前率先开拓的那些三四线城市。当地民众的咖啡消费意识正在被这些连锁品牌启蒙。对于陈政而言，他已经感受到市场竞争的压力，因而对选址格外谨慎。

制造爆款和"撒券"的新思路

2021年的夏天，当陈政的门店还在装修时，已经有路过的顾客跑来打听："你们什么时候开业？会有生椰拿铁吗？"

生椰拿铁是瑞幸2021年夏季推出的一个爆款，一度导致原材料生椰椰浆卖断货。瑞幸为这款产品邀请了在综艺节目中因为"佛系"态度意外走红的利路修作为"推荐官"，大约半年后，丝绒拿铁又重复了生椰拿铁的走红路径。

整个2021年，瑞幸推出包括咖啡、轻乳茶、果茶在内诸多品类共计70余款新产品。瑞幸每隔一段时间都要做几十款产品的研发，通过内部赛马机制决定最终面世的产品。"你只看到某一款咖啡火了，'水面以下'被废弃的产品可能有几十种。"一位接近瑞幸管理层的消息人士对《第一财经》杂志说。

　　23岁的大学生邓露是瑞幸用"1.8元券"培养起来的忠实顾客。财务造假丑闻影响不到她对瑞幸的购买意愿。她喜欢那些"往咖啡里拼命加奶"的新品，还中意像丝绒拿铁这样"能够抓住年轻人心"的名字，最重要的是，她觉得瑞幸好喝且便宜。

　　如果不关注公司财报，不通过瑞幸的商品销售收入与销售数量手工计算出单件商品的平均售价，很少有人能从日常消费中清楚感知到瑞幸的产品单价变化——事实上，它已经从2019年第四季度的9.97元，提升至目前的15.24元。

　　此外，瑞幸在营销策略上也有较大调整。财报显示，瑞幸的市场营销成本自2020年以来已经收窄，相较此前激进烧钱的年份，一年节省了3.7亿元。除了过去随处可见的户外和楼宇广告投放被大幅削减，自2021年下半年起，瑞幸取消了门店在App后台自由配置优惠券的权限。过去简单粗暴的"撒券"，变成了更细致也更复杂的私域运营。

　　瑞幸的小程序设置了"花式"领券方式，比如集勋章、累计消费得券。用户通过微信小程序下单后，会收到瑞幸企业微信号"首席福利官lucky"的加好友申请。同意把该账号添为好友后，它会每周给用户发一次消息，内容是专属优惠券，用户平日刷朋友圈时还会不断看到它发布的各种产品优惠广告，可自行扫码领券。此外，这个账号还会把加完好友的用户拉进分享各种打折优惠活动的微信群。用户首次进群，会有一张4.8折饮品券自动发送到相应账户。

　　瑞幸的补贴风格表面上看和过去并没有变化，好像仍在持续撒券，但仔细观察就会发现其中的区别——从用户端可以明显感受到，它撒券的套路"越来越深"了。比如一位用户可以连续3天收到瑞幸通过微信"服务通知"发来的各种主题的优惠券，如4.3折外卖专享、5折全场饮品券以及特定产品可用的4.8折券等，点击这些券，就可以直接跳转小程序完成下单。对比早年瑞幸主要靠"大额优惠券"促进订单转化，现在它发券的频率更高、玩法也更多了，仅仅是基于微信这个社交闭环，瑞幸可以用来触达用户、实现营销和订单转化的工具就有很多——小程序、微信群、企业微信号、朋友圈……因为是闭环，体验上也较为便利。

　　私域营销是否能促进订单转化，关键还是要看产品是否有吸引力。瑞幸机构股东愉悦资本的创始人刘二海曾分析指出："瑞幸的两大核心是供应链和数据——供应链做好之后，产品质量有保证；数据分析上去，营销、用户体验、回馈就会上来。"

精品战略下的供应链管理

过去两年，瑞幸针对咖啡豆货源的选取和加工环节都在不断地深入布局。而造假负面新闻引发挤兑性消费，瑞幸短期内单量大涨，反而帮助它乘势与原料商们拉近了关系。

和国内很多咖啡店的货源结构差不多，瑞幸目前同时采购进口咖啡豆和本土的云南咖啡豆。一家参与埃塞俄比亚生豆进口的贸易商告诉《第一财经》杂志，通过他们引入国内市场的咖啡豆，一种货源是直接从产地采购而来，另一种是与海外的其他贸易商交易获得。豆子抵达国内后，会被直接送到那些帮瑞幸深加工也就是烘焙豆子的工厂。同一批次豆子也会供给其他咖啡品牌。

2020年第四季度，瑞幸对外推出以"小黑杯"命名的SOE精品咖啡线。SOE是指使用单一产区咖啡豆制作的浓缩咖啡，所以，通常会用产区背景来强化咖啡豆拥有的独特地域风味。瑞幸推出的第一款产品是耶加雪菲SOE，美式和拿铁分别售价17元和19元。耶加雪菲（Yirgacheffe）是埃塞俄比亚的一座小镇，以"全球海拔最高的咖啡产区之一"而获得盛名。瑞幸推出精品咖啡线后，成为国内优质咖啡生豆的采购大户。

瑞信在2021年年初宣布与埃塞俄比亚驻华大使馆签署采购协议，每年采购总量1 000—2 000吨精品咖啡豆。到了年尾，瑞幸产品线负责人、高级副总裁周伟明对外透露，2021年全年，瑞幸已采购生豆逾1.15万吨，其中，来自埃塞俄比亚的生豆超2 600吨，他预计2022年瑞幸的生豆采购总量将接近2万吨。

不过，受到近两年疫情、极端天气环境和咖啡豆期货价格波动的影响，进口豆的价格和出货量正在变得更加不可控。所以，云南咖啡豆逐渐成为各大品牌青睐的对象。此外，能让豆子获得不同风味，主要靠的是加工环节，使用云南咖啡豆会更方便品牌商调控加工制造环节。

2021年4月，瑞幸咖啡通过合作伙伴，完成针对云南新产季1 000吨精品咖啡豆的采购。据业内人士透露，这是一个相当庞大的采购量。作为云南普洱品质最好的咖啡产区之一,孟连县的生豆年产量不到 7 000 吨。面对瑞幸这样的采购量,需要原料合作商从不同的庄园和农户手中收豆才能完成。

针对精品咖啡线,上游供应商已参与至瑞幸的产品研发环节。针对部分单品,瑞幸的产研团队会先定一种风味主题,依此列出对咖啡豆的具体要求,再由烘焙豆子的厂商负责调试加工出瑞幸需要的风味。不过,自 2021 年以来,瑞幸开始建立了自己的烘焙工厂,4 月在福建宁德投产了首个烘焙基地,运营至年底据称可以承担起近 40% 的原料加工需求。

从门店数与城市覆盖来看,瑞幸已与曾经的"老大哥"星巴克处于同一梯队。从产品战略来看,它目前积极对标的竞争品牌已不再是星巴克。同为"线上购买、线下自提"的快咖连锁品牌,Manner 正在成为瑞幸在一线和新一线城市的强有力竞争者。

回顾瑞幸近两年的新品、特别是基于明星产品线"生椰家族",已经孵化出越来越多加入了各种水果、圆子等辅料的"奶咖"或者果汁饮料。从拼命"加料"的角度看,瑞幸明显是在向国内"现调奶茶"带动的产品流行趋势积极靠拢。有业内人士预言,随着咖啡和奶茶的产品重合度越来越高,二者未来必有一战。

(应采访对象的要求,文中刘雨、陈政、邓露均为化名)

发表于 2022 年 1 月刊

分享链接

亚洲大厦：写字楼里长出中国"外百老汇"

陶紫东

亚洲大厦堪称线下演出寒冬中的奇迹。在"环境式""小剧场"这些形式背后，它的本质是所有参与者——政府、投资者、制作者——都在尊重市场规律和消费者。

亚洲大厦是汉口路上最不显眼的那种建筑。

上海市黄浦区的汉口路全长1.6公里。它东起外滩，曾是银行和报馆的聚集地，至今仍保留着许多历史建筑；西段靠近人民广场，南侧是南京路步行街，是上海商场、店铺和写字楼最密集的区域之一。

身处其中的亚洲大厦建于2006年，共21层，镶嵌绿色玻璃的外立面显得有些过时，即使站在路口，你也未必会注意到这幢楼。到了2020年，亚洲大厦已有不少办公空间闲置，在租赁信息网站上它的租金比附近的写字楼更低。

很难想象这样一幢老旧写字楼和音乐剧、话剧、现代舞有什么关系。但过去一年半，亚洲大厦蜕变为中国线下演出密度最高的场所，甚至改变了演出行业的生态。

长久以来，音乐剧在中国一直属于小众。人们最熟悉的始终是伦敦西区和纽约百老汇的经典剧目，本土改编和原创的音乐剧影响力不大。2018年，湖南卫视播出的综艺节目《声入人心》让部分国内音乐剧演员知名度大增，吸引了大量此前不了解音乐剧的年轻人。此后，本土音乐剧的演出越来越多，人气演员的作品一票难求。

但疫情把这个升温中的市场打回了冰点。2020年5月，线下演出逐渐恢复，当年下半年，观众人数限制逐步放松，可一旦疫情反复，演出仍可能随时取消或延期。这种不确定性对于从业者来说是致命的，音乐剧、话剧、Live、舞剧，整个线下演出行业处于半停滞状态。

2020年8月，一家"小酒馆"在亚洲大厦开张了。200平方米的"酒馆"里，114个座位围绕着一个吧台式的大长桌，坐满了观众。3位男演员在长桌上卖力演唱，与距离最近的观众仅一臂之遥。一曲结束，人们围着吧台鼓掌喝彩。

实际上，它是由"一台好戏"出品的中文版音乐剧《阿波罗尼亚》，"小酒馆"是观众给它的昵称。一年半来，《阿波罗尼亚》演出总计超过500场，几乎场场爆满。剧目本身的质量，加上"环境式""小剧场"的体验，《阿波罗尼亚》和亚洲大厦的名声在观众和从业者当中迅速传开——在行业寒冬之中，"小酒馆"的火热算得上奇迹。

《魔都剧好看》是一档关注上海线下演出的播客，主播梵一如同时运营由这档播客衍生出的演出爱好者社群。梵一如告诉《第一财经》杂志，"亚洲大厦"是微信群内最高频的词语。

《阿波罗尼亚》的火爆远超"一台好戏"创始人汉坤的预料。疫情逐渐稳定之后，汉坤和团队从北京来到上海，目的很简单，公司要生存，就要尽快演出新的剧目，而且"一台好戏"一直期望拥有属于自己的驻演剧场，上海提供了这样的机会。

汉坤提到的"机会"，指的是上海2019年出台的"演艺新空间"政策。简而言之，这项政策鼓励商业综合体、办公楼宇、文创园区和已改造的老厂房等充分利用空间资源，开辟新型演出场所。这意味着演出产品的"销售渠道"大大拓宽。

亚洲大厦里的办公空间得以改造成小剧场，正是受到这个政策的扶持。

向汉坤分享这个政策信息的是《阿波罗尼亚》的联合出品方、上海亚华湖剧院经营发展股份有限公司（以下简称亚华湖）的总经理阮豪。亚华湖常年运营云峰剧院、人民大舞台和共舞台等上海的大型剧场，这些经验让阮豪对政策颇为敏感，"演艺新空间"新规发布后，他很快便嗅到了其中的机会，找到了"一台好戏"。

在《阿波罗尼亚》之前，阮豪和汉坤就合作过好几部"亏钱的大剧场项目"。两人一直有试水小剧场的想法。在比较了临街商铺、购物中心、大世界等不同场所后，阮豪最终选择亚洲大厦作为"演艺新空间"的尝鲜地。

对"一台好戏"这类民营的演出出品公司来说，"演艺新空间"意味着更宽松的准入环境，以及更低的前期投入成本——不是所有剧目都能承载大剧场动辄上千个座位的体量。小剧场的面积可以小到100平方米，座位数也可以少于100个。

相比于大剧场，小剧场驻场演出讲究细水长流，每场演出的门票收入有限，但前期的投入和运营成本也少，而且驻场演出能省下在不同演出场地间辗转产生的拆装、运输和吃住行费用。汉坤告诉《第一财经》杂志，过去"一台好戏"在不同的剧院巡演时，上述人工成本能占到总成本的20%—30%。在亚洲大厦拥有自己的驻演剧场后，相当于只花一次拆装台费用，一场戏就能演一到两年，每场演出的边际成本被大幅摊薄。只要能确保观众来看，小剧场是一个能运转起来的商业模式。

在成熟市场，小剧场早已形成气候。纽约百老汇的大剧院周围就密布着500多家小剧场，被统称为"外百老汇"。韩国首尔的大学路从1980年代开始逐渐聚集起一大批小剧场，如今这里成为韩国话剧和音乐剧的中心，汉坤在韩国学习演出制作时，当时这部剧就在剧迷圈内大火。

在买下版权，决定把《阿波罗尼亚》搬到亚洲大厦后，"一台好戏"做了另一个重要决策：环境式剧场。

《阿波罗尼亚》在韩国演出时，是常规的镜框式舞台，但主创团队在亚洲大厦内实际筹备时，发现整个空间是个狭长的长方形，如果做成传统剧场，后排观众离舞台太远。主创团队索性把剧场改造成一个酒吧，舞台设置为吧台，位于剧场中央，座位就按照酒吧的样式摆放，所有购买吧台位和卡座位的观众都可以获赠酒水。

这个主意很冒险。小剧场的音乐剧本就很少见，还要做环境式舞台，还是驻场演出，全都是"第一个吃螃蟹"的尝试。《阿波罗尼亚》正式开演前，汉坤曾对"一台好戏"的员工说，试两个月，做不起来就关停。

2020年9月初，《阿波罗尼亚》开演一周，汉坤发现第二周的票已经售出大半，到了第二周，第三周、第四周的票已售空。10月演出开票当天，"刚放票几乎就全部售空"。阮豪和汉坤知道他们的尝试成功了。后期的观众反馈显示，环境式的舞台强化了这部剧本身的表演魅力，也更容易带动剧场的气氛。

梵一如认为，演艺新空间政策之所以能落地生效，是因为政策逻辑符合演出市场的规律。这一政策的初衷就是为了扶持本土原创的演出。演出场所和前期投入是原创演出的最大痛点，该政策用"解绑"的方式解决了这一问题，也撬动了市场。

亚洲大厦的创新不仅在于演出场地和演出形式，还在于商业模式。此前国内的戏剧运作模式中，场地方与演出方往往是单纯的租赁关系，演出方仅仅向场地方支付租金，场地方对演出方的内容、场次和票务并不过问。而在亚洲大厦，场地方亚华湖不再向制作方收取租金，而是采用前期入股、后期分成的合作方式。

"你可以把我们理解为'孵化器'。亚华湖既是传统的剧场运营方，负责前期的基建、消防、票务运营，同时也是出品方。亚洲大厦内所有上演的项目我们都参与投资。票卖得好，大家一起分得多；票卖得不好，大家一起分得少。"阮豪说。这种方式进一步降低了小剧目和新团队的入行门槛。

正是这一点，让亚洲大厦在《阿波罗尼亚》走红之后，能够迅速引进新剧。《宇宙大明星》《FLAMES 火焰》《灯塔》《寅时说》等演出陆续入场。亚洲大厦的大门口挂上了新招牌——星空间。每个小剧场都拥有一个星空间的编号，比如《阿波罗尼亚》是星空间 1 号。如今亚华湖运营的星空间已经增加到 16 个。

《阿波罗尼亚》引起业界关注的另一个重要因素是，它吸引了许多年轻的、此前没有音乐剧观赏经验的核心观众。他们最显著的特征是会反复购票观看，一部戏"刷"一二十遍成了常态。"一台好戏"的内部调研结果显示，最夸张的时候，《阿波罗尼亚》的演出票复购率高达 60%，也就是说，一场演出里 3/5 的观众是老观众。

极高的黏性缘于演员的魅力，许多观众都有自己支持和追逐的演员或演员组合，这种关系类似偶像和粉丝。2021 年 5 月，人气演员张泽结束了他在《阿波罗尼亚》的最后一场演出，观众们将其形容为张泽"毕业"了。过去，"毕业"一词多用于指代偶像团体成员离开团队，随着音乐剧粉丝群体走向壮大，这一词汇被自然地运用在本土音乐剧中。

"一台好戏"会想办法满足核心观众群的需求。它会更注重不同演员的搭配，因为观众反复观看的重要原因就是"刷卡司"。它也很注重周边开发，《阿波罗尼亚》会推出不同演员的明信片、角色徽章、歌词本；还会在微信、B站和小红书等平台上发布类似综艺花絮的短视频。这些做法在成熟的演出市场并不罕见，但在中国，此前音乐剧、话剧的周边往往仅限于场刊这类最基本的产品。"观众喜欢看，传播度也挺高。"汉坤说。

梵一如也注意到新一代演出爱好者群体的潜力。"这个以城市年轻女性为主的群体消费力极强，对新的本土作品也有很大的包容度。"梵一如会邀请当红剧目的演员作客《魔都剧好看》，除了播客节目本身，他还会让嘉宾留下签名照片，甚至拍摄视频，这也是最受他所运营的社群欢迎的节目内容。

《阿波罗尼亚》的成功，和后续新剧目的火热，让亚洲大厦的成功显得顺风顺水。但其实，惊喜的成功背后是许多挑战。比如，要把写字楼改造成演出场所，有许多现实的技术问题要解决，比如层高。

剧场的层高不仅关系到观众的视线是否足够开阔，同时也与剧场内的灯光、舞美关系密切。如果层高不达标，整台戏的前期设计和后续的演员表演都会受限。

"按照我在韩国看过的小剧场和工作经验，加上灯具、空调、风管和消防，层高怎么都得4米以上，这是当时我们和亚华湖的要求。"汉坤说。最后，《阿波罗尼亚》的演出场地选在了亚洲大厦4楼，这一层的层高刚好超过4米。他还记得，当时4楼的另一个租户是一家美容院。

"当初选地方的时候，我和汉坤一起把几个空间都看完了，亚洲大厦的条件相对来说是最差的。但亚洲大厦有几个现实优势：物业公司是亚华湖所有，不怕后续被业主赶走；其次，亚华湖的大本营人民大舞台就在九江路上，我们可以做到整体联动，包括剧目的统一购票、宣发和口播等。"阮豪对《第一财经》杂志说。

《阿波罗尼亚》是入驻亚洲大厦的第一部作品，它还能选择相对好的空间，耿子博就没有那么走运了。2021年10月，耿子博编导、演出的舞蹈剧场《寅时说》在亚洲大厦7楼星空间5号驻演。算上不能改动的管线排布，7楼最低处的层高只有2.8米，和正常公寓的卧室差不多。

当初看场地，耿子博的第一反应就是摇头："根本用不了。音乐剧、话剧倒还好，我们是舞蹈剧场，演员只要一个后空翻或腾空托举，就可能撞梁上。"

但两天后，耿子博还是选择在这个场所表演他原创的舞蹈剧场作品。耿子博专注的现代舞剧，是小众中的小众，《寅时说》没有明确的情节主线，需要观众对抽象事物有更敏锐的感知力，这拉高了观剧门槛。

虽然耿子博早已是获得认可的知名舞者和编舞，但他最大的目标——做一部表达自己态度的原创作品、拥有一个独立的剧场——一直难以落地。大剧场租金和制作费用高昂，投资方又不看好现代舞这一品类，按照阮豪的说法，"没有人会相信现代舞能赚钱"。这种情况下，运营一个前期投入门槛低的小剧场，对独立艺术家来说是更合适的起步方式。而且，耿子博也被亚洲大厦的氛围吸引，"亚洲大厦里观众的那种氛围，在中国都是独一无二的。"

耿子博所说的这种"氛围"并不虚无缥缈，而是指向很实际的消费行为。随着越来越多的剧目入驻亚洲大厦，核心观众群已经形成习惯，或是某种信任感。继"小酒馆"之后，亚洲大厦里的剧目被起了各种"小"字辈的绰号，比如小赌场、小海滩。一旦亚洲大厦有新剧目上演，他们都愿意去看一看，遇到好的作品，也会迅速传播。这对于《寅时说》这样"冷启动"的项目尤为重要。

1990年出生的耿子博为这部戏花光了近十年来的积蓄。他操心的事远比过去单纯地编舞、排练多得多。他要自己掏钱搭景、做舞美，要给演员发工资，还要承担票卖不出去的风险。

为了适应低矮的层高，耿子博专门邀请了灯光师来亚洲大厦定制设计，在不影响灯光质感的前提下，尽量将灯的体积缩减到最小。音响也请专人重新设计，小剧场的舞台四面都有观众，声源不能像传统剧院那样方向单一，要按照观众的视角和位置来排布，耿子博和音响师只能一个角落一个角落地试。

演员也要重新适应小剧场。汉坤回忆，《阿波罗尼亚》首场演出过后，"所有演员下来都蒙了"，没人想到舞台居然距离观众那么近。这种距离要求他们完全推翻过去的舞台经验：舞台与观众之间的一臂之距要求他们更精准地掌控自己的身体，与此同时，演员也要通过细腻的微表情传达出人物情绪的变化。

"大剧院对舞蹈演员的要求是能'压台'，你和观众隔了那么远的距离，如果你的动作幅度不够，怎么能感染观众呢？但小剧场不一样，有时甚至是完全反过来，观众围在四周，你的动作一旦放大，'啪'把观众打了怎么办？"耿子博说。

《寅时说》舞台一侧布置的一大片落叶，是耿子博花几千元在电商平台上采购的真树叶，对于一个小剧场来说，算是"下血本"了。但耿子博认为这钱花得有道理，"环境式小剧场和大舞台不一样，舞台和观众仅一臂之遥，你其实是面对360度的特写镜头。如果道具是假的，观众一眼就能看出来，会严重影响看剧体验。"

《寅时说》目前的排期是一周演6场,除了周一休演外,舞蹈剧场演员们几乎每天下午都要准时来到亚洲大厦排练,为晚上近70分钟的高强度演出做准备。一场30分钟的排练下来,所有人的衣服都会湿透。剧场没有窗户,四面都被涂成黑色,分不清白天黑夜。

随着亚洲大厦的小剧场吸引力越来越大,它也对整个演出行业产生了一个潜在而深远的影响:年轻演员重新获得了动力和上升通道。

在线下演出的"寒冬期",阮豪见过不少年轻演员为了生计去兼职。"有人边背台词边送快递,有人在晚上演出结束后去开网约车,还有人在没戏演时跑到横店找机会。"而小剧场,至少能给演员提供一份稳定的工作。

《阿波罗尼亚》目前在全国各地共招募了演员34人,除了"一台好戏"的签约演员,以临时身份加入的项目制演员占了多数,后者在《阿波罗尼亚》之外,还会去其他剧组找机会。

同时,整个音乐剧市场也变得火热。2021年,上海首演的引进或原创音乐剧达到15部。其中,一些演员出现了"轧戏"的情况,也就是在同一时间段里排演两部以上的作品,这在过去的音乐剧市场难以想象。少数演员甚至不再只赚取固定的演出片酬,而是有权利和制作方在合同中约定票房分成。这意味着小剧场开始诞生"明星",而明星是所有成熟演出市场的必备要素。

"2020年5月,我在上海文化广场看了一场音乐会。之后数次本土疫情压力下,上海的剧场演出没有一天完全停止。城市防疫措施带来的市场稳定,使越来越多演出从业者来到上海。"梵一如分析说。

现在的亚洲大厦看上去一切美好,不过创作者们的神经始终没有放松。"最头疼的还是剧的保鲜值,如果演了三四个月观众就看腻了怎么办?你一旦要换新的内容,那又会牵扯到新的成本。观众的喜好和市场需求要怎么估算?我还真不知道。"耿子博说。

对演员来说,长期驻演的B面,是演员们日复一日地在同一空间内排演着同一部戏,尽管耿子博和汉坤都在尝试为剧目定期做一些更新调试,比如设计更多可供演员选择的动作,在演员的彼此互动中不断融入新梗,"感到倦怠"依然是悬在主创和演员头上的达摩克利斯之剑。

而且,环境式和小剧场本身并不是"万能灵药",观众不会无条件地买单。随着时间的拉长,演出行业的核心商业逻辑就会发挥作用:剧目本身的质量是决定性的。梵一如举例说，2021年9月入驻亚洲大厦的《蠢蛋秀》就在社群内受到一些观众的批评，他们认为它形式大于内容，提不起"二刷三刷"的兴趣。

"亚洲大厦单个项目，目前预计没有亏的，最多就是收回前期成本的速度慢一点。根据现在的数据推算，慢的项目可能要两到三年，快的话200场就能回本。"阮豪告诉《第一财经》杂志。

目前，亚洲大厦尚未建立明确的退出机制。对于票房表现不那么好的剧场，亚华湖会以增加持股比例的方式纾解制作方的压力，并借此扩大自身的话语权，比如调整原作品的结构，但阮豪会尽可能避免干预内容创作。

"亚洲大厦最迷人之处在于，它是一个市场和观众说了算的地方。"梵一如说。

2021年，亚洲大厦的星空间小剧场演出达2 418场。每逢周末的傍晚，亚洲大厦的电梯前就开始排队，22点过后，当地派出所和交警会在汉口路的路口加派人手，因为路上挤满了散场的观众。你甚至可以在人群中发现许多观众拉着行李箱，他们中不少住在上海周边的城市，在高铁的帮助下，亚洲大厦成为他们度过周末的方式。

2022年，阮豪计划将亚洲大厦内的剧场空间从16个增加到20个。与亚洲大厦相距800米的上海大世界，也已转型为小剧场的演艺新空间。这座历史长达105年的建筑，在1930年代就是上海最火热的戏曲演出场所。如今，上海的演艺新空间已经超过100个。

以亚洲大厦这座老旧的写字楼为中心，"中国的外百老汇"正在孕育。

发表于2022年3月刊

分享链接

绿色标准的生意

许冰清

可量化、降成本、交易增值、要写进年报……国内地产界的需求与时俱进，让LEED这样的"国际标准"抓住了机会。

一栋挤满了全球500强企业的写字楼和一家亲民的麦当劳餐厅，在绝大多数情况下是没什么可比性的。但有一种例外，是将它们都放在一个名为LEED的标准下考核——前者也许只能拿到水平较高的"金级"，而后者有机会冲击最高标准的"铂金级"。

只要有了比较，胜负欲自然容易被点燃。地产咨询机构第一太平戴维斯的高级助理董事李旭，在北京就接到过一些急切的客户委托，"他们会说，这个改造项目您赶紧给想想办法，做个LEED认证吧。我周围4个楼都做LEED了，不做不就是后进了吗？"

地产商争先恐后想要认证LEED，这一源自美国的绿色建筑认证标准在中国步入了"快进"模式。数据显示，中国内地仅2021年就认证了1 153个LEED项目，比上一年增长超过30%；以认证项目的总面积计算，中国已经连续6年成为LEED在美国之外最大的区域市场。

另一个来自英国的"健康建筑"认证体系WELL，也见证了类似的发展速度。其2021年的数据显示，中国内地正以2 200万平方米的总注册认证面积，在全球各区域市场中排名第一。"如此高的热情意味着，中国人可能比过去更意识到工作、生活、学习和娱乐的实体空间对健康至关重要。"国际WELL建筑研究院曾这样评价。

不时反复的新冠疫情，以及"碳达峰、碳中和"目标的明确提出，确实让中国人对"绿色""健康"等字眼的敏感度大幅提升，也让LEED和WELL这样的认证体系抓住了最好的发展时机。

"2020年，我们已经感受到市场态度的转变，到了2021年'双碳'目标提出后，（LEED认证在中国的）市场需求就被进一步催化了。"美国绿色建筑协会（USGBC）北亚区总监王婧对《第一财经》杂志表示。

LEED 的英文全称为 Leadership in Energy & Environmental Design Building，也就是能源及环境设计先锋评估体系。它是美国绿色建筑协会在 1998 年达成的最重要成果之一，最早用于评估白宫的绿色改造成果，此后逐步完善为涉及多个建筑、规划方向的评估体系。

目前，小到住宅、学校和零售门店，大到写字楼、居住社区甚至是城市，不管是新建项目还是已运行多年的老项目，几乎都可以匹配到相应的 LEED 细分类目。所有项目都可以按照 110 分的最高分，被分为认证级（40—49 分）、银级（50—59 分）、金级（60—79 分）、铂金级（80 分及以上）4 档。

在制定标准的 USGBC 与反映评估结果的 LEED 之间，还有专门的评估和培训机构 GBCI 以及专营认证业务的顾问（通常都拥有 LEED AP 专业资质证书），如果用学校与考试来打比方，USGBC 就是确定打分标准的高层，GBCI 是阅卷处和教师培训处，咨询顾问是老师，而不同等级的 LEED 评定，就是考生拿到的成绩等级。

在王婧的印象中，国内最早愿意来"考"LEED 的，多为跨国企业进入中国时为其租用的办公空间申请 LEED 室内设计与施工认证；从地产开发的角度，港资背景、对可持续发展有前瞻性规划的地产开发商则是先行者。比如太古地产，不仅所有的自建项目都申请了 LEED 认证，在为商场和写字楼招募租户时，也会优先考虑遵循可持续发展理念的公司。

在内地市场，从 LEED 在 2005 年认证的首个项目科技部节能示范大楼就可以看出，其早期价值，更多体现在与政府合作的示范性上。

彼时，中国也在开发自己的绿色建筑评价标准，以加速与发达国家接轨。在全球范围内，当时除美国的 LEED 之外，还有英国的 BREEAM、日本的 CASBEE、法国的 HQE 等多种绿色建筑认证体系。各类认证的核心思想相对趋同，但细节上有本地化差异。

"绿色建筑评价标准各国都在搞，发达国家起步早、水平高，但我们在绿色建筑方面绝不搞与国际接轨。因为各国的国情不同，气候、环境、资源、经济、文化条件不一样，不可能有相同的绿色建筑标准。" 2006 年首版《绿色建筑评价标准》发布后，其主编王有为在接受行业期刊《建设科技》采访时曾这样表示。

王婧告诉《第一财经》杂志，LEED 标准在走向美国之外的全球市场时，确实也遇到过与当地规定相冲突的情况。比如吸烟，LEED 明确规定"不得在建筑物内吸烟",而日本开发商几乎都会在写字楼内配备一个吸烟室。为了增强 LEED 在全球的普适性，LEED 此后在日本吸收了当地的法规，通过对吸烟室排风等的严格规范，替代了美国规范中的相应部分。

进入中国市场后，LEED 基本没有遇到过这样的阻碍。一方面，《绿色建筑评价标准》几经修订，但把认证重心放在对政府楼宇、公共建筑的强制要求上，而不是以写字楼为代表的商业物业，与 LEED 的关注重点并不冲突。

另一方面，中国过去数十年来，有大量的新建项目和总体规划，在顾问的引导下，很容易从开发早期就尽可能贴近 LEED 的认证要求。USGBC 也在强化与大型项目的前期合作、沟通。拿到全球首个 LEED 城市铂金级认证的北京大兴国际机场临空经济区，就帮助 USGBC 丰富了自己的业务体系。

李旭对《第一财经》杂志表示，自 2018 年起，LEED 认证在中国的覆盖面已不局限于一线城市，在新一线、二线、三线城市都在快速增长。

此外，市场对 LEED 的认知也有了显著提升。"可能在 2017 年，还有客户会问我：什么是 LEED？认证了有什么好处？而到了现在这个阶段，我们觉得 LEED 已经不需要解释了，和客户可以直接谈执行过程。这是很大的进步。"李旭说。

如果说绿色建筑标识在中国更多是一种强制性的认证，那么，驱动 LEED 等国际化认证标准在华发展的主要就是市场化的需求。

商业楼宇的开发商、运营商，对于租户品质以及租金、空置率等指标都较为敏感。如果想要争取一个国际品牌乃至全球 500 强公司入驻，楼宇有 LEED 认证往往就是重要的先决条件之一，因为这符合租户"全球一致"的环境标准。

对于国际化程度特别高，或者说特别"要强"的项目，除 LEED 之外，国际级的绿色建筑认证甚至是"多多益善"。

一个典型的案例，就是位于北京的亚投行总部大楼亚洲金融大厦。在 LEED 铂金级认证之外，它也拿下了中国绿色建筑认证最高的三星级。而按照项目设计方、清华大学建筑学院教授林波荣的说法，亚洲金融大厦在设计时还对标了德国 DGNB、英国 BREEAM 和 WELL 三大认证体系的高星级标准。

反过来说，绿色认证对于租户的吸引力越大，也就越有利于写字楼提升租金水平，甚至是在下次交易时提升股东的投资回报率。

2022 年年初，地产咨询机构仲量联行在一篇名为《中国绿色建筑是否存在租售溢价？》的报告中指出，截至2021年上半年，经过LEED认证或国内绿色建筑认证的物业，在北京、上海、广州、深圳和成都均有可观的租金溢价。相比于同区位、同楼龄的非绿色认证办公楼，绿色建筑的平均租金可以高出10%—13.3%。

"虽然很难说有了LEED、WELL认证的楼，就一定能在交易溢价上有非常明显的反映，但在前期评估中，绿色认证肯定是要点之一。"李旭对《第一财经》杂志介绍，市场上也有按照LEED、WELL标准改造楼宇后，重新包装再上市交易的情况，"相比之前，资产估值和市场吸引力都有明显提升。"

这种楼宇改造与认证所带来的成本增长，也更容易被租金和投资回报的上涨所消化。根据USGBC的统计数据，与LEED新建或重大改造相关的项目平均认证费用为3 920美元（约合24 960元人民币）；既有项目的认证费用约为1.8万元人民币。不过，既有项目的LEED认证需要每3年重新认证一次。

在USGBC看来，相比于靠前期一次性投入就容易获得高分的新建项目，"建筑投入运营之后的表现，才能直接证明LEED认证建筑是否按照预期实践了绿色设计。"有时候，这种绿色标准并不需要大规模的改造投入，反而在日常化的可持续探索中就可以实现。

2022年年初拿到亚洲范围内首个LEED 4.1版既有社区金级认证的上海汇龙新城小区，就是一个省钱的认证案例。

这个小区建成于2002年，由上海地方国资背景的公司开发，项目地理位置不错，但品质与周边的顶级社区显然有差距。此次能拿到LEED认证，主要靠的是改善社区绿化、修订应急管理措施、体系化的节能减排改造、节水及循环用水，以及居民自行组织的社区旧物交换平台等一系列小改进。而这些举措，几乎又能与LEED认证体系中的得分点对应，因而拿下了较高的分数。

绿色标准之所以首先流行于太古地产这样的港资房企之间，除了理念的前瞻性外，还有来自信息披露制度的压力。

港交所集聚了大量的房地产上市公司。从2012年起，港交所发布的《ESG报告指引》就建议上市公司自主披露公司当年与环境（Environmental）、社会（Social）、公司治理（Governance）相关的重要信息。目前，港交所已经强制要求这部分ESG内容与上市公司年报同步发布。

对公司而言，工作和经营场所的绿色化，既可视作环境保护方向的亮点，也可视作重视社会责任、增加员工福祉的手段。在房企之外，诸如腾讯、阿里巴巴、万国数据、京东这样的技术企业，也在给数据中心、仓储物流中心，乃至园区厂房等项目做LEED认证，

"目前，香港的上市公司都在给自己的ESG报告寻找一些能写故事的亮点，互相之间也有竞争压力。各类绿色建筑认证恰好是可以量化证明其表现的方法。"王婧对《第一财经》杂志表示。

以LEED为代表的国际绿色认证标准，都会将评定过程拆解为多个具体的方向、数十条环节和上百项要求，逐项打分，是非常量化的考核体系。这对于运营方、品牌方全方位理解"绿色"这个模糊的概念本身就有好处。一个可以佐证的事实是：LEED AP的资质近年来在地产开发商、运营商和建筑事务所中的热度持续提升，本质上也是从业者希望更加了解标准和打分制度的结果。

2018年，麦当劳中国曾提出聚焦绿色餐厅、绿色供应链、绿色包装和绿色回收四大方向的可持续发展计划。其中，绿色餐厅的部分正以中国市场上首个LEED批量认证方案推进。截至2022年3月，麦当劳中国获得LEED各级别认证的绿色餐厅已达1 200家，其中的50%位于中国的二线、三线城市。

麦当劳中国对《第一财经》杂志表示，过去餐厅的建造装修标准与公司全球标准一致，"与LEED认证要求的最大差距，在于数据上的量化。比如某个面积的餐厅、某个档次的排风量，需要满足一定小时数的排风净化才可以交付使用。"

为此，麦当劳中国不仅修订了原先的标准，还对设计、建材和设备的供应商做了多轮培训。"并不是说他们原本不达标，而是我们要求他们学会使用LEED认证的逻辑和方式来做项目管理和数据计算。"这也进一步提升了供应商的资质水平，以及施工现场的管理要求。

李旭认为，基于能源、水等指标的"量化"管理优势，往往也能反映在楼宇的运营数据上。"楼宇的持有者、管理者，对于这部分感受是最深的。他能看到，通过技术手段，能耗和碳排放有降低，财务报表上也有变化。"

麦当劳中国的预测是：到2022年年底，麦当劳中国获得LEED认证的餐厅将达1 800家，每年减排总计可达约6万吨；每1 000家绿色餐厅一年的节电总量，相当于减少二氧化碳排放超过3万吨。

此次接受《第一财经》杂志采访的从业者普遍认为，对于建筑的实际使

用者，如公司人、物业及保洁人员，或者步入 GUCCI 和麦当劳门店的消费者，像 LEED 这样的绿色认证不会带来太多直观感受上的差异，需要靠其他方法"补充证明"。

李旭手头正在服务的一个项目，客户就想通过 WELL 认证来强调设计方案中的体验感。与 LEED 更关注建筑本身、强调环保和可持续略有不同的是，WELL 更多探索的是建筑与使用者的健康福祉之间的关系，更关注"人"。

"印象比较深的是楼里有独立的母乳室，有沙发、有冰箱，可以独立上锁，也是照顾了职业妈妈对私密空间的需求。以前泵奶这样的需求，可能只能去洗手间，不太卫生，自己感受也不好。"李旭说。

诸如星巴克这样的大型品牌，也在探索"自定标准"的可能性。2018 年，星巴克与世界自然基金会（WWF）合作推出了自己的绿色门店开源框架，并从美国本土市场开始改造门店。2021 年 9 月底，星巴克中国在上海开出了这一体系下的国内首家绿色门店"向绿工坊"。

实际上，星巴克与 USGBC 早在 2001 年就有过合作，帮助后者探索了零售门店的绿色认证标准，并于 2005 年开设了第一家获得 LEED 认证的星巴克门店。截至 2021 年年中，星巴克全球共有 1 600 余家符合 LEED 认证的门店，但这一进展要远远落后于它提出的"2025 年要在全球建设和改造出 1 万家绿色门店"的目标。

星巴克放弃成熟标准、自创新标准的原因之一，可能是其特许经营模式带来的改造限制。对于麦当劳中国来说，2017 年被以中信为首的财团收购 20 年的特许经营权，是门店大规模拿到 LEED 认证的基础。

"不是所有的麦当劳，都能选址在一线城市的高标准商场或是写字楼里，尤其是现阶段的新店，都在拓展低线市场，可能就开在一个县城里。虽然多数门店现在设定的认证目标是基线标准，但能保证所有门店都达到 LEED 的认证标准，是很不容易的。"王婧对《第一财经》杂志表示。

麦当劳中国也回应称，目前公司约 75% 的 LEED 认证门店为最基础的认证级，另有 3 家金级认证餐厅和一家位于上海总部内的铂金级认证餐厅。此后，公司会"根据不同的业务发展需求，来推进麦当劳餐厅 LEED 认证的进展"。

消费者并不一定会认为一家拿到 LEED 认证的麦当劳或者一家更加绿色的星巴克有多特别，但对于一些大公司而言，类似"可持续发展"这样的关键词，在集团战略中永远可以成为亮点。

对于更多已经从绿色改造和认证中尝到甜头的开发商来说，在认证中拿下铂金级甚至博得高分，已经成了新的目标。截至2021年年底，中国市场出现过4个在LEED认证中得分超过100分的铂金项目，均是针对既有项目的运营成果认证。

李旭曾经参与过101分的北京环球金融中心项目认证。虽然为这个项目做了诸如冷机节能改造、更换LED光源、改进室外草坪喷灌方式之类的改造，但能拿到高分，主要还是因为"孩子本身是学霸"——这栋楼在2010年建成时，就是亚洲面积最大的LEED结构及外立面铂金级认证新建项目。

"现在我接触到的客户，基本都是要争夺铂金的。就像考学校，既然能上大学，就要尽自己所能考最好的学校。不过，我也希望和客户形成一个共识：如果是应试的话，可以考出很高的分数；但让团队在绿色运营方面有提升、让楼宇有亮点，才是更理想的状态。"

不过，这些绿色标准在诞生地正在遭受挑战。2015年，一直专注于绿色建筑的建筑师诺曼·福斯特在哈佛大学绿色建筑与城市中心的一场讲座中指出LEED的评估标准需要改进，"真正的绿色建筑需要从更具广度与更具历史角度出发做设计。我们现在可以以另一个有趣的方式去衡量这些指标，比如，可以观测人进入建筑环境后血液循环的变化，以及用技术手段去测量建筑与自然的交互。"——相比符合某项绿色标准，他们主张更负责任的建筑实践。

发表于2022年4月刊

分享链接

外企巨头，进退之间

施 歌　叶雨晨　张司钰

策略各有进退，但底层逻辑一致：中国市场仍有可为。

2021年11月，第四届进博会展馆内，瑞典服饰品牌H&M首次亮相。

进博会全称中国国际进口博览会，被视为中国政府"坚定支持贸易自由化和经济全球化，主动向世界开放市场"的重大举措，自2018年开始举办，但此前3届H&M都未参加。

企业策略转变的背后总是伴随诉求。2021年，H&M在中国市场属实过得艰难。当年3月，因"新疆棉事件"引发争议和抵制，H&M除官方App之外的所有线上渠道全部被关闭，门店也随即变得冷清，公司积极地与政府沟通，同年便决定参加进博会是这家公司的修复策略之一。

进入中国市场14年后，这家瑞典公司正重新审视它和中国做生意的方式。在外界看来，进博会之后，H&M的处境其实并未明显转圜——电商店铺至今仍未恢复运营，今年6月底甚至关闭了上海淮海路上标志性的中国首店——但在给《第一财经》杂志的书面回复中，H&M列举了去年至今包括开设童装和男装专门店、与中纺联合作社会责任研究项目在内的多个新尝试，并强调："我们仍视中国为一个重要市场。"

将中国视为不可放弃的市场的，不止H&M。在IT、零售、快消、家居、餐饮等多个领域，包括IBM、欧莱雅、沃尔玛、宜家、可口可乐、星巴克、优衣库等在内的跨国公司都在自我调整以适应这个不断发生变化的市场，它们的策略各有进退，但底层逻辑一致：中国市场仍有可为。

2018年发生的中美贸易摩擦一度令全球化理论受到挑战，也是外界普遍认为外企在中国遭遇困境的开端。实际上，在那之前，中国市场的变化、本土品牌的崛起已经发生，经历过最早的野蛮生长和其后的高光时刻，跨国公司对这个全球最大区域市场的重新理解迟早会成为必要一课。

沃尔玛：坚守中国的三张牌

每年六七月份，是外企高管最喜欢选择的休假时段。沃尔玛中国总裁兼首席执行官朱晓静在今年夏天休假前，等来了一个好消息：在中国连锁经营协会（CCFA）6月下旬公布的"2021年中国超市TOP100"榜单上，沃尔玛在"超市"业态中从2019年的第7位重回榜首位置。

作为全球最大的连锁零售商，沃尔玛进入中国已有26年，它曾是中国本土零售企业集体学习和模仿的样本。但电商的冲击、消费升级……中国零售市场和竞争环境在过去10年间发生了翻天覆地的变化。2019年苏宁收购家乐福中国80%的股份、英国的乐购（Tesco）在2021年出售给了华润，韩国的乐天玛特超市在今年正式关闭中国总部……至此，最早进入中国市场的那批老牌外资零售企业相继退场，就连它们带入中国的"大卖场"也遭遇"模式陈旧"的质疑。

"第一个10年，也就是20世纪90年代中期到21世纪初，关键词是现代商超对传统商业的颠覆。第二个10年，关键词是电商崛起，是线上对于线下的颠覆。而第三个10年，从后疫情时代开启。我们正身处其中。"朱晓静曾在去年11月的一次公开演讲中这样概括中国零售市场的变化。现在，就只剩下沃尔玛还在努力破局。

2020年5月，新冠疫情暴发不久，朱晓静履新沃尔玛中国总裁及首席执行官。在她之前，沃尔玛自2012年起平均每两年就会换掉一位中国区总裁。从中国区员工的视角，这可以理解为是总部对中国业务发展情况的不满。

朱晓静的上一份工作，是恒天然大中华区总裁。她入职沃尔玛后的核心工作，就是推动沃尔玛中国一系列稳定业务的新决策落地，特别是沃尔玛大卖场业务的全面升级。她曾表示，沃尔玛中国当下的战略聚焦在三个方向：差异化的商品力、提升端到端的效率和全渠道体验。

这三个方向，也可以说是当下中国零售市场的竞争环境对沃尔玛这个老牌零售巨头提出的三个要求。不管沃尔玛在美国本土的运营是否已具备这些能力，它在中国的生意必须率先做到。

7月下旬，沃尔玛北京宣武店内，卖场入口最显眼的一排货架上，陈列着沃尔玛自有品牌惠宜旗下各种颇具网红气质的袋装食品：樱花白桃气泡腰果、黑全麦荞麦面、益生菌芒果干……卖场内随处可见沃尔玛与京东合作的"88

购物节"的横幅，以及"极速达"和"次日达"的网购配送服务广告。在生鲜区，过去在大卖场最令人熟悉的"散称"，大部分已被替换成标准化的预包装商品。网红港式菠萝包、烤鸡等鲜食商品，被冠以沃集鲜的品牌包装，准备就绪。

这家位于北京闹市地区的大卖场已开业17年，经历了大大小小数不清多少轮的门店升级改造。大型商超的租约通常是20年。沃尔玛正是从它进入中国的第20年，开始经历针对门店调整的"震荡期"。大卖场的门店数量连续4年"冻结"在420家左右——开新店的同时，也大幅收缩经营结果不佳的市场和门店。

自朱晓静上任以来，在疫情对线下商业造成冲击的背景下，2020—2021年，沃尔玛大卖场净关店超过50家。目前，沃尔玛在中国的大卖场数量降至10年前的规模——大约360家。

CCFA公布的"2021年中国超市TOP100"数据显示，沃尔玛2021年的销售额（含税）总计990.36亿元，同比增加13.3%。门店规模大幅缩水，业绩却能继续保持两位数的增长，沃尔玛中国一个重要的收入增项来自电商业务。

今年5月，沃尔玛发布的2023财年第一季度财报显示，今年春季中国市场受奥秘克戎疫情冲击，整体增速低于预期，但电商业务表现出色，Q1电商净销售额增长89%，两年叠加增长率为149%。

中国的电商消费环境明显发达于美国等其他国家市场，这里也是沃尔玛在全球最重要的电商试验田。2011年和2015年，沃尔玛先入股后又全资收购中国本土的一家网上超市1号店。2016年，沃尔玛又选择京东作为自己的合作伙伴。京东拥有流量和"211配送"的双重优势。利用对京东和配送公司达达的投资关系，2017年山姆会员店在深圳地区试水一小时送达的"极速达"业务，并通过设置前置仓将该业务推向全国。2020年8月，沃尔玛中国的所有门店都接入沃尔玛微信小程序和"京东到家"线上平台，提供"极速达"配送服务。

到家零售大数据平台O2OMind发布的《2021年零售商O2O业绩排行榜单》显示，沃尔玛去年通过美团、饿了么、京东到家等O2O平台实现的营收达到84.3亿元，位居国内大卖场到家业务的收入榜首。

沃尔玛坚守中国的另一张牌，是山姆会员店模式在入华25年之后，终于迎来最适合其发展的市场环境。

10年前，山姆会员店在全国只有6家门店。事实上，山姆早年在深圳、北京和上海布局的几家门店连续多年占领山姆"全球单店业绩前茅"的位置。但是，这家大型仓储超市的几大核心特色——在城市远郊开店、付费会员制、家庭量贩式自有品牌商品、每次采购动辄数百元的高客单价——令它彼时很难在中国找到足够多的客群与之匹配。

近几年，中国本土零售企业顺应城市居民消费升级的需求而先后试水高端精品超市、会员制营销和自有品牌商品，这些举措都能看到山姆会员店的影子，反向证明了国内消费市场环境的变化，正逐渐形成对山姆会员店发展有利的局面。

2021年，山姆会员店的总数达到36家，这个数字是2015年门店规模的3倍。接下来的2到3年，山姆的开店节奏将进一步提速，新增规模计划达到23家左右。2021年，山姆会员店的付费会员人数在中国突破400万。山姆做到第一个"100万会员"用了21年时间，做到第二个"100万会员"缩短到3年，而在近两年拿下第三个、第四个"100万会员"，都只花了几个月的时间。

在沃尔玛的观察中，疫情让中国的零售行业又有了一些新的变化，相比于前几年的消费升级，顾客更加理性，正在步入"精明消费"的时代，这又刚好与沃尔玛深耕中国市场的第三张牌——发展自有品牌商品战略不谋而合。利用原料规模采购、去掉中间环节、全渠道铺货等方式和多年积累的供应链能力，沃尔玛的自有品牌享有性价比优势。

今年6月，沃尔玛针对城市中产家庭的日常消费全场景需求，从选品、定价和包装上对"惠宜"品牌全面升级，比如让腰果这种传统坚果食品增加了年轻人喜欢的气泡口感和流行的樱花白桃口味。从包装食品、休闲零食、冷冻食品到日用品，惠宜涉及的商品品类非常广。沃尔玛方面表示，惠宜在标品供应链的选择上，品质与同类主流一线品牌的品质齐平，但价格更具优势。

已经不怎么爱逛线下卖场的年轻消费者，对于沃尔玛那句"天天低价"的宣传语或许并不熟悉。但是按照朱晓静的说法，这句话并没有改变。如何做到"低价"？朱晓静说："我们尽力减少促销，在平时就让消费者直观感受到沃尔玛的价格优势。我们只向自己的效率要利润，从而让利给顾客。"

快消巨头：集体求快求变

2022年5月8日，欧莱雅集团与位于上海奉贤的生物科技园区东方美谷线上签约，宣布设立上海美次方投资有限公司。此时，上海因奥密克戎疫情尚处于全城静默状态。

始终不吝表现对中国市场的信心和重视并与政府积极互动，是这家法国美妆集团入华25年来的一贯策略。2018年，它是首届进博会中第一个确认参加的日化消费品企业，且近3年连续担任参展商联盟理事会轮值主席；2021年，它在上海设立美妆科技中心（全球共3个），并将上海升级为集团北亚区总部。

在中国消费市场，美妆是近年的明星品类。消费升级、品牌分众、新零售转型、数字营销变革、本土品牌崛起……短短几年，这个细分市场经历了数次浪潮，欧莱雅中国区的业绩自2014年开始曾出现连续3年仅维持个位数增长的情况，"消费者更加理性了，要求变得更高，不在乎这个品牌来自哪个国家，产品是为他们设计的才更加重要。"欧莱雅北亚区总裁及中国首席执行官费博瑞对《第一财经》杂志说。

欧莱雅将策略调整为以快应快。2016年，欧莱雅旗下品牌美宝莲举办了首次明星直播活动，Angelababy在两个小时的直播中卖出1万支口红，算是国内直播卖货的先驱。费博瑞表示，欧莱雅还保持着集团内每年在中国市场推出2—3个新品牌的速度，投资公司也是为了更好地扶持并且利用新品牌开拓市场。

这一轮国货美妆创业浪潮中，主打年轻消费者的时尚彩妆品类诞生了完美日记、花西子、橘朵、酵色等多个明星品牌，竞争激烈且声量不小，欧莱雅则在2018年收购了此前已在中国市场有一定知名度的韩国时尚彩妆品牌3CE，次年将其正式引入，定位为一个"有活力的、适合亚洲女生的全身造型时尚品牌"。

"市场变化太快了"，这是3CE品牌经理黄佩婷最大的感受。如今，3CE每个月都要参与一次电商大促，但上一次大促结束后积累的方法论，可能在下个月的大促中就完全用不上了。曾有一次，团队计划将品牌旗舰店的链接挂在某个内容平台，等项目实际推进时，平台已出了新规定，原方案被打乱。

3CE在中国市场的营销策略也完全融入了本土的行业潮流，快闪店、直播、KOL种草、联名……其在内地的第一家快闪店Pink Hotel采用粉色调的设计，店内陈列的躺椅、浴缸、仙人掌等，全都是女生喜欢的网红打卡和便于社交的元素；最新一次联名则是和茶饮品牌喜茶，彩妆同款配色的奶茶和全粉色的杯套、耳机包、口罩等周边……两个品牌绑在一起，扩大了各自的消费者池。黄佩婷告诉《第一财经》杂志，现在，她还会时常把国内市场上出现的新元素分享给3CE在韩国的创意中心——品牌时刻都在学习。

同为日化品牌的宝洁，展示了与之相近的对中国市场的重视。2021年8月，宝洁任命了首位本土CEO，宝洁大中华区原副董事长、销售和品牌及品牌运营总裁许敏升任宝洁大中华区董事长兼首席执行官。这表明在外企深耕多年的快消行业，本土管理团队越来越被重视和信任。同样是在欧莱雅，根据集团内部统计，中国区目前有超过80%的管理层是本土人才。

宝洁也在持续用新品制造新鲜感。为快速适应市场，许多"小而美"品牌——当妮护衣留香珠、Aussie洗发水、丹碧丝卫生棉条等——不再通过大规模广告投放打入市场，而是更加注重社交平台种草，渠道也优先选择电商平台的海外旗舰店、精品超市等渠道，这种模式更轻，容错空间也更大。

宝洁曾经在社交平台为老品牌打过翻身仗。Olay玉兰油凭借高端化升级、在社交网络营销上的投入而翻红。成功的经验无非是：产品顺应消费者的需求，且更加尊重所在市场当时的流行玩法，自身变革也加快了速度。

各个行业都在中国市场提升迭代的速度，产品创新是最明显的表现。2022年夏天，可口可乐在4个月的时间里，推出了两款由全球创意平台"乐创无界"设计的限定新口味产品——星河漫步、律动方块。前者以太空为灵感，后者则主打"元宇宙"概念。不难看出，它们面对的都是年轻消费者。

在可口可乐集团层面，近两年陆续有托帕客硬苏打起泡酒、低度风味酒柠檬道、新口味雪碧、美汁源无糖气泡水，以及与蒙牛合资推出的鲜菲乐低温奶等新产品在中国市场面世。零糖、微醺、低温，每款产品都与当下流行的消费趋势契合。

本质上这是可口可乐在全球推行全品类饮料战略的体现。2017年，可口可乐将在中国市场的7家瓶装生产工厂出售给中粮及太古两家公司。今年7月，可口可乐进一步将不含气饮料业务的生产运营拆分并入中粮可口可乐和太古可口可乐，这将帮助可口可乐中国不含气饮料业务实现地区化生产，加快生产调配和新产品上市。

通过股权变化调整公司内部组织结构，以便更好地适应本土市场、加快本土化速度，麦当劳是另一个案例。与可口可乐出售瓶装生产线同年，麦当劳将包括中国内地和中国香港在内的业务出售给中信和凯雷，后两者出资20.8亿美元买下麦当劳中国的既有店铺以及未来20年的特许经营权。中信在三四线城市的地产和金融业务，能帮助麦当劳把更多的店开到低线城市去。于是，仅在2019年，麦当劳三四线城市新开餐厅占比就达到约50%。

股权变化后，麦当劳产品的本土化速度明显加快。2021年年初，麦当劳先后推出肉夹馍、油泼辣子冰淇淋，现在，菜单上则出现了炸鸡架、含有酸笋的鸡肉卷等本土气质强烈的新品。

与产品研发一同提速的是品牌的数字化能力。在服饰行业，优衣库可能是最早拥抱电商的外资品牌，2009年便已入驻天猫，称得上是中国电商造节的"明星"，多年蝉联天猫"双11"的品类销冠。这些尝试为品牌积累了一手的数字化经验，至今，优衣库的数字化体验仍然是行业内相对较好的，门店支持自助式结账，消费者还可以在网店下单、门店自提，且大部分门店可以打通退换货。

星巴克则代表了另一种数字化发展方向：更加谨慎，小步慢走。2018年，星巴克首次在中国举办投资者大会，时任中国区CEO王静瑛表示，星巴克中国目前针对数字化业务的优先级布局，按重要级顺序实际依次为数字支付、社交礼品、新零售技术解决方案、移动点单。

2017年，星巴克与腾讯合作推出社交礼品"用星说"。当年9月，支付宝和星巴克同时宣布，中国内地2 800余家星巴克门店将支持支付宝付款，同时星巴克开启了一轮赠送消费券的营销活动。随后两年，星巴克又与饿了么联合推出外卖服务，并且开发出支持自提点单的产品啡快——星巴克在数字化上的每一步尝试几乎都按照上述重要性排序来进行。

2017年前后，"下沉市场"成为中国消费领域的热门概念。伴随着商业地产在三四线城市的大举扩张，外资零售品牌加快了在这些城市开店的速度。

今年4—7月，优衣库在全国共新开31家新店，覆盖的城市既有上海、北京、南京、昆明、青岛等一二线城市，也包括嵊州、乐清、淮南、荆门等下沉市场。

2017年收回华东市场代理权实现直营后，星巴克开始大举下沉开店，"对公司管理和经营的全面掌控，能帮助我们敏捷预判市场未来的趋势。"星巴克中国对《第一财经》杂志表示。

在2018年中国举办的投资者大会上，时任星巴克中国COO蔡德粦提及，中国有一批人口基数在400万左右、目前尚未或是刚开始被星巴克覆盖到的城市，具有极大的商业潜力，低线城市会是一个发展重点。2021年，蔡德粦出任中国区CEO，在此之前，他曾担任过中国门店开发与设计副总裁。这一履历，恰好与星巴克如今的扩张需求相匹配。

2022年最新的季度财报发布会上，星巴克重申了2022年年底将中国区门店数提升至6 000家的计划。激进的开店策略背后，是国内咖啡市场竞争格局的变化。如果说2015年之前，星巴克在中国还是咖啡文化的普及者和中产生活方式的代表，随着精品咖啡文化在国内的兴起，Manner、瑞幸、Seesaw等本土咖啡连锁品牌已积累一定的市场地位，星巴克甚至一度有品牌老化之势。

尤其是2017年创立的瑞幸，以激进的营销和扩张速度打入了星巴克的舒适区。截至2022年3月31日，瑞幸的门店总数达到6 580家，而且在许多三四线城市都抢在星巴克之前。今年第一季度，瑞幸净开店556家，星巴克的这一数据为97家。

星巴克必须制造新鲜感。2018年，星巴克在上海开设了全球第二家烘焙工坊店，从规模、商品种类到消费体验都刷新了消费者的认知。星巴克称自己进入中国的头十年讲的是"第三空间"的故事，在本土咖啡市场逐渐成熟后，星巴克的叙事重点仍然是门店"体验"，但扩充了内涵：星巴克臻选、星巴克上海烘焙工坊、宠物友好门店、手语门店……"中国的咖啡行业依然处于发展初期，我们非常看好市场巨大的增长潜力。这里容量庞大、充满机遇，需要不断创新。"星巴克表示。

宜家：数字化转型，虽迟但到

2022年4月1日，宜家贵阳店关门歇业，这是宜家进入中国市场24年来首次关店。7月7日，宜家在上海杨浦开设的小型商场也关门谢客。

疫情之下实体店经营不易，闭店撤离往往是业绩不佳的直观反映，不过对宜家而言，这其中还有渠道探索的意义。"过去几年对城市拓展方向和新型门店的探索有几轮调整和新尝试，宜家主要把精力聚焦在包括北京、上海和大湾区内的广东市场，并在这几个重点大型城市中探索更多新型门店模式，而不是仅集中力量在下沉市场。"宜家中国副总裁刘锐对《第一财经》杂志表示。

2018年年底，宜家在全球范围内启动了史上最大规模的战略转型。具体到中国市场，宜家中国于2019年8月底宣布2020财年将投资100亿元，包括成立宜家中国数字创新中心，打通多元化渠道，推出"全屋设计"业务等，每一个都对应着中国市场的新变化。

在这一背景下，宜家有过一轮开店热潮。2019—2020年，广州、郑州、贵阳和长沙4家新商场相继开业；2018年11月，宜家在北京五棵松推出了首家体验店，试水线上线下融合；2020年3月，定位为中国首家小型商场的上海杨浦店开业，总面积8 500平方米；2020年7月，首家城市店上海静安城市店开业，面积只有3 000多平方米——过去，宜家门店总是远离城市商圈和市中心，占地面积一般在3万—5万平方米。

老店也同时在更新。2021年8月11日，宜家中国首店上海徐汇店的升级改造完成，宜家对外称其为全球首家未来家体验空间。徐汇店最重要的变化就是购物路线的设计。以前在那个经典的蓝色建筑中，美食、儿童乐园、样板间……顾客往往需要动辄数小时才能逛完宜家精心设计好的线路，更新后的门店则划分为睡眠洗漱空间、创玩工作空间、烹饪用餐空间、会客休闲空间、收纳展示空间五大分区，消费者可以根据需求直达相应商品的区域，同时设计了更多的互动区域，集中展示代表性人群的家装生活方式。"从宜家所在的家居家具的消费领域看，消费者对家居的需求已经从基础功能性需求转变为情感性需求，"刘锐认为徐汇店是过去3年宜家推行"未来+"战略的一个缩影。

相比线下业务的积极探索，在电商蓬勃发展、新零售概念席卷中国零售业的几年间，宜家对数字化却一直表现得比较迟疑。全球层面，宜家的数字化转型起步较晚，对于中国区的规划也过于保守。尽管早在2013年，宜家中国就开始线上渠道的开拓，但直到2018年线上商城服务才正式落地，全渠道电商则是受到疫情推动才真正迈步。

2020年3月，宜家正式入驻天猫，这是宜家全球首个基于第三方平台的线上官方旗舰店，同时推出的还有官方购物App。不过，一旦启动，宜家表现出极强的执行力。一年之后，2021年3月，宜家测试上线搭载购物功能的微信小程序。5月，宜家天猫旗舰店扩大覆盖范围，由之前的江浙沪皖地区拓展至 301 个城市和地区。目前，绝大部分的宜家商场已经作为物流单元加入配送网络。

刘锐承认宜家此前对渠道布局的思路略显高冷，"一开始是希望能打造一个自己的生态系统满足消费者在居家生活中的各种需求，但随着本土化转型，我们发现其实每一个线上触点都有它独特的价值，比如天猫可以帮宜家提高知名度，适合拉新；下载 App 的忠实用户可以在 App 中获得更完整的购物体验；微信端能提供社群效应。"她说。

在电商热土终于开启电商业务，虽然略晚，但为宜家带来显著的业绩增长。2021 年英格卡集团（宜家家居最大的特许经销商）发布的业绩报告显示，宜家中国业绩增长表现位列全球前五，也是集团全球实现销售额双位数增长的 10 个市场之一。宜家中国线上销售额同比增长了 74%，自有线上渠道在中国市场的访问量达 2.3 亿次，2022 年线上渠道对总销售额的贡献率将达到 20%。

业绩提升还帮助宜家中国从总部获得了更多授权。今年上海疫情期间，宜家以含冷冻包装的肉丸、牛排和虾排等食品为主，向上海徐汇、宝山、北蔡、静安和杨浦商场所在区域附近 10 公里内的街道和社区提供配送服务。从寻找和确认更多货源，申请更多保障运输车辆资质，到仓库收到订单信息后及时备货并规划送货路线进行配送，宜家反应迅速。刘锐表示，"通常大企业都需要打磨出一个稳妥的方案再推行，如果没有总部的信任和授权，面对'封城'这样的突发事件，我们不可能快速开拓出这种新销售形式。"

不过，宜家的本土化仍有待提升。以电商业务的配套安装环节为例，宜家至今未像本土家居品牌一样提供免费服务。尽管宜家在自家配送之外引入了共享服务平台"万师傅"，消费者可通过竞价选择，但这种额外付费在中国市场并不友好，未来宜家还需拿出更适合中国市场消费习惯的本土解决方案。

IBM：最彻底的一次"换帅"

今年 3 月，陈旭东被任命为 IBM 大中华区董事长兼总经理时，遇到的第一个难题，是他发现国内稍年轻一点的人，比如刚毕业的大学生，很多人从没听说过 IBM 这个名字，有人甚至猜测它是一家外资创业公司。

同样，在 IBM 内部，很多人收到 3 月这条重要任命消息时，也完全不知道陈旭东是谁。很快，他们发现，"空降"并不是这则消息的最关键信息。

"一位不折不扣的中国本土管理者"才是变化的重点。

加入IBM之前，陈旭东职业履历中最为外界所知的，是他曾在联想集团工作过整整24年，先后领导过联想个人电脑、智能手机和全球服务等关键业务单元，并出任联想中国区总裁。

其实，早在2004年IBM向联想集团出售个人电脑业务时，陈旭东就和IBM打过交道。至今他还记得一个当时参与交易谈判的同事分享的有趣细节："头一天谈判双方见面，IBM的人都穿得特整齐，联想的人都穿得比较休闲，结果第二天情况就倒过来了——IBM的人换上休闲装，而联想这边全都打上了领带。"

双方衣着风格的戏剧性变化，某种意义上也显现了一家跨国公司每每落地至一个本地市场时，需要时间适应。

"其实，任何一个人看另外一家公司都是盲人摸象。"进入IBM后的几个月里，陈旭东手边总带着一个小本子，看到公司有哪些不合理、不到位的地方，就记下来，一有时间就找总部去沟通。

作为一家有着111年历史的跨国技术公司及咨询公司，IBM在日常公司管理流程上有着统一且严格的规范，老IBM人早已习惯了这些要求。但对于陈旭东这位带着本土视角的"空降"管理者来说，IBM的一些细节要求过于严苛。比如，发给中国代理商的合同只有英文版本；基于"职业行为准则"，员工不允许加客户的个人微信。这些看似都是细节问题，但处处都显现出这家跨国公司与中国市场现实之间的冲突与不适。

"我用开放的态度去和总部汇报，nothing to hide，最后很多建议都被允许了。"陈旭东对《第一财经》杂志说。而IBM与中国客户之间的沟通方式，正是从这些细节开始，在一点点地发生着变化。

与此同时，作为一个成长于中国本地的企业管理者，陈旭东对于IBM在财报中表述"commitment to science"（投身于科学事业）这样的愿景也感到印象深刻。他发现这家公司在技术创新上从来不是追求所谓的"可控"，而是永远向前看——关注每项新技术会对人类生活产生什么样的价值，这种技术价值观在同行中是不多见的。

但是，IBM交给陈旭东的重任非常现实，他需要带着自己对于中国市场更本土化的理解，用全新的技术产品为IBM开拓全新的客户。

陈旭东要非常具体管理的，是IBM在大中华区部署的几百名销售人员，销售的核心产品则是 IBM 于 2020 年宣布战略转型后重点发展的"混合云+人工智能"。

2016 年以来，IBM 逐步将业务重点放在认知计算和云平台。虽然 IBM 很早就已经提出云计算，但从产品角度来看，相较于微软的 Azure、AWS（Amazon Web Services）、Google Cloud，落到具体业务中 IBM 还是晚了近 10 年；而在中国市场，本土竞争者阿里云、华为云、腾讯云也领先 IBM 近 5 年。

现任 IBM 董事长兼 CEO 阿尔文·克里什纳（Arvind Krishna）在 2020 年上任前，是 IBM 云计算和认知软件部门的高级副总裁。与他同届搭班的 IBM 总裁，则是另一位对云计算有深刻认知的人——红帽 CEO 吉姆·怀特赫斯特（Jim Whitehurst）。他们为 IBM 进一步明确了"混合云"这个大方向。

2018 年，IBM 决定斥资 340 亿美元收购美国企业级开源解决方案供应商红帽（Red Hat），这笔收购是 IBM 迄今为止最大规模的一次交易，也是美国技术圈金额第三高的交易，收购溢价幅度高达 63%，说明 IBM 对这家公司志在必得。

2019 年 6 月，IBM 基于红帽 OpenShift 推出 Cloud Paks 软件方案，它延续了 OpenShift 的开放性，客户可以在混合多云的环境下开发和运行，同时嵌入 IBM 企业级和产品化的 AI 技术（Watson）与功能，能够在混合多云的客户环境中实现通用的数据和 AI、安全和自动化。IBM 最近发布的 2022 年第二季度财报显示，在过去的 12 个月中，混合云营收增长了 16%，目前占到 IBM 总营收的 36%。

"客户对云的需求是混合的，希望关键应用能随时向任何云环境完成迁移调用。我们的产品通过红帽混合云平台，帮助企业打通不同的 IT 系统、实现数据流转，无论是公有云还是私人云的提供商，他们都可以自由选择。"陈旭东表示，在国内，阿里云、腾讯云目前都是 IBM 的合作伙伴，IBM 的混合云战略决定了 IBM 与上述云服务提供商并非竞争关系。

7 月，IBM 北京办公室的一些员工领到了新的夏季工装——一件胸前印有"携手共创，可持续未来"字样的 POLO 衫。"这是我最近提出的一个说法。共创的对象，就是指我们的客户和渠道合作伙伴。"陈旭东解释道。

从全球来看，IBM 的很多客户都是大型企业和公共事业部门，比如电网、航空、移动网络、银行等。1994 年，IBM 与中国工商银行合作，启动中国首个核心银行现代化项目，此后近30年里，IBM在中国积累的客户，也完全符合它在全球市场的客户特征。

但恰恰由于这些IBM服务的典型客户所管理和运营的关键性业务系统属于现代社会运转的保障体系，过去几年，随着中美贸易摩擦的加剧，双方政府都对本国信息产业技术安全问题提高了重视程度，IBM的产品销售在中国市场遭遇到严重制约。

2016年国务院发布的《国家信息化发展战略纲要》明确指出，到2025年，"从根本上改变核心关键技术受制于人的局面，形成安全可控的信息技术产业体系"，以政府和金融行业为开端，开启了核心技术领域寻找国产化替代方案的浪潮。这项被简称为"信创"的国家战略，直接切断了IBM既有客户继续采购其新产品的可能性。

面对这些中国市场的传统大客户，IBM目前依然在为它们继续做既有产品的维护和升级服务。这部分业务虽然能为公司带来稳定持续的营收，但是IBM如果想在中国实现更多业务增长，必须通过拓展新客户来实现。

在中国，基于混合云的新客户开发正在转向大型民营企业。和过去的老客户相比，这些新客户更加注重成本效益和IT架构的灵活性、延展性，而混合云和人工智能解决方案可以让它们在不推倒重建原有IT架构的同时，以最低的成本拥抱创新。

上任之初，陈旭东和大中华区管理团队立下了2022年年底与1 000多个客户建立联系的"军令状"。为了开拓新客户，他在销售团队中推行"虚拟客户经理制"。过去只负责单一产品线的销售人员要建立全产品线的销售意识，积极关注自己所服务的客户在IT建设上的动态需要，及时向其他产品线提供商机转化线索。成功发现有效商机的销售，也会获得相应的提成奖励。

IBM中国的员工或多或少地都感受到"新政"的压力。一位不愿具名的IBM员工告诉《第一财经》杂志，混合云的解决方案过去一直部署在国外，在中国要完成本地部署，基本逻辑和国外不同，需要更长的开发周期，但是自今年开始，销售线对接的客户不仅全被要求换成大客户，业绩考核也越来越严格。业绩偏差25%的人会自动进入PIP（Performance Improvement Plan，绩效提升计划），虽然不会马上被裁，但也算已经进入裁员流程，"直到业绩指标改善了，才能从PIP出来。"

PIP是美国企业特有的一种绩效或工作目标考核机制。但上述员工透露，

"以前通常只做季度考核，最短也是一个月考核一次，今年改为了每周都要review。"

"我们的目标客户很清晰，我们初步拟定的国内重要客户规模大概有2 000家，这就是我们今年要出去打的'粮食'，但整体工作思路确实需要有很大的转型。'虚拟客户经理'就是一套符合中国市场特征的、很直接又很简约的打法，我们现在要的就是短平快。"陈旭东说，按照2 000家重要客户倒推，每个产品销售要负责3家客户，"这些客户并不是每年都有IT建设需求，那现在就是建立联系，每年'把地翻一遍'，这叫'轮耕'。"

此外，在全面推进渠道开拓战略的指挥下，陈旭东鼓励销售人员在盯紧大客户的同时，也和其他渠道代理合作，挖掘新的客户。为了让客户更简单明了地理解IBM的产品，他要求为产品配上员工自制的视频介绍，并利用视频号对外做传播。

"IBM全球的纵向管理是非常严格的，所以每次我想改一个做法，就要去突破各条纵线。其实我还没有完全突破。"陈旭东说。作为第一个被IBM录用的本土管理者，从收到猎头的职位信息，到"空降"IBM的过程，陈旭东经过了多达七八轮的面试。最终，当被安排与IBM CEO克里什纳进行视频通话时，他的兴趣点之一，是要听这位IBM的"混合云+人工智能"战略的总设计师亲口解释他对混合云前景的理解。

作为一个IBM内部培养出来的"技术派"领导者，阿尔文·克里什纳在2021年接受《财富》杂志访谈时曾说过这样一番话："能生存下来的物种，都是最能适应环境的。变化是不可避免的。你必须能够改变，你必须顺应客户和社会的价值而改变。"

发表于2022年8月刊

分享链接

教培三巨头：求生与重构

张司钰

这一年因"双减"而突然消失在公众面前的3家教培明星公司，它们各自都做了什么……？

2022年6月，东方甄选的主播董宇辉冲进抖音带货榜的前十名，引得媒体争相报道。公众由此得知董宇辉蹿红的一个重要背景：他曾是新东方校外语文培训课程的讲师。

一个表示很热爱做老师的年轻人，因"双减"而失去执教身份，却在"偏离了职业规划"后意外走红——这则个体命运变迁的故事，引发很多人的共情。

很快，"董宇辉才华""新东方双语直播带货"等相关话题冲上微博热搜。而这，也是今年以来，国内学科教育培训产业仅有的一次重新回到社会话题讨论的中心。

如果按照2021年中国教育事业统计数据，目前全国幼儿园、小学、初中以及高中的"在校人数"有2.3亿人。他们对应的，正是一个蕴含着巨大商业利益的校外教育培训市场。在中考、高考的升学指挥棒下，以学科应试为目标的校外辅导注定成为长期存在的"刚需"，同时，那些越来越"小众"的素养类培训，动机也不那么单纯。即使经历了2021年夏天以"减负"为明确目标的教改风暴，这一幕中国教育的现实图景，也并未发生本质改变。

但是，过去一年，如此大的一盘生意的主导者——那些用了快20年、服务人数和年营收都已经发展到相当大规模的K12培训企业，突然从公众视野中集体消失了。

前所未有的监管压力，会加速产业内部的自我淘汰，但诸如好未来、新东方、猿辅导这样的头部机构，并没有选择离场。公众几乎要遗忘它们了，这首先是源于一个直观的变化——校外教培曾是一个何等热爱烧钱搞营销的行业，常年在公交车体、地铁站台、楼宇电梯以及各种App的开屏广告位上演花式"霸屏"。但是，2021年7月24日，教育部发布《关于进一步减轻义务教育阶段学生作业负担和校外培训负担的意见》（以下简称《双减意见》），提出"确保主流媒体、新媒体、公共场所、居民区各类广告牌和网络平台等不刊登、不播发校外培训广告"，直接令整个行业的营销大战瞬间"哑火"。

整个行业从此只能接受"关着门悄悄做生意"的现实。新东方和好未来的财报显示，今年2—5月，这两家公司的销售和营销费用同比分别下降51.12%和86.08%。

新东方与好未来这两家在美国上市的企业今年8月下旬的最新股价，相较《双减意见》颁布实施前2021年2月的历史最高点，分别跌去了86.60%和94.83%。即使是这样，新东方与好未来也丝毫没有主动退市的意愿。国内最大的在线教培机构猿辅导，背后站着过去11轮融资积累的一大批投资人，同样也只能选择继续坚守。

面对"双减"政策的致命打击，回看过去这一年三个巨头的行动思路，大方向出奇地一致：第一步，在合规的前提下先让公司活下来，然后再去思考未来还能用什么样的产品和服务支撑起一个全新的增长故事。

忍痛剥离

面对突然到来的行业整顿，好未来和新东方被迫取消了连续好几个季度的业绩发布，直到今年第一季度才恢复了正常的业绩披露节奏。原因很简单，将基于监管新政而不再合规的学科类培训业务从上市公司剥离、对旧有业务中还能继续运营的部分做梳理，以及从零开发筹备国家允许的校外培训课程——要把这些事情一一落实，都需要时间。

陈一铭是好未来最明星的线下学科培训产品——学而思培优小班课在北京地区的一名小学数学老师。去年7月《双减意见》刚出台时，培优的小学数学教研组连同陈一铭和同事正在线下带班的课程并没有被直接砍掉。学生已交钱报名的秋季班课程被允许继续授课。就这样，带着对职业前途的忐忑心情，陈一铭又教了4个月的线下课。直到11月，他收到一封公司内部信，通知好未来将在年底前停止所有内地K9学科类校外培训服务。

对陈一铭来说，"这一天终于来了"。

"双减"政策要求，所有从事学科培训的教培机构都要完成"营改非"，从原先的备案制改为审批制，重新申请办学资质。这一身份转换和重新送审的最后期限，被定在 2021 年年底。拿不到资质，就无法继续招生和售卖新课。

三巨头之中，两家是上市公司，另一个是身后有一众 VC 必须通过上市完成退出的创业公司，它们与监管机构要求的"非营利组织"的身份完全无法调和。如果选择继续走市场化的经营路线、对股东有所交代，三巨头就只能放弃公司原有的主营业务——学科类培训。这场转型，即使用"断臂求生"这样的词汇，也不足以描述公司遭受的剧烈震荡。

"双减"之前，好未来 2021 财年的年报显示，截至 2021 年 2 月末，公司拥有员工 7.09 万人。其中，2.33 万员工位于北京总部，另外约 4.75 万人分布在全国其他省市。如何安置数万人的去留，是一项浩大的工作。

后来，陈一铭收到学而思培优团队的内部转岗通知——进入一个新成立的科学益智课教研组。他从前所在的数学学科培训教研组会在寒假后撤销。陈一铭还发现，学而思线下培优的语文培训也改名为人文美育教研组。

到了 12 月 22 日，好未来举办了一场线上"告别会"，当时有超过 2 万名员工参加，陈一铭也在其中。"感谢每一位认真坚持到秋季课结束的伙伴。" 41 岁的好未来创始人、CEO 张邦鑫出现在视频画面中向员工说道。7 月《双减意见》发布后，他曾在内部传达过自己的预期：公司不会倒闭，但是没有需求的业务会被关停，相应业务的员工如无法内部转岗，只能被裁员。在告别会上，他公开反思称，"是不是增加了学生的经济负担？是不是制造了焦虑？扪心自问，或多或少都是存在的。"

一位教培业内人士向《第一财经》杂志解释，公司 K9 学科培训业务"营转非"分为三步：首先，注册成立非营利组织；其次，将原本参与学科培训的员工迁至该组织；最后，建立财务会计核算等制度，记录收入、成本、利润以及关联交易、政策执行等情况，并于每年 6 月报送给当地教育、发展改革委和市场监管部门。

完成非营利性组织的登记后，这些培训机构将变成不同于原公司商业主体的社会组织，由民政部门管理，在法律上和原公司"完全切割"，其收入若有结余，只能全部用于机构下一期的运转，无法继续给好未来、新东方等教培公司贡献收入。

在去年 12 月那场"告别会"之前，好未来已经完成了将针对义务教育阶段的学科类培训业务从上市公司彻底剥离。从中国社会组织政务服务平台可以公开查询到，有两家非营利培训机构——上海长宁区世纪学小思线上教育培训学校（以下简称学小思）和北京希望在线线上学科培训学校（以下简称希望在线），先后于2021年11月26日和12月3日注册成立，法人代表同为解飞。

两家新公司各自对外推出的在线学科类培训App——乐读和希望在线（后更名为希望学），产品界面、使用流程都基本一致。面向学员和家长的电话销售话术中，也都会提及自己是"好未来学科培训的原班人马"。

剥离K9学科类培训的好未来，今年6月发布的截至2022年2月28日的2022财年完整年报显示，期末公司员工人数仅剩下1.62万人。由此推算，过去一年好未来的裁员比例接近80%，人数多达5.47万人。

今年1月，新东方创始人、CEO俞敏洪通过个人公众号表示，过去一年中被辞退的新东方员工有6万人。三巨头中的猿辅导，员工规模也从"双减"前的4万多人缩减至1万余人。

用户从App Store下载乐读App并用个人电话等信息完成简单注册，不出30分钟，就会接到产品销售打来的电话。一名销售在电话中对《第一财经》杂志介绍，乐读沿用了好未来学而思培优小班课的教研团队和教案，改为线上直播课程后有两种选择：一种是双师小班，特色是强调与学生的交流互动；另一种则是由一名资深老师负责的大班课。

希望学App的课程销售，自我介绍是好未来过去在学而思网校从事学科类培训的老师团队。在这款App的"关于"选项可以找到一份《民办学校许可证》，上面显示了该学校校长为张超月——他是早在2004年前后就跟随张邦鑫一同在北京海淀黄庄创业的学而思第一代培训老师。

但是，从这两家新公司的法人等非常有限的工商资料公示信息中，完全找不到与好未来的直接关联。今年8月，好未来官方也向《第一财经》杂志证实，公司与这两家培训学校没有任何法律关系，其业务营收也没有被纳入好未来的业绩统计。

北京市在2021年已备案52家线上学科类培训机构，其中的17家在下半年申请"备改审"。中国社会组织政务服务平台的数据显示，截至2022年8月20日，北京已审批通过了10家中小学线上学科培训非营利机构。

猿辅导面向中小学生提供学科培训的线上网课业务，已剥离成为非营利机构北京猿辅导线上学科培训学校，由民政部门审核管理。另外，针对学龄前用户的斑马 App，其英语、思维、阅读的教学内容通过了相关部门的合规审核，此后又增加科学、音乐、美术等素养类科目，目前仍归属于猿辅导集团。

新东方的选择是三家之中最为决绝的。它虽然也注册了一家非营利性质的学校，用它拿到了可以继续开展学科培训的办学资质，但这个新机构旗下的乐学东方 App，针对义务教育阶段学生所提供的数学、英语、语文、物理课程，目前全部执行免费学习。

合规上岸

今年 7 月末，好未来公布截至 2022 年 5 月 31 日的 2023 财年第一季度未经审计的财务报告，报告期内实现营收 2.24 亿美元，同比下降 83.8%。付出如此惨痛的代价，目的就是要实现"合规"。面对史上最严苛的监管风暴，"合规"是教培机构活下去的首要前提。

按照好未来总裁兼 CFO 彭壮壮在财报电话会上的说法，这份最新的季报数据，挤干了针对义务教育阶段学科类培训业务的业绩贡献，呈现出公司转型后现有各业务板块的贡献水平。"这也成为一个新的起点，为我们未来的发展指明了方向。"彭壮壮对分析师们说。

按照最近这份季报的表述，好未来的业务板块被划分为学习服务、学习技术解决方案和内容解决方案三部分。彭壮壮介绍称，学习服务仍主要服务 2—18 岁的学员。该业务板块贡献了当下公司 70% 的营收，授课模式继续包括在线和线下，但已经是以线上教学为主。

这部分业务对应的 App 和网站，仍保留了"双减"之前的名称——学而思培优、学而思 1 对 1，以及学而思网校。其中，学而思培优 App 和电脑版的学而思网校，学习内容已经全部更换成各种素养类课程，并不直接与学科应试挂钩。

只有学而思 1 对 1，目前仍然在从事面对高中的定制类 1 对 1 在线学科类培训。国家针对高中阶段的学科类培训，并没有制定统一细则，有关部门曾表示，针对普通高中学科培训的部分要求应参照义务教育阶段的相关要求执行，比如针对线上课程的时间、时段安排以及收费标准，都要符合国家"双减"指导价格的限定。

在北方某二线城市的新东方学校做高中英语培训老师的曹芳，并不觉得

"高中"标签就能给予自己一个相对安全的避风港。所以,她在去年带完暑期课程后,主动从高中英语组换到了雅思英语的教研组。

从新东方公司的层面看,思考结论也是如此。去年11月,新东方发布业务更新公告,称未来仅保留考前培训、成人语言培训、在线教育、其他服务(海外学习咨询与国际游学),以及教育材料和分发五部分内容。俞敏洪今年6月也曾公开表示,新东方转型后服务的主要人群,将是大学生和大学毕业后的职场人士。

事实上,早在去年夏天《双减意见》刚刚出台没多久,监管落地的流程、留给行业的缓冲期都还不够明朗之时,俞敏洪就已经迅速在高管会上说服大家,未来新东方的业务大盘,只能回归这家公司的老本行——英语考试培训和出国留学服务。

2020年前后,根据新东方财报电话会透露的信息,K12业务在该公司的营收大盘中占比近6成。砍掉这部分业务后,新东方至少仍保留了一小半的营收"家底",所以"双减"对它的冲击至少小于好未来。

在合规范围内盘点了自己的业务家底后,新东方看到的还是自己起家的老本行——成人语言培训、出国英语考试辅导和留学咨询。在北京的新东方学校和学习中心,商务英语、英语口语和雅思托福是热门的套餐。此外,日语、韩语、法语等外语课也一直在开展。

转型教雅思之后,曹芳在备课环节需要从零开始,要学两本教材、刷很多题,颇有压力。但她仍感觉教雅思比教高中英语更有前景。

"双减"释放的监管信号,首先针对的就是线下培训场景。截至2022年5月31日,新东方线下学校和学习中心的总数已从一年前的1669家变成744家。去年10月,新东方表示,会利用各地的新东方学校设立国际游学和营地教育部,面向全学段提供研学营地服务。

好未来的线下规模也急剧收缩。2021年2月底,它曾公布在全国110个城市拥有1098个学习中心,但是到了今年5月底,仅保留了在30多个城市的不超过150个学习中心。好未来在7月的财报电话会议中表示,在线学习将成为行业趋势,目前公司保留线下学习中心,主要是为了建立家长、学生之间的交流互动,同时提高品牌知名度。

尽管好未来2023财年第一季度的营收骤降8成,但由于学习中心租赁成本大幅收缩、员工规模也砍掉了近8成,同时彻底停止了广告投放——空前的"降本"力度,帮助好未来在期内仅录得净亏损4 380万美元,相比去年同期净亏损1.021亿美元,亏损面反而明显收窄了。

值得注意的是,根据财报,今年2月末好未来与新东方账面上用于经营活动的现金流,好未来净流入9.55亿美元,新东方净流出2.35亿美元;而公司资产中的"现金及现金等价物",好未来和新东方分别为16.38亿美元和15.11亿美元,说明这两家企业近期用于拓展新业务的资金周转实力并不算弱。

新业务,新市场

陈一铭转至好未来科学益智课教研组后,对新课程并不适应。

这个教研组目前有大约10个老师,仍由原数学教研组统筹,课程设置改为面向全国学生、每班200—1 000人不等的大班课,在教学内容的设计上,设有逻辑应用、科学探究、追本溯源三个模块。

过去,像陈一铭这样的线下培优班的老师,在疫情期间已经习惯了通过学而思培优App给学生们改上网课。但是,陈一铭对他接手的素养课的教学体验却是"一会儿是教数学,一会儿又开始教天文,讲义设计加入了太多的生活情景"。他觉得,对于一直从事学科应试培训的老师来说,转而教授素养类课程,教研和备课环节需要一个比较长的过渡期。

原先上数学课,他每次只需要30分钟就可以把一节课的PPT做好。转型教素养课,陈一铭的备课时间每次需要好几个小时。

素养类课程面临的一个普遍挑战,在于如何外化其教学成果,用来说服家长们花钱为孩子续报课程。面对续报压力,今年3月,陈一铭接到通知,科学益智课要面临大改版,整个项目的名称都要被改成创新思维课。新课程被要求在春季制作,暑期开课。

根据二次改版后的课程设计要求,陈一铭必须考虑在课堂上安排更多"互动"的东西——每节课要设计三个活动、两个计算环节,老师既要向学生科普跨学科知识,又要在每个知识点中加入应用题计算,从而锻炼学生的数学思维。

"新课给人一种不左不右的感觉,既想偏素养又不想放弃学科,最终两边都不像。想学习学科知识的学生,会觉得内容简单,时间效率低;对于单纯培养兴趣的学生,会觉得内容难度较大,很多情境和问题不能理解。"陈一铭感觉，学生和老师在上课时都感觉到了压力。所以，他选择了从好未来离职。

离开的底气，其实是这些年教授线下小班课，为他积累了一批北京本地的真实生源。家长们听说陈一铭终于打算要"单干"，纷纷交钱报名。于是，一个平板电脑+腾讯会议App，就成了这群孩子每周在固定时间上线的数学课堂。

从公司的角度看，三巨头在新业务的选择上，战略定位正在渐行渐远。好未来针对国内K12学生的学习服务全面转型素养教育的同时，也正在把公司在K12学科培训产品中最为经典的项目——双师模式的在线数学课程，拿到海外市场寻找新机会。

最早，好未来在2019年就用数学课程切入美国市场，在硅谷开设了第一家海外分校。后来，以Think Academy为品牌，好未来先后又进入英国、新加坡、马来西亚的K12教育市场，一向关注子女学业的华人家庭正是他们打开当地市场的突破口。好未来在2023财年第一季度财报中表示，公司目前筹备中的分校以东南亚、北美、新澳地区、印度为主要方向，中文业务成为数学业务之外的第二类出海课程。

奥数成绩目前仍是新加坡初高中升学极看重的指标之一，市场上甚至存在面对小学一年级学生的奥数辅导班。Think Academy针对新加坡的项目官网，首页上发布的老师简历，几乎都是全球Top 20名校的毕业生，对学生家长很具诱惑力。师生比1∶12的在线精品小班直播课和师生比1∶30的在线双师直播课，价格分别为每节课35新币（约合165元人民币）到100新币（约合471元人民币）。

目前，新加坡学而思的数学培训业务，包括针对当地教学大纲设计的巩固校内知识的校优课程体系、奥数课程体系和竞赛体系，以及面向GEP选拔（天才班）的数学长期班。对于国内家长来说，这套"组合拳"很可能会让他们有一些"历史穿越感"。

不过，一位从事教育产品出海的业内人士对《第一财经》杂志分析指出，不同国家的教育市场呈现出的特征千差万别。比如，印度不同联邦的教育体系在K9阶段会采用不同的本地语言，据统计印度当地有2 000多种语言，55种语言有自己的文字和文学，因此拿去的产品再成熟，语言体系彼此不通，市场拓展还是有很多天然屏障；日本的公立校比较佛系，家长从小学三年级开始送学生参加校外补习机构，目的也是冲着升级应试，因此，想做内容输出的中国公司进入的机会也不多；韩国则有着非常重的排外情绪，以外国公司的身份开局难度非常大；欧美国家市场有成熟且优质的教育产品，要进入其市场，对本地化教研的要求非常高，这方面中国公司的普适性产品也不具备优势。

除了好未来，新东方和猿辅导也将目光转向了海外。猿辅导早在2019年就成立了两家教育企业猿印、猿竺，专攻印度市场，推出K12在线辅导平台ODA Class。"双减"新政的压力，让猿辅导旗下的搜题这样的标准化工具类App，也开始尝试到海外获客的可能性。2021年，比邻中文成立，主要面向海外华裔儿童、青少年提供中文和中华文化学习课程。今年4月，新东方宣布启动比邻中文的全球合伙人招募。

"教育产品生产的时间成本是比较高的，有一些公司在尝试中，但目前我还没有看到一款特别成功的内容型出海产品，中国的经验很难完全复制过去。拓展海外业务的关键还是看能不能有一个产品满足当地市场的需求，毕竟，华人群体只是其中很小的一部分。"前述从事教育产品出海的业内人士说。

让大象飞起来

猿辅导在为自己设计的新故事中，变得更像是一家软件技术公司，服务于过去它非常陌生的教育to B市场。去年10月下旬之后，位于北京望京丽星行写字楼的猿辅导总部，公司3层前台的背景墙已经从"猿辅导"变成了一个新的名字——飞象星球。

这个在"双减"之后被公司迅速孵化的项目，主要面对国内各省市的政府教育系统及辖区内的全日制学校，为它们提供"智慧校园"SaaS产品解决方案，由校方买单，供师生和家长使用。

猿辅导的技术研发团队目前有很大的比例已经转向服务飞象星球的产品开发。仅用了半年时间，智慧校园解决方案中的首个项目——双师素质课堂交付了36门主题课程，产品的成熟度已经足够商业化。

早在"十二五"规划中，国家就提出了大力发展智慧校园的思路。2021年，一位飞象星球负责项目调查的员工去一些西南边远地区的公立学校参观，意外发现地那里教室的黑板上早已经嵌好了100寸的互动电视大屏。只可惜，老师在课堂上对这些时髦硬件的使用率极低，因为硬件虽然到位了，却仍然缺少好的课件。

双师素质课堂正是利用教室的电视大屏完成线上教学。飞象星球课后服务产品负责人杨楠介绍，素质教育类课程的研发与学科培训类课程有本质的区别。首先是场景不同，素质教育类课程主要针对"课后三点半"的课后服务场景。其次，课程的教研更注重过程，强调丰富的课堂互动，而不是分数评判。

这套课程也强调了"双师"——除了在大屏录播课中出现的主讲老师，现场还需要一位当地老师，需要做一些流程上的辅助，负责组织学生参与大屏互动。按每周上一节的节奏，目前每科课程量都固定设置为16节。据称，这个产品在今年已经进入全国600多家公立小学的课后服务，按学生人数收费，平均每科每人32元。

飞象星球所在的办公区，原来供辅导老师们休息会客的一大片公共区域，被改造成包含局部模拟线下教室的研发成果汇报展厅。来访者会被带着参观飞象当下已经在部分学校试点的另外几个产品板块——智能作业、在线教室系统以及VR虚拟课堂。

"基础教育体系庞大且举足轻重，我们能不能通过技术创新，让这头'巨象'体态变得更轻盈？如果能既稳重又灵活，甚至能让大象也飞起来，那就好了。"一位该项目的内部人士这样描述飞象星球的命名缘由。

但是，飞象星球的to B生意要获得足够的市场规模，猿辅导必须组建起两类它并不熟悉的业务团队：一个是要懂得如何与政府和学校沟通的SaaS产品销售团队；另一个则是针对学校的日常项目运营团队。双师素质课堂的本质，是一种教育SaaS产品，既需要运营团队做好学校服务，又要将学校老师对课程的建议和反馈及时地和教研团队沟通，才能保证一个稳定的使用体验，以及未来的长期续约率。

"to C的逻辑很简单，产品好用，就有消费者买单，之后就可以从一个场景覆盖到下一个场景做推广和产品转化。但to B不一样，你做了一个产品，决策主体和使用主体相对分离，得学校、老师、学生和家长都觉得好，学校才买单，这对产品的要求更高了。"一位不愿具名的教培业内人士对《第一财经》杂志表示。

公开资料显示，2021年年初至今，新东方累计已成立近200家公司，主要涵盖直播电商、图书教具、非学科培训、幼儿托管等领域。猿辅导也在成立北京冰原服饰有限公司之后，由其关联公司全资控股了北京的一家咖啡公司和一家母婴护理公司。

"一切都为了先活下去"——带着这个最为现实的理由，校外培训三巨头之中，各类新业务"跨界"最远但又意外制造出很大声量的，无疑是拥有"中关村周杰伦"（董宇辉）的新东方。

销售农产品的直播电商与 K12 学科培训之间，本没有丝毫的业务联系，"老师被迫下岗"才是这种戏剧性转型的唯一合理原因。

俞敏洪曾说，"就像任何一个公司的商业转型一样，我们是一个有着自己基因的公司，不可能跟着时代迅速转型，如果迅速转型，损失可能会更大。"

在"双减"没来之前，学科培训太过肥美，这部分业务教培公司可以"吃"很久。如今，各项业务泥沙俱下，但除了各自探索契合自身基因的新赛道，教培公司已经别无选择。

（应采访对象的要求，文中陈一鸣、曹芳均为化名）

发表于 2022 年 9 月刊

分享链接

一个义乌商人和他的
"2022 世界杯计划"

任思远

卡塔尔世界杯带来的生意回升,令一个义乌外贸商在3年后首次体验到某种疫情前的生活秩序。

温从见对2022年8月的记忆锚点有两个:一个是8月中旬义乌因为疫情管控全城静默10天;另一个是自己在月底启用配备1000多平方米仓库的新办公室,卡塔尔世界杯生意的订单有相当一部分将在那里完成——对一名在义乌从事外贸生意超过10年的温州人而言,后者带来的希望和喜悦可以大剂量地冲淡前者造成的无力感。

新仓库将会堆放30万件世界杯期间要卖出的货品,此外,温从见还专门搭建了直播间,购置了补光灯和背景墙。他为自己的办公室装了一扇大玻璃窗,主播的直播、跨境电商运营同事的工作状况可以一览无余——所有这些,都是他基于今年的大生意的新规划。

4年一次的世界杯,毫无疑问是温从见的大生意。温从见今年36岁,十多年前从老家温州来到义乌读英语专业,2007年开始创业做服装批发生意。最初,他在电商平台积累客户,有些积蓄后又在义乌小商品城租了铺面接待中外客商,这些人带来的生意经常是从随意逛逛坐坐开始。创业两年后,温从见把自己的生意范围锁定在运动服饰,称这归功于北京奥运会后国内消费者对运动服的需求增长。

2010年南非世界杯期间,温从见开始做与参赛队服相似的球衣,卖给支持某一个国家队又不愿意花高价买正版球衣的人,这种生意的多数客户来自南美和非洲。和原版的国家队球衣相比,温从见卖的球衣图案有变动、质量参差不齐,但看得出是代表哪个国家,价格更便宜。2014年,哥斯达黎加挺进世界杯八强,温从见在电视新闻上看到首都圣何塞球迷穿着国家队红色球衣的庆祝画面——"一片红色的海洋,全是我做的衣服",他对那些球衣上明显与原版相异、被自己改动过的图案颇为得意。

此后的3届世界杯，对温从见来说都是生意变动的某种节点，但他最愿意讲述的是2018年俄罗斯世界杯——开赛前就卖出了超过100万件球服，全年营业额达到5000万元，展示了他创业10年来积累客户和工厂资源数量的至高水平。同时遗憾也不小，因为经验不足，十多万件备货无法应对开赛后涌入的30万件球衣的订单，他被迫在网店把产品下架，眼看着钱被别人赚走。

俄罗斯世界杯的"战绩"，让温从见坚定了4年后再扩张的野心，拓展新客户、设立新仓库、提升供应链能力都在这份野心计划中。

眼下，2022年卡塔尔世界杯即将如期而至，温从见收到的订货量和4年前几乎持平，租新的仓库、为开赛后备货30万件也已经就绪。从表面看，也许只能说当初计划的执行度尚可，但考虑到这一切是发生在一场全球性的新冠疫情之后，工厂和公司人员规模都只能保持低位运转，温从见认为成绩得来不易。

疫情给外贸生意带来的冲击是巨大的。随着全球体育赛事减少，球衣需求量骤减，温从见那些以往活跃的国内外客户聊天列表更是在2020年年初就瞬间沉寂。线下，来小商品城门店逛逛坐坐的潜在客户也几近消失，气派的门脸、用流利的英语当面聊天、在楼层电梯口投放的大广告牌不像过去那么好使了。2018年，有5成大订单是从逛门店的客户处获得的——这件事如今温从见想也不敢想。

讲这些的时候，他身处的义乌国际小商品城出奇地安静，来访者寥寥。讲述偶尔被打断，不是因为有客户前来询单，而是因商户过早打烊拉下金属门帘时发出的轰隆声响。疫情暴发、客商减少后，这里开始流行两种讲述：一种是"外面风云变幻，义乌依旧遍地商机"，比如原来做奖杯徽章的商户转行做口罩、做网红饰品；另一种则是艰难度日，少折腾而保证温饱，等待转机。

"控制规模""分担风险""保持低位运转"这些理念也在温从见的外贸客户中流行。华侨张可思在巴拿马做服装批发生意，从中国进货，销往南美各国。从2017年开始，他感受到生意以5%—10%的比例逐年下降，原因包括欧元贬值、国际局势动荡等，足够复杂。另一位西班牙华侨徐行的感受也类似，原因则主要是气候变化，巴塞罗那的冬季每年推迟、时间缩短，应季时装不好卖。如今从温从见这里，徐行也只下单百搭、基础的款式。

2020 年，张可思的生意下降了达 70%，中国的出口货柜一度难以发出，应季款式的衣服在到达后已很难卖出预期价；同时海运费用也暴涨，到 2022 年，最便宜的时段也和 4 年前最贵时的价格接近。面对这种不确定性，张可思不再大量进货，2022 年的进货量只达到 2019 年的 2 成，"不确定性太多，任何商人都很难操作。"张可思说。

但无论如何，身为一个做了十多年外贸生意的温州人，温从见相信即便低位运转也可以有增长的智慧，同时他还感到卡塔尔世界杯带来的生意回升令自己在近 3 年里首次体验到某种疫情前的生活秩序。接受《第一财经》杂志采访是国庆长假后上班第一周，他的最后一批赛前货品正在赶工，开赛后的营销计划也在推进。结束聊天后，他迅速关掉店面的灯、在轰隆声中拉下金属卷帘，打过招呼之后，拔腿就跑——穿一身他自己公司生产的运动服，开着他 8 年车龄的宝马去工厂，或者去新的办公室兼仓库。

温从见"备战卡塔尔世界杯"的计划从 2022 年春节期间谋划球衣的设计开始。过去几届世界杯，他做的球衣样式都是遵从客户需求，主要目的是避免侵犯正版球衣的版权，所谓"设计"，多指把原版球衣上显著的标识去掉。

今年，他计划在客户订单到来之前就把 32 个球队的球衣重新"设计"一次——还是参考正版国家队球衣，但变动更多。比如，给澳大利亚队的球衣加个袋鼠图案，加拿大的则加上枫叶；把丹麦国旗上正的白色十字翻转，并截取部分印在球衣上；阿根廷今年授权给阿迪达斯的球衣图案依旧是全身标志性的蓝白竖条，它们被保留在球服的胸部以下，上身则用天蓝的纯色覆盖，胸口处点缀一个国旗上的金色太阳。当然，阿迪达斯标志性的肩部三条竖线是最先要去掉的，否则会侵权。

被特意"设计"过的球衣，和原版的相似程度更低，离"盗版球衣"更远，被温从见称为"球迷服"。相比从前客户直接拍板球衣样式，现在他能给这类"自主设计"的球衣定高出平时 20% 的价格，这是他早就想要掌握的主动权，早到 2010 年他刚刚入行时——当初就是因为模仿了阿迪达斯的"三道杠"，他的货被判疑似侵权，刚创业两年的他因此破产。

如此强调"自主设计"，也是因为他尝过甜头。2018 年世界杯后，温从见设计了几款式样简单的日常球衣，在给客户寄日常货品时顺带寄一两件样品。其中一件腰部带有网眼的被一个波兰客户看上，给他开出了更高的单价和订货量，但要求贴上波兰本土的牌子。他接受了客户的提议，没和对方提版权费的问题，"那时候品牌意识也没那么强，"温从见对《第一财经》杂志说，"当时只是单纯地觉得自己的设计能被老外认可就已经很好了。"

实际上，尽管已经很努力，这些球衣款式其实还很难称得上"设计"，它们只是温从见凭借经验和搜索到的地理文化知识将原版简单改造，再传达给服装打样师。温从见承认这些"设计"没有多精致，但对于世界杯这种短期生意已经足够，因为它首先得规避侵权追责。而且，球迷选衣服的首要考量还是喜爱的球队，受众固定，再好的设计也只是"锦上添花"，这也是鲜有人对仿制世界杯球服搞设计的原因。

2022年3—4月，球衣设计版式基本齐全，温从见陆续收到了海外客户的询单信息，有不少来自疫情期间不再联系的客户。尽管没有十足的把握，温从见还是不希望2018年订单多、产量和仓储跟不上的事情重演。从那时开始，他着手联系合作工厂，希望订单在突增的情况下也能顺利成交。

温从见没有自己的工厂，只在距义乌40分钟车程的浦江县的一家工厂入了3成股份，其他的合作工厂则分布在广西贵港。广西出产的球衣质量比浦江更高，温从见每年有六七成货都从那里拿。出口的货物一般在工厂做好直接打包到港口；发国内的货物则需要全部先行寄到义乌，因为从这里发全国的快递价格更低。

由于过去3年的生意波动，温从见没能按计划扩大工厂投资。为了提高世界杯期间的产量，他只能找更多代工厂合作。在8月租下新仓库之前，浦江县的工厂也承担了一段时间仓库的角色。他把这种模式称为"有钱大家赚"，实质上就是把收益和风险都分一些给工厂。

这种在批发生意里并不少见的合作办法，确实帮助过温从见止损。2019年新冠疫情暴发之前，温从见为原定2020年举办的欧洲杯备了一批球衣，后来这场赛事被宣布延期至2021年，原本就因为疫情不好运出的货物，多数直接被取消订单、滞留国内。这数十万件球衣被挂在促销网站上亏本甩卖，直到2022年才完全消化。温从见与当时合作的工厂谈判，表示意外因素导致生意亏损，"这种事情谁也不愿意遇到"，后来对方同意他只支付原定金额的一半。

类似波折在疫情3年里反复出现。2020年疫情暴发后，货物先是滞留中国；之后遇上海外疫情，有一批货滞留在哥伦比亚海关。客户无法提货，温从见也收不到货款，最严重的时候有500万元的货被困住；更意想不到的一次，一位高龄秘鲁客户下了50万元的订单，温从见在寄出货物后联系不上人、收不到款，几经打听才得知客户感染新冠意外去世，也没人能帮他还上款项。从那之后，温从见和工厂谈判的次数增多，直至如今世界杯，"共担风险"是他颇为看重的策略。

到8月前，温从见世界杯生意的外贸订单量已经和2018年持平，哪怕是同样经历动荡的巴拿马华商张可思，也订了65万元的球衣，和4年前的订货量接近。

也是因为手握这些订单和货款，温从见决定租下这间新的仓库，虽然说的是"为了备战世界杯"，实际上租期最短3年。温从见希望这届世界杯是他生意新增长的开始。

老仓库在温从见当年就读的学校附近，11月到期，仍留在那里的货物和工作人员届时将全部搬到新址。那里是温从见初来义乌读书、创业时最熟悉的生活圈。坐在新办公室的皮沙发上，温从见主动回忆起创业早期的艰辛：刚毕业不久，在学校门口租了一个单间当仓库和宿舍。每天步行三四十分钟去小商品市场找货，不舍得花10元钱找三轮车，便步行把货再扛回宿舍。

此后，他的生意经历过两年迅速的起色，也有过一段爱好请客吃饭、唱歌的时期，但2010年因侵权而破产的事件让他还债到2014年世界杯。那也是生意回暖的一年，温从见买了至今不舍得换掉的宝马车，"一路陪我，有感情"；并且决心戒断花天酒地的陋习。现在，"见面先把正事谈好，过后再喝茶吃饭"是他谈生意的习惯，以至于先喝茶再谈单的广西厂商经常让他着急。

主动讲述"白手起家""吃饭穿衣不讲究"的故事，不仅是温从见想说明自己由苦日子过来、不怕输，也有一个媒体经验不多的生意人想对外表达"自己不乱花钱，只把钱用在更重要的事情上"这层用意。

养鱼和踢球算是诸多重要事情中的两件。温从见在新办公室里摆了一个大鱼缸，每天离开前会喂养这些"人类工作繁忙时也能闲适游动"的热带鱼，而他与所投资的义乌本地球队的合影则被精心装裱，放在新办公室的显著位置。

不过，办公室里更重要的新事物还是新业务拓展区——面对门店生意的萧条，做惯了线下批发生意的温从见开始花更多时间研究线上平台。

温从见是在2021年决定多花成本在阿里巴巴国际站上的。当时，公司账号已经由妻子运营了 6 年，但之前温从见沉浸于门店和展会新生意、过往大客户的订单中，较少顾及跨境线上平台。2020 年，球衣生意血亏，他临时转型做有花纹、印有球队标志的布面口罩出口，撑起了当年 7 成的外贸营业额。到 2021 年，眼见疫情还没结束、新客户寥寥，外贸口罩利润也日渐微薄，他想到了线上平台。

准备 2022 年世界杯生意时，温从见指定了一名从前主要负责店面接待的同事搬去新的办公室，专职运营阿里巴巴国际站，同时也计划亲自在国际站上开直播，做从前没试过的露面和表演。不过，他对线上平台的信任仍然有限，往日的交易习惯还在影响他。

2022 年至今，国际站上与世界杯相关的订单金额接近 500 万元，但对于第一次出现就在线上下高额订单的客户，温从见保持谨慎，往往建议对方先下更小的订单以达成相互熟悉，或者直接离开平台，以传统方式签订合同。他担心这类客户收到货后质疑质量，而平台介入后在解决纠纷时往往更偏向保护买家权益。疫情前结交的客户更少出现这类问题，哪怕是与温从见在网上认识，他们也会来到义乌与他见面、参观工厂。

与直播间一样，曾经做过足球解说员、与温从见踢球相识的肖辉，是新办公室的新元素。温从见希望他能主要负责短视频创作和直播带货的规划，在世界杯开赛后借助话题热度卖货、积累国内粉丝。

肖辉个子高，善于与人交谈，他圈定温从见公司抖音号的受众是喜欢足球的男性。为了找到长相漂亮、懂足球的女主播，肖辉在义乌的各足球场地蹲点攀谈，并表示自己能通过观察候选者来判断对方是否合适——小腿肌肉是否紧致，看球时的眼神是否警觉。

肖辉策划的其中一则短视频被温从见命名为《遇到高手了，以后要低调一点》，女主角是他在球场找来的一位足球女教练。视频里，身材高挑的女教练扮演走进店里购买球衣的顾客，并顺势与扮演老板的温从见比赛颠球。温从见在视频里自称"公司足球队的头号球星"，但在颠球比赛中频频失败——剧情配上笑声的背景音和女教练沉着的动作，试图呈现某种滑稽效果。在另一个公司介绍的视频中，他又特意穿了白衬衫、头发吹成偏分，讲英文时抑扬顿挫，同时双臂张开，做出大幅度的手势，最终以一个浅浅的鞠躬收尾。

"脸皮要厚，多搞'脱口秀'，更适应疫情艰难背景的生意环境"，温从见在社交网络上转发最近拍摄的短视频时这样说，并配上笑脸。他那间从前为了吸引线下客户而精心布置的、空旷的门店，如今有了新的展示方式。

不过，整个义乌商贸城仍然是安静的，金属门帘的下拉声和防疫广播交替回响。在国庆假期后，从外地到达义乌的人需要有连续3天的核酸检测证明才能进入商场，据说这种严格的要求与8月初义乌暴发的疫情有关。全城静默期间，温从见被封在家里，所幸合作的工厂不在义乌市区而没有停工，只有部分货品因被封在市区的仓库而延迟发出。那时候因为距离卡塔尔世界杯开赛还有3个月，海外客户大多数选择等待，没有退单。

随着时间临近开赛，温从见对出行更加谨慎，他知道如果遭遇封控、再遇上延迟发货20天的情况，海外商户不会像8月那么宽容了。不过，如今仓库里那30多万件球衣有大部分是为国内球迷准备的。然而直到10月中旬，温从见还没感知到世界杯的热度传导到国内。到年底，国内是否有足够多的人能穿着球衣在公共场合一起观看世界杯，就如过去那样？温从见并没有把握。

（应采访对象的要求，文中张可思为化名）

发表于2022年11月刊

分享链接

后　记

这是第一财经《商业·洞察》系列的第 6 本作品集，我们尝试以一种新的架构去记录和观察 2022 年的商业现象、重大事件。

极为重要，极为不易——我们可以用这 8 个字来概括 2022 年。

这一年，党的二十大描绘了全面建设社会主义现代化国家的宏伟蓝图，新时代新征程的强国建设和民族复兴，对商业世界产生长远的深刻的影响。

但是，这一年的国际环境风高浪急，国内改革发展稳定任务艰巨繁重，我国经济发展遇到疫情等国内外多重超预期因素冲击，企业生产经营困难加剧，有效需求不足的矛盾突出，就业压力凸显，全球通胀高企。疫情要防住、经济要稳住、发展要安全的要求，对商业世界同样是前所未有的严峻考验，各行各业共克时艰，每个人都不容易。

于是，在原来名记者专栏基础上，我们在《商业·洞察 2022》中增加了新的观察维度，集纳了更多第一财经精品栏目的作品。这些观察视角有来自汽车、楼市条线的一线调研，有来自疫情防控第一线的采访报道和行走城市的人文视野，也有来自第一财经日报的社论和第一财经杂志的视角。这些新栏目包括汽车大变革时代、晨读能源、楼市地理、楼市观察、人文视野、"团长"江湖、"一"保健康、社论焦点、Yimagazine 视角。

希望这样的内容架构和更多的观察角度，对于商界人士分析商业事件逻辑和把握未来趋势，对于机构和个人投资者研究行业和公司规律，对于商学院师生开展学术研究，可以提供更有价值的参考。

致谢第一财经新闻中心的冯小芯、姚君青、沈晴和杂志中心的陈锐，以及本书的各位作者，他们为书稿的挑选和整理付出了许多宝贵时间；本书收录的每一件作品，都凝聚着第一财经编辑部同事的辛勤付出，他们包括陈姗姗、乐琰、刘佳、宁佳彦、李溯婉、唐柳杨、张歆晨、刘展超、黄宾、胥会云、彭海斌、李刚、张志清、姚剑、赵嘉、张国良、应民吾、苏蔓薏、胡军华……特别感谢复旦大学出版社和本书的责任编辑戚雅斯，我们共同见证了

后 记

商业洞察作品集的六年历程。

这是您书橱里的第 6 本《商业·洞察》，真诚希望广大读者继续对本书提出批评和指导，让我们一起把第一财经商业洞察作品集做得更加精彩。

编者

2023 年 5 月于上海

图书在版编目(CIP)数据

商业·洞察.2022/杨宇东,蔡云伟主编.—上海:复旦大学出版社,2023.7
ISBN 978-7-309-16840-2

Ⅰ.①商… Ⅱ.①杨…②蔡… Ⅲ.①商业经济-文集 Ⅳ.①F7-53

中国国家版本馆 CIP 数据核字(2023)第 082226 号

商业·洞察 2022
SHANGYE·DONGCHA 2022
杨宇东　蔡云伟　主编
责任编辑/戚雅斯

复旦大学出版社有限公司出版发行
上海市国权路 579 号　邮编:200433
网址: fupnet@fudanpress.com　http://www.fudanpress.com
门市零售: 86-21-65102580　团体订购: 86-21-65104505
出版部电话: 86-21-65642845
上海盛通时代印刷有限公司

开本 787×960　1/16　印张 34.5　字数 564 千
2023 年 7 月第 1 版
2023 年 7 月第 1 版第 1 次印刷

ISBN 978-7-309-16840-2/F·2975
定价:98.00 元

如有印装质量问题,请向复旦大学出版社有限公司出版部调换。
版权所有　　侵权必究